AF532692

Massimo Borghesi
Papst Franziskus

Massimo Borghesi

Papst Franziskus

Sein Denken, seine Theologie

Aus dem Italienischen übersetzt
von Elisabeth-Marie Richter

Die Deutsche Nationalbibliothek verzeichnet diese Publikation in der Deutschen Nationalbibliografie; detaillierte bibliografische Daten sind im Internet über http://dnb.d-nb.de abrufbar.

Das Werk ist in allen seinen Teilen urheberrechtlich geschützt.
Jede Verwertung ist ohne Zustimmung des Verlags unzulässig.
Das gilt insbesondere für Vervielfältigungen, Übersetzungen,
Mikroverfilmungen und die Einspeicherung in und Verarbeitung
durch elektronische Systeme.

wbg Academic ist ein Imprint der wbg.
© 2020 by wbg (Wissenschaftliche Buchgesellschaft), Darmstadt
Die Herausgabe des Werkes wurde durch die Vereinsmitglieder der wbg ermöglicht.
Lektorat: Benita Bockholt, Darmstadt
Satz: TypoGraphik Anette Bernbeck, Gelnhausen
Gedruckt auf säurefreiem und alterungsbeständigem Papier
Printed in Germany

Besuchen Sie uns im Internet: www.wbg-wissenverbindet.de

978-3-534-27163-4
Elektronisch sind folgende Ausgaben erhältlich:
eBook (PDF): ISBN 978-3-534-74589-0
eBook (epub): ISBN 978-3-534-74590-6

Inhalt

In memoriam

Alberto Methol Ferré (1929–2009)

Vorwort

Guzmán Carriquiry Lecour

Vizepräsident der
Päpstlichen Kommission für Lateinamerika

Seit jenem Tag, an dem Franziskus im Jahre 2013 zum Papst gewählt wurde, ist eine beachtliche Menge an Büchern und Beiträgen zu seinem Pontifikat, seiner Biographie und auch zu seinem seelsorgerischen Wirken als Bischof von Buenos Aires erschienen. Viele dieser in den verschiedensten Sprachen der Welt verfassten Werke befassen sich zudem mit seiner Reform der Kirche und insbesondere der Römischen Kurie, seiner Option für die Armen, seiner Art zu kommunizieren und seinem Eintreten im internationalen Kontext unserer Zeit. Dass der Buchmarkt so reich an Büchern über Franziskus ist, darf aber nicht nur darauf zurückgeführt werden, dass wir in einer Zeit voller Überraschungen leben; es liegt auch daran, dass die Welt das Zeugnis und das Handeln des Heiligen Vaters mit großem Interesse und starker Empathie mitverfolgt. Dies bezeugt die beständige Nachfrage von Seiten eines breiten Lesepublikums, das über den kirchlichen Bereich hinausgeht und auch Menschen miteinschließt, die mit der Kirche Roms nur sehr wenig zu tun haben. Franziskus ist in aller Munde – beim einfachen Volk und bei den Eliten dieser Welt.

Doch trotz der schieren Flut an Veröffentlichungen zu Franziskus und seinem Pontifikat geht Massimo Borghesis Buch darin keinesfalls unter. Sein Werk ist von großer Bedeutung, da es einen bislang nur wenig beachteten Aspekt beleuchtet, der sehr wichtig ist, um den heutigen Papst und sein Handeln zu verstehen: die *Entstehung und Entwicklung seines »Denkens«*. In seinem Buch wählt der Autor einen Zugang, der in der Literatur zu Franziskus ganz neu ist. Borghesi versteht sich darauf, Quellen zu sammeln und sie auszuwerten, und bietet auf der Grundlage der so gewonnenen Erkenntnisse einen systematischen Einblick in das kulturelle »Hinterland« und die intellektuellen Einflüsse, die die Persönlichkeit und das »Denken« Jorge Mario Bergoglios geformt haben. Das Buch leistet einen unverzichtbaren Beitrag dazu, die komplexe Persönlichkeit Papst Franziskus' besser zu verstehen – eine Persönlichkeit, die stark von ihren seelsorgerischen, mystischen und intellektuellen Erfahrungen geprägt ist. Dass seine intellektuelle Biographie bislang kaum im Fokus stand, ist in erster Linie auf Papst Franziskus selbst zurückzuführen. Er stellt seine Begabungen und Fähigkeiten nicht gerne zur Schau und möchte nicht als »Intellektueller« bezeichnet werden. Bergoglio richtet sich bekanntermaßen gegen jeden abstrakten Intellektualismus, bei dem die Gefahr eines ideologischen Abdriftens besteht, und er möchte alle Mauern niederreißen, die von der Beziehung zu Gott und seinem Volk ablenken. Nur jene theologischen Entwicklungen, die kurz, sachgerecht und auf einfache Weise zu vermitteln sind, finden Eingang in seine Predigten, Katechesen und Botschaften. In seiner direkten und authentischen Art, sich auszudrücken und mit anderen zu kommunizieren, zieht er stets eine »Grammatik der Einfachheit« vor, die – ohne jemals oberflächlich zu sein – jeden einzelnen anspricht und das Herz all derer erreicht, die ihm zuhören, ganz gleich, wo sie sich befinden, wie gebildet sie sind und wieviel sie über den christlichen Glauben wissen. Seine Sprache will für alle verständlich sein, sie ist reich an symbolischen Gesten und an Bildern, die die Alltagsrealität wie »Schnappschüsse« einfangen. Der Bergoglio-Papst spricht einfach, weil er so sprechen *will*. Es ist kein Zufall, dass der Papst die Macht der Kommunikation als »Macht der Nähe« definiert hat – jene zärtliche und mitfühlende Kommunikation eines Seelsorgers, der sich von der Wirklichkeit der Menschwerdung leiten lässt. Jesus selbst dankte dem Vater dafür, dass er gewisse Dinge »vor den Weisen und Klugen verborgen« und »den Unmündigen offenbart« hatte (Mt 11,25). Und Blaise Pascal schrieb in seinen *Pensées*: »Jesus spricht von den größten Dingen so einfach, dass es scheint, als habe er nichts dabei gedacht und doch zugleich so klar und genau, dass man wohl sieht, was er davon dachte«. Für Papst Franziskus ist dies der Weg, um die Männer und Frauen unserer Zeit zu erreichen, die weit von der Kirche entfernt sind und nur wenig über sie wissen. Wir müssen uns auf das *Wesentliche* konzentrieren, »auf das, was schöner, größer, anziehender und zugleich notwendiger ist. Die Aussage vereinfacht sich, ohne dadurch Tiefe und Wahrheit einzubüßen, und wird so überzeugender und strahlender« (»Evangelii gaudium«, § 35). So sieht heute der »kleine Weg« des Glaubens aus. Wie Massimo Borghesi betont, verbirgt sich bei Papst Franziskus hinter dieser *simplicitas* »die Komplexität eines tiefgründigen und ganz eigenen Denkens«. Diese Komplexität mag nun all denjenigen entgehen, deren literarischer, ästhetischer und theologischer Geschmack an die Texte und Reden Papst Benedikts XVI., des größten lebenden Theologen unserer Zeit, gewöhnt ist und die sich nun mit einer »direkteren«, gesprochenen Sprache konfrontiert sehen, die eher an die breite Masse gewöhnlicher Menschen gewandt ist als an intellektuell gebildete Minderheiten. Zur Skepsis einiger, die sich im Kommunikationsstil des neuen Papstes nicht wiederfinden, gesellt sich das Misstrauen gewisser intellektueller Kreise innerhalb der Kirche gegenüber einem »lateinamerikanischen«, »argentinischen« und »populistischen« Papst, der in ihren Augen den europäischen kulturellen Parametern nicht gewachsen ist. Die universelle Umarmung und die im besten Wortsinn evangelischen Aufrufe des Papstes erreichen diese Kritiker nicht. Sie verharren in einem alten Europa, wo die Glut des großen Feuers seiner Tradition zwar noch immer lodert, aber nichts Neues hervorbringt: weder Nachkommen – wir befinden uns mitten im demografischen Winter – noch neue intellektuelle Strömungen, Bewegungen oder politische Horizonte, die den Weg zu einem hoffnungsvollen Schicksal eröffnen könnten. Sie sind wie jene biblischen »Gesetzeslehrer«, die sich fragten, ob denn aus Nazareth, vom »Sohn eines Zimmermanns«, etwas Gutes kommen könnte. Das Nazareth von heute ist der Südkegel der Welt.

Dem vorliegenden Band gelingt es nun, Bergoglio in eine reiche intellektuelle Tradition einzubetten, deren Wurzeln in Argentinien liegen und die durch den stetigen Dialog mit den fruchtbarsten Strömungen des europäischen Katholizismus belebt wird. Am Stereotyp des »argentinischen« Papstes ist sicherlich etwas dran. Doch wie das vorliegende Buch zeigt, greift es zu kurz. Bergoglio ist Argentinier und gleichzeitig aufgrund der Autoren und Werke, die er während seiner Ausbildung las, zutiefst europäisch. Diese polare Dialektik, die in der geistigen Begegnung mit Romano Guardini besonders sichtbar wird, zeigt, dass er selbst eine »Brücke« zwischen zwei Kontinenten ist. Massimo Borghesis Buch hilft uns, dies zu verstehen. Es zeichnet ein außerordentlich reichhaltiges Bild und erschließt die verschiedenen kulturellen und intellektuellen Stränge, die heute in der Persönlichkeit des Papstes zusammenkommen und den Nährboden seines Lehramts und seines pastoralen Handelns bilden. Borghesis Werk bietet einen Einblick in die bislang kaum bekannte Genese von Jorge Mario Bergoglios Denken, eine Genese, die durch eine dialektische, »polare« Auffassung der Wirklichkeit geprägt ist. Diese war während seines Philosophie- und Theologiestudiums am Colegio Máximo in San Miguel herangereift, maßgeblich beeinflusst durch die von seinem Professor, Miguel Ángel Fiorito, vorangetriebene Erneuerung der ignatianischen Idee sowie durch die Interpretation der *Geistlichen Übungen*, die Intellektuelle des Jesuitenordens wie Gaston Fessard und Karl-Heinz Crumbach vorlegten. Die Entdeckung der jesuitischen Mystik und die besondere Wertschätzung für Peter Faber, den er durch die Werke Michel de Certeaus kennenlernte, haben hier ihren Ursprung. Jahre später sollte sich diese dialektische Sicht als sehr wertvoll erweisen: In den turbulenten 1970er-Jahren setzte sich der junge Bergoglio, der damals Provinzial der argentinischen Jesuiten war, für eine »synthetische«, zusammenführende Konzeption des Jesuitenordens, der Kirche und der Gesellschaft ein. Darin sah er die Lösung für den spaltenden Konflikt zwischen den Anhängern der Militärdiktatur und den pro-marxistischen Revolutionären. Und eben diese dialektische Vorstellung brachte ihn mit Amelia Podetti, der scharfsinnigsten argentinischen Philosophin der 1970er-Jahre, und mit Alberto Methol Ferré, dem wichtigsten katholischen Intellektuellen Lateinamerikas der zweiten Hälfte des 20. Jahrhunderts, zusammen. Wie Borghesis Buch zeigt, ist Bergoglios Denken einer typisch jesuitischen Denktradition verhaftet, die, ausgehend von Johann Adam Möhler, die Kirche als *coincidentia oppositorum* sieht; eine Vorstellung, die wir zum Beispiel bei Erich Przywara, Henri de Lubac oder Gaston Fessard finden. Hier wird auch deutlich, warum Bergoglio 1986 Romano Guardinis *Gegensatz* als Thema für seine Doktorarbeit wählte.

Borghesi geht einem roten Faden in Bergoglios Denken nach, den die Wissenschaft bisher nicht wahrgenommen hat – was teilweise auch die Anschuldigungen derer erklärt, die die Ausrichtung von Franziskus' Pontifikat kritisch sehen und ihm mangelnde theologisch-philosophische Bildung vorwerfen. Dem Autor gelingt es, Bergoglios Ideen und Vorstellungen in den historischen, kirchlichen und politischen Kontext Argentiniens der 1970er- und 1980er-Jahre einzubetten, was uns dabei hilft, sein Urteil über den »Peronismus« und seine aus einem spezifisch augustinischen Blickwinkel geäußerte Kritik an der politischen Theologie zu verstehen. Borghesi befasst sich ferner mit Bergoglios Sympathie für die »Theologie des Volkes«, jener Form der Befreiungstheologie, die aus der Schule vom Río de la Plata hervorgegangen ist. Wie das von der Kirche Lateinamerikas verfasste Dokument von Puebla (1979) enthüllt, verknüpfte diese »die bevorzugte Option für die Armen« mit einer dezidierten Opposition gegen den Marxismus. Diese Schule, zu deren Protagonisten Lucio Gera, Rafael Tello, Justino O'Farrell, Juan Carlos Scannone und Carlos Galli gehören, hat in den Dokumenten von Puebla und Aparecida (2007) deutliche Spuren hinterlassen. Ihr verdanken wir die Wiederentdeckung der Volksreligiosität, die Bergoglio sehr am Herzen liegt – der der Dimension der »Begegnung« mit dem christlichen Zeugnis innerhalb des säkularen Rahmens der großen Metropolen deswegen nicht weniger Aufmerksamkeit schenkt. Überdies entdecken wir in seinem Denken aus jüngster Zeit auch die Entwicklung der Kategorie der »Schönheit« und ihre Verbindung mit dem Guten und dem Wahren, eine Entwicklung, die stark vom großen Theologen Hans Urs von Balthasar geprägt ist.

Papst Franziskus hat stets zu einem »offenen« Denken aufgerufen, zu einem »Denken mit Rückenwind«, das offen ist für das immer größere, immer schwer fassbare Geheimnis. Und so erhebt Massimo Borghesis Band sicherlich nicht den Anspruch, den Weg für weitere vertiefende Betrachtungen der intellektuellen Biographie von Jorge Mario Bergoglio/Papst Franziskus zu verschließen, sondern er will im Gegenteil neue Wege eröffnen. Die kürzlich erschienenen beiden dicken Bände der theologisch-pastoralen Schriften des großen Lucio Gera bieten zum Beispiel wichtiges Material zur weiteren Vertiefung. Das Denken Lucio Geras, der der Vater und Lehrer einer ganzen Generation argentinischer Priester war und auf Wunsch von Erzbischof Bergoglio in der Kathedrale von Buenos Aires seine letzte Ruhestätte fand, hat in den letzten Generalversammlungen des lateinamerikanischen Episkopats starken Widerhall gefunden.

Und in einer »intellektuellen Biographie« Jorge Mario Bergoglios, der Professor für Philosophie, Theologie und Literatur war, darf freilich auch seine Leidenschaft für Literatur nicht zu kurz kommen. Das, was sein Volk bewegte, konnte er besser verstehen, weil er sowohl die Gaucho-Dichtung des *Martín Fierro* las als auch metaphysische Zeitgenossen wie Jorge Luis Borges und Leopoldo Marechal. Mehrmals las er Alessandro Manzonis *Die Brautleute* mit allen darin geschilderten Auswirkungen der Volksfrömmigkeit sowie die Werke Dostojewskis mit all ihren Verwicklungen der menschlichen Seele zwischen Sünde, Schuld, Bestrafung, Vergebung und Erlösung. Er schätzte auch die Paradoxe Chestertons – und es kommt sicherlich nicht von ungefähr, dass die Kirchenväter das Geheimnis der Menschwerdung als »Paradox der Paradoxe« bezeichneten. Bergoglio las ferner León Bloy, jenen wütenden, »politisch inkorrekten« Konvertiten, dem es sicherlich Freude bereitet hätte, dass Papst Franziskus ihn in seiner ersten Predigt erwähnte: »Wer nicht zum Herrn betet, betet zum Teufel«. Bloy spielte eine entscheidende Rolle bei der Konversion Charles Péguys, dessen Werke der Papst in der wenigen Zeit, die ihm sein voller Terminkalender lässt, gerne durchblättert, wenn er eins der Bücher zur Hand nimmt, die sich auf seinem Schreibtisch in der Domus Sanctae Marthae stapeln. Während des Heiligen Jahres der Barmherzigkeit zitierte Franziskus im Rahmen von Exerzitien für Priester auch Bernanos *Tagebuch eines Landpfarrers*. Die Lektüre solcher Werke ist für eine intellektuelle Biographie keinesfalls nebensächlich. Wie Hans Urs von Balthasar in Bezug auf die große französische Literatur der ersten Hälfte des 20. Jahrhunderts schrieb: »… und sodann könnte es sein, daß bei den großen katholischen Dichtern mehr originales und groß und in freier Landschaft wachsendes Gedankenleben sich findet als in der etwas engbrüstigen und bei kleiner Kost genügsamen Theologie unserer Zeit« (Hans Urs von Balthasar, *Bernanos*, Köln & Olten: Jakob Hegner, 1954).

Wenn intellektuelle Bildung und priesterliche und seelsorgerische Erfahrungen miteinander verbunden sind, so sind sie in der Biographie Jorge Mario Bergoglios – wie Borghesi im italienischen Untertitel des Bandes hervorhebt – beide von der mystischen Erfahrung und der betenden Einsicht gekennzeichnet, die seine Tage begleiten. In der Gesellschaft von Heiligen spürt man – wie schon von Balthasar betonte – eine »theologische Existenz«, da ihr Leben uns auf existenzielle Weise eine lebendige Lehre vor Augen führt, die der Heilige Geist zum Wohle der ganzen Kirche gestiftet hat. Jedes seelsorgerische Handeln und jeder theologische Gedanke beginnen »auf den Knien«, betont Papst Franziskus immer wieder. Deshalb darf seine intellektuelle Biographie nicht von den Wegen getrennt werden, auf denen die Vorsehung ihn heute, in der Begegnung mit dem Herrn, zum Wohle der ganzen Kirche zu evangelischem Radikalismus geführt hat.

Einleitung

Am Abend des 28. Februar 2013 stieg ein weißer Hubschrauber über Sankt Peter auf und flog über die Stadt Rom, begleitet vom Klang der Glocken der Kirchen in der ganzen italienischen Hauptstadt. An Bord war Benedikt XVI., der betagte Pontifex, der als erster Papst der Neuzeit von seinem Amt zurückgetreten war. Der größte Theologe unserer Zeit hatte das schwere Erbe Johannes Pauls II. angetreten und eine Kirche voller Probleme und Skandale übernommen, die ihr Bild in den Augen der Welt verändert und getrübt hatten. Seine Entschlossenheit, all diese Probleme zu lösen und zu bekämpfen, reichte angesichts seiner schwindenden Kräfte nicht aus. Sein Nachfolger, der Kardinal von Buenos Aires, Jorge Mario Bergoglio, kam »vom anderen Ende der Welt«. Auf Ratzingers milde Freundlichkeit folgten Franziskus' ungestüme Freundlichkeit, seine einfache Sprache und seine direkte Art sich auszudrücken und die Herzen der Menschen zu berühren. Innerhalb der wenigen Jahre, die seit seiner Wahl am 13. März 2013 vergangen sind, hat sein durchschlagendes Zeugnis den Blick auf die Kirche verändert, deren schweres Erbe nun nicht länger ein Anklagepunkt ist. Anders als in den Jahren Johannes Pauls II. konnte die Anerkennung, die Franziskus auf der ganzen Welt findet, die immer leerer werdenden Kirchenbänke jedoch nicht wieder füllen. Franziskus steht für einen bescheidenen Glauben, den Glauben des einfachen Volkes und derjenigen auf dem Schauplatz der Geschichte, die »unsichtbar« sind. Doch nicht alle begrüßen es, dass das Amt des Stellvertreters Christi auf Erden mit der Lebenswirklichkeit des einfachen Volkes zusammentrifft. Agostino Giovagnoli hält fest:

> Nicht überall und nicht bei allen ist [Franziskus] beliebt. Vor allem können viele das Neue, das sein Pontifikat mit sich bringt, nicht verstehen und akzeptieren. Dies gilt auch für viele Vertreter der europäischen Führungsschichten und vor allem für die Intellektuellen und die Akademiker des alten Kontinents. Europas kulturelle Kreise sind sich, was Papst Franziskus angeht, zumindest unsicher. Gewiss hat er bisher nur wenige Kultureinrichtungen be-

> sucht und sich nur selten mit Vertretern der Wissenschaft getroffen. Denkt man an ihn, denkt man nicht an solch meisterhafte Vorlesungen, wie Benedikt XVI. sie an der Universität Regensburg oder am Collège des Bernardins in Paris gehalten hat. Nur bei wenigen Gelegenheiten hat er ausdrücklich über kulturelle Aktivitäten, wissenschaftliche Forschung oder die Anliegen Intellektueller gesprochen hat. Doch all das erklärt nicht, warum zwischen Franziskus und der Welt der europäischen Kultur eine so große Distanz besteht.[1]

Denn tatsächlich, so Giovagnoli weiter, sei Franziskus gar nicht so weit von der Kultur, vor allem der europäischen Kultur, entfernt. »In seinen Schriften ist ein Denken erkennbar, das weitaus komplexer und ausgefeilter ist, als es zunächst zu sein scheint. Trotz all dem, was gemeinhin angenommen wird: Je häufiger man seine Enzykliken, seine Reden oder seine Predigten liest, desto mehr erhält man den Eindruck, dass Franziskus die Welt der Intellektuellen sehr gut kennt und ganz klare Vorstellungen von der Rolle der Kultur in der heutigen Gesellschaft hat.«[2] Dieser »Komplexität« im bergoglianischen Denken wurde bis heute – abgesehen von wenigen Ausnahmen – nicht die Aufmerksamkeit geschenkt, die sie verdient.[3] Dafür ist die Schar der Kritiker, der »Möchtegerntheologen« unserer Zeit, die die Vision des Papstes allein aus Zeitungsartikeln ableiten, durchaus beachtlich. Zwei Vorbehalte werden immer wieder geäußert: Zum einen heißt es, Franziskus sei ein Populist, ein argentinischer »Peronist« und nicht in der Lage, die Feinheiten des liberalen und modernen Europas zu verstehen. Zum anderen verfüge er nicht über die nötige theologische und philosophische Bildung, um auf dem Stuhle Petri bestehen zu können. Der gemeinsame Nenner dieser beiden Kritikpunkte ist die – in Europa und Nordamerika weit verbreitete – Annahme, dass alles, was aus Lateinamerika kommt, nicht auf der Höhe westlicher Maßstäbe sei. Angelo Panebianco bringt diese Überzeugung auf den Punkt:

> Jeder von uns ist ein Kind seiner eigenen Geschichte, und daher ist es unvermeidbar, dass dieser Papst, ebenso wie all jene, die ihm vorausgegangen sind, neben seinem Glauben und dem Evangelium auch seine eigenen Erfahrungen, Ideen und Gefühle mitbringt, die zur Tradition seines Landes gehören – einer

1 A. Giovagnoli, »Francesco sfida gli intellettuali«, in *Avvenire*, 3. November 2015.

2 Ebd.

3 Vgl. V. M. Fernández, Progetto; A. Cozzi, R. Repole, G. Piana, Papa.

> Tradition, die nicht notwendigerweise mit der unsrigen übereinstimmt. Es ist durchaus stichhaltig, dass es in Italien (einem Land mit einem – trotz allem – reifen Kapitalismus) nicht wenige Katholiken gibt, die mit Bergoglio in punkto Arbeit und Gewinn nicht einer Meinung sind oder die, um nur ein weiteres Beispiel zu nennen, die Kriege von heute nicht allein der Profitgier maßloser Kapitalisten zuschreiben. Und es leuchtet auch ein, dass viele die wirtschaftlichen Ansichten des Papstes auf eine bestimmte Auslegung der Heiligen Schrift zurückführen, vielleicht aber auch auf eine dezidiert antikapitalistische Tradition, die in dem Land, aus dem er kommt, tief verwurzelt ist. Italien hat ausgezeichnete Wissenschaftler, die sich auf Lateinamerika und vor allem auf Argentinien und seine Geschichte spezialisiert haben. Vielleicht sollten sie anfangen, sich mit den kulturellen Verbindungen zwischen dem Papst und dieser Tradition zu befassen.[4]

Franziskus' Grenzen seien also durch seine Herkunft, durch sein »Argentinischsein« bedingt. Panebianco steht mit seinem Urteil nicht allein da. In weniger nüchternen Worten stößt Loris Zanatta ins gleiche Horn, wenn er Bergoglio als den »Sohn einer von leidenschaftlichem Antiliberalismus durchdrungenen Katholizität« bezeichnet, die der Peronismus erschaffen habe, »um mit ihm an der Spitze in einen katholischen Kreuzzug gegen den protestantischen Liberalismus zu ziehen, dessen *ethos* aber wie ein kolonialer Schatten über der katholischen Identität Lateinamerika liegt«.[5] Ähnlich kritisch äußert sich auch der liberale Philosoph Marcello Pera. In seinem bekanntesten Buch, dem gemeinsam mit Joseph Ratzinger herausgegebenen Band *Ohne Wurzeln* (2005), ruft er zu einer neuen »Zivilreligion« auf und fordert Europa im Zusammenhang mit dem Irakkrieg dazu auf, sich vom Pazifismus abzuwenden. Pera zufolge hatten »sowohl Johannes Paul II. als auch Benedikt XVI. ihre Mission stark westlich ausgerichtet. Sie beriefen sich immerdar auf Europa und hatten eine eindeutig westliche Sichtweise; unse-

---

4 A. Panebianco, »L'equilibrio che cerca la Chiesa«, in *Corriere della Sera*, 21. August 2015.

5 L. Zanatta, »Un papa peronista?«, in *Il Mulino*, 2 (2016), S. 240. Zanattas Artikel war der Auslöser einer kritischen Diskussion mit dem Vatikanisten Riccardo Cristiano: R. Cristiano, »›Bergoglio peronista‹: per il Mulino è un peccato l'empatia umana«, in *Reset*, 22. Juni 2016; L. Zanatta, »Le mie critiche a Bergoglio e ai guasti del peronismo«, in *Reset*, 27. Juni 2016; R. Cristiano, »Così l'empatia di Francesco ha riportato la Chiesa nella storia«, in *Reset*, 29. Juni 2016. Vgl. R. Cristiano, Bergoglio.

ren Kontinent sahen sie als Wiege westlicher Werte. Franziskus' Sichtweise hingegen ist rein südamerikanisch.«[6]

Franziskus' Offenheit zum Thema Einwanderung zeige, so Pera, dass der Papst »den Westen verachtet, ihn zerstören will und alles tut, um dieses Ziel zu erreichen. [...] Der Papst verkörpert alle südamerikanischen Vorurteile gegenüber Nordamerika, gegenüber dem Markt, den Freiheiten und dem Kapitalismus«.[7] Peras Meinung nach »ist seine Sichtweise südamerikanisch, die des peronistischen Justizialismus, und sie hat nichts mit der westlichen Tradition politischer Freiheiten und ihrer christlichen Matrix zu tun«.[8]

Panebiancos, Zanattas und Peras deutliche Worte zeigen, wie distanziert das säkulare, liberale Lager Bergoglio betrachtet. Für die westlich gesinnte, kapitalistische und den Freihandel befürwortende Kultur ist der »argentinische« Papst jemand, der *die* Denkweise zügelt, die das Zeitalter der Globalisierung bestimmt. Der Pontifex ist für sie ein Gegner und als solcher muss er auch behandelt werden. Zu diesen Kritikern lassen sich die sogenannten *Theocons* zählen, deren Geisteshaltung der vieler US-amerikanischer Katholiken entspricht. Diese betonen immer wieder den von der liberalen und säkularen Rechten hochgehaltenen Gegensatz zwischen dem Westen und Südamerika.[9] Begriffe wie Populismus oder Peronismus zu simplifizieren, ohne sie in ihren historischen Ausdrucksformen zu untersuchen, folgt genau genommen einer Logik der Delegitimierung und ist nichts anderes als Unduldsamkeit gegenüber Kritik am Modell der Globalisierung. Es überrascht jedoch, dass die Kritiker ihren Standpunkt weder belegen noch erläutern,

---

6 »Il Papa sta secolarizzando la chiesa«, Interview mit M. Pera, in *Il Foglio*, 22. November 2016.

7 »Bergoglio vuole fare politica, il Vangelo non c'entra nulla«, Interview mit M. Pera, in *Il Mattino*, 9. Juli 2017.

8 Ebd.

9 Vgl. S. MAGISTER, »Da Perón a Bergoglio. Col popolo contro la globalizzazione«, http://chiesa.espresso.repubblica.it/articolo/1351113.html, 12. August 2015 (letzter Zugriff 13. Juli 2017); DERS., »Quando Bergoglio era peronista. E lo è ancora«, http://chiesa.espresso.repubblica.it/articolo/1351119.html, 26. August 2015 (letzter Zugriff 13. Juli 2017); DERS., »›Il popolo, categoria mistica‹. La visione politica del papa sudamericano«, http://chiesa.espresso.repubblica.it/articolo/1351278.html, 20. April 2016 (letzter Zugriff 13. Juli 2017). 2013 hatte Magister noch eine ganz andere Sichtweise vertreten: »Bergoglio, rivoluzionario a modo suo«, http://chiesa.espresso.repubblica.it/articolo/1350519.html, 16. Mai 2013 (letzter Zugriff 13. Juli 2017).

sondern so tun, als verfüge der heutige Papst weder über einen kulturellen Hintergrund noch über nennenswerte Erfahrung im kirchlichen Rahmen.[10] Massimo Franco hält treffend fest: »Bergoglio als eine Art südamerikanischen Don Camillo darzustellen, wäre allzu mystifizierend. Der frühere Erzbischof von Buenos Aires kann nicht in europäische und noch weniger in italienische Schubladen gesteckt werden. Er ist kein Landpfarrer wie Guareschis Romanfigur, sondern ein Priester aus der Stadt, ja, aus einer Mega-Stadt. Und seine einfache Sprache ist das Ergebnis einer intensiven Auseinandersetzung mit dem ihm anvertrauten Gebiet und seiner Bewohner; sie ist das Ergebnis einer langen, auch lexikalischen Entwicklung seiner Identität als Priester ›auf dem Feld‹.«[11] Bergoglios Sprache ist »einfach«, weil er *möchte*, dass sie einfach ist. Diese Einfachheit ist eine evangelische Einfachheit, sie ist das Ergebnis reiflicher Überlegungen und nicht auf ein begrenztes Ausdrucksvermögen zurückzuführen. Denn hinter seiner Sprache steht ein komplexer Denkprozess, dessen Wurzeln in der Schule der Jesuiten liegen, deren Meister nicht nur aus Argentinien, sondern vor allem aus Europa stammen. Als der junge Bergoglio am Colegio Máximo in San Miguel Philosophie und Theologie studierte, las er vor allem die Werke jesuitischer Intellektueller aus Frankreich, so etwa die Henri de Lubacs, Gaston Fessards und Michel de Certeaus. Seine »Lehrer« kamen also aus Europa, einige von ihnen gehörten zur Schule von Lyon. Teilweise hatte er die gleichen »Lehrer« wie der Uruguayer Alberto Methol Ferré, jener herausragende katholische Intellektuelle Lateinamerikas

---

10 Zu Recht bemerkt Riccardi: »Wenn man sich mit dem Denken und der Persönlichkeit von Franziskus näher auseinandersetzt, verlieren die vereinfachenden Mythen eines populistischen oder sentimentalen Papstes ihre Wirkkraft. Das ›Vorhaben‹ von Franziskus kommt von weit her. Man erfasst es, wenn man seine Geschichte und sein Denken studiert. Im Lauf der Jahre hat Jorge Bergoglio eine differenzierte Reflexion über entscheidende Themen des Lebens der Kirche und über ihren Ort in der Gesellschaft von heute entwickelt. Mit besonderer Aufmerksamkeit hat er den Wandel der letzten beiden Jahrzehnte mit dem unbestrittenen Siegeszug der Globalisierung und ihren Auswirkungen auf das wirtschaftliche und gesellschaftlich-soziale Leben verfolgt. Er hat sich gefragt, was heute in einer veränderten, pluralen Welt mit Mega-Städten der Ort und die Sendung der Kirche sein könnten. Sein Bezugspunkt dabei waren das II. Vatikanische Konzil und die Jahre nach dem Konzil, die Jahre von Papst Paul VI. und Papst Johannes Paul II. Das ›Laboratorium‹ dieser Reflexion von Papst Franziskus war Argentinien, mit seinen Schwierigkeiten und Widersprüchen, das nicht nur in religiöser Hinsicht mit ganz Lateinamerika verbunden ist« (A. Riccardi, Franziskus, S. 8–9).

11 M. Franco, Imperi, S. 262. Vgl. auch Ders., Vaticano.

der zweiten Hälfte des 20. Jahrhunderts. Er war der Herausgeber von *Vispera* und *Nexo*, zweier Zeitschriften, die Bergoglio regelmäßig las.

Europäische und argentinische Lehrer – ein komplexer Mix, der untersucht werden muss, wenn man über die Simplifizierungen hinausgehen möchte, die in einem Mangel an Faktenwissen fruchtbaren Boden finden. Rodrigo Guerra López stellt diesbezüglich fest:

> Dass es in Europa kaum Studien zu lateinamerikanischen Philosophen und Theologen gibt, ist nichts Neues. Manchmal habe ich den Eindruck, dass das lateinamerikanische Denken in den Augen europäischer (und nordamerikanischer) Wissenschaftler verglichen mit dem, was in Ländern wie Deutschland, Frankreich und auch Italien entsteht, minderwertig und nebensächlich ist. Diese Beobachtung wäre nichts weiter als eine Anekdote, wäre sie nicht so wichtig, um das zu verstehen, was heute mit Franziskus passiert. [...] Als Johannes Paul II. zum Papst gewählt wurde, musste man sich angesichts seines intellektuellen und pastoralen Profils wirklich anstrengen, um seine Lehre zu verstehen. Viele mussten sich erst mit der Geschichte der Christen in Polen und mit den verschiedenen philosophischen Traditionen auseinandersetzen, in denen Wojtyła verwurzelt war, und seine nicht gerade simple Philosophie ergründen, um z.B. die tatsächliche Tragweite und die Bedeutung von »Redemptor hominis« und von »Laborem exercens« zu umreißen oder aber das zu verstehen, was schließlich als »Theologie des Leibes« bezeichnet werden sollte. Rocco Buttiglione, Massimo Serretti, Tadeusz Styczeń, Angelo Scola und viele andere haben Unglaubliches geleistet, um all dies zu untersuchen und zu erklären. Bis heute ernten wir die Früchte ihrer Arbeit. Ich glaube, dass man mit Jorge Mario Bergoglio S.J. ähnlich verfahren sollte. Wie viele Diskussionen ließen sich vermeiden, würden wir die intellektuelle und pastorale Biographie unseres Papstes zu Rate ziehen! Kaum ein Professor oder Student an den großen wissenschaftlichen Einrichtungen, die sich mit dem päpstlichen Lehramt befassen, hat jemals systematisch die Schriften Jorge Bergoglios untersucht oder sich mit den von ihm bevorzugten Autoren, mit Lucio Gera, Juan Carlos Scannone oder Methol Ferré, beschäftigt – ganz zu schweigen von einer erschöpfenden und tiefgründigen Untersuchung der Theologie des Volkes oder des bischöflichen Lehramts in Lateinamerika.[12]

---

12 R. Guerra López, »Aprender los unos de los otros«, http://chiesa.espresso.repubblica.it/articolo/1351355.html, 18. August 2016 (letzter Zugriff 13. Juli 2017). Zur argentinischen Philosophie vgl. D.F. Pró, Historia; A. Caturelli, Historia. Zur argentinischen Theologie vgl. C.M. Galli, Investigando.

Ganz zu Recht verweist Guerra López auf dieses Forschungsdesiderat. Die italienischen und englischsprachigen Leser können bislang unter anderem auf Austen Ivereighs ausgezeichnete Bergoglio-Biographie zurückgreifen, in der die Ausbildung und auch die intellektuelle Bildung des späteren Papstes präzise rekonstruiert werden.[13] Dieses Werk ist essentiell, *auch* um Bergoglios »politische« Haltung zu verstehen, die von seinen Kritikern so häufig missverstanden wird. Ivereigh hält dazu fest:

> Bergoglios Radikalismus darf nicht mit progressiver Lehre oder progressiver Ideologie verwechselt werden. Seine Einstellung ist radikal, weil sie missionarisch und mystisch ist. Franziskus ist instinktiv und mit Herz und Seele gegen »Parteibildungen« innerhalb der Kirche. Er ist überzeugt, dass die Wurzeln des Papsttums im traditionellen Katholizismus des heiligen, Gott ergebenen Volkes und vor allem bei den Armen liegen. Niemals wird er bei brennenden Fragen Kompromisse eingehen, die die Kirche vom säkularen Westen trennen, eine Kluft, die die Progressiven gerne durch die Modernisierung der Lehre schließen würden. Dass er kein Papst der katholischen Rechten ist, ist allerdings auch klar: Er wird seinen Pontifikat nicht dazu nutzen, politische und kulturelle Kämpfe zu führen (er glaubt vielmehr, dass diese auf diözesaner Ebene ausgetragen werden sollten), sondern er wird ihn nutzen, um Menschen für die Kirche zu gewinnen und um zu lehren. Er hält es ferner nicht für notwendig, unendlich oft all die Dinge zu wiederholen, die allgemeinbekannt ist, sondern er möchte das hervorheben, was teilweise schon in Vergessenheit geraten ist: die väterliche Güte und die barmherzige Gnade Gottes. Und während konservative Katholiken ihn lieber über ethische statt über soziale Fragen sprechen hören möchten, tut er gerne genau das Gegenteil: Er möchte den Katholizismus als »nahtloses Gewand« wiederherstellen.[14]

Ivereighs Einschätzung ist wichtig, weil sie uns hilft, die in konservativen Kreisen weit verbreitete Fehlvorstellung aus dem Weg zu räumen, Franziskus und Benedikt XVI. seien einander diametral entgegengesetzt. Denn im Grund genommen haben wir es bei diesen beiden Pontifikaten mit unterschiedlichen Stilen und Akzentsetzungen, nicht mit unterschiedlichen Inhalten zu tun. »Während die langen Pontifikate Wojtyłas und Ratzingers von

---

13 A. Ivereigh, Reformer. Eine bibliographische Auflistung aller Biographien Jorge Mario Bergoglios bietet W. Kasper, Papst. Für eine Zusammenfassung der wichtigsten biographischen Stationen vgl. A. Melloni, Papa.

14 A. Ivereigh, Reformer, S. 386.

lehramtlichen Aussagen zu moralischen und sozialen Fragen und von einer dezidierten Betonung der ›Anthropologie‹ in Verbindung mit dem ›Naturrecht‹ geprägt waren, scheint der Bergoglio-Papst einen historisch-kulturellen Blick zu haben. Dieser entspricht sowohl dem lateinamerikanischen theologischen Umfeld, aus dem er stammt, als auch seinem eher spirituellen als theologischen Verständnis des Papstamtes. Der Pontifikat Benedikts XVI., des ›Theologenpapstes‹ (im Sinne eines akademischen Theologen), könnte in der Geschichte des modernen Katholizismus eine Ausnahme bleiben. Die Akzentverschiebung unter Bergoglio vom theologischen zum spirituellen Papsttum bringt für die zukünftige Ordnung des Katholizismus einige Unbekannte mit sich. Aber dass er eine andere Wahl getroffen hat als Ratzinger, macht aus Bergoglio noch keinen Progressiven oder *Liberalen* (so wie auch Ratzinger kein Reaktionär war). Bergoglio ist ein ›sozialer Katholik‹ mit einer ambivalenten und komplexen Vorstellung von ›Moderne‹.«[15] Dieser »soziale« Katholizismus, der seine Hochphase nach dem Konzil hatte und in der Zeit der Globalisierung in Vergessenheit geraten ist, eckt in den katholischen Kreisen an, die sich zwar für die Werte des Lebens, aber nicht so sehr für soziale Werte einsetzen. Misstrauisch gegenüber einem Papst, der die Werte des Marktes ihrer Ansicht nach zu kritisch sieht, werfen diese Kreise Franziskus vor, in seiner Theologie zu progressiv zu sein – was jedoch nicht der Fall ist. Denn die Kritik des Papstes an einer Gesellschaft, die ausschließt, Arbeitsplätze abschafft und stattdessen neue Spaltungen schafft, verfolgt weder die Absicht, aus den Katholiken eine Partei zu machen, noch will sie die Kirche auf die Barrikaden bringen.

> Franziskus ist der Mann, der zwischen den (teils tragischen) Geschichten der Spaltung in Südamerika Versöhnung stiften wollte. Seinen Reformen im Vatikan, mit denen er auf Widerstand und Widerspruch gestoßen ist, entsprechen auf globaler Ebene die Auslöschung und Beseitigung sämtlicher ideologischer Rückstände und Trümmer des Kalten Krieges. Konkret bezogen auf Lateinamerika bedeutete dies, die letzte ›Berliner Mauer‹, die ›Havaneser Mauer‹, sowie all die anderen unsichtbaren Mauern zu Fall zu bringen, die in den Geheimarchiven und im kollektiven Gedächtnis der Völker vergraben waren. Es ging ihm darum, die im Namen des Marxismus und des Kapitalismus geführten Bürgerkriege der Vergangenheit zu überlassen, in denen die katholische

15 M. Faggioli, Papa, S. 83.

> Kirche und ihre Episkopate mal die Rolle des Opfers, mal die des Komplizen eingenommen haben. Viele hat das Geschenk, das der bolivianische Präsident Evo Morales Franziskus überreichte, ein Kruzifix mit Hammer und Sichel, schockiert. Geschaffen hatte es Pater Luís Espinal, der in den 1980er-Jahren sein Leben dafür gelassen hatte, dass er die Armen und die Demokratie verteidigt hatte. Ohne Franziskus' verblüfften Gesichtsausdruck zum Zeitpunkt der Übergabe dieses Geschenks zu beachten, wollten manche darin eine posthume Annahme der Befreiungstheologie marxistischen Ursprungs vonseiten des Papstes sehen. Was dort aber tatsächlich geschah: Mit dieser Geste sprach Morales dem Papst eine der Kirche noch nie zugestandene Führungsrolle zu und ordnete sich selbst unter und unterwarf sich – was bis vor wenigen Jahrzehnten noch undenkbar gewesen wäre.[16]

Massimo Franco zufolge »hat Franziskus die revolutionären Mythen des Kommunismus aus dem Weg geräumt, indem er sich selbst an die Spitze der Volksaufstände setzte und ihnen eine andere Ausdrucksform gab: friedlich, inklusiv, aber deshalb nicht weniger klar in ihrem Aufruf zum Widerstand und in der Verurteilung dessen, was er als ›technokratisches Paradigma‹ bezeichnet«.[17] Eben dieses Paradigma hatten bereits der von Bergoglio geschätzte Romano Guardini sowie der von Methol Ferré geschätzte Augusto Del Noce kritisiert: Es ging um ein Modell, das die »Nutzlosen«, die »Ausgestoßenen«, die Unproduktiven, die Arbeitslosen, die Armen, die Alten, die »Schlecht-Geborenen« und die »Noch-nicht-Geborenen«, die Schwerkranken und die Schwachen im Allgemeinen ausschließt. Der einzige Weg, um aus diesem Modell zu entkommen, liegt darin, die Schwachen mit den Beschützten zu versöhnen und dadurch Harmonie und sozialen und politischen Frieden zu schaffen. *In Bergoglios Denksystem ist die Versöhnung omnipräsent.* Sein Denken ist kein »irenisches«, optimistisches, naiv progressistisches Denken, sondern es ist ganz im Gegenteil ein dramatisches, »von Spannung gezeichnetes« Denken, das durch seine ignatianischen Studien in den 1960er-Jahren herangereift war und sich in den dramatischen Umständen, die Argentinien in den 1970er-Jahren erschütterten, zum ersten Mal artikulierte. Das Land war geteilt in ein pro-militärisches rechtes und ein pro-revolutio-

---

16 M. Franco, Imperi, S. 263.
17 Ebd., S. 264.

näres linkes Lager. Diese Kontraposition setzte sich auch in der Kirche und in der Gesellschaft Jesu fort. In diesem Kontext entstand Bergoglios Auffassung von einer »polaren«, »antinomischen« Dialektik, die den roten Faden oder vielmehr den Kern seines Denkens darstellt. Bergoglio trat für eine Synthese jener Gegensätze ein, die die historische Wirklichkeit zerrissen. Es ging ihm nicht um ein »Treffen in der Mitte«, also um eine rein »zentristische« Lösung, sondern er wagte den theoretisch-praktisch-religiösen Versuch, eine antinomische Einheit, eine agonale, durch Gegensätze erreichte Lösung vorzuschlagen. Seine Vision war also dialektisch; die Versöhnung war dabei nicht wie bei Hegel der philosophischen Spekulation überlassen, sondern dem Geheimnis, das in der Geschichte wirkt. Dieses Modell hatte Gaston Fessard in seinem 1956 veröffentlichten Grundlagenwerk *La dialectique des »Exercices spirituels« de saint Ignace de Loyola* entwickelt. Während seines Deutschlandaufenthalts im Jahre 1986 hatte Bergoglio Gelegenheit, dessen Betrachtungsweise mit dem Gegensatzsystem zu vergleichen, das Romano Guardini in seinem 1925 erschienenen Werk *Der Gegensatz. Versuche zu einer Philosophie des Lebendig-Konkreten* vorgestellt hatte. Von da an war Guardini, dessen philosophisches Denken Bergoglio in seiner Doktorarbeit behandelte, »sein« Autor, derjenige, der ihm dabei half, soziale und kirchliche Antinomien zu reflektieren und Lösungen dafür zu finden. Bergoglios Denken, das aus vielerlei Gründen mit dem Methol Ferrés zu vergleichen ist, ist eine *Symphonie der Gegensätze*, eine Philosophie, die im Gefolge von Johann Adam Möhler, Erich Przywara, Romano Guardini und Henri de Lubac steht und fest in der Tradition einer als *coincidentia oppositorum* verstandenen katholischen Kirche verortet ist. Als Kardinal sagte Bergoglio:

> Ja, wie ich bereits gesagt habe: »Harmonie«, das trifft es. In der Kirche schafft der Heilige Geist Harmonie. Einer der ersten Kirchenväter schrieb über den Heiligen Geist: »*Ipse harmonia est*«, er selbst ist die Harmonie. Er allein ist zugleich der Urheber der Einheit und der Vielfalt. Nur der Geist kann Verschiedenheit und Vielfalt bewirken und gleichzeitig Einheit schaffen. Denn wenn wir Verschiedenheit schaffen wollen, schaffen wir Schismen; und wenn wir es sind, die Einheit schaffen wollen, dann schaffen wir Uniformität, Gleichschaltung.[18]

---

18 Zit. nach G. Valente, Nähe, S. 43.

Ähnlich äußerte er sich auch als Papst:

> Mit anderen Worten, derselbe Geist erschafft *die Verschiedenheit und die Einheit* und auf diese Weise formt er ein neues Volk, das vielfältig und geeint ist: die *universale* Kirche. Zuerst erschafft er einfallsreich und unvorhersehbar die Verschiedenheit; denn zu jeder Zeit lässt er neue und vielfältige Charismen aufblühen. Dann verwirklicht der gleiche Geist die Einheit: er verbindet, versammelt und stellt die Harmonie wieder her: »Mit seiner einigenden Gegenwart führt er die abgesonderten und vereinzelten Geister zusammen« (Cyrill von Alexandrien, *Kommentar zum Johannesevangelium*, XI, 11), so dass es wahre Einheit gibt, jene gottgemäße Einheit, die nicht Einförmigkeit ist, sondern *Einheit in der Verschiedenheit*.
>
> Um dies zu tun, ist es gut, *zwei Versuchungen*, die oftmals wiederkehren, zu vermeiden. Die erste ist jene, die *Verschiedenheit ohne die Einheit* zu suchen. Dies geschieht, wenn man sich unterscheiden will, wenn sich Lager und Parteiungen bilden, wenn man sich auf ausschließende Positionen versteift, wenn man sich in die eigenen Besonderheiten verschließt, weil man sich möglicherweise für die Besten hält oder diejenigen, die immer recht haben. Das sind die sogenannten »Wahrheitswächter«. Dann wählt man den Teil, nicht das Ganze, die Zugehörigkeit zu diesem oder jenem vor der Zugehörigkeit zur Kirche; man wird zu »Parteigängern« anstatt zu Brüdern und Schwestern in dem einen Heiligen Geist; Christen »von rechts oder links« anstatt von Jesus; mehr unbeugsame Bewahrer der Vergangenheit oder Avantgardisten der Zukunft als demütige und dankbare Söhne und Töchter der Kirche. So gibt es die Vielfalt ohne die Einheit. Die entgegengesetzte Versuchung ist hingegen jene, *die Einheit ohne die Verschiedenheit* zu suchen. Auf diese Weise aber wird die Einheit zur Einförmigkeit, zu einer Verpflichtung, alles gemeinsam und gleich zu machen und immer in derselben Weise zu denken. So endet die Einheit darin, Vereinheitlichung zu werden und es gibt keine Freiheit mehr. Aber, so sagt der heilige Paulus, »wo der Geist des Herrn ist, da ist Freiheit« (2 Kor 3,17).[19]

Diese komplexe Beziehung zwischen Einheit und Vielfalt ist der Kern von Bergoglios »katholischem« Denken. Seine drei Gegensatzpaare (Fülle-Beschränkung; Idee-Wirklichkeit; Globalisierung-Lokalisierung) nehmen darin Gestalt an und folgen vier Prinzipien: Die Zeit ist mehr wert als der Raum;

19 Papst Franziskus, Homilie am Hochfest Pfingsten, 4. Juni 2017, online zugänglich unter https://w2.vatican.va/content/francesco/de/homilies/2017/documents/papa-francesco_20170604_omelia-pentecoste.html (letzter Zugriff 27. Dezember 2019).

die Einheit wiegt mehr als der Konflikt; die Wirklichkeit ist wichtiger als die Idee; das Ganze ist dem Teil übergeordnet. Dies ist die Grundlage seiner klassischen Lehre von der Einheit der Transzendentalien (dem Schönen, dem Guten und dem Wahren), die eng mit den Überlegungen Hans Urs von Balthasars verbunden ist. Diese Lehre ist der Schlüssel zur Beziehung zwischen Barmherzigkeit und Wahrheit in der heutigen Welt. Wenn *nur die Liebe glaubhaft ist*, wie es bei von Balthasar heißt, dann müssen der kosmotheologische Weg des Mittelalters und der anthropologische Weg der Moderne in Zeiten des Relativismus und des Nihilismus der Gnade als »Ausdrucksform« der Wahrheit Platz machen.[20] Auf diesem evangelischen, *kerygmatischen* Weg, der im Mittelpunkt des Pontifikats steht, kann das Christentum heute zu jener Dynamik zurückkehren, die es in seinen Ursprüngen hatte. Doch viele Konservative, die – ebenso wie die Modernisierer – die Barmherzigkeit der Wahrheit entgegensetzen, lehnen dies entschieden ab.

Wenn man nun als europäischer Wissenschaftler zu den Wurzeln des Denkens von Jorge Mario Bergoglio geht und dessen Entwicklung nachzeichnet, ergibt sich ein außerordentlich reichhaltiges Bild. Dieses speist sich aus verschiedenen Quellen, die durch eine tiefere Logik miteinander verbunden sind. Diego Fares beschreibt es folgendermaßen:

> Der Bezug auf Guardini und seine phänomenologische Fähigkeit, die »lebendigen Gestalten« zu »schauen«, wobei die Teile dazu beitragen, dass das Ganze funktioniert, und das Ganze dazu beiträgt, dass die Teile funktionieren, scheint dem, was Papst Franziskus uns mitteilt, Kohärenz zu verleihen. [...] Man denke aber auch an Erich Przywara und seine Vorstellung von Gott als etwas immer Größerem und von einem Geist, der alles in Bewegung setzt und Harmonie in der Vielfalt schafft; man denke an Hans Urs von Balthasar, an seine Ordnung der Transzendentalien, bei der das Schöne und das Gute (stets dramatisch) vor der Logik stehen; an seine Forderung, jede endliche, philosophische Wahrheit für Christus zu öffnen (jede Wahrheit zu Christus aufsteigen zu lassen); an seine Kunst der klärenden Transposition (die Einheit in die Vielfalt bringt; die das eine Wort in viele übersetzt, stets mit einem Blick der schöpferischen und barmherzigen Liebe).[21]

---

20 H. U. von Balthasar, Liebe.

21 D. Fares, Papa, S. 37. Vgl. auch Anm. 38 auf der gleichen Seite.

Der Rahmen, der sich hier ergibt, ist das Ergebnis des kulturellen Austauschs zwischen Europa und Lateinamerika, einer Verflechtung von Ideen, aus der die katholische *communio* kraftvoll hervorgeht. Bergoglio ist in seiner scheinbaren Einfachheit eine durchaus komplexe Figur, ja: Er selbst ist in seiner Persönlichkeit eine *complexio oppositorum*. Dieser Mann, der als Papst dafür kritisiert wird, sich zu sehr um weltliche Belange zu kümmern, ist ein »Mystiker«. Ihre Nahrung empfangen sein Denken und seine Seele aus den *Geistlichen Übungen* des heiligen Ignatius, dem mystischen Strang der Gesellschaft Jesu, der Aktion und Kontemplation vereint. Antonio Spadaro betont: »Der Schlüssel zu seinem Denken und Handeln muss in der ignatianischen spirituellen Tradition gesucht und gefunden werden. Seine lateinamerikanische Erfahrung ist in diese Spiritualität eingegliedert und muss in ihrem Licht gelesen werden, will man vermeiden, abgedroschenen Stereotypen zu verfallen, wenn man Franziskus interpretiert. Sein bischöfliches Amt, sein Handlungs- und Denkstil sind geprägt von der ignatianischen *visio*, von der antinomischen Spannung, immer und überall *in actione contemplativus* zu sein.«[22] Bergoglios Vorbild ist Peter Faber, ein Gefährte des Ignatius, der unermüdlich durch das von Religionskriegen gespaltene Europa reiste und mit Sanftmut und Milde das Evangelium und den Frieden Christi verkündete. Ein »mystisches« Denken ist ein offenes Denken, das den Blick nach außen nicht verschließt. Franziskus sagte im Interview gegenüber Antonio Spadaro: »Das mystische Umfeld definiert nie seine Grenzen, schließt das Denken nicht ab. Der Jesuit muss immer ein Mensch von unabgeschlossenem, von offenem Denken sein.«[23] Daher ist Bergoglios antinomische Dialektik im Gegensatz zu derjenigen Hegels eine »offene« Dialektik; die Synthese ist stets vorläufig, sodass sie jedes Mal gestützt und wiederhergestellt werden muss. Denn Versöhnung ist das Werk Gottes und nicht in erster Linie das Werk des Menschen. Dies erklärt seine Kritik an einer »selbstbezogenen«, in der

---

22 A. Spadaro, Vorwort zu Jorge Mario Bergoglio–Papst Franziskus, Cuore, S. x. Es handelt sich hierbei um die italienische Übersetzung von J. M. Bergoglio-Papst Franziskus, Meditaciones. In der deutschen Ausgabe (J. M. Bergoglio-Papst Franziskus, Weisheit) ist das Vorwort Spadaros nicht enthalten.

23 A. Spadaro, Interview, S. 36. Es handelt sich hierbei um ein von P. Antonio Spadaro geführtes und kommentiertes Interview, das Papst Franziskus der *Civiltà Cattolica* gab (*Civiltà Cattolica*, 3918, 19. September 2013, S. 449–477). Zum »offenen« Denken vgl. A. Savorana, A. Spadaro, Verità.

eigenen »Immanenz« verschlossenen Kirche, die durch die doppelte Versuchung des Pelagianismus und des Gnostizismus gezeichnet ist. Der Christ ist »dezentralisiert«, der Gleichgewichtspunkt zwischen den Gegensätzen liegt außerhalb von ihm.

Die vorliegende Arbeit ist ein erster Versuch, das Denken Jorge Mario Bergoglios nachzuzeichnen. Vier außerordentlich wichtige Audioaufnahmen, die mir der Heilige Vater freundlicherweise als Antwort auf zahlreiche Fragen übermittelt hat, die ich ihm zuvor gestellt hatte, waren dabei eine große Hilfe. Sie datieren vom 3. und vom 29. Januar 2017; zwei weitere stammen vom 13. März 2017, dem Tag, an dem Franziskus den vierten Jahrestag seines Pontifikats beging. Zahlreiche Inhalte dieser Aufnahmen sind in den vorliegenden Band eingeflossen; in den Anmerkungen wird stets auf die Quelle verwiesen. Zusammen mit den Aufnahmen erhielt ich zwei Mitteilungen des päpstlichen Sekretärs vom 7. Februar und 12. März 2017, die Texte enthielten, die für meine Arbeit sehr nützlich waren. In seinen Antworten hob der Papst die wesentlichen Punkte seiner Ausbildung hervor, die sonst nur schwer zu erahnen sind. Vor allem erläuterte er die Genese seines Denkens in den 1960er-Jahren, beginnend mit der Lektüre von Interpretationen der *Übungen* des Ignatius von Loyola. Diese Interpretationen befassen sich mit der dialektischen Spannung zwischen Gnade und Freiheit, dem Herzstück der ignatianischen Perspektive. Dadurch entwickelte sich eine Denkweise, die ihn später mit der polaren Dialektik Romano Guardinis in Kontakt bringen sollte. Von all den neuen Erkenntnissen, die den Audioaufnahmen des Papstes zu entnehmen sind, sei vor allem der bahnbrechende Einfluss Gaston Fessards und seiner »Theologie des *als ob*« erwähnt; ferner die große Bedeutung der französischen Jesuitenzeitschrift *Christus*, die für Bergoglio eine unerschöpfliche Quelle von Ideen war, der hohe Stellenwert der Arbeiten Amelia Podettis und Alberto Methol Ferrés, die Fokussierung seiner Doktorarbeit auf Guardini, die Bedeutung von Balthasars Aufsatz über Irenäus für seine antignostische Lektüre, etc. Für all diese Erläuterungen und für die Zeit, die er mir geschenkt hat, möchte ich dem Heiligen Vater von ganzem Herzen danken.

Ich danke auch Prof. Guzmán Carriquiry Lecour, dem Vizepräsidenten der Päpstlichen Kommission für Lateinamerika. Sein Rat und seine Unterstützung als Schüler und Freund von Methol Ferré, der selbst Protagonist vieler in diesem Buch geschilderter intellektueller Auseinandersetzungen im lateinamerikanischen Raum war, waren mir eine große Hilfe. Vielen Dank auch an Dr. Alver Metalli, den Verantwortlichen des Blogs *Lands of America* und früheren Redakteur der Zeitschriften *Incontri. Testimonianze dell'America Latina* und *30 Giorni*. Er schlug für mich eine »Brücke« zu Methol Ferré und anderen Protagonisten des lateinamerikanischen Katholizismus. Ohne ihn hätte ich möglicherweise die intellektuelle Größe Methols nicht gebührend gewürdigt. Ich möchte auch Dr. Marcos Methol Sastre danken, dem Leiter des »Archive of Alberto Methol Ferré en el Centro de Documentación y Estudios de Iberoamerica (CEDEI) de la Universidad de Montevideo (Uruguay)«. Ich schulde ihm noch die beiden unveröffentlichten Briefe Augusto Del Noces an Methol von 1982, die ich veröffentlicht habe. Ebenso danke ich Prof. Enzo Randone, dem Präsidenten der »Fondazione Centro Studi Augusto Del Noce« in Savigliano (CN), dass er mir die beiden unveröffentlichten Briefe von Methol Ferré an Del Noce aus den Jahren 1980 und 1981 zukommen lassen hat, die in diesem Band veröffentlicht wurden. Dank gebührt auch Prof. Roberto Graziotto, der Karl-Heinz Crumbachs Aufsatz »Ein ignatianisches Wort als Frage an unseren Glauben« ins Italienische übersetzt hat, und Dr. Serena Meattini für alle wertvollen bibliographischen Informationen. Ein besonderes Dankeschön gebührt schließlich meiner Frau Carmen, die die Zeit, die ich für das Schreiben des Bandes benötigt habe, geduldig mit mir geteilt hat. Neben ihr danke ich meinen Kindern, Daniela, Luisa und Alessandro, die meine Arbeit stets begleitet haben.

1 Ein kontrastreicher Horizont

1.1 Am Ursprung von Bergoglios Denken: Gaston Fessard und die Theologie des »als ob«

Als der junge Bergoglio am 11. März 1958 im Alter von 21 Jahren in das Noviziat der Gesellschaft Jesu eintrat, erfreuten sich weder das jesuitische Studium noch die Riege der Dozenten eines besonders guten Rufs. Die neuscholastisch orientierten Handbücher waren voller schwerer, lebensferner Phrasen. Im Interview bemerkte Franziskus gegenüber Pater Spadaro Jahre später lapidar: »So dürfen wir zum Beispiel nicht die Genialität der thomanischen Theologie mit dem dekadenten Thomismus verwechseln.«[1] Dieses Urteil spricht Bände. Es wäre jedoch falsch, darin Kritik am Denken des Thomas von Aquin erkennen zu wollen. Im Vorwort zu Enrique Ciro Bianchis Werk über Rafael Tello, einem der Vertreter der argentinischen Volksreligiosität, schrieb Bergoglio, er sei beeindruckt, wie viel Thomas in Tellos Denken stecke. »In einer Zeit, in der die *Summa theologica* gerne über Bord geworfen wurde, und man die Lehrer, die sich auf die *Summa* beriefen, als vorsintflutliche Exoten betrachtete, blieb die *Summa* der Bezugspunkt seines Denkens. Mehr als alle anderen erfasste er die Tiefe und Originalität des heiligen Thomas von Aquin.«[2] Tatsächlich sollte die thomistische Prägung bei Bergoglio einen bleibenden Eindruck hinterlassen; sein gnoseologisch-metaphysischer *Realismus* und seine Aufwertung der *spürbaren* Welt haben hier ihren Ursprung.

Das Studium des jungen Jorge sah zwei Jahre Noviziat, ein Jahr Juniorat (d.h. ein Jahr geisteswissenschaftlicher Studien), drei Jahre Philosophie, drei Jahre Lehrtätigkeit, drei Jahre Theologie und ein Jahr Terziat vor. Insgesamt studierte er also dreizehn Jahre lang, von 1958 bis 1971. Das Studium der

---

1 A. Spadaro, Interview, S. 73.

2 J.M. Bergoglio, Vorwort zu E.C. Bianchi, Pobres, S. 21.

Philosophie und der Theologie absolvierte er am Colegio Máximo San José in San Miguel in der Provinz Buenos Aires. Über die Dozenten von damals gibt es kaum noch Aufzeichnungen. Austen Ivereigh stellt fest, dass »fast alle Professoren betagt waren, aus dem Ausland kamen und für eine Auseinandersetzung mit der zeitgenössischen Welt nicht vorbereitet waren.«[3] In den Lehrveranstaltungen wurden einzig die abgedroschenen Inhalte einer längst aus der Zeit gefallenen Denkschule wiederholt. »Wann also ist ein Denkausdruck nicht gültig?«, sagte Franziskus im Interview gegenüber Antonio Spadaro. »Wenn ein Gedanke das Humanum aus den Augen verliert oder wenn er das Humanum gar fürchtet oder wenn er sich über sich selbst täuschen lässt. Das in die Irre geführte Denken kann als Odysseus vor dem Gesang der Sirenen dargestellt werden oder als Tannhäuser, der umgeben ist von Satyrn und Bacchanten oder als Parsifal im zweiten Akt der Wagner-Oper am Hof von Klingsor. Das Denken der Kirche muss wieder Genialität gewinnen und muss immer besser begreifen, wie der Mensch sich heute versteht, um so ihre eigene Lehre besser zu entwickeln und zu vertiefen.«[4]

Doch seine Studienzeit hatte auch positive Seiten. Während seines Theologiestudiums am Colegio Máximo (1967 bis 1970) lernte er Pater Miguel Ángel Fiorito kennen, der dort sein Professor für Philosophie war. Die von Fiorito verfolgte Erneuerung der ignatianischen Idee beeinflusste den späteren Papst nachhaltig. »Der Kreis um Fiorito nahm die Idee des *ressourcement* sehr ernst, einen Prozess der Erneuerung, der eine Rückkehr zum ›ursprünglichen Charisma‹ der ersten Jesuiten vorsah und dieses an die modernen Zeiten anpasste. Dieser Ansatz unterschied sich grundlegend von jener anderen Form der Erneuerung, die das Vermächtnis des Ignatius als ›überkommen‹ ablehnte und zeitgenössische Vorstellungen unkritisch übernahm.«[5] Dass Ignatius und der Wert der *Geistlichen Übungen* für die Gegenwart so unterschiedlich verstanden wurden, machte den Unterschied aus zwischen Bergoglio und den Älteren auf der einen Seite, die auf einer formelhaften Wiederholung der jesuitischen Tradition bestanden, und den »Modernen« auf der anderen Seite, die sich von neuen soziologischen Erkenntnissen aus Amerika und Europa leiten ließen und die »Spiritualität« der jesuitischen

3 A. Ivereigh, Reformer, S. 76.
4 A. Spadaro, Interview, S. 74.
5 A. Ivereigh, Reformer, S. 92.

Gründungstexte als archaisch und überkommen empfanden. Die Kirche zu reformieren bedeutete für den jungen Bergoglio nicht, sie unkritisch zu modernisieren; in seinen Augen galt es, die Lehre und das Zeugnis des Ignatius wohlüberlegt und unter Berücksichtigung der Umstände und Gegebenheiten der Gegenwart wiederaufzunehmen.[6] Es war das Zweite Vatikanum, das ihn an eine Haltung heranführte, die zugleich katholisch und offen war und den Wert der Vergangenheit anerkannte.

Wie viele Vertreter der neuen Generation argentinischer Katholiken las Bergoglio regelmäßig den *Criterio*, eine von Pater Jorge Mejía in Buenos Aires herausgegebene Zeitschrift. Diese war das Sprachrohr der neuen aus Frankreich kommenden Denkströmungen.[7] Zwei junge Professoren des Seminars, die einstmals zu Kardinälen ernannt werden sollten, veröffentlichten regelmäßig im *Criterio*: Eduardo Pironio, ein späterer Mitarbeiter Pauls VI., und Antonio Quarracino, der Johannes Paul II. dazu bewegen sollte, Bergoglio zum Kardinal zu erheben. Zu den Mitarbeitern der Zeitschrift gehörten ferner *Jorge Luis Borges, Homero Manzi, Francisco Luis Bernárdez, Baldomero Fernández Moreno, Leonardo Castellani, Ernesto Palacio, Manuel Gálvez, Ignacio B. Anzoátegui, Julio Irazusta, Julio Meinvielle, Basilio Uribe* und *José Luis Romero*. Der *Criterio* veröffentlichte zudem Beiträge bedeutender Autoren wie *Gilbert K. Chesterton, Hans Urs von Balthasar, Gerardo Diego, Eduardo Frei Montalva, Jean Guitton, Jacques Maritain, Julián Marías* und *Gabriela Mistral*.

Und noch eine weitere Zeitschrift war für den jungen Bergoglio ein Fundus von Ideen und Anregungen: die dreimal im Jahr erscheinende Jesuitenzeitschrift *Christus*, die seit 1954 in Frankreich von P. Maurice Giuliani herausgegeben wurde.[8] In einer Audioaufnahme erinnerte sich Franziskus folgendermaßen daran:

---

6 Zur »ignatianischen« Prägung Bergoglios vgl. A. Spadaro, Vorwort zu J.M. Bergoglio-Papst Franziskus, Cuore, S. V–XXX.

7 P. Jorge M. Mejía (1923–2014) war Herausgeber der Zeitschrift *Criterio*, von 1957 bis 1978 gemeinsam mit Gustavo J. Franceschi, von 1978 bis 1990 allein. Am 21. Februar 2001 wurde er von Johannes Paul II. zum Kardinal erhoben.

8 P. Maurice Giuliani leitete von 1954 bis 1962 die Zeitschrift *Christus* und war später Herausgeber der Zeitschrift *Études*. Von 1965 bis 1972 war er Regionalassistent der Gesellschaft Jesu für Frankreich und Berater des Generaloberen Pedro Arrupe. Vgl. M. Giuliani, Esercizi.

> Die Lektüre der Zeitschrift *Christus*, unter der Leitung von Pater Giuliani. Da gab es viele Artikel, die in den ersten Jahren – später änderte sich die Ausrichtung der Zeitschrift –, aber in den ersten Jahren, den Jahren von P. Giuliani, gab es dort viele Artikel, die mich inspirierten. Ich denke, dass man in der Geschichte der katholischen Spiritualität und vor allem der postkonziliaren Spiritualität die Arbeit der Zeitschrift *Christus* nicht vergessen sollte, die P. Arrupe und das von ihm gegründete Zentrum für Spiritualität sich gewünscht hatten und die von Pater Luis Gonzalez geleitet wurde, der für die Erneuerung der Gesellschaft Jesu so viel Gutes getan hat. Gestatten Sie mir hier einen Exkurs. Als P. Arrupe gewählt wurde, befand sich die Gesellschaft in einem Zustand solcher Uniformität, dass sich die Unterscheidung darauf beschränkte, zwischen Gut und Böse zu wählen, aber nicht zwischen Gut und Besser. Das stärkste Symbol dieser Reduzierung zur Uniformität war für mich die *Epitome* der Gesellschaft, unter der Leitung von P. Dóchowski. Als er es dem Abtprimas der Benediktiner vorlegte, sagte dieser zu ihm: »Damit haben Sie die Gesellschaft getötet, Sie haben ihr die Mobilität genommen.« Denn alles war vorausgesehen, die Quellen der Gesellschaft, ihre Regeln. Die gesetzliche Struktur der Gesellschaft hat drei Quellen: [erstens] die *Formula Instituti*, die unantastbar sind, weil sie die ignatianischen Eingebungen enthalten. Zweitens die *Konstitutionen*, die je nach Ort, Zeit und Personen angewandt werden müssen und daher angepasst, aktualisiert und inkulturiert werden können. Drittens helfen die Regeln dabei, gewisse Aufgaben zu erledigen, doch sie haben keinen universellen und bleibenden Wert. Das einzige, was wirklich zählt, sind die *Formula Instituti*. In der *Epitome* war alles zusammen drin, vermischt. Alle Unterschiede wurden globalisiert, wodurch ihnen jegliche Spannung genommen wurde, so etwa die Spannungen in den Konstitutionen zwischen Ort, Zeit und Personen. P. Arrupe nahm sich nun P. Jansen und organisierte nach dem Krieg die Leitung neu. Nach seiner Wahl bediente sich P. Arrupe zahlreicher Werkzeuge, nutzte vor allem aber die beiden folgenden: das Zentrum für Spiritualität und die Zeitschrift *Christus*, um jene Spannung wiederzufinden, die die Gesellschaft wachsen lässt. Ich habe das miterlebt und es ist in mir drin. Vielleicht kommen diese Dinge daher.[9]

Dieses wichtige Zeugnis verschafft uns einen Einblick ins »Laboratorium« des Denkens des jungen Bergoglio. Die im *Christus* erschienenen Artikel halfen der Gesellschaft Jesu, ihren Horizont zu erweitern und sich aus der Un-

---

9 Papst Franziskus, Audioaufnahme vom 29. Januar 2017.

beweglichkeit zu befreien, die die *Epitome* ihr auferlegt hatte. Darauf kam Franziskus auch im Interview mit der *Civiltà Cattolica* zu sprechen: »Es hat in der Gesellschaft Zeiten gegeben, in denen ein strenges, geschlossenes, eher instruktiv-asketisches als ein mystisches Denken gelebt wurde; diese Entstellung hat die *Epitome Instituti* hervorgebracht.«[10] Als Leser der *Christus* lernte Bergoglio einen Jesuiten kennen, der es später noch zu Berühmtheit bringen sollte: Michel de Certeau, dessen Beiträge zur jesuitischen Mystik und besonders zu Pater Faber von großer Bedeutung für den späteren Papst waren. Von Faber wird zu einem späteren Zeitpunkt noch die Rede sein. De Certeaus Beiträge halfen Bergoglio, die authentische ignatianische Spiritualität besser zu verstehen. Sie boten zudem Miguel Ángel Fioritos Bemühungen hinsichtlich der *Übungen* Raum, um sich zu entfalten. Es ist also unverkennbar, dass Bergoglios intellektuelle Bildung innerhalb der intellektuellen Welt der Jesuiten begann.

Bergoglios Lehrer – damit sind nicht die gemeint, deren Lehrveranstaltungen er besuchte, sondern vielmehr seine »geistigen« Lehrer – waren Intellektuelle, Philosophen und Theologen aus dem Jesuitenorden. Einer von ihnen hinterließ besonders nachhaltige Spuren im Denken des späteren Papstes (und im Übrigen auch bei Alberto Methol Ferré): der Franzose Gaston Fessard. 1956 hatte Fessard bei Aubier den ersten Band von *La Dialectique des »Exercices spirituels« de Saint Ignace de Loyola* veröffentlicht.[11] Dieses Werk nahm großen Einfluss auf Bergoglios intellektuelle Bildung. »Der erste Kontakt [mit Fessard] fand vielleicht zwischen 1962 und 1964 statt«, erinnerte er sich später.[12] Von ihm übernahm er das Modell eines dialektischen, antinomischen, in seiner Idee der Synthese von Gegensätzen zutiefst »katholischen« Denkens, das eine zentrale Rolle innerhalb seines Denksystems einnehmen sollte. Seltsamerweise verweist Franziskus nur selten explizit auf ihn, doch dass Fessard ihm den Impuls gab, die Probleme innerhalb der Gesellschaft Jesu und in der Kirche, aber auch die damaligen politischen Probleme in Argentinien anzusprechen, ist evident.

> Gaston Fessard, ein in Anführungsstrichen »hegelianischer« Autor – der nicht hegelianisch ist, auch wenn er als solcher erscheinen mag – hat mich stark

10 A. Spadaro, Interview, S. 36.

11 G. Fessard, Dialectique.

12 Papst Franziskus, Audioaufnahme vom 29. Januar 2017.

> beeinflusst. Ich habe *La dialectiqe des »Exercices spirituels de Saint Ignace de Loyola«* mehrere Male gelesen und auch andere Sachen von ihm. Viele Elemente davon habe ich übernommen, die sich später vermischt haben.[13]

Dieses Bekenntnis ist höchst bedeutsam, denn Bergoglio nannte hier den für seine intellektuelle Bildung zentralen Autor. Der Jesuit aus der Schule von Lyon war eng mit Henri de Lubac befreundet und hatte sich intensiv mit Hegel und seiner Dialektik auseinandergesetzt – was für einen katholischen Denker der 1930er- und 1940er-Jahre gewiss ungewöhnlich ist. In den Jahren 1926 bis 1929 übersetzte er die *Vorrede* der *Phänomenologie des Geistes*, die er mit Jean Wahls Unterstützung in der *Revue philosophique* veröffentlichen wollte. Dazu kam es jedoch nie, was ihn aber nicht daran hinderte, Hegels Standpunkt ganz neu zu formulieren und ihn auf die historische Gegenwart zu beziehen. Diese Bemühungen erklären auch seine enge Freundschaft mit Alexandre Kojève, jenem brillanten Interpreten von Hegels *Phänomenologie*, der in den 1930er-Jahren die Crème de la Crème der philosophischen Intelligentsia seiner Zeit an seinem Lehrstuhl an der Pariser École Pratique des Hautes Études versammelte.[14] Fessards Austausch mit Kojève und seine Hegel-

13 Papst Franziskus, Audioaufnahme vom 3. Januar 2017.

14 Vgl. G. Fessard, Interprètes, neu herausgegeben in G. Fessard, Hegel. Zur Freundschaft zwischen Fessard und Kojève vgl. M. Filoni, Filosofo, S. 199–203. Interessant ist, woran Stanley Rosen sich erinnert: »Die bei weitem wichtigste Bekanntschaft in Royaumont war für mich die bemerkenswerte Persönlichkeit von Pater Gaston Fessard S.J. Fessard ist nicht nur an sich sehr wichtig; er war auch einer der engsten Freunde Kojèves, vielleicht sein engster Freund in Paris. [...] Fessard war in Frankreich auch bekannt für seine Pamphlete, die er während des Zweiten Weltkriegs unter dem Pseudonym Monsieur X. gegen die Nazis geschrieben hatte. Von all seinen religiösen und theologischen Auseinandersetzungen möchte ich nur an seine lange Polemik gegen die Arbeiterpriester-Bewegung erinnern. Er war in keiner Weise ein Marxist, wurde aber zugleich von Kojève als die potentiell höchste Instanz zu Marx in ganz Frankreich angesehen. [...] Fessard vereint in sich meiner Meinung nach die Tugenden eines Priesters und eines Philosophen auf geradezu vollkommene Weise. Man hatte mir beigebracht, dass eine solche Kombination prinzipiell unmöglich sei. Fessard aber belehrte mich eines Besseren. In der Klarheit und Lebendigkeit seines Intellekts, in der Fähigkeit, Ansichten, die seinen eigenen Überzeugungen fremd waren, sofort aufzunehmen, und in dieser eigentümlichen Kombination aus Tiefgründigkeit und kindlicher Einfachheit, die hochrangige Denker auszeichnet, übertraf Fessard alle, die ich in Paris traf – mit der Ausnahme von Kojève. Man könnte sagen, dass Fessard Christus akzeptierte, während Kojève nur sich selbst akzeptierte. Aber mit jeder Faser ihres geistigen Wesens versuchten sie beide, ihrem Glauben einen *logos* zu geben« (S. Rosen, Metaphysics). Auch

studien mündeten nicht nur in besagtem Band über die *Übungen* des heiligen Ignatius, sondern führten ihn auch dazu, in *De l'actualité historique* eine dreifache Dialektik (Herr/Knecht, Mann/Frau, Jude/Heide) zu entwickeln, auf die später eingegangen werden soll.[15] Augusto Del Noce bezeichnete letztgenanntes Werk als »unübertreffliches Modell einer philosophisch-theologischen Analyse der heutigen Zeit und eine Kritik von innen«,[16] da Fessard darin eine historische Methode zur »Lösung von Antinomien« einführte, die Del Noce selbst in seinem Buch *Il problema dell'ateismo* anwandte.[17] Die Parallelen zwischen Fessard und Hegel sowie die Tatsache, dass beide auf eine dialektische Methode zurückgriffen, dürfen uns aber nicht täuschen. Denn wie Papst Franziskus richtig festhält, war Fessard kein »Hegelianer«, auch wenn er einem ungeschulten Auge als solcher erscheinen mag. Tatsächlich liegt der Ursprung seines dialektischen Denkens noch vor Hegel: Wie Giao Nguyen-Hong richtig festhält, war Maurice Blondel, der katholische Philosoph der *Action*, Fessards »Hauptinspirationsquelle«: »Mit den *Übungen* befasste er sich im Wesentlichen unter dem Einfluss Blondels.«[18] Der gleichen Meinung ist Peter Henrici: »Hinsichtlich seines Werkes *Dialectique des Exercices Spirituels de Saint Ignace* hatte mir P. Fessard einige Jahre zuvor persönlich mitgeteilt: ›Im Grunde genommen war es Blondel und nicht Hegel, der mich inspirierte‹«.[19] Fessard selbst bekannte: »Vom ersten Moment an faszinierte mich die *Phänomenologie des Geistes* aufgrund der konzeptuellen Ähnlichkeit mit Maurice Blondels *L'Action*.«[20] Ebenso wie sein Mitbruder de Lubac war Fessard Blondelianer und nicht Hegelianer. Er ist zu den *jésuites blondéliens* der Schule von Lyon zu zählen.[21] Henrici befindet: »Doch Blondels Einfluss zeigt sich deutlich in der Struktur von Fessards Dialektik, die sich mit dem Vorher und Nachher der ignatianischen Unterscheidung

---

Augusto Del Noce zufolge war Fessard der »scharfsinnigste französische Kritiker und Kommentator des Marxismus« (A. Del Noce, Problema, S. 561–562, Anm. 16).

15 G. Fessard, Actualité.

16 A. Del Noce, Problema, S. 128, Anm. 89.

17 Ebd., S. 293, Anm. 1.

18 G. Nguyen-Hong, Verbe, S. 62.

19 P. Henrici, Descendance, S. 317.

20 G. Fessard, Dialectique, S. 6.

21 Vgl. M. Castro, Bouillard. Zum Einfluss Blondels auf Henri de Lubac vgl. A. Russo, Lubac (zum Einfluss Blondels auf Fessard vgl. S. 102–104); G. Moretto, Destino; G. Coffele, Apologetica.

befasst; dies entspricht der von Blondel gewählten Option.«[22] Und so hat das dialektische Modell, das Bergoglio später neu denken sollte, über Fessard seine Wurzeln bei Blondel. Dieses Puzzleteil ist wichtig, um die Genese von Bergoglios Denken zu verstehen, *ein Denken, das dem Blondelismus der jesuitischen Schule von Lyon, der Schule Fessards und de Lubacs, viel zu verdanken hat.*[23] Die Frage, die es nun zu klären gilt, ist die nach seinem Ursprung: Wer erweckte das Interesse des jungen Bergoglio an Fessards Buch? Gewiss war es keine leichte Kost für einen jungen Studenten. Dass es sein Philosophieprofessor Miguel Ángel Fiorito war, der ihm das Werk nahebrachte, ist sehr wahrscheinlich. Juan Carlos Scannone war der erste und bisher auch der einzige, der in einem Aufsatz von 2015 die These aufstellte, dass es hinsichtlich der Inspiration Bergoglios eine Konvergenz zwischen Fessard und Fiorito gebe:

> Dass Gaston Fessards Interpretation der *Übungen* mit der des argentinischen Jesuiten Miguel Ángel Fiorito übereinstimmt, ist allgemein bekannt (und beide haben dies zumindest mündlich bestätigt); bekannt ist auch, dass Bergoglio letztgenannten verehrte und dass er aufgrund seines Wissens über die ignatianische Spiritualität in der argentinischen Jesuitenprovinz von allen als »der Meister« bezeichnet wurde.[24]

Scannone liegt hier zwar richtig, doch er verkennt, welch zentrale Rolle Fessard in der intellektuellen Biographie Bergoglios einnimmt, die er vielmehr (aufgrund einer Reihe von Ähnlichkeiten zwischen den beiden) Blondel, Fessards Lehrer, zuschreibt.[25] Doch tatsächlich beeinflusste Blondel Bergoglio

---

22 P. Henrici, Descendance, S. 317.

23 Vgl. É. Fouilloux, Église, vor allem das Kapitel »Des Jésuites blondéliens« (S. 174–181).

24 J. C. Scannone, »La filosofia dell'azione di Blondel e l‹agire di papa Francesco«, in *La Civiltà Cattolica* 3969, 2015, S. 216. Juan Carlos Scannone, Dekan der Philosophischen Fakultät der Universidad del Salvador (Buenos Aires/San Miguel) und Vizepräsident der Argentinischen Theologischen Gesellschaft, war der Griechisch- und Literaturprofessor des Seminaristen Bergoglio. Er wurde an der LMU München mit einer Dissertation über *Sein und Inkarnation. Zum ontologischen Hintergrund der Frühschriften Maurice Blondels* (Freiburg-München: Alber 1968) promoviert.

25 J. C. Scannone, »La filosofia dell'azione di Blondel e l‹agire di papa Francesco«, in *La Civiltà Cattolica* 3969, 2015, S. 216–233. »Die Philosophie des erstgenannten [Blondel] erhellt die theologische Tiefe des pastoralen Wirkens des letztgenannten [Bergoglio], und letzteres zeigt in der Praxis den christlichen menschlichen Wert des Denkens Blondels« (ebd., S. 233).

nur indirekt. Fessard inspirierte ihn mit seiner dialektischen Methode; und Fiorito machte Bergoglio mit Fessard bekannt. In einem Artikel von 1981 verwies der spätere Papst in einer Anmerkung auf zwei Artikel Fioritos, nämlich »La opción personal de S. Ignacio« von 1956 und »Teoría y práctica de G. Fessard« von 1947.[26] Letztgenannter Artikel befasste sich mit einem Kommentar zur Grabinschrift des heiligen Ignatius: »Non coerceri a maximo, conteneri tamen a minimo divinum est« – »Nicht eingegrenzt sein vom Größten und dennoch umschlossen sein vom Kleinsten, das ist göttlich!«[27] Bergoglio erläuterte diese folgendermaßen: »Wir könnten ihn auch so übersetzen: Ohne sich von dem abzuwenden, das höher ist, sich bücken, um das zu ergreifen, was augenscheinlich klein ist im Dienste Gottes, oder: Wir müssen gleichzeitig aufmerksam bleiben für das, was weit von uns entfernt ist, und uns darum kümmern, was uns nah ist. Dies wird auf die religiöse Disziplin angewandt… *und ist notwendig, um die ignatianische Spiritualität (im Sinne Fessards) als dialektisch zu bezeichnen.*«[28] Dieses ignatianische Motto, das Fessard in *La Dialectique des »Exercises spirituels« de Saint Ignace de Loyola* analysierte, wurde für Bergoglio zum Inbegriff der polaren Spannung, die die Spiritualität des heiligen Ignatius beseelt.[29] Maßgeblich für diese Erkenntnis war ein Artikel Fioritos von 1957 mit dem Titel »Teoría y práctica de G. Fessard«, in dem die Grabinschrift im Lichte von Fessards dialektischem Modell interpretiert wurde:

> Im (sogenannten) Epitaph des heiligen Igantius finden wir zwei komplementäre Sätze […] Der erste Satz (*non coerceri a maximo, contineri tamen a minimo, divinum est*) will eine Grundeigenschaft der ignatianischen Spiritualität hervorheben […], weil er die Grunddynamik der heiligen Seele des Ignatius dialektisch – d. h. durch eine Gegenüberstellung von Gegensätzen – zum Ausdruck bringt: Ignatius weist stets auf das höchste Ideal, auf Gott, hin, bleibt aber gleichzeitig aufmerksam für die winzigsten Details des königlichen Plans. […] Im zweiten Satz (*coelum, animo, Roma corpori: illi … aliquid summo maius attribuit; huic … modum posuit mediumque virtutis*) wird die ganze Welt,

---

26 M. Á. Fiorito, Opción; Ders., Teoría. Auf die beiden Aufsätze wird verwiesen in J. M. Bergoglio, »Farsi custodi dell'eredità« (Juni 1981), it. Übersetzung in J. M. Bergoglio-Papst Franziskus, Cuore, S. 282, Anm. 4.

27 M. Á. Fiorito, Opción, S. 43–44.

28 J. M. Bergoglio-Papst Franziskus, Cuore, S. 282, Anm. 4. Hervorhebung durch den Verfasser.

29 Vgl. G. Fessard, Dialectique, S. 210ff.

> die Ignatius mit seinem Tun durchdringen wollte, der römischen Stadt gegenüberstellt, in der nach seinem Willen sein Leib bestattet werden sollte. Dieser zweite Satz hebt damit eine Besonderheit seiner Spiritualität hervor, nämlich die *romanità* des ignatianischen Geistes. Diese offenbart sich nicht durch eine dialektische Gegenüberstellung, sondern durch die Zusammensetzung von Elementen: die Liebe Gottes, die beim heiligen Ignatius keine Grenzen kennt, und deren Umsicht, die nicht seiner Liebe Grenzen setzt, sondern ihrer Realisierung innerhalb der Kirche. [...] Die Grabinschrift offenbart also in diesen beiden fundamentalen Sätzen das ignatianische *magis* und dessen spezielle Anwendung. Gleichzeitig verweist sie auf das Ideal der grenzenlosen Liebe, das Gott ist, und die konkrete Art und Weise der Umsicht in Liebe, die die Kirche Roms ist.[30]

Bergoglio erinnerte immer wieder an die ignatianische Maxime, mit der sich sowohl Fessard als auch Fiorito befasst hatten. Als Papst sagte er:

> Mich hat immer eine Maxime betroffen gemacht, mit der die Vision des Ignatius beschrieben wird: *Non coerceri maximo, contineri tamen a minimo, divinum est.* Über diesen Satz habe ich auch im Blick auf die Leitung, auf die Erfüllung des Amtes des Superiors viel nachgedacht: sich nicht vom größeren Raum einnehmen zu lassen, sondern imstande zu sein, im engsten Raum zu bleiben. Diese Tugend des Großen und des Kleinen ist die Großmut, die uns aus der Stellung, in der wir uns befinden, immer den Horizont sehen lässt, tagtäglich die großen und die kleinen Dinge mit einem großen und für Gott und für die anderen offenen Herzens zu erledigen. Das heißt: die kleinen Dinge wertzuschätzen innerhalb des großen Horizonts, jenes des Reiches Gottes.[31]

---

30 M. Á. Fiorito, Teoría, S. 350–351, zit. nach J. M. Bergoglio-Papst Franziskus, Cuore, S. 282, Anm. 4.

31 A. Spadaro, Interview, S. 32. Zum Epitaph des Ignatius vgl. J. M. Bergoglio-Papst Franziskus, Circostanze. Am 14. Mai 1978 verwies der Generalobere Pedro Arrupe in einem an die gesamte Gesellschaft Jesu gerichteten Brief zur Inkulturation auf dieses ignatianische Motto: »Der ignatianische Geist wird manchmal durch folgenden Satz zusammengefasst : ›Non cohiberi a maximo, contineri tamen a minimo, divinum est‹. In unserem Zusammenhang sollte uns dieses Prinzip zu einer lokalen Konkretisierung bis ins Kleinste herausfordern, ohne jedoch auf die Größe und Universalität menschlicher Werte zu verzichten, die keine Kultur, auch nicht deren Komplexität, in vollkommener und erschöpfender Weise aufnehmen und verkörpern kann« (P. Arrupe, Schreiben an die ganze Gesellschaft über die Inkulturation in »*Acta Romana*«, XVII (1978), online zugänglich unter http://www.sufueddu.org/fueddus/inculturazione/0708/04_2_arrupe_inculturazione_oss_.pdf letzter Zugriff 13. Juli 2017). Mit der ignatianischen Grabschrift befasste sich neben Fessard auch H. Rahner; vgl. H. Rahner, Grabschrift.

Die Dialektik des Großen und des Kleinen, diese Spannung, die den Glauben und die Spiritualität des Ignatius bestimmte, wurde zu einem Fixpunkt von Bergoglios Denken. Durch Fiorito wurde Fessards *La dialectique des »Exercices spirituels« de saint Ignace de Loyola* für den jungen Studenten zu einem festen Bezugspunkt seines Denkens. Fessards Werk eröffnete ihm den Weg zu weiteren Werken, die für seine intellektuelle Bildung entscheidend waren. Fiorito und Fessard führten ihn an die »Polarität« heran, an die *Gegensätze*, die die ignatianische Seele leiten. Auf diese Erkenntnis folgte dann alles andere. In der Audioaufnahme vom 29. Januar 2017 sagte er darüber:

> In der ignatianischen Spiritualität gibt es immer diese bipolare Spannung. Ich erinnere mich daran, dass mir ein kleines, auf Deutsch verfasstes Büchlein geholfen hat, das ich um 1968 herum gelesen habe: Über die Theologie des »als ob«. Darin ging es um die Spannung des »als ob«. Der heilige Ignatius zum Beispiel sagt dem Übenden in der Kontemplation der Exerzitien, er solle sich die Szene aus dem Evangelium so vorstellen, als nehme er selbst daran teil. Der Autor bietet ein paar schöne Überlegungen zur Theologie, die dahinter steht. Der Titel ist *Über die Theologie des »als ob«*. Auch Gaston Fessard hat mir sehr geholfen.[32]

In der Erinnerung des Papstes besteht also eine Verbindung zwischen dem Werk *Über die Theologie des »als ob«* und Fessards dialektischen Überlegungen. Er verortet die Lektüre des deutschen Werkes in den 1960er-Jahren – also nachdem er den ersten Band von *La Dialectique des »Exercises spirituels« de Saint Ignace de Loyola* gelesen hatte. Da er sich an den Namen des Autors nicht erinnern konnte, führte der Papst ein weiteres Werk an, das er während seiner Studienjahre gelesen hatte: einen Aufsatz des Jesuiten Karl-Heinz Crumbach von 1969 mit dem Titel »Ein ignatianisches Wort als Frage an unseren Glauben«.[33] In der Audioaufnahme vom 13. März betonte der Heilige Vater:

---

32 Papst Franziskus, Audioaufnahme vom 29. Januar 2017. Leider lässt sich der Autor des vom Papst erwähnten Werkes nicht ermitteln. Der einzige Titel, der annähernd in Frage kommt, ist B. Wald, »Theologie des ›als ob‹. Das Dilemma nichtrealistischer Selbstdeutungen des christlichen Glaubens«, Nachwort zu J. Pieper, *Werke*, 7: *Religionsphilosophische Schriften*, Hamburg: Felix Meiner Verlag 2000, S. 627–633. Es handelt sich jedoch nicht um ein Buch, sondern um ein Nachwort, das erst kürzlich erschienen ist. Es kann sich also nicht um das »Büchlein« handeln, von dem der Papst hier spricht.

33 Mitteilung des Sekretärs von Papst Franziskus vom 12. März 2017.

> Dieser Text [Über die Theologie des »als ob«] war ebenso wie der Text Crumbachs für mich und mein Denken wichtig, weil er mir dabei geholfen hat, jene in den *Übungen* erkennbare Spannung, auf die der heilige Ignatius beständig verweist, neu zu denken. Diese Art zu denken hat sich unbewusst entwickelt. Ich habe es nicht bemerkt, bis zu dem Moment, in dem ich diese Idee der bipolaren Spannungen erläutern konnte.[34]

Der erste Keim für die Idee einer »dialektischen Polarität«, die der Kern von Jorge Mario Bergoglios Denkens ist, *wurde also in den 1960er-Jahren gelegt.* Den Band zur Theologie des »als ob« glaubte er als Papst noch vor dem Aufsatz Crumbachs gelesen zu haben.

> Ich bin mir sicher, dass ich ihn zuerst gelesen habe. Sicher, weil ich 1969 zum Priester geweiht wurde und diesen [Text] habe ich in den Jahren gelesen, in denen ich Philosophie studiert habe, oder aber im ersten Theologiejahr. Aber es stimmt, das Thema ist das gleiche … Doch das war alles vor 1969.[35]

Diese Erinnerungen des Papstes sind sehr wichtig, denn sie ermöglichen es uns, den Beginn seines Denkens zu lokalisieren und zu ermitteln, welche Bedeutung die von zwei jesuitischen Autoren vorgelegte Interpretation der ignatianischen *Übungen* dabei hatte. Diese erklärte Bergoglio mithilfe der Kategorie des »als ob« jene polare Spannung, auf der die gesamte ignatianische Theologie fußt. Mit der *Philosophie des Als Ob* des neukantianischen Philosophen Hans Vaihinger hat dies alles freilich nichts zu tun.[36] Es ging hier nicht um den Wert der Erkenntnis, sei sie nun wahr oder bloß eine Illusion, sondern um die *grundlegende Dialektik zwischen der Gnade Gottes und der Freiheit des Menschen.* Crumbach befasste sich in seinem Artikel mit einer Maxime Gabriel Hevenesis von 1705, eines Jesuiten aus dem 18. Jahrhundert.

> Der ungarische Jesuit Gabriel Hevenesi veröffentlichte im Jahre 1705 eine Sammlung ignatianischer Maximen für jeden Tag des Jahres, die »Scintillae Ignatianae«. Eine der tiefgründigsten dieser »Tagesdevisen« lautet in wörtlicher Übersetzung: »Vertraue so auf Gott, als ob der Erfolg der Dinge ganz von dir, nicht von Gott abhinge; wende dennoch dabei alle Mühe so an, als ob du nichts, Gott allein alles tun werde«. Vertrauen auf Gott und menschliches Tun

---

34 Papst Franziskus, Audioaufnahme vom 13. März 2017, 15:57 Uhr.

35 Papst Franziskus, Audioaufnahme vom 13. März 2017, 12:12 Uhr.

36 H. Vaihinger, Philosophie.

> durchdringen sich gegenseitig: gerade das größte Vertrauen auf die Tat Gottes hat zur inneren Bedingung die äußerste Anstrengung von seiten des Menschen, und diese wieder geht auf ihrem Höhepunkt über in das unerschütterliche Vertrauen und Wissen, daß »du nichts, Gott allein alles tun werde«. Schon von seinem inneren Aufbau her ist der Satz zum Zerreißen gespannt. Ein solcher Satz stößt das Denken an, das dazu neigt, ihn ausgleichend zu entschärfen und in eine »erträgliche« Form zu bringen. Die abenteuerliche Geschichte des Verses bildete mehrere Versionen aus, die dies vorzüglich leisteten. Die wichtigste lautet: »Vertraue so auf Gott, als ob du nichts, Gott allein alles tun werde; wende dennoch dabei alle Mühe so an, als ob der Erfolg der Dinge ganz von dir, nicht von Gott abhinge«.[37]

Diese Lesart sei irreführend, so Crumbach, und beraube Hevenesis Maxime jeglicher »Spannung«. In seinem Aufsatz heißt es weiter:

> Ganz anders G. Fessard. Er geht in seinem Buch über die Dialektik der ignatianischen Exerzitien in genauen Analysen auf die Quellen zurück, aus denen Hevenesi die Formel gebildet hat, und weist nach, daß die »verschränkte« und »verschraubte« Form trotz allem am besten den ignatianischen Quellen entspricht, ja, daß sie in ihrer Dichte die ganzen Exerzitien in sich konzentriert. H. Rahner stimmt diesem Urteil zu, fügt ihm nur die Beobachtung an, daß Hevenesi selbst die Formel schon 1714 geglättet habe.[38]

Crumbach, der Hevenesis Maxime ebenso auslegte wie Fessard es im ersten Band von *La Dialectique des »Exercises spirituels« de Saint Ignace de Loyola* tat, interessierte sich nicht für die historisch-philologische Frage. »Uns genügt die Feststellung, daß es wohl die ›schwierigere‹ Formel ist, die am ehesten der Theologie und dem geistlichen Ringen des Ignatius entspricht und so eine Frage an uns stellt, die unser geistliches Bemühen in Bewegung zu bringen vermag.«[39] Die »schwierigere« sei die, die die Spannung hält, anstatt sie in einem aus zwei voneinander getrennten Ebenen bestehenden Dualismus aufzulösen, sozusagen auf zwei parallel verlaufenden Linien, die sich nie treffen. Ein solches Modell rufe nach einem

---

37 K.-H. Crumbach, Wort, S. 321.

38 Ebd., S. 321–322. Vgl. überdies H. Rahner, Ignatius.

39 K.-H. Crumbach, Wort, S. 322.

> Vertrauen, als ob alles von Gott abhinge – Handeln, als ob alles vom Menschen abhinge. Doch beide stehen unverbunden nebeneinander in einer Art »Stockwerkstheologie« des »koordinierten Zusammenspiels« von Gott und Mensch. Das Vertrauen auf Gott genügt ganz sich selbst, will sich im ersten Ansatz vollenden in absolutem Vertrauen. Auch die menschliche Tat ist letztlich ganz sich selbst überlassen, versteht sich aus sich selbst, »als ob alles nur von ihr abhinge«. Nebensatz und Hauptsatz katapultieren sich gegenseitig ins Grenzenlose und verlieren sich im unendlichen Maß von Glauben und Vertrauen einerseits und menschlicher Tat anderseits. Die absolute Selbst-Behauptung des Glaubens wie die des menschlichen Tuns schweben in der Luft, sind ohne Verbindung: hier der absolute Glaube – dort die radikale menschliche Aktivität, hier Begegnung mit Gott, dort der in sich gesehene Bereich menschlicher Möglichkeiten, hier Sonntag – dort Werktag. Beide Sätze bleiben ohne Anspruch, weil sie den Menschen aus seiner endlichen Erfahrung herausführen. Das Problem ist aufgelöst und stillschweigend verlassen: Vertrauen auf Gott und Freiheit des Menschen stehen in verschiedenen Ordnungen wie zwei Länder, die die diplomatischen Beziehungen abgebrochen haben. Wird im ersten Satz (»Vertraue, als ob alles von Gott abhinge«) der Primat des absoluten Glaubens feierlich proklamiert, ohne wirksam zu werden für die menschliche Tat, kann die menschliche Freiheit (»Mühe dich, als ob alles von dir abhinge«) in ihrem Bereich eine totale Autonomie beanspruchen, die nicht mehr gebunden ist an ihren gläubigen Ursprung. Man wird nicht leugnen können, daß eine solche Nebenordnung von »Natur und Gnade« bis heute, wenn auch nicht mehr so sehr die Theologie, so doch heimlich und kaum bemerkt die Mentalität und Praxis vieler Christen beeinflußt.[40]

Die »abgeflachte« Formel führe zu einem »Dualismus« zwischen Gnade und Natur, der die Spannung zwischen den beiden Konstituenten abbaue. »Hier zeigt sich der ungeheure Wert der ersten Formel: Das Verhältnis von Gnade und Freiheit, göttlicher und menschlicher Tat, erweist sich lebendig nur als Frage, nicht aber als glatte Formel. Diese Frage muß gelebt werden. Wir verstehen, wie bedeutsam es ist, daß nach dem Urteil des Historikers nur die erste Form im Blick auf die Quellen das besagt, ›was einen der tiefsten Grundzüge der ignatianischen Gnadentheologie darstellt‹«.[41] *Das Verhältnis von Gnade und Freiheit, göttlicher und menschlicher Tat, erweist sich nur als Frage lebendig, nicht aber als glatte Formel* – eine Überzeugung, die Jahre später

40 Ebd., S. 322–323.
41 Ebd., S. 323.

einen zentralen Ort innerhalb Bergoglios Denksystem einnehmen sollte: Seine Kritik am »Doktrinarismus«, am abstrakten Dogmatismus, an der »Versteinerung« der Offenbarung hat hier ihren Ursprung; hier, in der Vorstellung, dass der Glaube nicht zuerst eine Antwort, sondern eine *Frage* ist, eine Öffnung des Herzens gegenüber der Gnade. *Diese Frage muss gelebt werden*, sie muss zur Erfahrung werden, zum Beweis für die reale Beziehung zwischen dem Menschen und Gott auf dem Schauplatz der Geschichte.

> Glaube lebt nicht, indem er bei sich bleibt. [...] Glaube weist über sich hinaus. Nur so kann er sich bewahren, nur so kann er sich auch bewahrheiten, verifizieren. Der Glaube wird leibhaftig in Erwartungen, die die Wirklichkeit betreffen. Im »als ob alles von dir abhinge« sollen die Erwartungen des Glaubens in die Wirklichkeit des Lebens eingreifen »und müssen ihre Bedeutung in Lebensformen ausbuchstabieren«. Der Glaube muß sich vor einer Welt verantworten, in der verständliches Verhalten nur möglich ist durch Praxis.[42]

Glaube lebt nicht, indem er sich verschließt, sondern indem er sich öffnet. Als Papst sollte Bergoglio Jahre später sagen, dass die Kirche erst dann lebe, wenn sie die eigene »Selbstbezogenheit« hinter sich lasse. Diesen Gedanken entdeckt man bereits in Crumbachs Aufsatz von 1969. Die Sphäre der Immanenz zu verlassen, ist jedoch nicht allein dem menschlichen Handeln überlassen. Crumbach hält fest:

> Bedeutet Glauben nun etwa einfach: Sieh zu, alles hängt von dir ab? Dann würde sich der Glaube auflösen in eine Beschäftigungstherapie, die sich, dispensiert vom Glauben, selbst genügte. Wenn wir unseren Satz genauer ansehen, wird deutlich, daß wir das »Als ob« beachten müssen. Das »Als ob« zeigt sich als Entwurf des Glaubens selbst, der Glaube entwirft ein Verhältnis zur Welt, »als ob« alles von mir abhinge. Wir erkennen hier die Denkform der Hypothese. Eine Hypothese muß ihre Bewährung offenlassen, da sie zum Teil wahr und zum Teil falsch sein kann. Indem sie sich einläßt auf das Abenteuer ihrer Bewährung, ermöglicht sie den Vorgriff auf neue Erfahrungen. Der Glaube steht also nicht neben oder jenseits unserer Erfahrung, er bringt sie auch nicht zum Abschluß, sondern ermöglicht dem Menschen Erfahrung und eröffnet in ihr den Raum, in dem er zur Bewährung kommt. Der Glaube hält uns offen auf immer neuer Erfahrungen und verweigert entschieden, daß

---

42 Ebd.

unser Suchen und Mühen zur Ruhe gelangt. Erst so ist er auch offen für die überraschende und unverfügbare Erfahrung Gottes. Kraft meines Glaubens ist mein Wille aufgerufen sein Äußerstes zu tun, »als ob alles von mir, nicht von Gott abhinge«. Die Hypothese setzt allerdings voraus, daß der Erfolg der Dinge »zum Teil« von Gott abhängt, sie ist eindringliche Mahnung, in meinem Tun meine realen, endlich bleibenden Möglichkeiten nicht zu überschätzen. Doch kann man den »Anteil« Gottes und den des Menschen am Erfolg der Dinge nicht verrechnend aufteilen. Das Verhältnis von göttlicher Tat und menschlichem Handeln ist keine starre Formel, die mein Handeln überfremdet, sondern wird selbst erst durch die Geschichte, auf die sich der Glaube einläßt, an den Tag gebracht. Wir können nicht sagen: Bis hierher gehen die menschlichen Kräfte, und dann muß Gott eingreifen, sondern der Mensch muß seine letzten Möglichkeiten ausschöpfen, und nur so kann er der Tat Gottes begegnen. Darin liegt die Wahrheit der Hypothese, daß sie mich von der Illusion befreit zu glauben, ich könne mich im Vertrauen total Gott in die Arme werfen, ohne daß ich vorher alles mir Mögliche tue, um die Welt zu verändern. Doch eins bleibt: Der Glaube läßt im »Als ob« die Zukunft der göttlichen Allmacht offen, weist sie nicht aus dem Bereich unserer Erfahrung aus. Das Sicheinlassen auf unsere menschlichen Möglichkeiten kann sich am Ende erweisen als Sicheinlassen auf die überraschenden Möglichkeiten des göttlichen Handelns, auf seine Zukunft der Welt. Eines steht also fest: Der Glaube fordert unser Eingehen auf die Probleme unserer Welt und unsere äußerste Anstrengung, sie zu bewältigen, ohne aber die Abhängigkeit unseres Tuns vom Glauben an die Macht der göttlichen Gnade zu lockern.[43]

Dies erkläre die Dialektik, die Gabriel Hevenesis Formulierung innewohnt: »Vertraue so auf Gott, als ob der Erfolg der Dinge ganz von dir, nicht von Gott abhinge; wende dennoch dabei alle Mühe so an, als ob du nichts, Gott allein alles tun werde.« Mit seiner Formulierung wich Hevenesi nicht von der ignatianischen Formulierung ab, ja, im Gegenteil: Er veranschaulichte deren spirituelle Spannung.

Der unschätzbare Wert unserer ignatianischen Formel liegt darin, daß sie eine Deutung unserer Erfahrung bietet, aber auch darin, daß sie diese in Unruhe versetzt und Fragen an sie stellt. Der Glaube an Gott fordert das Mühen und Ringen um die Beseitigung aller Nöte, das sich in der eigenen Dynamik vollendet im absoluten Vertrauen auf den Herrn der Welt und so dem Gesetz

43 Ebd., S. 324–325.

> begegnet, nach dem es angetreten war. Sowohl H. Rahner wie auch G. Fessard sehen in dem Spruch eine Kurzformel der ignatianischen Spiritualität und der Exerzitien. Man mag hier denken an die Spannung von »Fundament« und »Betrachtung zur Erlangung der Liebe« in den Exerzitien. Auch das »Fundament« leitet uns an, aus dem Glauben heraus im Gebrauch unserer natürlichen Fähigkeiten ein Maximum zur Ehre Gottes zu erreichen. Die »Betrachtung zur Erlangung der Liebe« läßt alle menschliche Aktivität wieder übergehen in das »Suscipe«, das Gebet des absoluten Vertrauens auf Gott, in das Geständnis, daß ich nichts, »Gott allein alles tun werde«. In diese Spannung eingelassen ist aber das »Mehr«, das den Rhythmus der Exerzitien beherrscht. Das »Mehr« erweist sich für unsere Frage als »Grundwort des von Gott, dem ›immer Größeren‹ ergriffenen Menschen«, der sich immer wieder überfordern läßt in der Annahme des Kreuzes alltäglicher Mühen. Der Spruch aus ignatianischem Geist, den Hevenesi in so einmaliger Weise formulierte, kann für den Christen ebenso wie das »Magis« gelten als »das von Christus selbst aufgedeckte Axiom seines Lebens«, das ihm Elan und Richtung verleihen kann.[44]

Die Interpretation der *Übungen* des heiligen Ignatius, die Karl-Heinz Crumbach und der Autor von *Über die Theologie des »als ob«* vorlegten, bilden die Grundlage von Bergoglios Denken. Der Einfluss Gaston Fessards und Hugo Rahners sollte darüber hinaus ebenfalls als maßgeblich erachtet werden.[45] Die ignatianische Dialektik hält die beiden Enden der Kette zusammen: das Handeln des Menschen und die Gnade Gottes. Es vereint sie auf eine Weise, die Henri de Lubac als *paradox* bezeichnete: »Vertraue so auf Gott, als ob der Erfolg der Dinge ganz von dir, nicht von Gott abhinge; wende dennoch dabei alle Mühe so an, als ob du nichts, Gott allein alles tun werde.« Das christliche Denken beruht auf einem Paradox, auf einer *dialektischen Spannung*, für die das Handeln, *als ob* alles vom Menschen abhinge, gleichzeitig impliziert, so zu handeln, als wenn der Mensch nichts und Gott alles täte. Diese Dialektik ist eindeutig »mystisch«; die beiden Pole, Gott und der Mensch, interagieren in einem Geheimnis, das Gnade und Freiheit zugleich vereint und unterscheidet. Das christliche Leben ist *Spannung*, es ist Drama. Es ist eine beständige Frage an Gott und gleichzeitig ein unermüdlicher Einsatz für die Welt.

---

44 Ebd., S. 328.

45 Im 20. Jahrhundert erschienen zahlreiche Interpretationen der *Geistlichen Übungen* des heiligen Ignatius. Vgl. M. SCHNEIDER, Unterscheidung.

Es ist Kreuz und Auferstehung. Hier liegt der Ursprung der Idee eines *spannungsgeladenen* Denkens, eines Denkens, das, wie Bergoglio sagen würde, nicht ideologisch oder in abstrakte Formeln gekleidet ist, sondern das immer gespannt, um das *magis* Gottes, die Öffnung Gottes in der Immanenz der Welt zu verstehen.[46]

1.2 Juan Domingo Perón und die Kirche

In den 1960er-Jahren, den Jahren seines Philosophie- und Theologiestudiums, entwickelte der junge Bergoglio ein ganz eigenes Denksystem, das sich langsam setzte und allmählich eine intellektuelle Struktur und Ausrichtung annahm. Neben den bereits genannten Autoren beeinflussten – vor allem im Bereich der Ekklesiologie – zwei weitere Lehrmeister das Denken des späteren Papstes: der Jesuit Henri de Lubac, dessen Erkenntnisse sich primär in Bergoglios ekklesialen Überlegungen niederschlugen, und der Dominikaner Yves Congar, in erster Linie sein Werk *Vraie et fausse réforme dans l'église* (1950).[47] Darin bemerkte Congar, dass

> die wahre Reform stets in der Seelsorge der einfachen Gläubigen verwurzelt sei; dass sie, mit anderen Worten, eher von der Peripherie als vom Zentrum geformt und darauf ausgerichtet sei. Deshalb lege sie großen Wert auf die Tradition – auf konstant bestehende katholische Elemente wie die eucharistische Anbetung, das Lehramt, die Verehrung der Heiligen usw. –, die von den einfachen Gläubigen mehr geschätzt würden als von den aufgeklärten Eliten. Die ›wahre‹ Reform versuche, die Kirche sich selbst treuer zu machen, und misstraue allen Versuchen, sie mit zeitgenössischen säkularen Bewegungen in Einklang zu bringen [...]. Wahre Reformen richteten sich gegen den geistlichen Säkularismus, der die Kirche daran hindere, wie Christus zu sein und wie er zu handeln. Und genau dies war, so glaubte Bergoglio, in der Geschichte der ersten Jesuiten geschehen: eine Reform, die die Kirche wiederbelebt hatte, indem sie den Geist der Armut, der Heiligkeit, der Mission, des Gehorsams gegenüber dem Papst und der Einheit erneuerte.[48]

---

46 Das Grundlagenwerk zum »Deus semper major« in den *Übungen* des heiligen Ignatius ist E. Przywara, Deus.

47 Y. Congar, Réforme.

48 A. Ivereigh, Reformer. S. 93–94.

Aufgrund dieses Bewusstseins misstraute Bergoglio den Reformideen, die während der 1970er-Jahre innerhalb der Kirche Argentiniens aufkamen und darauf reagierten, dass Priester und Bischöfe mit politischer Macht liebäugelten und sich mit der Militärjunta verbündeten. Die Initiatoren dieser Reformen warben für einen radikalen Bruch mit der Vergangenheit und den Beginn einer »neuen« Kirche, an deren Spitze »aufgeklärte« Eliten stehen sollten, die den Glauben und die Religiosität des Volkes ablehnten. Bergoglio aber war für eine »andere« Reform, für eine Rückkehr zu den Ursprüngen. Damit unterschied er sich nur von den Modernisierern, sondern auch von der Amtskirche, die durch die Beziehung zur neuen Militärregierung großen Schaden genommen hatte, nachdem Perón 1955 ins Exil gegangen war. »Die Bischöfe, die sich mit dem antiperonistischen Militärapparat verbündeten, um den Mythos der katholischen Nation zu verteidigen, waren von den Armen weit entfernt. Und so war die Kirche in ihrer Struktur körperlos geworden; sie fand in der modernen Welt nicht statt und befasste sich nur mit sich selbst.«[49] Argentinien war in den Jahren 1955 bis 1976 durch einen hohen Grad an politischer Instabilität gezeichnet. Die so genannte *Revolución Libertadora* nutzte den wachsenden Dissens zwischen der Kirche und Präsident Perón, um das Land in die Zeit vor den peronistischen Reformen zurückzukatapultieren. Der nach seinem Wahlsieg 1946 an die Macht gekommene Perón war kein Ideologe, sondern im Wesentlichen Politiker. Sein Verdienst lag darin, die Mauer, die der argentinische Liberalismus gegen die Kirche errichtet hatte, niederzureißen – zumindest zu Beginn seiner Amtszeit.

> Perón verband den Kurs seiner Regierung ausdrücklich mit der Soziallehre der Kirche – er sprach von der Notwendigkeit, den Kapitalismus menschlicher zu gestalten und der Arbeit Würde zu verleihen. Er warb führende Personen der Katholischen Aktion an und lud sie ein, Vorschläge zu Themen vorzubringen, für die sie lange gekämpft hatten, wie z. B. Familienzulagen oder die Regulierung der Kinderarbeit, die dann bald gesetzlich festgelegt wurden. [...] Aber die Beziehung zerbrach binnen kurzer Zeit, weil die Kirche sich nicht kaufen lassen wollte. In den Verhandlungen um eine neue Verfassung entsprach Perón nicht der Bitte des Heiligen Stuhls, das *patronato* aufzuheben, also das Recht des Staates, die Kirche auf verschiedenen Ebenen zu kontrollieren – ein Relikt aus der Kolonialzeit, das man in der Verfassung von

49 Ebd., S. 74–75.

> 1853 beibehalten hatte. Besonders kritisch betrachtete der Vatikan, dem die Zeit des Faschismus in Europa noch in den Knochen saß, all jene vermeintlich katholischen Staaten, die versuchten, die Kirche als Instrument sozialer Kontrolle auszunutzen. Und die Gefahr, dass nach dem Ende der peronistischen Regierung eine andere, wesentlich feindlichere Regierung diese Kraft würde nutzen können, um die Mission der Kirche zu behindern, war dem Vatikan wohlbewusst. Perón seinerseits hatte nicht die Absicht, auf die ihm verfassungsmäßig zugesprochene Macht, politisch loyale Bischöfe zu ernennen, zu verzichten; dies war die logische Folge des Peronismus als politischer Inkarnation der katholischen Nation.[50]

Auch wenn Perón sich Jahre später mit der Kirche versöhnte, war dieser Bruch für die politische Situation in Argentinien fatal. »Von den 1950er- bis in die 1970er-Jahre lähmte Argentinien ein politisches Paradox, das Nicht-Argentiniern nur schwer zu erklären ist: Die Antiliberalen (die Rationalisten und Peronisten) erfreuten sich großer Beliebtheit und gewannen Wahlen, während die Liberalen (die Demokraten und Pluralisten) die Diktatur nutzten, um die Peronisten von der Macht fernzuhalten.«[51] Dieser kurze historische Abriss zeigt: Die Zeit von Bergoglios theologisch-philosophischer Bildung in der Gesellschaft Jesu sowie die daran anschließende Phase, in der er Provinzial der argentinischen Jesuiten war, fiel in eine dramatische Phase der Geschichte dieses Landes. Es war eine Zeit des Kampfes und des Bürgerkriegs, eine Zeit beispielloser Gewalt. *Das Denken Jorge Mario Bergoglios losgelöst von diesem Konflikt zu verstehen, der Zeit und Ort bestimmte, ist unmöglich.* Sein »dialektisches« Denken, das anfangs in eifriger Meditation über die Spannung zwischen Gnade und Freiheit in den *Übungen* des heiligen Ignatius herangereift war, nahm die Gestalt einer »polaren« Philosophie an, die die starken Kontraste der Geschichte zu vereinen suchte. Wie das Denken Hegels oder Romano Guardinis ist auch Bergoglios Denken durch die Spaltungen und Konflikte seiner Zeit und vom Kampf für Versöhnung geprägt.

1969 – es war das Jahr, in dem der damals 33 Jahre alte Bergoglio zum Priester geweiht wurde – begann in Argentinien das Jahrzehnt der Gewalt,

---

50 Ebd., S. 27–28. Zum Verhältnis zwischen Perón und der Kirche in dieser Phase vgl. L. Caimari, Perón.

51 A. Ivereigh, Reformer, S. 30.

als Studenten und Arbeiter bei einer Protestdemonstration in Córdoba von Anhängern der Armee umgebracht wurden. Im Nachgang der Castro-Revolution in Kuba bildeten das trotzkistisch geprägte *Ejército Revolucionario del Pueblo* (ERP) und die *Movimiento Peronista Montonero* (MPM) eine Guerilla-Bewegung, die in den Jahren 1969 bis 1979 für mehr als 800 Morde und 1.748 Entführungen sowie zahllose Anschläge in diversen Städten des Landes verantwortlich war. Auf Peróns Rückkehr und seinen Wahlsieg im Oktober 1973 folgte eine kurze Pause der Gewalt, doch schon im Mai 1974 nahmen die *Montoneros* ihren bewaffneten Kampf wieder auf. Im Juli desselben Jahres starb Perón und seine Frau Isabelita trat seine Nachfolge an. Überfordert mit der Situation verhängte sie den Belagerungszustand. Erschießungskommandos lösten den *guerra sucia*, den »schmutzigen Krieg«, aus. Anfang 1975 gingen 450 Morde und 2.000 »Vermisste« auf das Konto der sogenannten »Triple A«, der paramilitärischen Antikommunistischen Vereinigung Argentiniens. Im März 1976 übernahm die Armee die Kontrolle über das Land und behielt sie bis 1983. Die Repression erreichte ein bisher unbekanntes Ausmaß an Gewalt: Zwischen 1969 und 1983 töteten das Militär, staatliche Sicherheitskräfte und rechte Todeskommandos insgesamt 8.368 Menschen. Fast die Hälfte davon waren Zivilisten, keine Guerilleros. Argentinien war ein gespaltenes Land: Auf der einen Seite standen jene, die sich zwar der Armee entgegenstellten, gleichzeitig aber Angst vor einer Revolutionswelle der *Montoneros* hatten, auf der anderen Seite diejenigen, die sich aus Verachtung gegenüber der militärischen Repression auf die Seite der Revolutionären schlugen. Diese Spaltung setzte sich in der Kirche fort, die am Ende aus sehr unterschiedlichen Lagern bestand.

In diesen unruhigen Zeiten wurde Bergoglio zum Provinzial der argentinischen Jesuiten ernannt. »Gewalttätige Ideologien hatten die argentinischen Christen als Geisel genommen. Bergoglios Generation war den Versuchungen des revolutionären Messianismus der Guerilla oder des antikommunistischen Kreuzzugs der Männer in Khaki-Uniform erlegen, und das Ergebnis war diabolisch: Der Leib Christi war nach weltlichen Maßstäben geteilt worden.«[52] Infolgedessen lehnte Bergoglio nicht nur die Militärregierung und ihr Vorgehen dezidiert ab, sondern auch die Gewalt der Guerilleros. Letztere ge-

52 Ebd., S. 142. Zu Bergoglios Einsatz für die Opfer der Militärrepression vgl. N. Scavo, Lista.

nossen auf theologischer Ebene das Wohlwollen einiger Vertreter der Befreiungstheologie, die zu Recht auf die dramatische Frage der Armut und der sozialen Gerechtigkeit hinwiesen, wenn auch im Kontext einer unkritischen Annahme der marxistischen Methodologie.[53] Maßgeblich war in dieser Hinsicht das 1971 vom peruanischen Theologen Gustavo Gutiérrez veröffentlichte Werk *Theologie der Befreiung (Teología de la liberación)*.[54] Dieses Buch gab der Spaltung innerhalb der lateinamerikanischen Kirche der späten 1960er-Jahre sozusagen einen *theologischen »Segen«*.

> In der Beurteilung des Befreiungsprozesses geht ein *Riß* durch die christliche Gemeinde. Da die Kirche sich in einer kapitalistischen Gesellschaft befindet, in der eine Klasse der anderen gegenübersteht, kann auch sie in dem Maß, in dem sie sich dieser Gegenwart bewußt wird, nicht unberührt bleiben von der Kluft, die die Menschen unserer Gesellschaft voneinander trennt. Die Kirche darf diesen Riß auf keinen Fall weiter ignorieren. Was die aktive Mitarbeit an diesem Prozeß betrifft, so sind die Christen Lateinamerikas weit davon entfernt, einer Meinung zu sein. Die große Mehrheit der Kirche steht auf die eine oder andere Weise nach wie vor auf der Seite der bestehenden Ordnung. Dabei ist die Tatsache, daß die lateinamerikanischen Christen im Rahmen eines freien Spiels der Ideen verschiedene politische Richtungen vertreten, nicht einmal das Schwerwiegendste. Schlimm aber ist, daß die Polarisierung der politischen Standpunkte und die Härte der Situation eine Gruppe von Christen zu Unterdrückten und Verfolgten und die andere zu Unterdrückern und Verfolgern machen. Die einen werden gefoltert, und die anderen foltern oder lassen mindestens zu, daß gefoltert wird. So kommt es zu einem ernsten, grundsätzlichen Konflikt zwischen Christen, die die Opfer von Ungerechtigkeit und Ausbeutung sind, und Christen, die die Nutznießer der bestehenden Ordnung abgeben.[55]

Die politisch-soziale Spaltung spiegelte sich in der kirchlichen Spaltung wider. Die eucharistische *communio* war in Gefahr. »Die politischen Optionen dringen – mit den beschriebenen Mißständen – mehr und mehr in die Kirche ein und stellen sie vor die zunehmend deutliche Alternative, die unser Erdteil im Augenblick erlebt: für oder gegen das System oder, genauer gesagt, Re-

---

53 Vgl. J. C. Scannone, Teología.
54 G. Gutiérrez, Theologie.
55 Ebd., S. 195.

form oder Revolution. Viele Christen haben sich eindeutig für den schwierigen Weg entschieden, der zur Revolution führt.«[56]

Gutiérrez entschied sich für die Revolution – und damit gegen den *desarrolismo*, jenes Streben nach wirtschaftlichem Aufschwung durch Industrialisierung, das die lateinamerikanische Politik in den 1960er-Jahren geprägt hatte. Auch die Reform als politische Methode lehnte er ab. Indem er sich für den Klassenkampf entschied, entschied er sich auch für Konfrontation und gegen die friedliche Lösung von Konflikten. Fasziniert von der Bewegung Fidel Castros und Che Guevaras (die er in seinem Buch gern zitierte) sowie der Symbolfigur des Guerillapriesters Camillo Torres rechtfertigte Gutiérrez die revolutionäre »Gegengewalt« als Reaktion auf die Gewalt durch Staat und Kapital. Der marxistischen Theorie folgend verstand er Befreiung in erster Linie als Befreiung von Strukturen; darin sahen er und die Anhänger der Befreiungstheologie den einzigen Weg, um zu einem lateinamerikanischen Sozialismus und zur Geburt des »neuen Menschen« zu gelangen. Es kam zu einer Vermischung von theologischen und politischen Zielen, die charakteristisch für die Befreiungstheologie werden sollte. Ebenso wie die politischen Theologien, die Jean-Baptiste Metz und Jürgen Moltmann zeitgleich in Deutschland entwickelten, sah Gutiérrez den Weg zur Befreiung als einen Prozess der »Erlösung«, als fortschreitende Einsetzung des Königreichs.[57] Die Kritik am theologischen Dualismus zwischen dem Natürlichen und dem Übernatürlichen wurde für Gutiérrez zu einem politisch-religiösen Messianismus; das sozialistische Ziel war dabei die Erfüllung des Reiches Gottes.

Die Einleitung zur Neuauflage seines Werkes (Februar 1988) zeigt, dass Gutiérrez in den Jahren, die seit dem Erscheinen der Erstauflage vergangen waren, seine naive Haltung überdacht hatte. Kritisch reflektierte er vor allem den Vorrang, den er zuvor der Praxis gegeben hatte, und betonte: »Ihre letzten Kriterien schöpft die Theologie aus der geoffenbarten Wahrheit; und diese finden wir im Glauben und nicht in der Praxis«.[58] Er musste zugeben, dass es der Kreis, der Orthopraxie und Orthodoxie zusammenfügt, nicht zulässt, im marxistischen Sinne vom Vorrang der Praxis zu sprechen und das Problem der Armut nur aus sozioökonomischer Sicht zu betrachten. Die bevor-

---

56 Ebd., S. 196.

57 Zur politischen Theologie bei Metz und Moltmann vgl. M. Borghesi, Critica, S. 203–245.

58 G. Gutiérrez, Theologie, S. 41.

zugte Option für die Armen und die Kritik an bestehenden Ungerechtigkeiten nahmen in Gutiérrez' weiterentwickelter Befreiungstheologie jedoch nach wie vor einen zentralen Platz ein.

Fast zwanzig Jahre nach der Ersterscheinung seines Werkes konnte Gutiérrez Selbstkritik üben, weil sich das politische und theologische Klima beruhigt hatte. Unbestreitbar ist jedoch, dass seine damals vorgelegten Ideen im Argentinien der 1970er-Jahre benutzt wurden, um die Gegengewalt gegen die Gewalt des Staates und der Diktatur zu legitimieren. Und so wurde die Kirche, wie Bergoglio bemerkte, von oppositionellen Extremisten als »Geisel« genommen. Ein zwischen »Ordnung« und »Revolte« und zwischen Klerikalismus und Messianismus gespaltenes Christentum war nicht mehr in der Lage, der Welt die Botschaft von Frieden und Brüderlichkeit zu verkünden. Die Kirche war gescheitert.

Dass der junge Bergoglio Kritik an den beiden widerstreitenden Tendenzen äußerte, die das politische und kirchliche Leben in Argentinien in den 1970er-Jahre zerfleischten, heißt jedoch nicht, dass er allen politischen Lagern gleichermaßen distanziert gegenüberstand. Ivereigh betont zu Recht, dass er wie viele Katholiken »stets eine natürliche Affinität zur politischen und kulturellen Tradition des Peronismus« gehabt hatte.[59] Bergoglio »gehörte zu einer Generation junger Menschen, deren Empörung über das Veto der Armee gegen den Peronismus mit jedem Tag wuchs. Denn sie verhinderte damit, dass die Bewegung an Wahlen teilnehmen konnte, und versuchte mit allen Mitteln – häufig auf widerwärtige Weise –, ihre Anhänger zu demütigen«.[60] Der Peronismus war zu jener Zeit die größte demokratische Bewegung Argentiniens und die einzige, die auf die Bedürfnisse des ärmeren Teils der Bevölkerung einging und und die sozialen Rechte respektierte.[61] Dass Bergoglio grundsätzlich mit dem Peronismus einverstanden war, bedeutet jedoch keinesfalls, dass er dessen radikale, populistisch-messianische Absichten guthieß – ganz im Gegensatz zur sogenannten Bewegung der Priester für die Dritte Welt (*Movimiento de Sacerdotes para el Tercer Mundo*, MSTM), der Anfang der 1970er-Jahre 10% der argentinischen Priester angehörten. Ihr wohl bekanntester Vertreter war Pater Carlos Mugica. Er bekannte sich voll-

---

59 A. Ivereigh, Reformer, S. 30.

60 Ebd., S. 71.

61 Vgl. D. James, Resistance.

umfänglich zum Peronismus, da er die Kluft zwischen der Kirche und der Arbeiterklasse schließen wollte, die durch die Empörung der Arbeiter über die antiperonistische Haltung der Amtskirche entstanden war. »Für Mugica und die Bewegung der Priester für die Dritte Welt war der Peronismus eine Art Messias, eine Macht, die das Volk befreien konnte. Sie schauten durch eine sozialistische Brille auf die Politik. Für die MSTM war das Volk peronistisch, und deshalb musste die Kirche, um auf der Seite des Volkes zu stehen, ihrerseits auch peronistisch sein. Das politische Programm war jedoch eher das von Castro als das von Perón.«[62] Mugica wurde 1974 – so die wahrscheinlichste Vermutung – von der »Triple A« umgebracht.

All dies entsprach natürlich nicht Bergoglios *theologisch-politischem* Verständnis vom Peronismus. In *Über Himmel und Erde*, einem Buch, das Gespräche zwischen Bergoglio und dem argentinischen Rabbiner Abraham Skorka zusammenstellt, erinnerte sich Bergoglio folgendermaßen an diese Zeit zurück:

> Anfangs blieb die Kirche mit Peróns Regierung verbunden, erreichte sogar einiges, wie den Religionsunterricht, mal ganz abgesehen davon, ob das gut oder schlecht ist. Nach Evitas Tod begann die Distanzierung. Vielleicht wusste der hohe Klerus nicht gut mit den Umständen umzugehen, jedenfalls mündete der Konflikt in der Konfrontation von 1954. Ich erinnere mich, dass ich als junger Mann in einem Zeitungsartikel las: »Die Señores und Monseñores vom gut gedeckten Tisch«. Das war der erste Angriff. Von da an nahm die gegenseitige Konfrontation ihren Lauf, bei der unschuldige Leben getötet wurden. Der nationalistischen Gruppierung der Streitkräfte waren die Zivilisten auf der Plaza de Mayo egal, und sie schickten Flugzeuge mit dem unglaublichen Spruchband »Christus siegt«. Das ekelt mich an, es macht mich wütend, es empört mich, denn so benutzt man den Namen Christi für eine rein politische Aktion. Religion, Politik und purer Nationalismus vermischen sich. Unschuldige Menschen wurden ohne Not getötet. Und ich akzeptiere das Argument nicht, dies sei zur Verteidigung der Nation geschehen, denn man kann das Volk nicht verteidigen, indem man das Volk tötet. Doch es wäre zu einfach zu sagen, dass die Kirche Perón nur unterstützt oder sich ihm nur widersetzt habe. Die Beziehung war sehr viel vielschichtiger, war es und wurde es: Zuerst gab es Unterstützung, dann eine zu enge Verstrickung einiger An-

62 A. Ivereigh, Reformer, S. 97. Vgl. Mugica, Peronismo.
63 Papst Franziskus, Himmel, S. 216–217.

führer und zuletzt eine Konfrontation. Schön vielschichtig wie der Peronismus.[63]

Bergoglios scharfe Kritik bezieht sich auf die Ereignisse vom 11. Juni 1955, als Marineflugzeuge, die das Spruchband »Cristo vence« (»Christus siegt«) hinter sich zogen, die Plaza de Mayo in Buenos Aires bombardierten. Hunderte von Teilnehmern einer von den Gewerkschaften organisierten Demonstration fanden dabei den Tod. Diese Aktion war absolut inakzeptabel - nicht nur, weil sie geradezu barbarisch war, sondern auch, weil dabei Religion, Politik und nationalistische Ideologie miteinander vermischt wurden. Die blutige Episode von der Plaza de Mayo sollte dem jungen Bergoglio nie aus dem Kopf gehen. Die Erinnerung daran bestärkte ihn in seiner kritischen Haltung gegenüber politischer Theologie, von rechts wie von links. *Bergoglio war zu keiner Zeit ein peronistischer Populist und er bekannte sich auch nie zur Ideologie des Peronismus.* Wie für viele andere argentinische Katholiken war der Peronismus für ihn eine Bewegung, die die Interessen des Volkes, der einfachen Menschen, vertrat und gegen »liberale« Regierungen einstand, die sich nur für die Belange der oberen Mittelschicht interessierten. Dies erklärt auch, warum er mit dem dritten Weg des Peronismus, dem der Mitte, sympathisierte, als er 1971 geistlicher Beistand einiger Führungskräfte der »Guardia de Hierro« (Eiserne Garde) an der von Jesuiten geleiteten Universidad del Salvador (USAL) wurde.[64] Einer dieser Männer erinnerte sich später daran, dass »Bergoglio genau das Gegenteil eines Priesters aus der Bewegung der Priester für die Dritte Welt war. Während nämlich jene in die Politik gingen, um das, was ihnen in ihrem Glauben fehlte, zu kompensieren, blieb er immer

---

64 »Innerhalb der USAL gab es drei politische Strömungen und jede hatte ihren eigenen jesuitischen Geistlichen. Die konservative Strömung war der Militärdiktatur Juan Carlos Onganías zugetan und sah sie als Bollwerk gegen den Kommunismus; ihre Bezugsperson war Pater Alfredo Sáenz. Die zweite Strömung stand auf der Seite der *Montoneros*, die für eine bewaffnete Revolution eintraten; Pater Alberto Sily stand an ihrer Spitze. Die dritte, von Bergoglio und Luzzi repräsentierte Strömung bestand aus den *Guardianes*, traditionellen und orthodoxen intellektuellen und militanten Peronisten, die der Rückkehr Peróns den Weg ebnen wollten. Juli Bárbaro, einer der führenden Männer der *Guardia* an der USAL, der später Abgeordneter des Lagers Peróns war, erinnerte sich daran, dass Bergoglio und Luzzi zu den wenigen Priestern gehörten, die die *Guardia* verstanden und ihre Bemühungen um einen authentischen, nicht gewalttäigen und dem Volk zugewandten Peronismus unterstützten« (A. Ivereigh, Reformer, S. 105).

stark im Glauben und versuchte, damit die Politik zu bereichern. Er sagte, es sei nicht die Ideologie, die zählt, sondern das Zeugnis.«[65] Einige der intellektuellen Interessen der *Guardianes* teilte er sicherlich, aber er blieb in erster Linie Seelsorger. »Er war eher ein Priester, der zufälligerweise Peronist war, als ein peronistischer Priester.«[66]

1.3 Die Einheit von Allgemeinem und Besonderem, von Zentrum und Peripherie. Das Vermächtnis Amelia Podettis

Zu Bergoglios peronistischen Bekannten jener Jahre gehörte auch eine hochrangige Denkerin, die für seine intellektuelle Entwicklung eine besonders wichtige Rolle spielte: Amelia Lezcano Podetti (1928-1979), Professorin für Philosophie und die Geschichte der modernen Philosophie an der Universidad del Salvador und der Universidad Nacional de La Plata.[67] Bergoglio schätzte sie sehr. Podetti hatte in Paris bei Jean Wahl, Paul Ricœur, Ferdinand Alquié und Henri Gouhier studiert und zu Edmund Husserl geforscht; 1969 war der Band *Husserl: esencias, historia, etnologia* erschienen. Als sie nach dem Studium in ihr Heimatland zurückkehrte, war es ihr ein besonderes Anliegen, gegen die Hegemonie des positivistischen Szientismus und des Marxismus anzukämpfen und innerhalb der kulturellen Tradition des Landes ein Denken wiederzubeleben, das durch die hochrangige Auseinandersetzung mit der europäischen Philosophie eingebrochen war. 1975 wurde sie zur Directora Nacional de Cultura ernannt und begründete in dieser Funktion den »Premio Consagración Nacional«. Podetti darf wohl als die bedeutendste argentinische Denkerin der 1970er-Jahre bezeichnet werden. Sie leistete einen beachtlichen intellektuellen Beitrag zur peronistischen nationalen Sache und zur »Tercera Posición«, die sowohl Individualismus als auch Kollektivismus ablehnte.

---

65 Ebd.

66 Ebd.

67 Zu Amelia Podetti vgl. J.R. Podetti, Vorwort zu A. Podetti, Comentario, S. 15–33; J.P. Denaday, Podetti.

> Die einflussreichste Intellektuelle der *Guardia* an der USAL war Amelia Podetti, die Bergoglio 1970 kennenlernte. Sie machte ihn mit linksnationalistischen Denkern wie Arturo Martín Jauretche und Raúl Scalabrini Ortiz bekannt, über deren Ideen sie in ihren Lehrveranstaltungen an der Universität und später auch am Colegio Máximo sprach. Zudem gab sie *Hechos y Ideas* heraus, eine peronistische politische Zeitschrift, zu deren Lesern auch Bergoglio gehörte. Bis zu ihrem frühen Tod im Jahre 1979 gehörte sie zu einer Gruppe von Denkern (zu der auch der uruguayische Philosoph Alberto Methol Ferré gehörte), die der Kirche bei der Herausbildung eines neuen lateinamerikanischen kontinentalen Bewusstseins eine zentrale Rolle zusprach – *la patria grande* –, das in der modernen Welt seinen eigenen Platz einnehmen und entscheidenden Einfluss auf ihre Entwicklung nehmen sollte. Hier fühlte sich Bergoglio zu Hause, in einer Art katholischem Nationalismus, der sich mehr um das *pueblo* als um den Staat scherte, der über Argentinien hinaus ganz Lateinamerika im Blick hatte und die Erklärung von Medellín als Beginn einer Reise auf den Kontinent sah, der zu einem Leuchtturm für Kirche und Welt werden sollte.[68]

Podetti, die sich vor allem für die historischen und kulturellen Grundlagen von Ideen interessierte, hatte sich vor allem in zwei ihrer späten Werke mit Hegel auseinandergesetzt: *Comentario a la Introducción de la Fenomenología del Espíritu* erschien 1978, während *La irrupción de América en la historia* posthum 1981 veröffentlicht wurde.[69] 2007, also viele Jahre nach ihrem Tod schrieb Bergoglio das Vorwort zur zweiten Auflage ihres Hegel-Kommentars. Dort heißt es:

> Bis heute halte ich die Erkenntnisse ihrer Forschung in Erinnerung, die in den 1960er- und 1970er-Jahren, einer fürwahr einzigartigen Phase der Geschichte Argentiniens, einen wichtigen Beitrag zur Reflexion und zum Selbstbewusstsein des Landes geleistet haben. Freilich sind uns aufgrund ihres frühen Tod viele weitere Früchte ihres Denkens vorenthalten worden, aber ihre Arbeit an der Universität, ihre Aufsätze, ihre Teilnahme an all den fruchtbaren Debatten, die in diesen Jahren in Argentinien geführt wurden, reichten aus, um Ideen und Forschungsschwerpunkte zu etablieren, die auch heute noch von großer Relevanz sind. In einer Zeit, in der Lateinamerika ein erneuertes Selbstbewusstsein braucht, das seinen Zustand und seine besonderen Bedürf-

68 A. Ivereigh, Reformer, S. 106.

69 A. Podetti, Comentario (eine neue Ausgabe mit einem Vorwort von J. M. Bergoglio erschien 2007 in Buenos Aires bei Editorial Biblos); Dies., Irrupción.

nisse vollständig versteht und dadurch in der Lage ist, neue historische Antworten zu geben, halte ich es für zwingend geboten, dass wir uns an die Beiträge unserer Denker und Philosophen erinnern, ebenso wie wir es über Jahrzehnte hinweg mit unseren Schriftstellern und unseren Dichtern getan haben. Denn ich glaube: So wie wir bei der Würdigung unserer Literatur (teilweise angetrieben von außen) einen großen Sprung nach vorne gemacht haben – ich meine hier den großen Boom der lateinamerikanischen Literatur –, so müssen wir auch, was unsere philosophische Arbeit angeht, einen ähnlichen Satz vollbringen.[70]

Bergoglio zufolge lag Podettis Verdienst darin, dass sie einen Denkprozess in Gang gesetzt hatte, der der »Außenwelt« Argentiniens kulturelle Tradition eröffnet hatte, ohne dabei der Hegemonie der außerhalb des Landes dominierenden Ideen zu erliegen.

Amelia Podetti ermunterte zu einer vollständigen und bewussten Aneignung des klassischen, mittelalterlichen und modernen Denkens, damit sich unser Denken universell und nicht nur lokal ausgerichtet entfalten kann. Ohne Hegel wäre es schwierig, in unserer Welt heute Philosophie zu betreiben. Und Amelia Podetti war Teil einer Phase des argentinischen Denkens, in der man mit dem Denken des Philosophen aus Deutschland in Kontakt zu treten versuchte; zu den Protagonisten dieser Phase gehörten auch ihre Lehrer Carlos Astrada und Andrés Mercado Vera sowie viele weitere wichtige Personen. Ich glaube, dass ein Dialog dann authentisch ist, wenn die Fragen authentisch sind, wenn sie also zu uns gehören und wir sie nicht anderen kulturellen Kontexten entlehnt haben; wenn sie das Ergebnis einer Reflexion sind, die aus den Problemen, Herausforderungen, Ängsten und Hoffnungen einer bestimmten Gemeinschaft entstanden ist. Die großen Probleme der Menschheit sind zweifellos universell und in gewisser Weise auch zeitlos; aber im Bewusstsein des Philosophen laufen sie Gefahr, sich in leeren, abstrakten Formulierungen zu verflüchtigen, wenn sie nicht durch den Tiegel der harten und reinen Realität gehen. Und die Realität ist immer inkarniert, besonders, konkret. Es kann keinen Zugang zur Universalität geben, ohne die Inkarnation in ihrer Gesamtheit anzunehmen.[71]

---

70 J. M. Bergoglio, Vorwort zu A. Podetti, Comentario, it. Übersetzung »Per un dialogo genuino con il pensiero filosofico moderno. Note di filosofia del cardinal Bergoglio a margine di un libro di Amelia Podetti«, in *Terre d'America*, 27. Juni 2013.

71 J. M. Bergoglio, »Per un dialogo genuino con il pensiero filosofico moderno. Note di filosofia del cardinal Bergoglio a margine di un libro di Amelia Podetti«, in *Terre d'America*,

Bergoglio sprach hier ein auch von ihm selbst hochgehaltenes gnoseologisches Konzept an, das »konkrete Allgemeine«, auf das später eingegangen werden soll. Amelia Podettis historisch-philosophische Überlegungen, die durch eine vertiefte Auseinandersetzung mit Hegel herangereift waren, dienten ihm als Leitbild. Bei Podetti heißt es:

> Hegel betont zu Recht, dass es keinesfalls im Widerspruch zur Vielfalt der Völker steht, über die Einheit der Menschheit nachzudenken, und dass die Einheit der Menschheit nicht im Widerspruch zur Vielfalt der Kulturen und Völker steht, d. h. zu den historischen Formen, in denen der Mensch Mensch geworden ist. Zu denken, dass es einen Widerspruch zwischen Einheit und Vielfalt oder zwischen der Universalität der menschlichen Spezies und der Besonderheit realer historischer Individuen gibt, gehört zur traditionellen Logik, zur Logik dessen, was er als Verständnis bezeichnet. [...] Was Hegel sagen will, ist, dass es in Wirklichkeit keinen Widerspruch gibt, sondern dass der Mensch durch eine besondere Art der Spannung und durch eine Beziehung, die zwischen dem Einen und dem Vielfachen, dem Allgemeinen und dem Besonderen entsteht, historisch verwirklicht wird. Mit anderen Worten: dass die Universalität des Menschen durch seine historischen Besonderheiten verwirklicht wird, und dass die Einheit der Menschheit durch Vielfalt und Verschiedenartigkeit verwirklicht wird: durch die besonderen Formen, in denen sie historisch Mensch geworden ist.[72]

Die Grenzen von Hegels Modell der Synthese des Allgemeinen und des Besonderen, das dem katholischen Modell zugleich entspricht und widerspricht, hätten sich jedoch in seinem Anspruch gezeigt, eine »Universalgeschichte«

---

27. Juni 2013, online zugänglich unter http://www.terredamerica.com/2013/06/27/per-un-dialogo-genuino-con-il-pensiero-filosofico-moderno-note-di-filosofia-del-cardinal-bergoglio-a-margine-di-un-libro-di-amelia-podetti/ (letzter Zugriff 12. Juni 2020). Carlos Astrada (1894–1970), ein Schüler Schelers, Hartmanns, Husserls und Heideggers, leitete in der Zeit, als Amelia Podetti dort studierte (1948–1955) das Philosophische Institut der Facultad de Filosofía y Letras in Buenos Aires. Er war maßgeblich daran beteiligt, die Phänomenologie und den Existentialismus in Argentinien einzuführen. Zu ihm vgl. A. Mercado Vera, Astrada. Andrés Mercado Vera (1918–1992) war ein Schüler Carlos Astradas und Lehrer Amelia Podettis. Er lehrte Philosophie an der Universität Buenos Aires, war Mitherausgeber des Bandes *Valoración de la Fenomenología del Espíritu* (Buenos Aires: Devenir 1964), sowie zahlreicher weiterer Aufsätze zu Hegel und seinem Denken.

72 A. Podetti, Comentario, S. 55–56 (Ausgabe von 2007).

vorzulegen.[73] Denn Hegels Geschichte sei eine »europäische« Geschichte geblieben. Verglichen mit dem Blick, der sich zu Beginn der Moderne durch die Entdeckung der Neuen Welt biete, könne man hier von einer Einengung sprechen.

> Es gab eine Zeit, in der es so aussah, als könne das europäische Denken die Idee der Universalität entwickeln, und diese Zeit war zugleich die Zeit der Entdeckung und der Eroberung. Das heißt, diese Fragestellung tauchte – in gewisser Weise – im Humanismus und im Denken von Autoren wie Thomas Morus, Campanella oder Erasmus auf. Es ist durchaus interessant, dass die Entdeckung Amerikas im humanistischen Denken etwas generierte, das wir als »Wiedergeburt der Utopie« bezeichnen könnten. Renaissance-Autoren verfassten Utopien, die durch die Entdeckung neuer Welten und Kulturen angeregt waren. [...] Diese Idee taucht auch im zeitgenössischen spanischen Entdeckungs- und Eroberungsdenken auf. Ich möchte nur Vitoria zitieren, einen Zeitgenossen des Erasmus. Vitoria entwickelte eine Theorie dessen, was wir als Völkerrecht bezeichnen können. Es war der erste Versuch, diese neue Universalisierung der Welt und des Planeten theoretisch zu formulieren.[74]

Amelia Podetti zufolge fand dieses universalistische Konzept durch die Krise des spanischen Reiches ein Ende:

> Es scheint aber evident, dass sich das europäische Denken seit der Niederlage des spanischen Kolonialreichs – bzw. Hispanoamerikas, eines Reichs, das die ganze Welt umspannte – wieder auf den europäischen Raum beschränkte, auf einen traditionell bereits abgegrenzten europäischen Raum: Denn dieses Denken bewegt sich seit Descartes und Hegel bis heute innerhalb der Dimensionen der mediterranen Welt, innerhalb der Dimensionen des Römischen Reiches und seiner Grenzen, geht aber nicht darüber hinaus. Daher ist klar, dass Amerika für ein solches Denken kein integraler und wesentlicher Teil der Welt ist.[75]

Trotz all seiner Absichten blieb der hegelsche Universalismus ein »westlicher« Universalismus. Er unterscheidet sich daher vom lateinamerikanischen Modell, das im Kontext des katholischen Universalismus entstanden

73 Für eine Gegenüberstellung des hegelschen und des katholischen Modells vgl. M. Borghesi, Era, S. 117–169.

74 A. Podetti, Comentario, S. 51.

75 Ebd.

ist. Lateinamerika (und damit auch Argentinien) forderten, »eingegliedert« zu werden und zum Ganzen dazugehören zu dürfen. Daher hatte Bergoglio, als er sich auf Podettis Buch über Hegel bezog, vor allem den *anderen* von ihr vorgelegten Band im Blick, nämlich *La irrupción de América en la historia*. In den Aufsätzen, die in dem posthum erschienenen Werk zusammengetragen wurden, stellte Podetti eine aufschlussreiche historische Synthese des Allgemeinen und des Besonderen vor. Bergoglio kannte diesen Band und seinen Inhalt sehr gut, über den er sagte:

> Das Denken Amelia Podettis, der jung verstorbenen Hegel-Spezialistin und Dekanin der Philosophie an der Universität, hat mich stark beeinflusst. Ihr verdanke ich die Erkenntnis des Konzepts der »Peripherien«. Sie hat viel dazu gearbeitet. Einer ihrer Brüder veröffentlicht noch heute ihre Schriften, ihre Notizen. Durch die Lektüre von Methol Ferrés und Podettis Büchern habe ich etwas von der Dialektik übernommen, in einer anti-hegelschen Form, denn sie war Hegel-Spezialistin, aber keine Hegelianerin.[76]

Bergoglio interessierte sich besonders für die Inkulturation des christlichen Glaubens in Lateinamerika, mit der Podetti sich ebenfalls befasst hatte.

> Amerikas besonderer Platz in der Welt, in Raum und Zeit, offenbart sich in der Bildung der amerikanischen Kultur. Sie entwickelt sich und erscheint in der Geschichte wie eine vereinigende Matrix, die alles sammelt, absorbiert, synthetisiert und transformiert, was ihr Territorium erreicht. Sie reduziert die verschiedensten kulturellen Beiträge zu komplexen und stark ausdifferenzierten Einheiten, selbst solche, die aggressiv sind und versuchen, den tiefen, innersten und irreduziblen Kern des *Amerikanischseins* zu zerstören. Diese verbindende Kraft findet sich in den historischen Grundlagen Amerikas wieder, die sich in gut gekennzeichneten Profilen zeigen. Hier können wir einerseits den Eroberungs- und Kolonisierungswillen, andererseits das Verhältnis zwischen Christentum und Kultur beobachten, das sich in dieser Form nur in Amerika etabliert hat: Die amerikanische Kultur ist mit dem Christentum so tief verbunden und von ihm so stark durchdrungen, dass man fast behaupten könnte, die amerikanische Kultur sei vielleicht die einzig wirklich christliche, also von Beginn an und in ihren Wurzeln christliche Kultur. Diese Berufung zur Synthese, diese verbindende Kraft, diese Grundhaltung, verschiedene kulturelle Traditionen zu verändern, macht Amerika gleichermaßen besonders

76 Papst Franziskus, Audioaufnahme vom 3. Januar 2017.

und universell. In Amerikas kultureller Eigenart besteht eine Neigung zur Universalität.[77]

So bot Podettis Hegel-Kommentar Gelegenheit, um über das universelle Schicksal Lateinamerikas in den neuen Umständen der Gegenwart nachzudenken. Bergoglio hielt diesbezüglich fest:

> Aus eben diesem Grund formulierte Amelia Podetti in eben diesem Moment ihre Vorstellung vom Eindringen Lateinamerikas in die Geschichte als grundlegendem Ereignis der Moderne, das letztlich den Beginn der Universalgeschichte kennzeichnete. Und auch wenn Hegel das Konzept der »Universalgeschichte« umfänglich nutzte, unterscheidet sich Podettis Ansatz von dem des deutschen Philosophen sowie von anderen europäischen Vorstellungen von Geschichte, bei denen die »Planetarisierung«, so wie sie sie versteht, nicht in ihrer vollen historischen und philosophischen Bedeutung vorausgesetzt zu werden scheint.[78]

Letztgenannte Annahme ist in der Tat begründet, da die moderne »Planetarisierung« – wie Zbigniew Brzezinski in *Between Two Ages: America's Role in the Technetronic Era* zeigt – Wissenschaft und Technologie, die im Kontext des christlichen spirituellen Horizonts der Transzendenz des Menschen über die Natur entstanden sind, auf faustische Weise nutzt.[79] Jahre später sollte Bergoglio darauf zurückkommen, als er – damals schon als Papst – Romano Guardini heranzog, um auf die Grenzen des modernen Anthropozentrismus und der technologischen Degeneration hinzuweisen. Angesichts der Grenzen des westlichen Universalismus schlug Podetti Lateinamerika als Modell vor:

> Amerika ist in der Lage, die Moderne in sein eigenes historisches und spirituelles Fundament zu integrieren, weil es in der Lage ist, die Universalität der Geschichte und die Bedeutung des Strebens nach Einheit auf dem Weg des

77 A. Podetti, Irrupción. Die it. Übersetzung des Werkes wurde hier als Basis für die Übersetzung verwendet (A. Podetti, Irruzione, S. 11).

78 J. M. Bergoglio, »Per un dialogo genuino con il pensiero filosofico moderno. Note di filosofia del cardinal Bergoglio a margine di un libro di Amelia Podetti«, in *Terre d'America*, 27. Juni 2013, online zugänglich unter http://www.terredamerica.com/2013/06/27/per-un-dialogo-genuino-con-il-pensiero-filosofico-moderno-note-di-filosofia-del-cardinal-bergoglio-a-margine-di-un-libro-di-amelia-podetti/ (letzter Zugriff 12. Juni 2020).

79 Z. Brzezinski, Ages, S. 65.

> Menschen auf Erden zu erfassen. Es scheint, als sei Amerika von Beginn an und aufgrund seiner Geschichte bereit gewesen, in dieser Phase der Universalisierung eine tragende Rolle zu spielen; einen Weg zur Universalisierung vorzuschlagen, der sich von dem der supertechnischen Gesellschaften unterscheidet und es gleichzeitig schafft, diese zu integrieren. Amerikas Mission und Bestimmung ist es, die Einheit zu erfassen und sie zu herbeizuführen.[80]

Lateinamerika ins »Zentrum« zu rücken bedeutete, die Koordinaten zu verschieben und das vergegenwärtigte »europäische« Modell der Beziehung zwischen Zentrum und Peripherie zu korrigieren. Bergoglio war diese Korrektur wichtig. Als Papst bekannte er:

> Von ihr habe ich die Erkenntnis des Konzepts der »Peripherien« erhalten. Sie hat viel dazu gearbeitet.[81]

Dies ist ein wertvoller Hinweis. Das Thema »Peripherie«, das in Franziskus' Pontifikat eine zentrale Rolle eingenommen hat, ist nicht der pro-marxistischen Theorie der »Abhängigkeit« entlehnt, die in den 1970er-Jahren sehr beliebt war, sondern sie resultiert aus Bergoglios Erkenntnis, dass es zu einem Perspektivwechsel kommt, wenn man sich für das entscheidet, was (scheinbar) marginal ist.[82] Für Podetti galt: »Das Erscheinen Amerikas in der Geschichte verändert nicht nur die Sichtweise, sondern auch die Bedeutung der Reise der Menschheit auf Erden radikal. Die Entdeckung der ›Neuen Welt‹ ist im Grunde genommen nichts anderes als die Entdeckung der Welt in

---

80 A. Podetti, Irruzione, S. 12.

81 Papst Franziskus, Audioaufnahme vom 3. Januar 2017.

82 »Unter den vielen, die unter großem Aufwand in den Worten und Gesten von Papst Franziskus tiefe intellektuelle Prägungen zu erkennen versuchen, gibt es diejenigen, die mehr oder weniger implizite Berührungspunkte zwischen den bergoglianischen Peripherien und den Dependenztheoretikern gesehen haben wollen. Dies mag zwar interessant klingen, ist aber nicht zielführend. Denn das einzige analytische Instrument, um in der Spannung zwischen Zentrum und Peripherie einen Indikator für den Lauf der Dinge in Kirche und Welt zu finden, hat Bergoglio von der argentinischen peronistischen Philosophin Amelia Podetti (1928–79) übernommen. Die Hegel-Expertin vom Río de la Plata, die an der Staatlichen Universität von Buenos Aires und der Jesuitenuniversität Philosophie lehrte und als der Dritte-Welt-Fraktion und nicht der marxistischen Guardia de Hierro nahestehend galt, war der Ansicht, dass Europa sich nach der Erdumrundung Ferdinand Magellans anders ›gesehen‹ habe. Es war etwas anderes, die Welt von Madrid aus zu betrachten als sie von Feuerland aus zu sehen: Der Blick war weiter und man konnte Dinge sehen, die denen verborgen blieben, die alles vom ›Zentrum‹ des Reiches aus betrachteten« (G. Valente, »Francesco e il viaggio della Chiesa fuori di se stessa«, in *Vatican Insider*, 28. Mai 2016).

ihrer Gesamtheit, die Entdeckung, dass die Welt etwas ganz anderes ist als das, was sich die Menschen auf beiden Seiten bis dahin vorgestellt hatten. Die Universalgeschichte beginnt tatsächlich mit Amerika.«[83] Für Bergoglio wurde die von Südamerika aus gesehene Welt zu einer Welt, die von der Peripherie, von den Barackenstädten, von den *villas miseria*, von den unendlich großen Metropolen Lateinamerikas aus gesehen wurde. Die philosophische Umwertung machte einer auf den Worten des Evangeliums begründeten Sichtweise Platz. Diese Wahrnehmung des Verhältnisses von Zentrum und Peripherie sollte sich für den späteren Papst als besonders wichtig erweisen.

Darüber hinaus machte Podetti ihn auf ein weiteres Thema aufmerksam: die Relevanz von Augustinus' *De civitate Dei*. Einer der in *La irrupción de América en la historia* veröffentlichten Aufsätze trägt den Titel »San Agustín: el problema de la justicia«.[84] Die Zwischenüberschriften weisen darauf hin, dass der »Stadt Gottes« besondere Aufmerksamkeit geschenkt wird; sie lauten: »Justicia y pueblo para la tradición pagana (Cicerón)«; »La justicia en la visión cristiana (San Agustín)«, »El pueblo en la visión cristiana (San Agustín)«; »Las dos ciudades«; »El cristiano y el siglo«; »Justicia y universalización«; »Conclusión«. Bergoglio wusste um die große Bedeutung dieses Werkes. Im Vorwort zu Podettis *Comentario* schrieb der damalige Kardinalerzbischof von Buenos Aires: »Die Vorsehung wollte es, dass sie sich 1978 in einer ihrer letzten Lehrveranstaltungen der Philosophie der Geschichte widmete. In diesem Kurs, in dem sie sich dafür aussprach, die Geschichte des Westens zu überarbeiten, konzentrierte sie sich auf den heiligen Augustinus und auf Hegel. Sie befasste sich also mit den beiden ›Spitzen‹ der Philosophie der Geschichte im Westen.«[85]

Augustinus und Hegel: zwei Pole der Theologie und der politischen Philosophie des Westens. Während der Staat bei Hegel zum Reich Gottes auf Erden wird, verhindert bei Augustinus der Dualismus der beiden Städte, der

83 A. Podetti, Irrupción, S. 10.

84 Ebd., S. 13–20.

85 J. M. Bergoglio, »Per un dialogo genuino con il pensiero filosofico moderno. Note di filosofia del cardinal Bergoglio a margine di un libro di Amelia Podetti«, in *Terre d'America*, 27. Juni 2013, online zugänglich unter http://www.terredamerica.com/2013/06/27/per-un-dialogo-genuino-con-il-pensiero-filosofico-moderno-note-di-filosofia-del-cardinal-bergoglio-a-margine-di-un-libro-di-amelia-podetti/ (letzter Zugriff 12. Juni 2020).

irdischen Stadt und der Stadt Gottes, jeglichen theologisch-politischen Monismus. In ihrem Buch beschäftigte sich Podetti mit dem *pueblo*, doch vor dem Hintergrund des Augustinus war jede »populistische« oder nationalistische Ideologie unmöglich. Bei Augustinus »darf die Stadt des Menschen nicht mit dem Römischen Reich, irgendeinem anderen Staat oder historischen Reich verwechselt werden, ebenso wie die Stadt Gottes nicht mit der Kirche verwechselt werden darf. [...] Ob es nun gute oder schlechte Menschen sind, Bürger der einen oder der anderen Stadt: Sie alle leben in der Welt, sie brauchen ihre Güter und ihren Frieden; der Friede ist ein der Stadt eigenes Gut, sei es nun die Stadt Gottes oder die Stadt der Menschen, gemäß jener Liebe, die die Bürger dieser Städte beseelt«.[86]

1.4 Stadt Gottes und Stadt der Menschen: Bergoglio und der heilige Augustinus

Diese Gegenüberstellung von Augustinus und Hegel erweckte Bergoglios Interesse. Sie zeigte ihm, wie weit die Theologie der Politik von jener politischen Theologie entfernt war, die er stets abgelehnt hatte (»Cristo vence«).[87] Er war der festen Überzeugung, dass Christus niemanden besiegte, weder mithilfe der Milizen der Armee noch durch eine Revolution. Er glaubte vielmehr, dass der Sieg Christi der Sieg des Kreuzes ist, dass sein Reich in dieser Welt durch Samen des Lichts und der Gnade, durch Samen der Gerechtigkeit und der Werke offenbar wird, die dem *pueblo fiel* Leben einhauchen. Dass er den messianischen Populismus ablehnte, führte dazu, dass er ebenso wie Amelia Podetti in den ersten Jahren des 21. Jahrhunderts die Bedeutung von *De civitate Dei* als Modell für eine Theologie der Politik wiederentdeckte. Dies ist vor allem deswegen bemerkenswert, weil große Teile der Wissenschaft dem Augustinus von *De civitate Dei* damals nur wenig Beachtung schenkten, wenn auch vereinzelt Beiträge dazu erschienen: So veröffentlichte die von Alberto Methol Ferré herausgegebene Zeitschrift *Nexo* Anfang 1987 einen

86 A. Podetti, Irrupción, S. 16.

87 Zur konzeptuellen Unterscheidung von »politischer Theologie« und der »Theologie der Politik« vgl. M. Borghesi, Critica, S. 9–22.

Aufsatz von Pedro Morandé mit dem Titel »Desde la óptica de la Ciudad de Dios«.[88] In der darauffolgenden Ausgabe rezensierte Methol Ferré die spanische Übersetzung von Erich Przywaras *Augustinus. Gestalt als Gefüge* (»San Agustín)«.[89] Ferner publizierte die internationale Zeitschrift *30 Giorni*, die auch auf Spanisch erschien, in den 1990er-Jahren eine Reihe von Artikeln, die – anknüpfend an Ratzingers Augustinus-Studien – die kirchliche und politische Relevanz von *De civitate Dei* beleuchteten.[90] Dadurch erreichte der »Augustinus-Trend« auch Bergoglio. In einem Beitrag von 2002 stellte er Augustinus' Denken der kaiserlichen Theologie des Eusebius von Cäsarea, dem Biographen Konstantins, gegenüber. Darin knüpfte er an die von Erich Peterson und Joseph Ratzinger skizzierte hermeneutische Linie an.[91]

> In jener Zeit fand Augustinus, ein Mann, der den Unglauben und den Materialismus selbst gut kannte, den entscheidenden Schlüssel, um seiner Hoffnung eine Getalt zu geben, in einer fundierten Theologie der Geschichte, die er in seinem Buch *De civitate Dei* vorstellte. Darin stellt uns der Heilige ein hermeneutisches Prinzip vor, das weit über die »offizielle Theologie« des Reiches hinausgeht und für sein Denken entscheidend ist: das Konzept der »zwei Lieben« und der »zwei Städte«. Zusammengefasst argumentiert er folgendermaßen. Es gibt zwei »Lieben«: die Eigenliebe, die aggressiv individualistisch ist, andere für die eigenen Zwecke ausnutzt, das Gemeinsame nur in Bezug auf den eigenen Nutzen sieht und sich gegen Gott auflehnt; und die heilige Liebe, die in erster Linie sozial und auf das Gemeinwohl ausgerichtet ist und die Gebote des Herrn achtet. Um diese »Lieben« oder Finalitäten herum sind die »zwei Städte« organisiert: die »irdische« Stadt und die »Stadt Gottes«. In der einen wohnen die »Bösen«, in der anderen die »Heiligen«. Aber das Interessante am augustinischen Denken ist, dass diese »Städte« in der Geschichte nicht vorkommen können, d. h. sie können nicht in dieser oder jener weltlichen Wirklichkeit gefunden werden. Es ist klar, dass die Stadt Gottes nicht die sichtbare Kirche ist: Viele aus der himmlischen Stadt wohnen im heidnischen Rom, und viele aus der irdischen Stadt in der christlichen Kirche. Die »Städte« sind eschatologische Einheiten: Erst beim Jüngsten Gericht werden ihre jewei-

---

88 P. Morandé, Optica.

89 A. Methol Ferré, Przywara. Die Rezension bezog sich auf die spanische Ausgabe (Madrid: Cristianidad 1984) von E. Przywara, Augustinus.

90 Viele dieser Beiträge aus den 1990er-Jahren sind enthalten in L. Cappelletti, M. P. Comunale, Potere. Zu den meistzitierten Werken Ratzingers gehören J. Ratzinger, Volk; Ders., Einheit.

91 Vgl. M. Borghesi, Critica, S. 65–88.

> ligen Profile sichtbar werden, so wie auch das Unkraut und das Getreide erst bei der Ernte voneinander getrennt werden. Indes bleiben sie hier in der Geschichte untrennbar miteinander verbunden. Die historische Existenz der beiden Städte ist »säkular«. Schließt die eine die andere aus eschatologischer Sicht auch aus, so können sie im *saeculum*, in der weltlichen Zeit, nicht klar voneinander unterschieden und getrennt werden. Die Trennlinie verläuft ... entlang der Freiheit des Menschen, der persönlichen wie der kollektiven.[92]

Der damalige Kardinal von Buenos Aires fragte sich weiter: »Warum wiederhole ich nun hier Dinge, die ein Bischof im 5. Jahrhundert gedacht hat? Weil seine Überlegungen uns dabei helfen, die Wirklichkeit zu sehen. Die Menschheitsgeschichte ist ein ungewisses Feld mit vielen unterschiedlichen Plänen, von denen keiner aus menschlicher Sicht makellos ist. Wir sollten aber erkennen, dass in ihnen allen sowohl die ›unreine Liebe‹ als auch die ›heilige Liebe‹ steckt, von denen der heilige Augustinus spricht. Fern von jeglichem Manichäismus oder Dualismus ist es legitim, die historischen Ereignisse als ›Zeichen der Zeit‹, als Samenkörner des Königreichs, sehen zu wollen, und darüber hinaus die Dinge zu erkennen, die – losgelöst vom eschatologischen Ziel – nur dazu dienen, die Verwirklichung des höchsten Schicksals des Menschen zu verhindern.«[93]

Kein menschliches Vorhaben ist »makellos«: Dies ist der Realismus des Augustinus. Seine Auffassung der beiden »miteinander verbundenen« Städte ermögliche es uns aber, so Bergoglio weiter, den »Manichäismus oder Dualismus« zu überwinden, der jedem politisch-religiösen Messianismus innewohne. 2003 wandte sich Bergoglio erneut Augustinus zu. In einer Rede mit dem Titel »Erziehen heißt, das Leben wählen« erläuterte er anhand von *De civitate Dei* den Begriff und das Konzept der »Utopie«. Bergoglio zufolge kann Utopie nicht auf bloße Imagination reduziert werden, sondern Utopie ist ein Suchen nach neuen Wegen und eine Kritik an der bestehenden Wirklichkeit. Jede nonkonformistische politische und gesellschaftliche Vision braucht die Utopie. Doch dieses Modell, die kritische Vorstellung einer anderen Welt, stößt »an zwei ernst zu nehmende Grenzen«:

---

92 J.M. Bergoglio, »Parola e amicizia« (2002), in J.M. Bergoglio-Papst Franziskus, Occhi, S. 144–145. Dieser Text ist in der deutschen Übersetzung des Bandes »Im Angesicht des Herrn« nicht enthalten.

93 Ebd., S. 146.

> [E]rstens eine gewisse »*Verrücktheit*«, die ihrem fantastischen oder imaginären Charakter geschuldet ist, und, wenn der Aspekt der Praktikabilität darüber vernachlässigt wird, die Utopie in einen bloßen Traum oder unerfüllbaren Wunsch verwandeln kann.[94] [...] Zweitens kann die Utopie mit ihrer Ablehnung des Bestehenden und ihrer Sehnsucht, etwas Neues zu schaffen, in einen Autoritarismus verfallen, der noch viel radikaler und unnachgiebiger ist als der, den sie eigentlich überwinden wollte. Wie oft haben utopische Ideale in der Menschheitsgeschichte alle nur erdenklichen Arten von Ungerechtigkeit, Intoleranz, Verfolgung, Gewalt und Diktaturen unterschiedlichster Prägung hervorgebracht![95]

Angesichts dieser beiden Grenzen der Utopie wird die Bedeutung von Augustinus' Sichtweise deutlich:

> Genau an diesem Punkt wollen wir wieder auf den Gottesstaat zurückkommen. Die Utopie, wie wir sie kennen, ist eine typisch moderne Konstruktion (wenngleich sie im Millenarismus des späteren Mittelalters wurzelt). Der heilige Augustinus aber gibt uns mit seinem Schema von den »zwei Staaten« (dem Gottesstaat, in dem die Liebe regiert, und dem Erdenstaat, in dem der Egoismus herrscht), deren weltliche Erscheinungsformen unentwirrbar eng miteinander verflochten sind, einige wichtige Anhaltspunkte, um das Verhältnis zwischen Neuheit und Kontinuität zu bestimmen. Ebendieses Verhältnis ist der kritische Punkt des utopischen Denkens und der Schlüssel zu jeder Kreativität, die aus der Geschichte schöpft. Augustinus' Gottesstaat ist in erster Linie eine Kritik an einer Sichtweise, die die politische Macht und den Status quo als heilig betrachtete. Alle antiken Reiche stützten sich auf eine solche Vorstellung. Die Religion war wesentlicher Bestandteil eines ganzen Konstrukts aus Symbolen und Fiktionen, das die herrschende Macht für sakrosankt und zum Fundament der Gesellschaft erklärte. Und das galt durchaus nicht nur für die Heiden: Sobald das Christentum im Römischen Imperium Staatsreligion geworden war, wurde eine offizielle Theologie erarbeitet, die diese politische Gegebenheit zementieren sollte – ganz so, als wäre mit ihr das Reich Gottes auf Erden Wirklichkeit geworden.[96]

---

94 J. M. Bergoglio-Papst Franziskus, »Erziehen heißt, das Leben wählen« (2003), in Ders., Angesicht, I, S. 189.

95 Ebd., S. 188.

96 Ebd., S. 189–190. Antonio Spadaro beschreibt Bergoglios »augustinischen« Geist treffend: »In der Tat nimmt Bergoglio die augustinische Kritik an einer Religion, die als ›wesentlicher Bestandteil der gesamten symbolischen und imaginären Konstruktion‹ verstanden wird, die ›die Gesellschaft durch eine sakralisierte Macht‹ aufrechterhält, vollumfänglich

Ebenso wie Joseph Ratzinger es in *Die Einheit der Nationen* getan hatte, griff Bergoglio auf Augustinus' Theologie der Geschichte zurück, um sich gegen die politischen Theologien von rechts und links zu stellen, die in Ratzingers Augen durch die christlich-kaiserliche Theologie des Eusebius von Cäsarea und die gnostisch-subversive Theologie des Origenes symbolisiert wurden. Ratzinger hatte 1971 die neuen politischen Theologien von Metz und Moltmann kritisiert, die beide vom »utopischen« Marxismus Ernst Blochs geprägt waren. Ihnen sowie auch dem konservativen Pol setzte Ratzinger Augustinus entgegen: »[S]o müssen wir feststellen, daß auch Augustinus nicht versucht hat, so etwas wie die Verfassung einer christlich gewordenen Welt auszuarbeiten. Seine civitas Dei ist zwar nicht eine rein ideelle Gemeinschaft aller gottesgläubigen Menschen, aber sie hat auch nicht das mindeste mit einer irdischen Theokratie, mit einer christlich verfaßten Welt zu tun, sondern sie ist eine sakramental-eschatologische Größe, die in dieser Welt als Zeichen des Kommenden lebt.«[97] Daher »ist bei Augustin das Christlich-Neue gewahr: Seine Lehre von den zwei Staaten zielt weder auf eine Verkirchlichung des Staates noch auf eine Verstaatlichung der Kirche ab, sondern darauf, inmitten der Ordnungen dieser Welt, die Welt-Ordnungen bleiben und bleiben müssen, die neue Kraft des Glaubens an die Einheit der Menschen im Leibe Christi gegenwärtig zu setzen als ein Element der Verwandlung, deren Vollgestalt Gott selber schaffen wird, wenn diese Geschichte einmal ihr Ziel erreicht hat.«[98] Auf diese Weise »blieb der Staat für ihn in aller wirklichen oder scheinbaren Verchristlichung ›irdischer Staat‹ und die Kirche Fremdlingsgemeinde, die das Irdische hinnimmt und gebraucht, aber nicht darin zu Hause ist«.[99] Augustinus' eschatologische Vorstellung sei zugleich revolutionär und gesetztestreu:

---

an. [...] Bergoglio – und darin folgt er dem großen jesuitischen Theologen Erich Przywara, dem Lehrer Hans Urs von Balthasars – postuliert das Ende der Konstantinischen Ära und lehnt die Idee der Verwirklichung des Reiches Gottes auf Erden, die die Grundlage des Heiligen Römischen Reiches und aller ähnlichen politischen und institutionellen Formen gewesen war, radikal ab« (»La diplomazia di Francesco. La misericordia come processo politico«, in *La Civiltà Cattolica*, 3975, 13. Februar 2016, S. 215–216, hier 218).

97 J. Ratzinger, Einheit, S. 104.

98 Ebd., S. 103.

99 Ebd., S. 105.

> Während man also bei Origenes nicht recht sieht, wie diese Welt weitergehen soll, sondern nur den Auftrag zum eschatologischen Durchbruch deutlich vernimmt, rechnet Augustin mit einer Fortdauer des gegenwärtigen Zustandes, den er für diese Weltzeit so weit für richtig hält, daß er eine Erneuerung des Römischen Reiches wünscht. Aber er bleibt insofern dem eschatologischen Denken treu, als er diese ganze Welt für ein Provisorium ansieht und deshalb nicht versucht, ihr eine christliche Verfassung zu geben, sondern sie als Welt stehen läßt, die um ihre eigene relative Ordnung ringen muß. Insofern bleibt auch sein bewußt legal gewordenes Christentum in einem letzten Sinn »revolutionär«, da es sich mit keinem Staat identisch setzen kann, sondern eine Kraft ist, die alles Innerweltliche relativiert, indem es hindeutet auf den allein absoluten Gott und den einzigen Mittler zwischen Gott und den Menschen: Jesus Christus.[100]

Die Vorstellung von einem zugleich revolutionären und gesetzestreuen Augustinus fand Widerhall bei Bergoglio. 2000 erläuterte der Kardinal von Buenos Aires in einer Predigt ausführlich seine Vorstellung vom »Königreich Gottes«. Er übte zunächst Kritik an einer allzu optimistischen oder pessimistischen Bewertung eines bestimmten historischen Moments und skizzierte dann einen positiven Realismus, der über die bloßen Kategorien optimistisch/pessimistisch hinausgeht: »In unserer heutigen Wirklichkeit gibt es viele Dinge, die, wenn sie gezielt eingesetzt werden, das Leben der Menschen auf Erden erheblich verbessern können.«[101] Dazu zählte er die Technologie, die Emanzipation der Frau, verschiedene Kommunikationsmittel und -wege, medizinischen Fortschritt und sozialen Wohlstand. »Doch dürfen wir nicht naiv sein und die Gefahren dessen, was heute passiert, ignorieren: Entmenschlichung, schwere soziale und internationale Konflikte, Ausgrenzung und Tod zahlreicher Menschen... Für den Pessimismus der Apokalyptiker gibt es durchaus einen Grund.«[102]

---

100 Ebd., S. 105–106.

101 J. M. Bergoglio, »Bene piantati per terra, per non perdere la rotta verso il cielo« (2000) in J. M. Bergoglio-Papst Franziskus, Occhi., S. 58. Die deutsche Übersetzung des Bandes »Im Angesicht des Herrn« enthält nur eine gekürzte Fassung dieser Predigt (»Zu Frieden und Hoffnung erziehen«); vgl. J. M. Bergoglio-Papst Franziskus, Angesicht, I, S. 108–110.

102 Ebd.

Diese Ambivalenz, die die Grenzen des modernen Progressivismus aufzeige, fordere uns heraus, über das Verhältnis von Eschatologie und Geschichte nachzudenken. »In jüngster Zeit« – und hier bezog er sich ganz klar auf den marxistisch geprägten Strang innerhalb der Befreiungstheologie – »glaubten viele Christen, dass die Gegenwart des Königreichs durch historisches Engagement eine echte und konkrete Vorwegnahme dieser neuen Welt bewirken könnte: eine bessere, gerechtere und menschlichere Gesellschaft, eine Art erster grober Entwurf oder Vorspiel dessen, was uns am Ende der Zeiten erwartet. Mehr noch: Man glaubte, dass das Handeln der Christen das Kommen des Königreichs tatsächlich ›vorwegnehmen‹ könne, da der Herr es in unsere Hände gelegt habe, sein Werk zu vollenden. Aber die Dinge haben sich nicht wie erhofft entwickelt.«[103] So »folgte auf all die Bemühungen, die Utopie zu verwirklichen, die desillusionierte Einsicht, dass man die inneren und äußeren Konditionierungen akzeptieren musste. An die Stelle des Strebens nach dem Wünschenswerten tratt die Umsetzung des Möglichen. Die gegebenen Versprechen wurden nicht erfüllt, im Gegenteil, sie waren nur eine Illusion. Wir sollten uns fragen, ob das gegenwärtige Desinteresse der jüngeren Generationen an der Politik und an gemeinschaftlichen Projekten nicht mit eben dieser Erfahrung von Frustration zusammenhängt.«[104] *Die Ernüchterung der heutigen Welt ist das Ergebnis eines historischen Prozesses, eine Reaktion auf Utopien, die ihre Versprechen nicht halten konnten.* »Das Ergebnis des Zusammenbruchs historischer Gewissheiten und des Verlusts jenes Gefühls, dass menschliches Handeln etwas objektiv und subjektiv Besseres bewirken kann, ist ein postmoderner Individualismus und Ästhetizismus, ja vielleicht sogar ein gewisser Pragmatismus und Zynismus. Selbst bei manchen Christen drückt sich das in einem bloßen ›Leben im Augenblick‹ (mag es auch der ›Moment‹ der spirituellen Erfahrung sein) aus: Man wartet passiv darauf, dass das Königreich vom Himmel ›fällt‹.«[105]

Dieser christliche Pessimismus, der mit Trägheit und Desinteresse am Schicksal der Welt einhergeht, sei aus Sicht des christlichen Glaubens und der christlichen Hoffnung ungerechtfertigt: »Aber lässt die postmoderne Er-

---

103 Ebd., S. 60.
104 Ebd.
105 Ebd., S. 61.

nüchterung (nicht nur in der Politik, sondern auch in der Kultur, der Kunst und im Alltagsleben) wirklich einen Funken Hoffnung erahnen, der auf der Erwartung des Königreichs beruht? Oder aber anders gefragt: Hat die Vorstellung, dass das Königreich unter uns beginnt, der Kern von Jesu Lehren und Handeln, und eine vertraute, aber nicht persönliche Erfahrung unter den Gläubigen nach seiner Auferstehung, heute noch etwas zu sagen? Besteht abgesehen von diesen vielleicht zu linearen Vorstellungen eine Verbindung zwischen der theologischen Botschaft vom Reich Gottes und der konkreten Geschichte, in die wir Menschen eingetaucht sind und für die wir verantwortlich sind?«[106] Und ja, es gibt sie, diese Beziehung, die über eine lineare Kontinuität zwischen der Geschichte und der Vollendung des Königreichs hinausgeht:

> So wie die individuelle Erfüllung (die Begegnung mit Gott und die endgültige persönliche Verklärung in der Auferstehung) in den allermeisten Fällen durch einen schrecklichen Moment der »Diskontinuität«, des Scheiterns und der Zerstörung (durch den Tod) verläuft, gibt es keinen Grund anzunehmen, dass dasselbe nicht auch mit der Geschichte in ihrer Ganzheit geschieht. Und hier sehen wir die Wahrheit eines apokalyptischen Denkens: Die Welt vergeht, es gibt keine finale Erfüllung ohne irgendeine Form von Zerstörung oder Verlust, auch wenn wir nicht im Voraus wissen können, wie sie aussieht. Dass es aber keine Kontinuität geben wird, stimmt nicht: Ebenso wie ich auferstehen werde, wird es die gleiche Menschheit, die gleiche Schöpfung und die gleiche Geschichte geben, und wir alle werden in der Fülle der Zeit verklärt werden! Kontinuität und Diskontinuität. Eine geheimnisvolle Wirklichkeit zwischen Anwesenheit und Abwesenheit, zwischen »bereits« erfüllten, aber »noch nicht« in vollem Umfang erfüllten Versprechen.[107]

Der Text von 2000 zeigt, dass Bergoglio am paulinisch-augustinischen Modell festhielt, am Paradigma vom »bereits« und »noch nicht«. Die polare Spannung zwischen der Erwartung der Parusie und dem Einsatz in der Welt: Dies ist die Wesensart des Christen in der Geschichte.

---

106 Ebd., S. 60.
107 Ebd., S. 61.

1.5 Das *pueblo fiel* als »theologische Quelle«

Die Bereitschaft, sich für das Gemeinwohl und die Armen einzusetzen, auf der einen Seite, und das Bewusstsein, dass das Königreich in der Welt durch Gottes Pläne verwirklicht wird, auf der anderen: Diese polare Spannung beschäftigte Bergoglio in den 1960er- und 1970er-Jahren. Er sah keine Lösung dafür. Die *Unvereinbarkeit* zwischen revolutionärem Messianismus und dem antikommunistischen Kreuzzug der Menschen in Uniform war für das antinomische Denken ein nicht enden wollendes Drama. Dieses Drama spaltete auch den Jesuitenorden, dem Bergoglio angehört. *In den Spaltungen, die diese Zeit prägten, nahm sein Denken Gestalt an.* Ivereigh zufolge lässt sich dies an drei Aspekten erkennen, die mit einer 1976 von ihm durchgesetzten Studienreform am Colegio Máximo in Buenos Aires zusammenhängen, dessen Rektor er damals war.

> Er führte das Juniorat wieder ein (d. h. die ein oder zwei Jahre dauernde Grundausbildung in den Künsten und den Geisteswissenschaften) und trennte dadurch Philosophie und Theologie wieder voneinander. Damit schaffte er auch das ab, was er 1990 in einem Brief an Don Bruno als »Melange aus Philosophie und Theologie, die sich ›Lehrplan‹ nennt«, bezeichnet hatte, »wo man als Erstes Hegel studiert (sic!)«. Das neue, von Bergoglio eingeführte Juniorat ermöglichte es den Studenten, sich in der Tradition der argentinischen Jesuiten zu verwurzeln anstatt in Modellen aus dem Ausland. Zum Studium gehörten nicht nur europäische Klassiker, sondern auch die argentinische Literatur, alles von *El gaucho Martín Fierro* bis Borges. Der Geschichtskurs war insofern revisionistisch, als er die katholischen, hispanischen und frühjesuitischen Elemente der argentinischen Vergangenheit wieder ausgrub, die in der liberalen Geschichte ignoriert oder gar verachtet worden waren. Bergoglio wollte, dass die Jesuiten die religiösen Traditionen des Volkes ebenso wertschätzten wie die Hochkultur, kurz: dass sie nicht nur Eisenbahnen und Telegrafen, sondern auch *Gauchos* und *Caudillos* kannten.[108]

Durch diese Reform wollte Bergoglio dem historisch-kulturellen Hintergrund des Landes seine Würde zurückzugeben. Denn dieser fristete ein Da-

108 A. Ivereigh, Reformer, S. 140.

sein im Schatten der Soziologie und ihrer Ansätze, die – befeuert durch den Einfluss modernisierender, amerikanisierender und marxistischer Strömungen – eine gewisse Dominanz entwickelt hatten. Die Reform richtete sich zudem gegen eine Vermischung von Theologie und Philosophie, von Natürlichem und Übernatürlichen, die, wie bereits deutlich geworden ist, die Grundlage von Gutiérrez' Befreiungstheologie war. Außerdem reagierte sie auf die Prävalenz Hegels und des Hegelianismus in den philosophischen Studien der 1970er-Jahre, deren logische Konsequenz der Marxismus war.

Dass Bergoglios Reformprogramm sich den »religiösen Traditionen des Volkes« zuwandte, hatte mit Folklore oder altertümelnden Vorlieben nichts zu tun. Vielmehr ist es auf den starken Einfluss der *teología del pueblo* zurückzuführen, die als der wohl wichtigste Beitrag anzusehen ist, den die Schule vom Río de la Plata zur Befreiungstheologie leistete. Dieser Theologie folgend forderte Bergoglio die Studenten des Colegio Máximo im zweiten Punkt seiner Reform dazu auf, in die Arbeiterviertel zu gehen, um mit den Kindern zu spielen, Katechismusunterricht zu geben und dadurch die Probleme der Familien besser zu verstehen. »Der missionarische Dienst an den Armen, den sie an den Wochenenden in den örtlichen Nachbarschaften verrichteten, sollte den jesuitischen Studenten helfen, eine Verbindung zum *santo pueblo fiel de Dios*, dem ›heiligen, Gott ergebenen Volk‹ zu knüpfen und den Bezug zur Realität nicht zu verlieren.«[109] Das Eintauchen in die Realität geht auf ein Missionskonzept zurück, das eine Einheit von Theorie und Praxis forderte und eher christlich als marxistisch formuliert war. Eine Reform, an der die bevorzugte Option für die Armen, die die Kirche Lateinamerikas 1968 auf der Medellín-Konferenz formuliert hatte, nicht spurlos vorbeigegangen war.

Bergoglios Reform forderte drittens eine Rückkehr zu den Quellen der Spiritualität des Ignatius von Loyola, dem Gründer des Jesuitenordens. Seit seinem Theologiestudium am Colegio Máximo in den Jahren 1967 bis 1970 stand Bergoglio seinem Philosophieprofessor Miguel Ángel Fiorito sehr nahe, der sich dafür stark machte, die ursprüngliche Methode zur Durchführung der *Geistlichen Übungen* wiedereinzuführen. Der Austausch mit Fiorito war für Bergoglio von besonderem Wert: Er schärfte seine innere, »mystische«

---

109 Ebd., S. 141.

Seite, die auf die anthropologische und naturalistische Herabsetzung christlichen Engagements in der Welt reagierte, wie sie etwa von den neuen politischen Theologien artikuliert wurde. Die Voraussetzung für das *primerea* der Gnade des Heiligen Geistes über Werke und Regeln, von denen er später als Papst sprechen sollte, liegt in der Überzeugung, dass ein Christ umso aktiver wird, desto passiver er in Bezug auf die Gegenwart und das Handeln Gottes ist.

Was hinter Bergoglios Reform stand, ist daher offensichtlich: Er reagierte auf eine verbreitete soziologische und praxistische Tendenz, die sowohl den Jesuitenorden als auch die Kirche veränderte und sie in den todbringenden Kampf innerhalb einer gespaltenen Gesellschaft hineinzog. Es ging ihm darum, den Glauben an das Evangelium wieder in den Mittelpunkt zu stellen und gleichzeitig zu vermeiden, dass die Kirche – die allzu anfällig war für die Wünsche von Regierung und Militär – aus der Welt und in den Spiritualismus floh. Zwei entscheidende Faktoren waren Voraussetzung für diese Reform: das Konzept des »gläubigen Volkes« und die Theorie der vier Prinzipien der Wirklichkeit (wobei es sich damals noch um drei Prinzipien handelte).

Hinsichtlich des ersten Faktors war Bergoglio, wie bereits erwähnt, der *teología del pueblo*, der Theologie des Volkes verpflichtet. Zu deren Anhängern gehörten zahlreiche argentinische Theologen und Denker, darunter Lucio Gera, Rafael Tello, Justino O'Farrell, Gerardo Farrel, Fernando Boasso und Juan Carlos Scannone.[110] Vor allem Lucio Gera (1924–2012) spielte eine tragende Rolle.[111] Der Jesuit Scannone beschrieb die Entstehung der argentinischen Theologie des Volkes folgendermaßen:

> Gleich nach seiner Rückkehr vom II. Vatikanischen Konzil schuf das argentinische Episkopat 1966 eine bischöfliche Pastoralkommission (die COEPAL) mit der Aufgabe, einen pastoralen Gesamtplan für Argentinien vorzubereiten. Sie setzte sich aus drei Bischöfen, Theologen, Pastoraltheologen und Ordensleuten zusammen, darunter die oben erwähnten Gera und Tello zu nennen sind, die als Weltpriester Theologieprofessoren an der Theologischen Fakultät in Buenos Aires tätig waren. In dieser Pastoralkommission waren

110 Zur *teología del pueblo* und Papst Franziskus vgl. J. C. Scannone, Papa; Ders., Teología; R. Luciani, Papa; C. M. Galli, Pueblo.

111 Lucio Gera (1924–2012) studierte in Bonn und wurde danach Professor für Dogmatik an der UCA (Universidad Católica Argentina) in Buenos Aires. Er war Mitherausgeber der Zeitschrift *Theología*, Peritus beim Konzil, »Perito Asesor« in Medellín, Mitherausgeber des

außerdem die Weltpriester Justino O'Farrell, früher Orionit, Professor für Soziologie an der Universität Buenos Aires, Gerardo Farrell, ein Experte in kirchlicher Soziallehre, der Jesuitenpater Fernando Boasso, der am Zentrum für Soziale Forschung Aktion der Gesellschaft Jesu arbeitete, sowie andere Mitglieder, unter diesen auch drei Ordensfrauen. In dieser Kommission wurde die Theologie des Volkes geboren, deren Siegel bereits die Bischöfliche Erklärung von San Miguel (1969) – inesbondere das VI. Dokument über die Volkspastoral –, trägt. Denn diese Erklärung versucht, die Dokumente der lateinamerikanischen Bischofsvollversammlung von Medellín (Kolumbien, 1968) auf Argentinien zu übertragen.
Obwohl diese Pastoralkommission schon Anfang 1973 nicht mehr bestand, trafen sich einige ihrer Mitglieder unter der theologischen Führung von Gera auch später noch regelmäßig. Dieser hatte als Experte beim Konzil und in Medellín, und später in Puebla gedient [...] Seine Theologie war eher mündlich als schriftlich, obwohl er wichtige Schriften verfasste und seine Vorträge oft aufgenommen und nachgeschrieben worden sind. Später nahm ich selbst an den genannten Treffen teil, zusammen mit Gera, Farrell, Boasso, dem jetzigen Generalvikar von Buenos Aires, Weihbischof Joaquín Zucunza, und dem uruguayschen Laientheologen, Philosophen und Historiker Alberto Methol Ferré.[112]

Die Einsetzung der Kommission durch die argentinischen Bischöfe war also maßgeblich für den Durchbruch der Theologie des Volkes verantwortlich. Deren erstes Dokument war die Erklärung von San Miguel.

Ein Teil des Dokuments, den Pater Lucio Gera verfasst hatte, begründete eine typisch argentinische Variante der Post-Medellín-Theologie, die Bergoglio und andere ihm nahestehende Jesuiten stark prägte. Obwohl es zu Gerechtigkeit aufrief, Unterdrückung und Ausbeutung geißelte und sich für die Rechte der Arbeiter stark machte, lehnte das Dokument den Marxismus ab und bezeichnete es als etwas, das ›nicht nur im Widerspruch zum Christentum, son-

---

Dokuments von San Miguel des argentinischen Episkopats und später erneut »Perito« in Puebla. Zu seinem Denken vgl. L. Gera, Teología; Ders., Chiesa. Darin enthalten sind Übersetzungen der Aufsätze »Pueblo, religión del pueblo y iglesia« und »La iglesia frente a la situación de dependencia«. Scannone nimmt in seinem Nachwort seinen zuvor in der *Civiltà Cattolica* erschienenen Aufsatz auf (»Lucio Gera: un teologo ›dal‹ popolo«, in *La Civiltà Cattolica*, 3954, 2015, S. 539–550). Für einen umfassenden Einblick in Geras Denken vgl. R. Ferrara, C.M. Galli, Presente. Vgl. auch V. Azcuy, C.M. Galli, M. Gonzáles, J.C. Caamaño, Escritos.

112 J.C. Scannone, Theologie, S. 37.

dern auch zum Geist unseres Volkes steht‹. Diese Sichtweise war sicherlich nicht konservativ oder vorkonziliar; *el pueblo* wurde jedoch auch nicht soziologisch und marxistisch gestaltet, wie es die Befreiungstheologen taten. Die Erklärung von San Miguel sah den Einzelnen als aktiven Akteur seiner eigenen Geschichte. Überraschenderweise wurde festgehalten, dass »die Tätigkeit der Kirche nicht nur auf das Volk ausgerichtet sein solle, sondern sie solle auch und vor allem *aus dem Volk* entstehen«. Die Erklärung stellte sich also eine Kirche mit einer klaren Option für die Armen vor, im Sinne einer radikalen Identifikation mit den einfachen Menschen als Protagonisten ihrer eigenen Geschichte und nicht als »Klasse«, die im sozialen Kampf mit anderen Klassen steht. Bergoglio teilte diese Sichtweise der Erklärung von San Miguel.[113]

Die Theologie des Volkes war keine »konservative« Alternative zur Befreiungstheologie, sondern eine Befreiungstheologie ohne Marxismus. Scannone erinnerte sich:

> In einem Artikel von 1982 unterschied ich vier verschiedene Strömungen innerhalb der lateinamerikanischen Theologie der Befreiung, in welche ich die von Juan Luis Segundo kritisch und von Sebastián Politi löblich bezeichnete »Theologie des Volkes« einbezog. Der Vater der Befreiungstheologie, der peruanische Theologe Gustavo Gutiérrez, nimmt sie als eine »Strömung mit eigenen Grundzügen innerhalb der Befreiungstheologie« an, und sein Schüler, der mexikanische Jesuit Roberto Oliveros, weist sie als eine Tendenz derselben Theologie zu, bezeichnet sie jedoch als »populistisch«. Als 1984 der spätere Kardinal Quarracino – damals Generalsekretär des CELAM – in Rom die Instruktion der Kongregation für die Glaubenslehre über die Theologie der Befreiung öffentlich vorstellte, unterschied er die vier von mir differenzierten Strömungen. Nachher machten sowohl Befreiungstheologen wie Joao Batista Libanio als auch einige ihrer Gegner wie Kardinal Lucas Moreira Neves dieselbe Unterscheidung.[114]

Scannone verwies in seinem Artikel auf einen Aufsatz Methol Ferrés von 1982, der zwei Strömungen der Befreiungstheologie ausgemacht hatte:

> Der Peruaner Gustavo Gutiérrez war es, der den Begriff ›Befreiungstheologie‹ einführte. Er ist auch der Hauptarchitekt dieser Verbindung von Theologie

113 A. Ivereigh, Reformer, S. 95–96.
114 J. C. Scannone, Theologie, S. 40–41.

und Marxismus. Aber es gibt noch eine weitere wichtige Version der Befreiungstheologie, die der Theologie der Säkularisierung diametral gegenübersteht. Sie entstand, als sich in Argentinien eine große nationale und populäre Bewegung bildete, die schließlich in der Rückkehr Peróns kulminierte. Ausgehend von Medellín kam es dabei zu einer Vertiefung der Seelsorge des Volkes und der Freikauf/die Erlösung der Volksreligiosität begann, die mit dem Problem der Befreiung in Verbindung gebracht wurde. In Lucio Gera finden wir den typischsten Ausdruck davon. Diese beiden Tendenzen der Befreiungstheologie stellten mit ihren Interpretationen eine wachsende Opposition dar und fanden in Lateinamerika ein breites Spektrum an Ausgestaltungen und Mittelpositionen.[115]

Als Gustavo Gutiérrez 1988 eine neue Auflage seines Werkes *Theologie der Befreiung* mit einer vollständig überarbeiteten Fassung des Kapitels »Glaube und gesellschaftlicher Konflikt« vorlegte, wurde deutlich, wie sehr er die Theologie des Volkes schätzte. In der neuen Einleitung, betitelt »In die Zukunft blicken«, bekannte Gutiérrez, dass sich in den 17 Jahren, die seit dem Erscheinen der ersten Auflage vergangen waren, seine Sicht der Armen und ihrer Welt eklatant verändert hatte:

> Was uns betrifft, war dies die wichtigste, ja die bedrückendste Erfahrung dieser Jahre. Denn in Wirklichkeit geht es um ein ganzes Universum, in dem der sozioökonomische Aspekt, wenn auch fundamental, nicht das einzige ist. Armut bedeutet letztlich Tod: kein Brot auf dem Tisch, kein Dach über dem Kopf, keine Möglichkeit, seine Bedürfnisse in Sachen Gesundheit und Erziehung auch nur einigermaßen befriedigt zu sehen, Ausbeutung der Arbeitskraft […] Gleichzeitig dürfen wir aber auch nicht vergessen, daß Armut nicht

---

115 A. Methol Ferré, Rio, S. 22. Vgl. auch »La Chiesa, popolo tra i popoli« (1975), it. Übersetzung in Ders., Risorgimento, S. 157–158. In der italienischen Einleitung zum Band schrieb Methol bezugnehmend auf seinen Aufsatz von 1976 mit dem Titel »Quadro storico della religiosità popolare«, der ebenfalls im Band enthalten ist (S. 166–190): »Der Geltungsanspruch der ›Religiosität des Volkes‹ begann 1969 mit Río de la Plata, vor allem dank des argentinischen Theologen Lucio Gera. Bei einer Gelegenheit erzählte mir Segundo Galilea – eine der treibenden Kräfte hinter der ikonoklastischen Welle der 1960er-Jahre –, dass er glaubte, die erste Rehabilitierung der Religion des Volkes gegen säkularisierende Angriffe sei in meinem Aufsatz ›I periodi storici‹ formuliert worden. Die Rückkehr der Volksfrömmigkeit führte die Kirche unweigerlich zur Problematik der lateinamerikanischen Kultur und überwand die üblichen ausschließlich sozioökonomischen Ansätze, die das Ethos und die Geschichte unserer Völker ignorierten und wegfiltern ließen« (ebd., S. 16).

> allein Mangel dieser oder jener Art ist. Oft genug haben die Armen nämlich eine eigene Kultur mit spezifischen Werten. Arm zu sein ist eine besondere Art, zu leben, zu denken, zu lieben, zu beten und zu hoffen.[116]

Für Gutiérrez war die Erkenntnis dieser zweiten Dimension ein Novum: »Andererseits bleibt bei einer Aufwertung des kulturellen Gesichtspunktes auch die ökonomische Seite nicht unberührt – und umgekehrt wohl auch.«[117] Dank dieser Erkenntnis begriff er die Bedeutung der von ihm zuvor nicht berücksichtigten religiösen Dimension der Kultur eines Volkes. Bis dahin war sie für ihn nicht mehr als ein vormodernes, von der Aufklärung geprägtes Überbleibsel gewesen. Zu dieser Dimension gehört auch das Gebet – ein zentraler Aspekt im Leben vieler Armen.

> Christliches Leben als Ja zur Gabe des Reiches Gottes ist nicht nur Aufgabe, sondern auch Gebet. Ohne betrachtende Dimension kein Glaubensleben. Die Lateinamerikaner sind ein Volk, das für Gerechtigkeit kämpft, zugleich aber auch glaubt und hofft; das unterdrückt und zugleich christlich ist und, wie Maria im *Magnifikat*, ein Gespür für Dank und Hingabe an Gott hat.
> Betende Praxis ist es, was den Glauben unseres Volkes auszeichnet. Lateinamerikaner haben eine Form zu beten, welche modernes Denken allzu leicht für primitiv, wenn nicht für abergläubisch hält. [...] Tief verankert in dieser Volksfrömmigkeit und sich zugleich speisend aus deren Potential des Protests gegen Unterdrückung wie auch des Strebens nach Freiheit, besitzt das Gebetsleben der im Befreiungsprozeß engagierten christlichen Gemeinden eine außerordentliche Kreativität und Tiefe. Wer immer gesagt hat, in Lateinamerika gehe derzeit der Sinne für das Gebet verloren, beweist damit nur, wie weit er vom töglichen Leben der kleinen, aber engagierten Leute unseres Volkes weg ist.[118]

Gutiérrez kam hier zu einem ganz anderen Schluss als zuvor: Er stürzte die theoretische, pro-marxistische Haltung der ursprünglichen Befreiungstheologie und brachte sie in Einklang mit der argentinischen *teología del pueblo*: »Und das bedeutet echte Spiritualität, will sagen: die angezeigte Form, Christ zu sein. Gerade die Verbindung dieser beiden Dimensionen – Gebet und Engagement – macht das aus, was wir Praxis nennen. Hier liegt der Quellgrund

116 Gutiérrez, Theologie, S. 23–24.
117 Ebd., S. 28.
118 Ebd., S. 36–37.

der Theologie der Befreiung.«[119] Indem diese nun auf »die unumgängliche und befruchtende Verbindung zwischen Orthopraxis und Orthodoxis« verwies,[120] bekenne sie offen, dass der Glaube vor den Werken steht: »Ihre letzten Kriterien schöpft die Theologie aus der geoffenbarten Wahrheit; und diese finden wir im Glauben und nicht in der Praxis.«[121]

Das überarbeitete Vorwort von 1988 zur neuen Auflage von *Die Theologie der Befreiung* skizzierte, unter welchen Bedingungen die Begegnung mit der *teología del pueblo* stattfinden konnte. Gutiérrez, der nun die hohe Bedeutung des Volksglaubens, des Gebets und des Dialogs mit der lateinamerikanischen »Kultur« in all ihren Ausprägungen erkannte, wandte sich vom marxistischen Konzept des Vorrangs von Praxis und revolutionärer (Gegen-) Gewalt ab. Dieser »Umschwung« bestätigt, dass die Theologie des Volkes zu Recht als eine Form der Befreiungstheologie verstanden wird. Ferner zeigt er, dass eine Volksfrömmigkeit, die von jeglichem »Devotionalismus« und allen Vorurteilen, die man aus aufgeklärter Sicht vorbringen könnte, befreit ist, ein *locus theologicus* ist – der Beweis für eine spezifisch lateinamerikanische Inkulturation des Glaubens.[122] In der Eröffnungsansprache vor einer Versammlung der Jesuiten der argentinischen Provinz am 18. Februar 1974 hielt Bergoglio fest:

> Wichtiger erscheint es jedoch, anzuerkennen, was für ein Reservoir an Religiosität das *pueblo fiel*, das gläubige Volk, ist, etwas, das wir argentinischen Jesuiten nun langsam erkennen. Ich möchte, ganz ungeschützt, erklären, was ich meine, wenn ich vom *pueblo fiel* spreche: Ich beziehe mich ganz einfach auf die Gläubigen, auf jene, mit denen wir in unserer priesterlichen Berufung und in unserem religiösen Zeugnis am meisten Kontakt haben. Mir ist klar,

---

119 Ebd., S. 38.

120 Ebd., S. 41.

121 Ebd.

122 In »Evangelii gaudium« heißt es: »Da die Volksfrömmigkeit Frucht des inkulturierten Evangeliums ist, ist in ihr eine aktiv evangelisierende Kraft eingeschlossen, die wir nicht unterschätzen dürfen; anderenfalls würden wir die Wirkung des Heiligen Geistes verkennen. Wir sind vielmehr aufgerufen, sie zu fördern und zu verstärken, um den Prozess der Inkulturation zu vertiefen, der niemals abgeschlossen ist. Die Ausdrucksformen der Volksfrömmigkeit haben vieles, das sie uns lehren können, und für den, der imstande ist, sie zu deuten, sind sie ein *theologischer Ort*. Diesem sollen wir Aufmerksamkeit schenken, besonders im Hinblick auf die neue Evangelisierung« (Papst Franziskus, »Evangelii gaudium«, § 126. Zur »evangelisierenden Kraft der Volksfrömmigkeit« vgl. § 122–126).

> dass der Begriff *pueblo* hier bei uns mehrere Bedeutungen hat, was mit den verschiedenen ideologischen Konzepten zu tun hat, mit denen man die Realität des Volkes beschwört oder empfindet. Ich rede daher einfach vom gläubigen Volk (*pueblo fiel*). Als ich Theologie studierte, als ich wie ihr zur Vorbereitung meiner Abschlussarbeit den Denzinger und wissenschaftliche Abhandlungen durcharbeitete, fiel mir eine Formulierung der christlichen Tradition ins Auge: das gläubige Volk ist »in credendo«, in dem, was es glaubt, unfehlbar. Hier habe ich meine ganz persönliche Formel abgeleitet, die zwar nicht sehr präzise ist, mir aber sehr hilft: Wenn du wissen willst, was die Mutter Kirche glaubt, wende dich an das Lehramt – es hat die Aufgabe, die Lehre der Kirche auf unfehlbare Weise zu verkünden. Wenn du aber wissen willst, wie die Kirche glaubt, halte dich an das gläubige Volk. Das Lehramt sagt dir, wer Maria ist, aber das gläubige Volk zeigt dir, wie man Maria liebt. Unser Volk besitzt eine Seele, und weil wir von der Seele eines Volkes sprechen, können wir auch von einer Hermeneutik sprechen, von einer Weise, die Wirklichkeit zu sehen, von Gewissen. In unserem argentinischen Volk sehe ich ein starkes Bewusstsein der eigenen Würde. Es ist ein historisches Bewusstsein, das sich nicht aus einem Wirtschaftssystem ableitet (z. B. würde sich das argentinische Volk nicht in den »abstrakten« Kategorien Bourgeoisie und Proletariat wiederfinden), sondern das sich durch eine Reihe von Meilensteinen entwickelt hat. Es ist nicht das Ergebnis einer »Theorie«, sondern eher eines Lebens, das christliche Wurzeln hat.[123]

Diese Einschätzung des späteren Papstes ist von großer Bedeutung. Sie zeigt, dass sich die Kategorie des *pueblo fiel* deutlich von den *populistischen Ideologien* sowie auch vom marxistischen System abhebt, das auf die »abstrakten« Kategorien Bourgeoisie und Proletariat festgelegt ist. Das Konzept vom gläubigen Volk verweist auf die *historische* Art und Weise, wie der Glaube das Leben, die Realität und die Kultur belebt; es weist auf das *wie* der Inkarnation hin. Es geht dabei weder um Wissenschaft noch um Soziologie, sondern um den historischen, belebten Nährboden des Glaubens der Kirche. Es ist der *Ort einer Hermeneutik von Symbolen*: »Wenn es wahr ist, dass wir uns selbst in unseren Symbolen erkennen, dann ist unser Volk eine fruchtbringende Kin-

123 J. M. Bergoglio-Papst Franziskus, Institución, S. 49–60; dt. Übersetzung teilweise bei D. Deckers, Papst, S. 111ff. Zum »im Glauben unfehlbaren« Volk vgl. J. M. Bergoglio-Papst Franziskus, »Die innige und tröstliche Freude der Verkündigung« (2005), in Ders., Macht, S. 361, sowie »Evangelii gaudium«, § 119.

derstube für eine solche Erkenntnis. Unser Volk, das der Lehre der Kirche treu ist, das Volk, das seine Kinder taufen lässt, das Maria liebt, das sich nicht für das Kreuz schämt und das darin sowohl das Holz, das zum Stab des Hirten wird und ihn begleitet, als auch den Baum erkennt, der ewige Früchte trägt«.[124] Die Kirche als Institution gibt nicht nur; sie empfängt auch. Aus diesem Grund sagte Bergoglio als Papst (eingedenk der Worte Lucio Geras): »[N]ur aus der affektiven Konnaturalität, die die Liebe gibt, können wir das theologische Leben in der Frömmigkeit der christlichen Völker, insbesondere in den Armen, schätzen«.[125]

Indem das Thema Volksfrömmigkeit das Thema Spiritualität durchläuft, wird es theologisch. Der christliche Glaube des Volkes ist ein *locus theologicus*, ein hermeneutischer *locus* eines gelebten, »inkulturierten« Glaubens. *Die Spiritualität des Volkes ist Kultur, ein organisches Netz, das alle Aspekte der Existenz miteinander verknüpft.* Im Dokument von Puebla heißt es: »Die katholische Volksweisheit hat eine große Fähigkeit zur Lebenssynthese. So führt sie in schöpferischer Weise Göttliches und Menschliches, Christus und Maria, Geist und Leib, Gemeinschaft und Institution, Person und Gemeinschaft, Glauben und Vaterland, Verstand und Gefühl zusammen. Diese Weisheit ist ein christlicher Humanismus, der unzweideutig die Würde eines jeden Menschen als Kind Gottes betont, eine grundsätzliche Brüderlichkeit begründet und lehrt, der Natur zu begegnen, die Arbeit zu verstehen, und Anlaß für Freude und Humor, auch inmitten eines sehr harten Lebens, zu finden.«[126] Bezugnehmend auf diese Passage schrieb Bergoglio:

> Die Spannungen, die das Dokument [von Puebla] erwähnt – das Göttliche und das Menschliche, Geist und Leib, Gemeinschaft und Institution, Person und Gemeinschaft, Glauben und Vaterland, Verstand und Gefühl – sind universal. Die Lebenssynthese, die kreative Aufhebung dieser Spannungen, die sich nicht in Worte fassen lässt, weil alle Worte dazu notwendig wären, dieser symbolische und lebendige Kern – der sich für unser Volk in »Eigennamen« wie Guadalupe und Luján, im pilgernden Glauben, in Gesten des Segens und

---

124 J. M. Bergoglio-Papst Franziskus, »Fede e giustizia nell'apostolato dei gesuiti« (1976), it. Übersetzung in Ders., Pastorale, S. 249.

125 Papst Franziskus, »Evangelii gaudium«, § 125.

126 »Dokument der III. Generalkonferenz des lateinamerikanischen Episkopats in Puebla, 13. Februar 1979. Deutsche Übersetzung der durch den hl. Vater am 23.3.1979 approbierten Fassung«, in: *Stimmen der Weltkirche* 8 (1979), § 448, S. 76.

> der Solidarität, in Opfer, Lied und Tanz ausdrückt... – dieses Herz, in dem und dank dessen unser Volk liebt und glaubt, ist der theologische Ort, in den der Prediger sich und sein Leben hineinstellen muss.[127]

Das Herz des Volkes ist die unerlässliche Synthese der vom Geist, einem *locus theologicus*, umfassten Spannungen des Lebens. Keine Theorie und kein Doktrinarismus hat das Recht, dieses Herz zu brechen. »Daher«, sagte Bergoglio 1974, »müssen unsere aufrichtigsten Bemühungen um Befreiung die *Einheit* über den Konflikt stellen, denn nur dann wird man verstehen, dass der Feind teilt, um zu herrschen. Es geht um das Konzept einer ›Nation‹ und nicht die Einrichtung einer *Klasse*. [...] Unser gläubiges Volk trennt seinen christlichen Glauben nicht von seinen geschichtlichen Projekten, aber es vermischt sie auch nicht mit einem revolutionären Messianismus. Dieses Volk glaubt an die Auferstehung und das Leben: es tauft seine Kinder, und es begräbt seine Toten. Und es bittet. Wofür? Gesundheit, Arbeit, Brot, ein gutes Einvernehmen im Kreis der Familie, für das Vaterland, um den Frieden. Manche denken, das sei nichts Revolutionäres. Aber dasselbe Volk, das um den Frieden bittet, weiß zur Genüge, dass dieser die Frucht der Gerechtigkeit ist.«[128]

En passant führte Bergoglio hier eines seiner vier Prinzipien ein: *Die Einheit wiegt mehr als der Konflikt.* Er tat es im Hinblick auf die Notwendigkeit, die Einheit eines Volkes vor denen zu schützen, die für Spaltung sorgen. Die *teología del pueblo* wahrte die Grundwerte der Befreiungstheologie – die bevorzugte Option für die Armen und den Kampf um Gerechtigkeit –, verwarf aber ihre gewaltbereite Seite, die der marxistischen Lehre entlehnt war.[129] Durch die Schule vom Río de la Plata, deren Erkenntnisse Paul VI. in

---

127 J. M. Bergoglio-Papst Franziskus, »Die innige und tröstliche Freude Verkündigung« (2005), in Ders., Macht, S. 366.

128 J. M. Bergoglio-Papst Franziskus, Institución; dt. Übersetzung teilweise bei D. Deckers, Papst, S. 111ff.

129 »Obwohl die Theologie des Volkes – wie E[vangelii] G[audium] – in ihrem Verständnis von ›Volk‹ die Einheit gegenüber dem Konflikt als vorrangig betrachtet, übersieht sie dennoch die dringenden sozialen Konflikte in Lateinamerika nicht. Denn sie benutzt auch den Begriff ›Antivolk‹, der die ursprünglichere Einheit des Volkes, das jedoch durch die persönliche oder strukturelle Ungerechtigkeit verraten wird, voraussetzt. Darüber hinaus erkennt sie das Faktum des Klassenkampfs an, ohne diesen – wie der Marxismus – als ›bestimmendes hermeneutisches Prinzip‹ des Verständnisses von Gesellschaft und Geschichte zu betrachten« (J. C. Scannone, Theologie, S. 39).

»Evangelii nuntiandi« (1975) aufgriff und die dadurch auch im Abschlussdokument der Konferenz von Puebla (1979) aufgegriffen wurden, wurde das Thema Volksreligiosität zu einem festen Bestandteil der lateinamerikanischen Theologie: »Aus dieser Perspektive kann die Volksreligiosität als eine der wenigen Ausdrucksformen der kulturellen Synthese Lateinamerikas betrachtet werden - ohne deswegen andere auszuschließen –, die all seine Epochen durchzieht und zugleich all seine Dimensionen abdeckt: die Arbeit und die Produktion, die Orte der Besiedlung, die Lebensstile, die Sprache, die Ausdrucksformen der Kunst, die politische Organisation, das Alltagsleben. Und gerade in ihrer Rolle als Reservoir der kulturellen Identität hat sie die Versuche der Moderne überstanden, die einzelnen Kulturen dem Diktat der Vernunft zu unterwerfen.«[130]

130 J. M. Bergoglio, »Kultur und Volksreligiosität« (2008), in Papst Franziskus, Angesicht, II, S. 210. Vgl. auch E.C. Bianchi, Introduzione, S. 13–22.

2 Die Philosophie der Polarität

2.1 Die Gesellschaft Jesu als Synthese der Gegensätze

Wir haben bereits gesehen, dass Bergoglio 1974 als junger Provinzial der argentinischen Jesuiten eines der Grundprinzipien seines Denkens formulierte: *Die Einheit wiegt mehr als der Konflikt.* Dieses Prinzip entstand in Reaktion auf die gewalttätigen dialektischen Entgegensetzungen, die die Kirche und auch die argentinische Gesellschaft in den 1970er-Jahren spaltete. Bergoglio ging es nicht darum, einfach nur einen »Mittelweg« zwischen den beiden verfeindeten Lagern zu finden. Er wollte einen anderen Standpunkt aufzeigen und – ohne die Spannungen und Probleme der Zeit zu ignorieren – alles daran setzen, die Zersplitterung des Volkes zu vermeiden. In seinem Text von 1974 erinnerte er an die »vergeblichen Auseinandersetzungen mit der Hierarchie, an die destruktiven Konflikte zwischen ›Flügeln‹ in der Kirche (etwa zwischen dem ›progressiven‹ und dem ›reaktionären‹ Flügel)... im Wesentlichen an all jene Dinge, bei denen wir das, was zweitrangig ist, ›verabsolutieren‹, wenn wir von ›einem großmächtigen Thron aus Feuer und Rauch‹ verführt werden, und damit letztlich den Einzelteilen mehr Bedeutung schenken als dem Ganzen«.[1] Hier verwies er bereits auf ein zweites Prinzip: *Das Ganze ist dem Teil übergeordnet.* Diese Prinzipien entstanden als kritische Antwort auf die Dramen seiner Zeit. Bergoglio glaubte, dass ein Christ, der in der Nachfolge des Ignatius steht, der historischen Polarisierung nur dann entkommen kann, wenn er das »Deus semper major« annimmt,

---

1 J. M. Bergoglio-Papst Franziskus, »Una istituzione che vive il suo carisma«, Eröffnungsansprache auf der Provinzialversammlung in San Miguel (Buenos Aires), 18. Februar 1974, in Ders., Pastorale, S. 234 (span. Originalfassung »Una Institución que Vive su Carisma: Apertura de la Congregación provicial XV (2. August 1978)«, in Ders., Meditaciones, S. 49–60).

den Plan Gottes, der immer größer ist als unsere »Pläne«.[2] Diese Annahme verweist auf das *Prinzip der Einheit*, das Kontraste nicht auslöscht, sondern ihre Verabsolutierung verhindert. Hierzu heißt es weiter im Text von 1974:

> Einheit erreicht man weder durch spiritualistischen »Abstraktionismus« (also die Versuchung, Einheit zu schaffen, indem man Konflikte vermeidet) noch durch eine »funktionalistische« Methodologie (die vorgibt, Einheit durch Mittel zu erreichen, die von ihren Zielen losgelöst sind) noch durch eine »Pseudo-Öffnung der Horizonte«, die so tut, als minimiere sie unsere Probleme, als wenn Universalität (*»versus in unum«*, wie dieser für die Gesellschaft und auch für die Kirche so wichtige Begriff besagt) durch einen Rotary-ähnlichen Internationalismus erreicht werden könnte.[3]

Es galt, Versuchungen zu überwinden: »eine manchmal ›ethizistische‹ Position; eine Neigung zum ›Elitismus‹; eine Begeisterung für ›abstrakte‹ Ideologien, die, so sehr uns das auch missfallen mag, nichts mit der Realität zu tun haben.«[4] Bergoglio forderte eine entschiedene »Rückkehr zur Realität«, zur Kategorie des Möglichen – entgegen der Anziehungskraft revolutionärer Ideologien und dem Anspruch »elitärer« Avantgarden, die Welt zu verändern. Hier erkennen wir bereits den Keim eines weiteren Prinzips: *Die Wirklichkeit ist wichtiger als die Idee.*

Gleichzeitig entwarf Bergoglio keine Einheit ohne Konflikt, keine autoritäre, von oben auferlegte Einheit, wie sie von militärisch geführten Regierungen gefordert wurde. Die Einheit ist, wie wir gesehen haben, stets das Ergebnis einer Spannung, die nur durch eine Synthese gelöst werden kann, die Konflikte übersteigt und die Lösung zwischen den Polen findet. In seiner Auseinandersetzung mit den historischen Umständen seiner Zeit artikulierte Bergoglio *zum ersten Mal* seine Prinzipien, die von da an den Kern seines Denkens bilden sollten.

> Die grundlegenden *Kriterien*, um diese Prozesse zu verwirklich, die zudem unser Tun leiten müssen, lauten: Die Einheit wiegt mehr als der Konflikt; das

---

2 In einer Anmerkung (S. 235, Anm. 1) verwies Bergoglio auf E. Przywara, Teologúmeno, S. 115–150.

3 J.M. Bergoglio-Papst Franziskus, »Una istituzione che vive il suo carisma«, Eröffnungsansprache auf der Provinzialversammlung in San Miguel (Buenos Aires), 18. Februar 1974, in Ders., Pastorale, S. 235.

4 Ebd., S. 236.

> Ganze ist dem Teil übergeordnet; Zeit ist mehr wert als der Raum. Nur so können wir auch Einheit im Handeln erreichen.[5]

Wir sehen hier drei Prinzipien. Das vierte (*Die Wirklichkeit ist wichtiger als die Idee*) sollte erst 1980 hinzukommen, auch wenn es, wie wir bereits gesehen haben, in der Kritik an revolutionärer Abstraktion, welche die Idee, d.h. die Ideologie, vor die Realität stellt, bereits angelegt war.

Ein wichtiges Dokument der argentinischen Geschichte veranschaulicht Bergoglio zufolge die Relevanz dieser vier Prinzipien. Es handelt sich um ein Schreiben, das am 20. Dezember 1834 auf dem Landgut Figueroa in San Antonio de Areco vom Gouverneur von Buenos Aires, Juan Manuel de Rosas, an den Gouverneur von La Rioja in Argentinien, Facundo Quiroga, verfasst worden war. Darin geht es um die Organisation der argentinischen Nation.[6] Bergoglio empfand diesen Brief, auf den er aus historischem Interesse stieß, als Bestätigung dafür, dass die Prinzipien dabei helfen konnten, die Probleme der Zeit zu lösen. *Die Lehre von den Prinzipien* – die Bergoglio in de Rosas Brief erkannte – *war für ihn deswegen relevant, weil sie ihm Fragen beantwortete, die die Polarisierung Argentiniens in den 1970er-Jahren aufwarf.* Die ersten beiden Prinzipien (Die Einheit wiegt mehr als der Konflikt; das Ganze ist dem Teil übergeordnet) sind *Kriterien für die Synthese* und sollen die soziale und politische Befriedung eines Volkes sichern. Bedenken wir, was Bergoglio 1974 gesagt hatte: »Daher müssen unsere aufrichtigsten Bemühungen um Befreiung die *Einheit* über den Konflikt stellen, denn nur dann wird man verstehen, dass der Feind teilt, um zu herrschen. Es geht um das Konzept einer ›Nation‹ und nicht die Etablierung einer *Klasse*.«[7] Das dritte Prinzip (*Die Zeit ist mehr wert als der Raum*) bezieht sich auf die Methode, mit der Synthese erreicht werden kann, oder vielmehr auf die Bedeutung, die Prozessen im Hinblick auf den Dominanzwillen beigemessen wird, dessen Ziel die Besetzung eines Raumes ist. Das vierte Prinzip, das hier nur potentiell angelegt ist (Die Wirklichkeit ist wichtiger als die Idee), richtete sich gegen abstrakte Ideo-

---

5 Ebd., S. 238.

6 J.C. Scannone, »Papa Francesco e la teologia del popolo«, in *La Civiltà Cattolica*, 3930, 15. März 2014, S. 582. Der Brief ist ediert bei E. Barba, Correspondencia, S. 94.

7 J.M. Bergoglio-Papst Franziskus, »Una istituzione che vive il suo carisma«, Eröffnungsansprache auf der Provinzialversammlung in San Miguel (Buenos Aires), 18. Februar 1974, in Ders., Pastorale, S. 237.

logien und damit gegen die Gnosis im Allgemeinen. 1976 sagte Bergoglio nach der Ermordung von drei Priestern und zwei Seminaristen in Buenos Aires: »Wir sind gespalten, weil wir nicht länger Menschen, sondern Systemen und Ideologien verpflichtet sind. Wir haben das Gefühl für den Menschen und das Volk mit all seinen Ansprüchen und den Erfahrungen seiner Vergangenheit verloren. Wir dürfen nicht nur auf den Ruf systematischer Ideologien hören, die glauben, Menschen nach ihren Interessen manipulieren zu können. Sie haben den Menschen, der Ursprung, Subjekt und Ziel einer jeden Institution ist, aufgesaugt und manipuliert.«[8]

Die vier Prinzipien haben somit einen synthetischen und realistischen Wert. Sie müssen das Handeln der Kirche und der Gesellschaft Jesu anleiten. *Ihre Relevanz wurde deutlich, als Bergoglio sie 1976 im Rahmen einer gegensätzlichen, antinomischen Auffassung der Wirklichkeit* überdachte. Der junge Provinzial gelangte zu der Überzeugung, dass die Gesellschaft Jesu der Katalysator für eine Synthese jener Gegensätze sein könne, die Argentinien und Lateinamerika damals spalteten. In einem Text von 1976, der den Titel »Glaube und Gerechtigkeit im Jesuitenapostolat« trägt, schrieb Bergoglio: »Die ignatianische Idee bietet die Möglichkeit, Gegensätze in Einklang zu bringen und unvereinbar scheinende Konzepte zusammenzuführen, indem sie sie auf eine höhere Ebene bringt, wo sie dann ihre Synthese finden.«[9] Eine solche Synthese war das Ergebnis der ignatianischen Auffassung vom historischen Gedächtnis: »Denn wenn der heilige Ignatius das Gedächtnis erwähnt, *geht es um ein Konzept der Einheit.* Und daher ist es möglich, die Vielfalt der Zeiten in Einheit zu synthetisieren. Eben dies ist in unserem Land passiert: Die Jesuiten kamen mit einer langen, sechzehn Jahrhunderte alten Kirchengeschichte und einer sehr klaren Haltung zu den religiösen Problemen, die Europa damals bewegten, und synthetisierten diese mit der Zeit unserer Ureinwohner. Diese Synthese war Geschichte.«[10] Diese Synthese war das Zusammentreffen von Spaniern und indigenen Amerikanern, eine Phase in der Geschichte, die freilich Licht und Schatten kennt. Der starken indigenisti-

---

8 J. M. Bergoglio-Papst Franziskus, »Testimonianza di sangue« (*CIAS*, Buenos Aires 1976), it. Übersetzung in Ders., Pastorale, S. 243.

9 J. M. Bergoglio-Papst Franziskus, »Fede e giustizia nell'apostolato dei gesuiti« (*CIAS*, Buenos Aires 1976), it. Übersetzung in Ders., Pastorale, S. 246. Übersetzung des Titels: EMR.

10 Ebd.

schen Ideologie der 1970er-Jahre zum Trotz war es Bergoglio daran gelegen, sie hervorzuheben.

> Die darauffolgende Geschichte der Jesuiten war dann von einer Einheit geprägt, die die Synthese der Gegensätze zu gestalten vermochte. Durch Reduktion zur Einheit zu gelangen ist zwar einfach, eine solche Einheit ist aber nicht von langer Dauer. Weit schwieriger ist es, eine Einheit zu schaffen, die das andere nicht aufhebt und den Konflikt nicht reduziert: Das Streben nach letztgenannter Einheit charakterisierte die Evangelisierungsarbeit der Gesellschaft. Sie wählte den Indio, ein realistisches »Projekt« der Gerechtigkeit, ohne aber die Erziehung der Spanier und Kreolen in den Städten aus den Augen zu verlieren. Sie brachte diesen Ländern die spanische Vorliebe für barocke Kunst, aber zusammen mit den Amerikanern – die Carpentier zufolge selbst in ihrer Geographie bereits barock waren – schuf sie eine Kunst, deren Grundlagen zwar eindeutig spanisch war, die aber gleichzeitig etwas typisch Amerikanes hatte. In Reaktion auf die Aufklärung, die seinerzeit in Europa auf der Basis einer für die Transzendenz blinden Vernunft eine Art »Pseudo-Einheit« entstehen ließ, verzichtete sie bei der Verkündigung des Evangeliums auf jeden Rationalismus und jede Naivität. Sie verfügte jedoch über ein solides intellektuelles Fundament, das mit der Offenbarung und dem Lehramt der Kirche im Einklang stand. Während sie einerseits jeglichen subjektivistischen Mystizismus vermied, verstand sie es andererseits, dem Volk in einfacher Hingabe geistige Nahrung zu geben, der es an affektiven Elementen nicht mangelte. Auch fürchtete sie es nicht, bei der Gewissensleitung als lax und kasuistisch gesehen zu werden. Es gelang ihr, die traditionelle Moral vom Leib der Kirche mit konkreten Existenzen zu verbinden. Diese Treue gegenüber einem Charisma der Unterscheidung konnte die Rigidität der Jansenisten nie verstehen.[11]

Die zitierte Passage zeigt, wie Bergoglio sich die Gesellschaft Jesu vorstellte: als Ort der Begegnung, des Dialogs und der Synthese zwischen den Völkern. Deutlich erkennt man hier den (aus der Ferne ausgetragenen) Konflikt zwischen dem abstrakten Universalismus der aufgeklärten Vernunft und dem konkreten Universalismus des Katholizismus, der dem Volk begegnet und sich daher auch der Dimension des Herzens zuwendet. Ferner wird klar, warum die im 17. Jahrhundert aufgekommene Kontroverse zwischen der moralischen Reflexion der Jesuiten, die ihr Augenmerk stets auf das Konkrete leg-

---

11 Ebd., S. 246–247.

ten, und der rigiden und inhumanen Reflexion der Jünger des Jansenius auch heute noch Relevanz hat. Im Mittelpunkt steht die Idee einer »*Einheit, die die Unterschiede nicht aufhebt und den Konflikt nicht reduziert*«.[12] Es ist eine spannungsgeladene Einheit, die den Wert der *Polarität* erkennt und die Auflösung durch Kontradiktion verhindert. Obwohl Bergoglio seine Lehre von der Polarität noch nicht theoretisch formuliert hatte, war sie hier schon angelegt. Die Vorstellung von einer *Einheit, die die Vielfalt nicht aufhebt,* war hier bereits ein dialektisches Konzept, in dem die Synthese – anders als bei Hegel – nicht durch die Vernunft, sondern durch das höhere Prinzip des »Deus semper major« erreicht wird. Bei einer solchen Synthese begegnen sich Gnade und Natur, Gott und Mensch, Verschiedenheit und Freiheit. Die in den 1960er-Jahren gewonnene Erkenntnis, dass die dialektische Spannung der Kern der *Übungen* des Ignatius ist, bezog ihren Stellenwert nun aus der Verbindung mit dem Engagement der Christen in der Welt. Der Christ ist dazu berufen, in den Spaltungen der Geschichte ein Quell der Einheit zu sein und den Dramen der Zeit mit der Gegenwart des »immer größeren« Gottes zu begegnen. Die katholische Universalität ist polyphon. Sie vermag es, Unterschiede einzubinden, ohne sie aufzuheben, weil sie auf Transzendenz gründet. Eine immanente Universalität hingegen, wie wir sie bei Hegel finden, ist trotz ihrer Absicht, sich vom Abstraktionismus der Aufklärung zu distanzieren, dazu verurteilt, die Wirklichkeit des »Besonderen« zu lösen und aufzulösen.[13] Die Gesellschaft Jesu, die hier auf geistiger Ebene mit dem modernen Idealismus konfrontiert wird, ist dazu berufen, eine historische Synthese von Vergangenheit und Zukunft, Immanenz und Transzendenz zu verwirklichen: »*Das Gedächtnis der Vergangenheit und der Mut, Gott neue Räume zu öffnen*, sind in der Gesellschaft fest vereint – im Wissen, dass man keine Kuppel errichten kann, ohne zuvor ein solides Fundament gelegt zu haben. Mit anderen Worten: Das Ziel, alles in Christus – also in der Universalität der Kirche – zusammenzufassen, kann nicht ohne eine Transzendenz erreicht werden, die paradoxerweise die Topographie der verschiedenen Immanenzen erkennen muss, die dazu berufen sind, zusammengeführt und transzendiert zu werden.«[14]

---

12 Ebd., S. 246. Hervorhebung durch den Verfasser.

13 Vgl. M. Borghesi, Era, S. 73–113.

14 J. M. Bergoglio-Papst Franziskus, »Fede e giustizia nell'apostolato dei gesuiti« (*CIAS*, Buenos Aires 1976), it. Übersetzung in Ders., Pastorale, S. 247.

Das Allgemeine und das Besondere, das »Konkrete«, entsteht aus der Transzendenz, die die immanente Pluriformität des Vielseitigen integriert und vereint. Es verkörpert eine Antinomie, die die Jesuiten als *Spannung zwischen katholischer Universalität und besonderer Inkulturation* erleben. 1980 sagte Bergoglio: »Beide Wirklichkeiten garantieren, dass wir entschieden an der Grenze stehen, was charakteristisch für uns Jesuiten ist. Die Universalität schenkt uns Horizonte, die über die Grenzen des Lokalismus hinausgehen; die Inkulturation zwingt uns, den uns anvertrauten ›Raum‹ ernst zu nehmen. Diese Wirklichkeiten stellen eine Antinomie dar. Eine Provinz, die ›lokalistisch‹ gesinnt ist, liegt bereits im Sterben, weil sie weit von der Grenze entfernt lebt. Eine Provinz, die Universalität lebt, ohne in irgendeiner Form nach Inkulturation zu trachten, verwechselt jesuitischen Universalismus mit abstraktem Spiritualismus.«[15] *Bergoglio zeigt uns hier, wie eines seiner Polarpaare entstanden ist und wie es zu verstehen ist: Globalisierung und Lokalisierung* – eine Antinomie, die im jesuitischen Bewusstsein wohlbekannt ist.

In seiner Rede zur Eröffnung der Provinzialversammlung 1978 kam Bergoglio erneut auf diese antinomische und dialektische Auffassung der Gegenwart des Christen in der Welt zu sprechen. Dort erklärte das argentinische Oberhaupt des Ordens: »Dass wir in der Lage sind, *die Antinomien auszuhalten*, die unser *Jesuitendasein* bestimmen und gemeinhin durch die Wendung *contemplativus in actione* wiedergegeben werden, ist *ein Indiz dafür*, dass wir im Herrn gut begründet sind«.[16] Um dies zu verdeutlichen, nannte er vier Dinge, die einen »Menschen der Synthese« ausmachen.[17]

Erstens erkenne man in seiner »Haltung zugleich Disponibilität und *apostolische Beständigkeit* [...]. Die Inkulturation, die die Gesellschaft Jesu von uns verlangt, erfordert eine innere Beweglichkeit, die Konstanten und Variable sofort erkennt, sowie eine große Ernsthaftigkeit in der Kontemplation, die uns davon abhält, das, was solide ist, mit dem zu verwechseln, was nachgiebig ist. Einfacher ausgedrückt: Diese Antinomie auf heilbringende Weise zu

---

15 J. M. Bergoglio-Papst Franziskus, »Criteri di azione apostolica« (*Boletín de Espiritualidad de la Compañia de Jesús*, Januar 1980), it. Übersetzung in Ders., Pastorale, S. 61, Anm. 15.

16 J. M. Bergoglio-Papst Franziskus, »Discorso di apertura alla Congregazione provinciale« (San Miguel, Buenos Aires, 8. Februar 1978), it. Übersetzung in Ders., Pastorale, S. 252.

17 Ebd.

leben, bedeutet Disziplin, ignatianische Indifferenz, sich vom Herrn leiten zu lassen«.[18]

Zweitens bestehe eine Spannung zwischen der Einheit und der apostolischen Verteilung. »Der Raum ist eine weitere Wirklichkeit, in der der Jesuit seine Fähigkeit, Antinomien auszuhalten unter Beweis stellt. Einerseits ist er Teil eines Körpers, einer *communitas*, andererseits ist diese Gemeinschaft aber *ad dispersionem*. Wem es gelingt, diese Antinomie auszuhalten, gelangt nicht zu irgendeiner Einheit, sondern zur Einheit ›der Herzen‹ – wie die von Soldaten, die im Schützengraben für das Königreich kämpfen«.[19]

Drittens sei da die Antinomie zwischen der Erinnerung an die Vergangenheit und dem Mut, in die Zukunft zu blicken. Hier komme das Verhältnis zur Zeit ins Spiel, das sowohl denjenigen herausfordere, der die Geschichte lediglich als »Restaurierungswerkstatt« sehen wolle, als auch denjenigen, für den sie ein »Labor der Utopien« sei: »Weder das eine noch das andere: weder Traditionalisten noch Utopisten.«[20] Um diese (falsche) Gegenüberstellung zu überwinden, müsse der Jesuit, so Bergoglio,

> auf das »Klassische« zurückgreifen – und das ist keinesfalls mit einem einfachen Zurückgreifen auf »Traditionelles« zu verwechseln, auf leeren Traditionalismus, der nur um die Erhaltung des Friedens bemüht ist… eines Friedens, den man im Grab findet. Wenn wir vom »Klassischen« sprechen, denken wir an jene starken Momente der Erfahrung und der religiösen und kulturellen Reflexion, die schließlich Geschichte schreiben, weil sie gewissermaßen die unabänderlichen Ereignisse auf dem Weg eines Volkes, der Kirche und des Christen tangieren. Es geht darum, stets unseren innersten und identitätsstiftenden Kern vor Augen zu haben (vgl. Hebr 10,32ff.; 13,7ff.), um tun zu können, was die jeweiligen konkreten historischen Umstände von uns verlangen, ohne von unserer Identität abzuweichen. Wir lassen uns vom »Klassischen« inspirieren, um diese scheinbar antinomischen Haltungen voranzubringen, die unsere Art zu sein widerspiegeln: *sich an die Vergangenheit erinnern und Mut haben, neue Räume für Gott zu öffnen*. Das »Klassische« hatte die Kraft, im Konfliktfall zur Synthese zu gelangen. Es geht hier nicht um einfache »Kompromisse« oder billige »Irenismen«. Es geht um Synthesen, die – ohne die konträren Punkte zu leugnen, die in Krisen partout nicht zusammenkom-

---

18 Ebd., S. 252–253.
19 Ebd., S. 253.
20 Ebd.

> men können – die Lösung auf einer höheren Ebene finden, indem sie sich auf eine geheimnisvolle Reise begeben, das Ewige in der Geschichte verstehen und ihm treu bleiben. Daher verfügt das »Klassische« über diese doppelte Tugend, gleichzeitig der Geschichte treu zu bleiben und neue Wege zu beschreiten.[21]

Die vierte und letzte Antinomie ist die zwischen Frömmigkeit und apostolischem Eifer.

Sowohl 1974 als auch 1978 war die Leitidee des jungen Provinzials die Vorstellung der Gesellschaft Jesu als *coincidentia oppositorum*. Bergoglio wusste wohl, dass politisch-soziale Konflikte und Ideologien unüberwindbare Mauern aufbauen, tiefen Hass schüren und Opfer fordern. Ausgehend von der »katholischen« Überzeugung, dass die Synthese von Gegensätzen das anzustrebende Ziel ist, trat er daher für die Einheit der Kirche und für die Einheit des Volkes ein. Wie bereits angedeutet ging es ihm dabei jedoch nicht um eine Synthese nach hegelschem Modell. Bei Hegel ist das Besondere im Allgemeinen nur scheinbar »erhalten«. Im Katholizismus verlangt das konkrete Allgemeine danach, *sich dem Besonderen zuzuwenden* und sich dessen bewusst zu sein, dass das Kleinste im Reich Gottes das Größte ist. *Non coerceri a maximo, contineri tamen a minimo, divinum est.* Diese synthetische Fähigkeit fehlt im Idealismus und in den von ihm ausgegangenen Ideologien, die das Endliche, das Begrenzte und das Zufällige geopfert haben. Im Gegensatz zum Totalitarismus spaltet authentische Totalität keinen. Daher dürften, so Bergoglio,

> *die Grenzen nicht missachtet werden*, wie es beim aggressiven Idealismus der Fall ist. Dies ist auch das Problem eines jeden Laboratoriums und jeder Aktionsgruppe, deren Ziel eine auf Grenzen beruhende Operativität ist. Es ist das Problem eines jeden »Idealismus'«, der immer versucht sein wird, ein wie auch immer geartetes Idealbild auf die Wirklichkeit zu projizieren, ohne die

---

21 Ebd., S. 255. Der Bezug auf das »Klassische« bzw. die »Klassiker« als Brücke zwischen Erinnerung und Zukunft erklärt die von Bergoglio am Colegio Máximo durchgeführte Reform des Juniorats, die verlangte, dass neben den europäischen Klassikern auch die argentinische Literatur Bestandteil des Studiums wurde, und zwar alles von *El Gaucho Martin Fierro* bis Borges. Zu Bergoglios Lieblingsautoren vgl. A. Spadaro, Interview, S. 64–65. Der junge Bergoglio war von 1964 bis 1965 Professor für Literatur und Psychologie am Institut der »Inmaculada Concepción« in der argentinischen Stadt Santa Fe. Zu den Erinnerungen seiner damaligen Schüler vgl. J. Milia, Maestro.

> Grenzen der Wirklichkeit zu berücksichtigen. Auch auf der asketischen Ebene besteht die Gefahr, dass Grenzen missbraucht werden, entweder indem sie überschritten werden (durch absolutistische Forderungen) oder indem sie nicht eingehalten werden (indem man nachgibt, ohne die Bremsen anzuziehen, die man betätigen sollte).[22]

Diese Überlegungen vertiefte Bergoglio in einem Text von 1980, der den Titel »Kriterien für das apostolische Handeln« trägt. Darin befasste er sich erneut mit den »Antinomien« des Jesuitenseins, die durch die Formulierung *contemplativus in actione* resümiert werden.[23] Er schrieb: »Wir müssen ›disjunktive Aussagen‹ vermeiden, die nur vernichtend sind, weil sie zu keiner Lösung führen. Stattdessen müssen wir auf kreative ›Alternativen‹ zurückgreifen, auf eine antinomische und spannungsgeladene Sprache, die wir als ›dialektisch‹ definieren könnten.«[24] In einer Anmerkung verwies er auf den Generaloberen Pedro Arrupe, der »diese Antinomien in seiner Abschlussrede vor der letzten Prokuratorenversammlung in Rom ansprach und sie als ›dialektische Spannungen‹ bezeichnete«.[25] Ein wichtiger Befund, der die dialektische Methode Bergoglios freilich stützte.[26]

---

22 J. M. Bergoglio-Papst Franziskus, Circostanze, S. 266. Auf der pädagogischen Ebene gilt: »Missbraucht man eine Grenze, missbraucht man auch die Möglichkeit weiteren Fortschritts und den gesamten Prozess. Für jemanden, der in einer Leitungsposition ist, ganz gleich in welcher Phase (auch bei der Versachlichung eines Problems), bedeutet klug zu sein, sich zwischen der Bezeugung von Zuneigung und dem Wissen, wie man korrigierende Grenzen setzt, bewegen zu können. Die gesetzte Grenze darf nie in sich geschlossen oder verabsolutiert werden, sondern sie muss immer offen sein für den Horizont der Zuneigung und Liebe, zu der uns letztlich der gute Geist bewegen wird. Ist die Grenze auch schmerzhaft, muss man dafür sorgen, dass die Begrenzten – zumindest implizit und ›in der Hoffnung‹ – die Ankündigung von etwas spüren, das größer ist als ein Hindernis für ihr Verhalten und das sie im Moment nicht verstehen können. Wärme und Zuneigung haben eben die Aufgabe, diesen Horizont zu vermitteln« (S. 267).

23 J. M. Bergoglio-Papst Franziskus, »Criteri di azione apostolica« (*Boletín de Espiritualidad de la Compañia de Jesús*, Januar 1980), it. Übersetzung in Ders., Pastorale, S. 46. Übersetzung des Titels: EMR.

24 Ebd., S. 50.

25 Ebd., Anm. 4.

26 Im »Documento di lavoro sull'inculturazione«, das P. Arrupes *Schreiben an die ganze Gesellschaft über die Inkulturation* begleitete, wurde unter Punkt 49–50 auf diese Methode Bezug genommen: »Aber selbst wenn diese konzeptuellen Schwierigkeiten überwunden werden, ist die Inkulturation ein so facettenreicher Prozess, der sich so unmittelbar und

Bergoglio ging es in seinem Beitrag darum, »in die göttliche *dynamis* der Antinomien und der dialektischen Spannungen einzutreten«,[27] um jene »disjunktive« Sicht zu korrigieren, die den Glauben und die Förderung der Gerechtigkeit einander entgegenstellte. In dieser seiner »Pädagogik der Antinomien« verwies Bergoglio auf »Glaube und Gerechtigkeit im Jesuitenapostolat« von 1976. Im Text von 1980 wiederum erläuterte er eine Reihe von Schritten, die gemacht werden mussten, um das Binom zu verstehen: (1) sich selbst erniedrigen und den direkten Kontakt mit den Bedürftigen suchen; (2) konkrete Taten der Barmherzigkeit vollbringen; (3) sich der Armut in der Gesellschaft bewusst werden und ungerechte Strukturen reformieren. Die Abfolge dieser Schritte sei aber, so Bergoglio, »kein linearer Prozess«, der uniform in eine Richtung verlaufe. »Seine Dynamik ist dialektisch. Das heißt, man muss immer zum direkten Kontakt zurückkehren, dann zur neuen Sensibilität, zum neuen Bewusstsein und so weiter. Gerade weil es sich um einen vom *magis* geleiteten Weg handelt, hat er seine eigenen dialektischen Regeln, die, wie wir bereits gesagt haben, nie disjunktiv, sondern immer antinomisch sind«.[28]

Hier wird deutlich, wie sehr sich die Form von Bergoglios Dialektik von der Hegels unterscheidet. Im Gegensatz zu Hegel und seiner aufsteigenden Dialektik, *die nie umkehrt*, lebt Bergoglios Dialektik von Antinomien. Sie ist also »kreisförmig«; der dritte Schritt – ein verstärktes soziales Bewusstsein und die Reform von Strukturen – setzt eine Rückkehr zur ersten Stufe voraus: dem direkten, *tatsächlichen und nicht nur theoretischen* Kontakt mit den Menschen und vor allem mit den Armen. Hier sehen wir Bergoglios »thomis-

---

entscheidend auf die Evangelisierung und den Menschen, der christianisiert wird, stützt, dass es unvermeidlich ist, dass dialektische Spannungen, scheinbare Aporien und Alternativen, entstehen, deren Extreme in einem heiteren und konstruktiven Gleichgewicht miteinander versöhnt werden können und müssen. Zum Beispiel zwischen dem Universellen-Unveränderlichen und dem Kontingenten, zwischen dem Wunsch, die eigene Identität (sowohl in der Kirche als auch in den Kulturen) zu bewahren, und der Notwendigkeit der Läuterung, zwischen Einheit und Pluralismus, zwischen dem Zentralismus der Autorität und dem Subsidiaritätsprinzip, zwischen aufgeklärtem Paternalismus und einer Gleichheit der Rechte, zwischen Kühnheit und Besonnenheit.« http://www.sufueddu.org/fueddus/inculturazione/0708/04_2_arrupe_inculturazione_oss_.pdf (letzter Zugriff 13. Juli 2017).

27 J.M. Bergoglio-Papst Franziskus, »Criteri di azione apostolica« (*Boletín de Espiritualidad de la Compañia de Jesús*, Januar 1980), it. Übersetzung in Ders., Pastorale, S. 53.

28 Ebd., S. 54.

tische« Seite, die von der unvermeidlichen Spannung von Sein und Wesen, Form und Materie, Ideal und Wirklichkeit, Seele und Körper geprägt ist. Im konkreten Fall gilt: Eine Gerechtigkeit (oder ein Glaube), die (oder der) von der realen Beziehung zum Nächsten absieht, ist eine theoretische Option, die zum Idealismus verkommt. *Am Anfang steht die Beziehung*, d.h. eine Wirklichkeit, in die man immer wieder zurückkehren muss, um sich nicht zu verlieren. Diese jüdisch-christliche Annahme, die wir im frühen dialogischen Denken des 20. Jahrhunderts bei Martin Buber finden, ist die maßgebliche Grundlage der antinomischen Dialektik. Diese Dialektik, die die Idee des *Entweder-oder* zwischen Glaube und sozialem Engagement ablehnt, prägte das »bewegte« katholische Gewissen in den 1970er- und 1980er-Jahren sowohl auf der rechten als auch auf der linken Seite:

> Unsere Versuchungen können viele verschiedene Formen annehmen, doch sie alle können auf »drei Versuchungen« oder, noch grundlegender auf eine einzige reduziert werden: die, eine »Dichotomie« zu schaffen, die uns dann dazu zwingt, uns für einen falschen »Reduktionismus« zu entscheiden. Dies hielt Paul VI. in »Evangelii nuntiandi« fest, der Magna Charta der Evangelisierung unserer Zeit. Dort werden eine Reihe von »Dichotomien« sowie die jeweiligen »Reduktionismen« aufgezählt: zwischen Christus und der Kirche (*Evangelii nuntiandi* 16), zwischen expliziter und impliziter Verkündigung (ebd. 21–22), zwischen Evangelium und menschlicher Förderung (ebd. 31–34), zwischen persönlicher Bekehrung und strukturellem Wandel (ebd. 36), zwischen graduellem Wandel und schnellem Wandel (ebd. 36). All diese »Dichotomien« trennen das, was Gott vereint hat; der »Geist des Bösen«, wie schon der heilige Peter Faber sagte, ist der »Geist der Spaltung und nicht der Vereinigung«.[29]

2.2 Die Jesuiten und das dialektische Denken: Przywara, de Lubac und Fessard

Ab Mitte der 1970er-Jahre nahm Jorge Mario Bergoglios Denken eine »dialektische« Form an. Seine antinomische Dialektik unterschied sich von der Dialektik Hegels, die auf dem *Widerspruch* und der *Aufhebung* von Gegen-

29 J.M. Bergoglio-Papst Franziskus, Cuore, S. 290, Anm. 1.

sätzen beruht. Die Betrachtungen innerhalb der Gesellschaft Jesu waren für die Entwicklung von Bergoglios antinomischer Dialektik von höchster Bedeutung. Die polare Spannung ist in der Spiritualität und der Theologie des Ignatius verwurzelt, in einem dynamischen Denken, das auf Versöhnung und auf das Eintreten des »Deus semper major« baut. Bergoglios »synthetisches« Denken ist ein Meta-Denken; der Punkt, an dem sich hier die Gegensätze auflösen, ist transzendent und »mystisch«. Er wirkt durch die Kirche in der Welt. Bergoglio lässt sich in dieser Hinsicht einer von Johann Adam Möhler angestoßen Richtung im katholischen Denken des 19. und 20. Jahrhunderts zurechnen.[30] Jener große Denker der Tübinger Schule, der Werke wie *Die Einheit in der Kirche* (1825) und *Symbolik* (1832) verfasste, war wohl der größte Ekklesiologe des 19. Jahrhunderts war; *Symbolik* gehörte »noch zu Beginn des 20. Jahrhunderts zu den Büchern, die jeder deutsche Theologiestudent zur Hand nahm«.[31] In *Die Einheit in der Kirche* befasste er sich mit der Auffassung der Kirche bei den Kirchenvätern und wandte die dialektische Methode in einer Art Fernvergleich mit Hegel auf nie dagewesene Art und Weise an. Im Mittelpunkt des Werkes stand die Idee der Kirche als *coincidentia oppositorum*, wobei Möhler grundsätzlich zwischen »Gegensatz« und »Widerspruch« unterschied. Selbst die Struktur des Werkes spiegelt das dialektische Paradigma wider: Auf eine Betrachtung der Kirche als »Einheit« (Kap. I und II) folgt eine Untersuchung der »Vielheit ohne Einheit«, also der Häresien (Kap. III), und schließlich der »Einheit in der Vielheit« (Kap. IV). Dieses Schema – Einheit, Spaltung, Versöhnung – erinnert an Hegel, wiewohl der innere Rhythmus von Möhlers Denken eher Anklänge an Schelling hat. Möhlers Grundannahme ist, dass die Kirche eine organische Einheit von Positionen ist, die einander außerhalb der Kirche schlichtweg entgegengesetzt wären.

In einem der wichtigsten Kapitel von *Die Einheit der Kirche*, das Möhler seinem Werk nachträglich hinzugefügt hatte (Teil 1, Kapitel 4, § 46), erläuterte er die Präsuppositionen für seine Überlegungen und ging auf »die wahre Natur der Gegensätze auf dem kirchlichen Gebiet« ein.[32] In der Kirche

30 Vgl. M. Borghesi, Cattolicesimo.

31 Z. Alszeghy, Vorwort zu J.A. Möhler, Simbolica, S. 24. Zur Theologie Möhlers vgl. J.R. Geiselmann, Anthropologie; H. Savon, Möhler.

32 J.A. Möhler, Einheit, S. 173.

müsse »alles, was sich *wahrhaft und rein auf dem christlichen Gebiete* entgegengesetzt seyn kann, in der Einheit gesetzt seyn, es muß sich frei und lebenslustig in ihr bewegen können; und um von den allgemeinsten Gegensätzen zu sprechen, die mehr realistische neben der idealistischen Auffassung des Christenthums; und der wahre Mysticismus, sey er contemplativer oder praktischer Art, neben der wahren christlichen Spekulation, in ihren verschiedensten Richtungen«.[33] Diese Spannung kennzeichne die Wahrheit der Kirche, da »das wahre Leben nur in der Durchdringung des sich Entgegengesetzten besteht«.[34] Die Häresie hingegen verabsolutiere stets einen Teil und unterbreche damit das lebenswichtige Band der polaren Spannung, »weil ja der wahre Gegensatz nur ein solcher wird in Bezug auf einen andern, mit dem er zugleich gesetzt ist, also in einem und demselben, folglich der Einheit bedürftig ist. Das also, was in der Kirche die wahre Natur des Gegensatzes hat, erscheint außer ihr immer allein, mithin nicht als Gegensatz«.[35] Es stehe nunmehr im Widerspruch zur Gesamtheit des kirchlichen Lebens. Auch in *Symbolik*, seinem Opus magnum, griff Möhler auf die dialektische Methode zurück. In diesem Werk berichtigte er etliche, durch die romantische Kultur bedingte Schwächen, die seinem Werk *Die Einheit in der Kirche* innegewohnt hatten. Die Vorstellung der Kirche als *coincidentia oppositorum* blieb aber auch in *Symbolik* zentral.

Eben diese Vorstellung finden wir auch beim Deutsch-Italiener Romano Guardini. Sein Denken war, wie wir sehen werden, für Bergoglios intellektuelle Reise von grundlegender Bedeutung. In einem seiner letzten Werke, *Die Kirche des Herrn* von 1965, schrieb Guardini:

> Eine lange Beschäftigung mit dem Aufbau des Lebendigen hatte mich gelehrt, daß alles Menschliche in typischen Strukturen steht und von ihnen her bestimmt werden kann. Solange man die Kirche nicht von vornherein einschränkt – historisch oder soziologisch oder wie immer –, ist das bei ihr nicht möglich. Wohl finden sich in ihr alle Typen des Menschlichen, sie geht aber in keinem von ihnen auf. Immer wieder hat die Gefahr gedroht, daß ein solcher Typus überwuchere und sie unter seine Herrschaft bringe; die Geschichte der Häresien zeichnet die Reihe dieser Vorgänge. Sie haben aber die Kirche in

33 Ebd., S. 175.
34 Ebd., S. 175f.
35 Ebd., S. 176.

> ihrem Kern nicht übermächtigen können. Sie haben sie manchmal verengt, oder verarmt – wer aber ihre wirkliche Geschichte kennt, weiß, daß ihr Wesen immer voll und einig geblieben ist. Das heißt: in ihr ist etwas, das über allen Strukturen und deren Gegensätzen steht. Sie geht in keiner Struktur auf, sondern umspannt alle – *Adolf v. Harnack* hat dem Ausdruck gegeben, als er von der *coincidentia oppositorum* in der Kirche sprach, freilich darunter eine Vermengung von Widersprüchen verstand. In Wahrheit lebt in der Kirche etwas, das – der Energie vergleichbar, die im Atom dessen Bestandteile zusammenhält – die zwischen den Strukturen herrschende Spannung überwindet und eine Ganzheit möglich macht, welche nach allen soziologischen Einsichten vom Irdischen her unmöglich ist.[36]

Die Einheit der Kirche gestattet eine *complexio oppositorum*, die über die Sphäre der Immanenz hinausgeht. Bei Guardini ist – ebenso wie bei Bergoglio – der Punkt, an dem es zur Synthese kommt, transzendent. Es geht hier jedoch nicht um eine Einheit, die die Kontraste aufhebt und leere Uniformität schafft; die kirchliche Form der Synthese transzendiert vielmehr die Gegensätze unter Beibehaltung ihrer Physiognomie. Sie ist Teil der schwankenden Dynamik einer Zeit, zu der es bei Guardini heißt:

> Nun geht aber die geistige Bewegung einer Zeit immer nach einer besonderen Richtung. Harmonische Synthesen kommen nur in kurzen Zeiten der Wende zwischen verschiedenen Perioden zu Stande, etwa, wenn eine stark objektiv und gemeinschaftsmäßig gerichtete Zeit in eine individualistische übergeht; bald wiegt aber dann wieder eine, und zwar die der früheren entgegengesetze Richtung vor. Die katholische Haltung verbietet nicht, den Ton auf eine bestimmte Seite zu legen, sonst wäre sie zu einer spannungslosen Gleichförmigkeit verurteilt und würde den Menschen ungeschichtlich machen. Sie fordert nur, daß auch die andere Seite nicht abgelehnt, und der Zusammenhang mit dem Ganzen gewahrt werde. Darin also, daß wohl ein bestimmtes, durch die geschichtliche Lage hervorgehobenes Moment betont, es aber zugleich in die lebendige Beziehung zum Ganzen organisch eingeordnet wird, offenbart sich praktisch die katholische Haltung. Sie ist dem besonderen Willen der geschichtlichen Gegenwart offen, aber zugleich dem Ganzen verbunden, das immer in gewisser Weise über der Geschichte steht.[37]

---

36 R. Guardini, Sinn, S. 106.

37 Ebd., S. 54–55.

Es gibt also einen roten Faden, der von Möhler über Guardini bis hin zu Bergoglio reicht:[38] Sie alle betrachten das katholische Denken als Synthese gegensätzlicher Polaritäten, als Überwindung der unvereinbaren Formen, zu denen die Pole, wenn sie isoliert und sich selbst überlassen werden, verkommen. Der Kern dieser Form des Denkens liegt in einer antinomischen Dialektik. Auf besonders fruchtbaren Boden stieß es in dem Umfeld, in dem Bergoglios intellektuelle Bildung stattfand: der Welt der Jesuiten. Drei Autoren seien hier beispielhaft erwähnt, die für Bergoglio relevant waren: Erich Przywara, Henri de Lubac und Gaston Fessard.

In den 1920er- und 1930er-Jahren galt Erich Przywara, der Lehrer von Hans Urs von Balthasar, in Deutschland neben Romano Guardini als *der* katholische Philosoph der Polarität. 1923 schrieb er: »Was wir brauchen [...] ist eine [...] Philosophie der Polarität, gleichweit entfernt von einer Philosophie ruhlosen Umschlags wie statischer Mitte, die Philosophie dynamischer Polarität. Nicht Objekt *oder* Subjekt, Werden *oder* Sein, Person *oder* Form; auch nicht ein ›Ein für allemal‹ fertiger statischer Ausgleich zwischen ihnen. Nein: die Philosophie einer hin- und zurückflutenden Bewegung zwischen beiden Polen, die Philosophie einer nie gelösten Spannung zwischen beiden Polen, die Philosophie der dynamischen ›Einheit der Gegensätze‹, die Philosophie der ›Spannungseinheit‹«.[39]

Der Jesuit Przywara war Bergoglio nicht unbekannt; mehrfach, vor allem in den Jahren 2009 und 2010, verwies er in seinen Schriften auf die spanischen Übersetzungen der Werke des deutschen Philosophen, etwa *Teologúmeno español* (Ediciones Cristianidad, Madrid 1962)[40] und *Criterios católicos*

---

38 Unter diesem Gesichtspunkt interessant ist C.M. Galli, Complexio. Galli, der Bergoglio gut kennt, ist Dekan der Theologischen Fakultät der Katholischen Universität von Buenos Aires und Vorsitzender der argentinischen Theologengesellschaft.

39 E. Przywara, Gottgeheimnis, S. 137f. Zum Denken Przywaras vgl. H. U. von Balthasar, Vorwort zu L. Zimmy, Przywara, S. 5–18; V. Mathieu, »Erich Przywara nella filosofia d'oggi«, Vorwort zu Ders., Przywara, S. 3–28; P. Molteni, Estremi; T.F. O'Meara, Przywara; P. Cevasco, Przywara, S. 129–159; F. Mandreoli, J.L. Narvaja, Vorwort zu E. Przywara, Idea, S. 5–63; C. Avogadri, Przywara.

40 Zit. nach J.M. Bergoglio-Papst Franziskus, »Una istituzione che vive il suo carisma«, Eröffnungsansprache auf der Provinzialversammlung in San Miguel (Buenos Aires), 18. Februar 1974, in Ders., Pastorale, S. 235, Anm. 1.

(Ed. Dinor, San Sebastián 1962).[41] Auch nach seiner Wahl zum Papst fiel der Name des deutschen Jesuiten in einem Interview, das er *La Croix* im Mai 2016 gab. Dort sagte er: »Erich Przywara, der große Lehrmeister Romano Guardinis und Hans Urs von Balthasars, sagt uns, dass der Beitrag, den das Christentum zur Kultur leistet, der Beitrag ist, den Christus bei der Fußwaschung leistete, mit anderen Worten: Dienst und das Geschenk des Lebens. Er darf nicht zu einem kolonialistischen Unterfangen werden.«[42] Im gleichen Monat, am 6. Mai 2016, erwähnte der Papst in seiner Rede zur Verleihung des Karlspreises ein Werk, das Przywara 1956 veröffentlicht hatte:[43] »Erich Przywara fordert uns mit seinem großartigen Werk *Idee Europas* heraus, sich die Stadt als eine Stätte des Zusammenlebens verschiedener Einrichtungen auf unterschiedlichen Ebenen vorzustellen.«[44] In den letzten Jahren kam Papst Franziskus bei mehreren Gelegenheiten auf Przywara zu sprechen: Mal schlug er für das heutige Christentum ein anti-konstantinisches Modell vor, mal sprach er von der »›Discretio‹ versus Synkretismus; wie Przywara sagt: ›Wo das ›syn‹ in ›Synkretismus‹ unvereinbare und unverträgliche Bestandteile durcheinandermengt, bringt das ›Dis‹ in ›Discretio‹ Trennung und Klarheit.«[45]

Dennoch wäre es überzogen zu behaupten, dass die polare Philosophie des deutschen Jesuiten paradigmatisch für die Heranbildung des dialektischen Denkens Bergoglios war – was jedoch nicht ausschließt, dass Przywara einen (wenn auch indirekten) Einfluss auf den späteren Papst ausgeübt haben könnte. Alberto Methol Ferré, dessen Publikationen Bergoglio mit großem Interesse las, hatte bereits 1987 eine »Strömung der deutschen katholischen Romantik« ausgemacht, zu der er Adam Müller, Friedrich Schlegel

---

41 Zit. nach J. M. Bergoglio-Papst Franziskus, »Significato e importanza della formazione accademica« (2009), in Ders., Occhi, S. 688; Ders., »Priesterausbildung heute: intellektuelle gemeinschaftliche, apostolische und geistliche Aspekte« (2010), in Ders., Angesicht, III, S. 38.

42 »Quale cristianesimo per l'Europa. Papa Francesco intervistato da *La Croix*«, in *L'Osservatore romano* 17, Mai 2016.

43 E. Przywara, Idee.

44 Papst Franziskus, Rede anlässlich der Verleihung des Karlspreises 2016, 6. Mai 2016, online zugänglich unter https://www.karlspreis.de/de/preistraeger/papst-franziskus-2016/rede-von-sh-papst-franziskus (letzter Zugriff 15. März 2020).

45 J. M. Bergoglio-Papst Franziskus, »Priesterausbildung heute: intellektuelle gemeinschaftliche, apostolische und geistliche Aspekte« (2010), in Ders., Angesicht, III, S. 38.

und Joseph Görres zählte, und in deren Werken ein »durch Gegensätze und Polarisierungen bestimmtes dialektisches und dynamisches Denken« erkannt.[46] Methol bemerkte: »Das dialektische Denken ist in der modernen katholischen Philosophie nicht besonders präsent. Daher verwundert es kaum, dass bei denjenigen Vertretern der Kirche, die versuchten, es neu zu entdecken (wie z. B. Guardini oder, um einen prominenten und einzigartigen Fall zu nennen, Erich Przywara), die Fäden in dieser Hinsicht bei Adam Müller zusammenliefen.«[47] 1987, ein Jahr nach Bergoglios Aufenthalt in Deutschland, wo er für seine Doktorarbeit zu Guardini geforscht hatte, erkannte Methol also eine aus Deutschland kommende katholische Strömung, die von einem dialektischen, polaren Denken geprägt war. Noch im selben Jahr kam Methol in der Juni-Ausgabe der Zeitschrift *Nexo* ausdrücklich auf einen dieser Denker zu sprechen: Erich Przywara, dessen kurz zuvor ins Spanische übersetzte Werk *Augustinus: Die Gestalt als Gefüge* er dort rezensierte und als »großartiges Buch« bezeichnete.[48] Przywara stellte in diesem Werk nicht nur Augustinus, sondern gewissermaßen auch sein eigenes Denken vor; und auch Methol Ferrés Rezension ist ihrerseits eine Selbstdarstellung. Methol zitierte Przywara, bei dem es heißt: »Aufgrund seines antithetischen Stils ist Augustinus der Vater antagonistischer Positionen. Indem er diese überspannt, unterdrückt er jenen ruhigen Optimismus, jenen höheren Ton zufriedener Weltoffenheit, den Heraklit, Aristoteles und selbst Hegel in seiner ›beruhigenden Theologie‹ kannten. Der Stil des Augustinus neigt zu einer antithetischen Schönheit, verkündet jedoch nicht die friedliche Versöhnung der Gegensätze. Es ist die antithetische Haltung des ›unruhigen Herzens‹ eines kontingenten Geschöpfes«.[49] Przywaras Annäherung an Augustinus, die auf der polaren Spannung eines unruhigen Herzens fuße, bringe Augustinus, so Methol, in die Moderne: »Doch es ist unmöglich, historisch beim ›alten‹ Augustinus zu verharren. Stattdessen müssen wir zusammen mit ihm die Philosophien der modernen Geschichte durchqueren, in kritischer und gegenseitiger Läuterung. Dafür sind die Sichtweisen von Theologen wie von

46 A. Methol Ferré, Iglesia, S. 220.
47 Ebd.
48 A. Methol Ferré, Przywara, S. 30–32.
49 Ebd., S. 30.

Balthasar und Przywara unentbehrlich.«[50] Mit seiner Rezension machte Methol Ferré Przywara in Argentinien bekannt und stellte indirekt auch dessen dialektisches Denken vor. Dass diese Rezension dem wachsamen Auge Bergoglios entgangen sein sollte, ist eher unwahrscheinlich.

Neben dem deutschen Jesuiten war da noch ein französischer Vertreter seines Ordens, der Bergoglio sehr am Herzen lag: Henri de Lubac. Der große Theologe war für ihn und sein Denken ein fester Bezugspunkt. Ivereigh zufolge waren »zwei französische Theologen, Yves Congar und Henri de Lubac, seine Leitsterne«.[51] Spadaro hält fest, der Papst habe ihm mitgeteilt, »dass die zwei von ihm besonders geschätzten zeitgenössischen französischen Denker Henri de Lubac und Michel de Certeau seien«.[52]

In seinem 1938 verfassten Werk *Katholizismus als Gemeinschaft* wies de Lubac auf die christliche Unterscheidung zwischen dem *sozialen* Wert des Dogmas und *persönlichem* Heil hin:

---

50 Ebd., S. 31.

51 A. Ivereigh, Reformer, S. XV.

52 A. Spadaro, Interview, S. 25. Franziskus verbindet de Lubac hier in erster Linie mit dem Thema der »geistlichen Weltlichkeit«, dem er sich im letzten Kapitel seines Werkes *Die Kirche. Eine Betrachtung* widmet. Dort heißt es: »Aber die ärgste Gefahr für jene Kirche, die wir sind, die perfideste Versuchung, die tückisch nach jedem Sieg über die andern neu erwacht, ja sich eben aus diesen Siegen ernährt, ist die ›geistliche Weltlichkeit‹ (wie Abt Vonier es nannte). ›Wir verstehen darunter die anscheinende Abkehr von der andern Weltlichkeit, wobei aber das sittliche, ja geistliche Leitbild nicht die Glorie des Herrn, sondern der Mensch und seine Vervollkommnung wäre. Radikale Anthropozentrik: das ist das Wesen der geistlichen Weltlichkeit. Sie wäre dann unverzeihlich geworden, wenn (falls es möglich wäre) ein Mensch alle geistliche Vollkommenheit besäße, aber ohne sie auf Gott zu beziehen.‹ Sollte je diese geistliche Weltlichkeit sich in der Kirche einnisten und ihr innerstes Prinzip unterwühlen, dann wäre sie viel verhängnisvoller als jede bloß sittliche Verweltlichung. Verderblicher auch als der scheußliche Aussatz, der in gewissen Geschichtszeiten das Antlitz der Braut so entstellt hat, da sich ›im Namen der Religion das Ärgernis im Heiligtum installierte und, von einem freigeistigen Papst repräsentiert, das Antlitz Christi unter Schmuckbehang, Schminke und Schönheitspflästerchen begrub.‹ Keiner von uns ist vor solchem Unheil gänzlich gefeit. Ein subtiler Humanismus kann sich auf tausend Wegen einschleichen: Gottes Widersacher und heimlich auch des Menschen Feind. Nie ist unsere erbsündliche Verkrümmung endgültig behoben. Immer ist die Sünde wider den Geist in Sichtweite. Dennoch: Keiner von uns ist die Kirche. Kein Verrat, den wir begehen, kann die Stadt dem Feind ausliefern, die der Herr selbst bewacht« (H. de Lubac, Kirche, S. 339–340). Zum Einfluss de Lubacs auf Bergoglio vgl. M. Semeraro, »L'importanza della meditazione«, Vorwort zu de Lubac, Meditazione, S. V–XIV.

> Eine solche Antinomie braucht nicht zu verwundern. Es ist nicht der einzige Fall, wo die Offenbarung uns zweierlei zunächst nicht Zusammengehöriges oder sogar sich Widersprechendes zu bieten scheint. Gott erschafft die Welt zu seinem eigenen Ruhme, *propter se ipsum*, und dennoch aus reiner Güte; der Mensch ist aktiv und frei, und dennoch vermag er nichts ohne Gnade, und die Gnade bewirkt in ihm »das Wollen und das Vollbringen«; die Anschauung Gottes ist ein unverdientes Geschenk, und dennoch wurzelt sich die Sehnsucht danach in die letzte Tiefe jedes Geistes ein; die Erlösung ist ein Werk reiner Barmherzigkeit, und dennoch werden die Forderungen der Gerechtigkeit dabei nicht minder geachtet usw. Das ganze Dogma ist eine Folge von »Paradoxen« [...]. So leitet auch die vorliegende Antinomie dazu an, über das Verhältnis von Eigenheit und Einheit nachzudenken, um die Versöhnung des Persönlichen und Allgemeinen besser zu erfassen. Das dogmatische Paradox lenkt die Aufmerksamkeit auf jenes natürliche Paradox, dessen höhern und verstärkten Ausdruck es bildet: daß nämlich der Unterschied zwischen den Teilen eines Seienden um so deutlicher hervortritt, je enger ihre Einigung wird.[53]

Das Verhältnis zwischen Person und Gemeinschaft, zwischen dem Universellen und dem Individuellen, wird ausgehend von einem »polaren« Modell verstanden, das *Einheit* und *Unterscheidung* verbindet:

> Einheit bedeutet in keiner Weise Verschmelzung, – so wenig wie Unterscheidung Trennung besagt. Denn wird nicht das, was zueinander in Gegensatz tritt, gerade dadurch verbunden, und zwar mit dem lebendigsten Band, dem des wechselseitigen Bedürfnisses und Ansporns? Die wahre Vereinigung strebt nicht danach, die Wesen ineinander aufgehen zu lassen, sondern sie durcheinander zu vollenden. Das Ganze als solches ist also nicht »der Antipode, sondern der Pol der Person«. »Unterscheide, um zu einen«, heißt es, und der Rat ist ausgezeichnet; aber im Ontologischen ist die ergänzende Formel nicht weniger zwingend gefordert: eine, um zu unterscheiden.[54]

Dieses Konzept, das wir auch in Bergoglios Denken wiederfinden, ist der Dreh- und Angelpunkt der von de Lubac in *Geheimnis, aus dem wir leben* vorgelegten Überlegungen. Auch hier sehen wir die von Möhler und Guardini angewandte Definition, derzufolge die Kirche eine *complexio oppositorum*

53 H. de Lubac, Katholizismus, S. 289–290.

54 Ebd., S. 293. De Lubac bezieht sich hier auf J. Maritain, Distinguer.

ist, eine mystische Einheit, bei der »der Zusammenprall der *opposita* mir die Einheit der *complexio* verbirgt«.[55] Die Kirche ist die paradoxe Einheit dessen, was auf der immanenten Ebene unweigerlich gespalten ist.

> In all ihrer Buntheit und Vielgestaltigkeit ist und bleibt sie eine einzige, und ihre Einheit ist die denkbar aktivste und anspruchsvollste. Sie ist ein Volk, eine große, namenlose Masse, und doch – wie soll man es anders ausdrücken? – das persönlichste Wesen schlechthin. Als katholische, das heißt allumfassende Kirche will sie, daß ihre Glieder sich für alle Mitmenschen öffnen, und doch ist sie nur dann ganz sie selbst, wenn sie sich im Geheimnis ihres inneren Lebens und im Schweigen der Anbetung sammelt. Sie ist demütig und majestätisch. Sie erklärt öffentlich, daß sie jegliche Kultur integriere und jeden Wert bei sich aufhebe, und zugleich will sie Heimstatt der Kleinen, der Armen und der stets einfältigen und elenden Masse sein. Keinen Augenblick hört sie auf – täte sie dies, es wäre ihr Tod, sie ist aber unsterblich – , Den zu betrachten, der zugleich der Gekreuzigte und der Auferstandene ist, der Mann der Schmerzen und der Herr der Herrlichkeit, der von der Welt Besiegte und der Retter der Welt – ihr blutüberströmter Bräutigam und ihr triumphierender Herr und Meister.[56]

Daher zeige sich das »Mysterium […] der Kirche […] in Gestalt eines Paradoxes, das sich nur durch eine Reihe von Antithesen, oder wenn man lieber will, von dialektischen Aussagenpaaren ausdrücken läßt«.[57] De Lubac nannte dann drei Hauptpaare: »Die Kirche ist von Gott (*de Trinitate*), sie ist aber auch aus den Menschen (*ex hominibus*); sie ist sichtbar und unsichtbar; sie ist irdisch-historisch und eschatologisch-ewig«.[58] Das dritte Paar betrifft das Verhältnis zwischen der Kirche und dem Reich Gottes: »Es ist hier ebenso unmöglich, die eine Größe schlicht mit der anderen gleichzusetzen – in welchem geschichtlichen Zustand sie auch sein mag – wie beide voneinander zu trennen. Mehr als einmal ist in diesem Zusammenhang darauf aufmerksam gemacht worden, daß Augustinus ›zwischen zwei Polen‹ zu pendeln scheint: zuweilen, so hat man behauptet, spricht er von der Kirche, als sei sie praktisch mit dem Reich Gottes identisch; so zum Beispiel in der Civitas Dei (l. 20 c. 9);

---

55 H. de Lubac, Geheimnis, S. 14.
56 Ebd., S. 16.
57 Ebd., S. 41.
58 Ebd.

anderwärts behandelt er diese Auffassung als unsinnige Anmaßung; so im Traktat De sancta Virginitate (c. 24). Man hat diese Feststellung auf die gesamte christliche Tradition ausgedehnt und sagen zu können gemeint, daß ›in der römisch-katholischen Theologie diese Unsicherheit niemals völlig überwunden worden ist‹. Indes, wenn man den Dingen auf den Grund geht, herrscht hier weder Unsicherheit noch Widerspruch. Man braucht übrigens nur die zwei genannten Augustinusstellen aufmerksam in ihrem Zusammenhang nachzulesen, um ihre Übereinstimmung festzustellen. Es handelt sich um nichts weiter als um zwei dem Mysterium der Kirche innewohnende, gegensätzliche Aspekte. Auch hier begegnen wir einem dialektischen Aussagenpaar, bei dem keiner der beiden ›Pole‹ aufgehoben werden darf.«[59]

Die Parallelen zwischen de Lubac und Möhler sind unverkennbar. Mit Möhlers Denken war de Lubac gut vertraut, da sein jesuitischer Mitbruder Pierre Chaillet, Professor im Scholastikat von Fourvière bei Lyon, Ende der 1930er-Jahre den Band *L'Église est une. Hommage à Moehler* (dt. Ausgabe: *Die eine Kirche. Zum Gedenken J. A. Möhlers, 1838–1938*. Paderborn: Schöningh, 1939) herausgegeben hatte.[60] Er enthält Beiträge von Sertillanges, Adam, Goyau, Bardy, Bihlmeyer, Ranft, Geiselmann, Loesch, de Montcheuil, Congar, Tyszkiewicz, Vierneisel, Pribilla und Jungmann. Wie de Lubac in *Katholizismus als Gemeinschaft* festhält, befasste sich Chaillet in einem Aufsatz von 1937 mit dem Titel »L'Esprit du Christianisme et du Catholicisme« ebenfalls mit Möhler.[61] In seinen Memoiren hielt de Lubac fest: »P. Chaillet hatte seine Liebe zur Kirche und ihrer göttlichen Nächstenliebe in die Schule der Väter der ersten Jahrhunderte vertieft und befaßte sich mit den großen katholischen Theologen von Tübingen. Er hatte eine Doktorarbeit über Drey, den Hauptinitiator der berühmten Schule, und eine Übersetzung seiner Werke in Angriff genommen. In der Furchtlosigkeit seines Glaubens ist ihm die gewaltige Leistung gelungen: ein bedeutendes Sammelwerk: *L'Église est une, hommage à Moehler*, gleichzeitig in Deutschland und in Frankreich zu veröffentlichen, als ein Zeugnis angesichts des nazistischen Heidentums und der drohenden Risse innerhalb der katholischen Einheit. Heute scheint man ihn

---

59 Ebd., S. 47. In einer Anmerkung verwies de Lubac auf Kap. 3, § 3, »La dialectique chrétienne« seines Bandes H. de Lubac, Écriture.

60 P. Chaillet, Église.

61 H. de Lubac, Katholizismus, S. 285, Anm. 32.

zu vergessen.«[62] De Lubac aber hatte Chaillet, der die Inspirationsquelle seines 1939 veröffentlichten Aufsatzes »Möhler et sa doctrine sur l'Église« war, nicht vergessen.[63]

Möhler, Guardini, Przywara und de Lubac stellten sich die katholische Kirche allesamt als *coincidentia oppositorum* vor – nicht so wie Hegel es getan hatte, sondern im Bewusstsein, dass die Synthese der Gegensätze die Kraft der Vernunft übersteigt und im Geheimnis Gottes versinkt. Die beiden letztgenannten Denker, Przywara und de Lubac, gehörten dem Jesuitenorden an. Und noch ein dritter Vertreter der ignatianischen Schule, der de Lubac sehr nahestand, darf hier nicht ungenannt bleiben: Gaston Fessard. Zwar erwähnt Bergoglio ihn nur selten, aber wie wir gesehen haben, war er für seine intellektuelle Entwicklung von fundamentaler Bedeutung. In einem Interview zum Thema Barmherzigkeit, das er – damals schon als Papst – Andrea Tornielli gab, erinnerte er sich folgendermaßen an Fessard: »Es gibt einen sehr schönen Aufsatz über die Scham von einem großen Gelehrten der Spiritualität, Pater Gaston Fessard: *La Dialectique des ›Exercices spirituels‹ de S. Ignace de Loyola* (Die Dialektik der ›Geistlichen Übungen‹ des hl. Ignatius von Loyola).«[64] Franziskus bezog sich hier auf den zweiten Band des Werkes.[65] Dort befasste sich Fessard in erster Linie mit dem Thema »Scham«, wofür er häufig den spanischen Terminus *vergüenza* verwendete. Xavier Tilliette bemerkt dazu:

---

62 H. de Lubac, Schriften, S. 470. »Nicht einmal die PP. Congar und Chenu, die in ihren jüngsten Werken von einer Möhler-Renaissance sprechen, erwähnen dabei den Namen von P. Chaillet, der ihr Vorkämpfer gewesen ist« (Ebd., Anm. 7). Dies ist bemerkenswert, wenn man bedenkt, dass »die von Yves Congar herausgegebene Reihe ›Unam sanctam‹ 1938 als zweiten Band (wenngleich allgemein bekannt ist, dass er eigentlich als erster herausgegeben werden sollte) die französische Übersetzung von Möhlers *Die Einheit in der Kirche* publizierte – mit einem Vorwort des Jesuiten P. Chaillet« (G. Spinosa, Scuole, S. 93).

63 H. de Lubac, Möhler. Der Beitrag ist ebenfalls enthalten in H. de Lubac, Catholicisme, fehlt jedoch in der dt. Ausgabe H. de Lubac, Katholizismus. In seinen Memoiren erinnerte de Lubac an Pierre Chaillet: »In den Vorkriegsjahren hatte uns dieselbe Begeisterung für die Moehlersche Sicht der Kirche, dieselbe brennende Liebe für die katholische Einheit und katholische Tradition innig vereint« (H. de Lubac, Schriften, S. 77). Zu Chaillet vgl. R. Bédarida, Chaillet.

64 Papst Franziskus, Name, S. 31.

65 G. Fessard, Dialectique.

> Mit seiner umfassenden, scharfsinnigen und subtilen Analyse der *vergüenza* zieht uns Pater Fessard in seinen Bann und stellt den Rest des Bandes in ihr Gefolge. [...] Überdies ist die von Fessard zur Würde eines Konzepts erhobene *vergüenza* weit mehr als nur eine Vokabelübung: Sie ist der rote Faden einer neuen Lesart der *Übungen* und zugleich der Prüfstein der Regeln von der Orthodoxie. Diese Idee erweist sich als so rund und so fruchtbringend, dass Fessard wie von ganz allein vom Thema religiöser Bescheidenheit zur »instinktiven Bescheidenheit« und von dort zu den sexuellen Beziehungen und zu einem seiner Lieblingsthemen, den Beziehungen innerhalb der Familie, gelangt.[66]

Das Thema *vergüenza* war zwar ein wichtiges, aber freilich nicht das einzige von Fessard behandelte Thema, das Bergoglio interessierte. Entscheidend – und unter Neuscholastikern höchst umstritten und heftig kritisiert – war eben Fessards *Dialektik* der ignatianischen *Übungen*. De Lubac schrieb darüber:

> Wiederholt warf man ihm als schweren Fehler vor, was man seinen »Hegelianismus« nannte. Die Angriffe lebten 1960 wieder auf, als sein Hauptwerk *De l'actualité historique* erschien. Es ist verblüffend, im Blick auf seine Hellsicht und die Strenge seiner Untersuchungen die Blindheit derer festzustellen, die ihn bekämpften: der »Thomismus« deckte alles, und das Schreckgespenst des »Hegelianismus« verhinderte das Studium eines Werkes, das vielleicht die kompetenteste und radikalste Kritik darstellt und gleichzeitig die tragfähigste Synthese, die in Frankreich im Verlauf dieses Jahrhunderts von der katholischen Intelligenz hervorgebracht wurde.[67]

De Lubac bezog sich hier auf die beiden umfangreichen Bände von *De l'actualité historique* (Paris: Desclée de Brouwer, 1960). In Band I nutzte Fessard die hegelsche Dialektik von Herr und Knecht, um den Gegensatz zwischen Marxismus und Nationalsozialismus und zwischen Marx und Nietzsche zu skizzieren. Augusto Del Noce lobte das Werk und stellte fest, Fessard habe »äußerst bemerkenswerte Dinge geschrieben, eine wahre philosophische

66 X. Tilliette, Père, S. 320.

67 H. de Lubac, Schriften, S. 530. Erhellend ist diesbezüglich die unveröffentlichte Rezension de Lubacs von Fessards Aufsatz »Autorité et bien commun« (1945) in H. de Lubac, Schriften, S. 564–568.

Einführung in die Vertiefung des Problems«.[68] Im zweiten Teil des ersten Bandes führte Fessard noch eine weitere Dialektik ein: die *dialectique du Païen et du Juif*, mithilfe derer er im ersten Teil des zweiten Bandes den Progressismus der marxistischen Christen in Frankreich kritisierte. Das fessardsche Überdenken der Dialektik war dem hegelschen Denken nicht untergeordnet. Im Gegenteil nutzte Fessard Hegel, um dessen Dialektik zu übersschreiten. Am 26. April 1945 erhielt er ein Schreiben des katholischen Philosophen Louis Lavelle, in dem es heißt:

> Sie verwenden die hegelsche Dialektik ganz bewundernswert; aber für Sie ist es eine Methode der Darstellung, bei der Sie, wie immer, einen ganz anderen Inhalt einfließen lassen. Und es ist der heilige Thomas, der Sie inspiriert. Der Mittelpunkt Ihres Denkens ist, so scheint es mir, die Rolle, die der Tod in der Beziehung zwischen Herr und Knecht spielt, im Gegensatz zur Rolle, die die Liebe in allen Beziehungen spielt, die eine zwischenmenschliche Form annehmen.[69]

Im Vorwort zur italienischen Übersetzung von *Autorité et bien commun*, einem Text, der nie in Druck gehen sollte,[70] schrieb Fessard, in seinen Überlegungen finde man

> den Ansatz eines Vergleichs der Dialektik von Herr und Knecht mit einer weiteren, vollkommen gegenteiligen Dialektik. Hegel und Marx verwendeten nicht nur erstgenannte, der eine um das phänomenologische Werden des universellen Individuums auf der Suche nach ›absolutem Wissen‹ zu erklären, der andere, um das soziale und historische Werden der menschlichen Gesellschaft und der Natur zu deuten; doch sie entdeckten auch Elemente der letztgenannten, ohne jedoch ihre Bedeutung, vor allem aber auch ihren Grundwert als Prinzip der natürlichen und historischen Entstehung des Menschen zu erkennen. Diese Dialektik, die zuerst die Geburt der Familie und dann der Nation bestimmt und die politische und wirtschaftliche Teilung zu überwinden vermag, die in den Beziehungen von Herr und Knecht entsteht, haben wir in einem weiteren Werk als Dialektik von Mann und Frau bezeichnet. Auf den

68 A. Del Noce, Problema, S. 179, Anm. 114.

69 L. Lavelle an G. Fessard, 26. April 1945, zit. nach G. Fessard, Prefazione, S. 329.

70 Warum es 1947 nicht zur zur Veröffentlichung der bereits von Michele Federico Sciacca für den Verlag Morcelliana angefertigten italienischen Übersetzung kam, erläutert G. Chivilò, Tirannide.

> Seiten 100ff. von *Autorité et bien comun* liest man nun aber, dass sie es uns ermöglicht zu behaupten, dass sich nur das Christentum als Ideal des universalen Gemeinwohls bezeichnen kann, weil es die Wahrheiten, die Liberalismus, Kommunismus und Nationalsozialismus trennen und pervertieren, in sich vereint.[71]

Eine dreifache Polarität charakterisierte also diese Form der Dialektik. Von Balthasar schrieb:

> Der Mensch kann nur entweder Mann oder Frau sein; er kann – in der gleichen zwischenmenschlichen Beziehung – nur entweder Herr oder Knecht sein; er kann endlich in seiner Bezogenheit auf den Messias-Erlöser nur entweder Jude oder Heide sein. Gaston Fessard hat in der Dynamik dieser drei Spannungspaare den Kern einer Dialektik der Geschichte gesehen und sie immer wieder umkreisend durchdacht.[72]

In der Spannung, die die drei Paare unterscheidet, hat das erste, das »natürliche« Paar der Liebe zwischen Mann und Frau, Vorrang vor der politisch-wirtschaftlichen Dialektik von Herr und Knecht. Diese Erkenntnis imponierte Bergoglio. Auch für Alberto Methol Ferré war sie von großer Bedeutung: Sie wurde gar zur Achse, die ihm half, historische Prozesse zu verstehen. Über diesen beiden Formen der Polarität steht die dritte, die zwischen Juden und Heiden. Die Kirche besteht aus Juden und Heiden, aber auch nach Christus leben Juden und Heiden weiterhin außerhalb der Kirche. Dass es Christus bis zum letzten Tag nicht erkennt, ist Israels Geheimnis:

> Gaston Fessard, an P. Huby anknüpfend, hat gegen Maritain, Journet, Féret mit aller Kraft die eschatologische Deutung befürwortet als die einzig geschichtstheologisch tragbare, zudem einzig traditionelle. Neuer Bund begründet sich im zerreißenden, kreuzigenden Überstieg über das Israel gemäß dem Fleisch; und wenn es wahr ist, daß der Mann am Kreuz »die Mauer der Scheidung niederlegt, die Feindschaft [zwischen Juden und Heiden] in seinem Fleische aufhebt«, um beide in sich selbst zu einem Neuen Menschen zusammenzuschmelzen« (Eph 2, 14–15), »so braucht man diesen Text nur neben Röm 11 zu stellen, um zu sehen: der Gegensatz zwischen Heiden und Juden kann erst

---

71 G. Fessard, Prefazione, S. 326.

72 H. U. von Balthasar, Fragment, S. 327.

an dem Tage aufhören, da der Neue Mensch seine Vollgestalt erreicht hat (Eph 4, 13) und voll und endgültig die beiden Völker in seinem totalen mystischen Leibe einigt«.[73]

Wie Möhler, Przywara, Guardini und de Lubac sah auch Fessard das Christentum als eine Versöhnung jener Gegensätze, die Hegel und Marx zufolge die Geschichte dominieren. Die Einheit des Christen ist eine dramatische, agonische Einheit; sie ist auf die eschatologische Erwartung einer Erfüllung projiziert, die nur Christus erwirken kann. Diese dramatische Einheit erkannte Bergoglio in Fessards Interpretation der *Übungen,* in seiner dialektischen Auslegung der ignatianischen Botschaft. Philippe Lécrivain betont mit Recht, dass es Fessard in seinem Werk von 1956 gelungen sei, die Gegenüberstellung zweier unterschiedlicher Auslegungen, die das ignatianische Erbe spalteten, hinter sich zu lassen: die asketische und die mystische.

> Dieses Werk, das nach einer langen Reifephase erschienen war (seine ersten Überlegungen dazu stammen aus dem Jahr 1923, seine ersten Niederschriften aus den frühen 1930er-Jahren), wurde von Fachleuten sofort mit großem Interesse aufgenommen, zumal es zwei Interpretationen der *Übungen* vorstellte, die damals einander entgegengesetzt waren: die eine, recht gewöhnliche Interpretation nämlich, die die asketische Dimension des ignatianischen Buches betonte, indem sie alles auf die »Wahl« konzentrierte, und die andere, vom früheren Jesuiten H. Bremond vorgelegte Interpretation, die die mystische Dimension, die »Vereinigung mit Gott«, hervorhob. Mit anderen Worten: Die Bedeutung von G. Fessards Arbeit liegt darin, dass er zeigt: Die beiden Standpunkte sollten miteinander vereint und nicht einander entgegengesetzt werden. Ferner macht er deutlich, dass in der zeitgenössischen Kultur betont werden muss, wie wichtig diese Verknüpfung ist.[74]

In Fessards ignatianischer Auffassung stand der Geist der Gesellschaft über dem Gegensatz zwischen Asketen und Mystikern. Einmal mehr erwies sich das katholische Modell als Punkt der Synthese von Gegensätzen – was nichts daran ändert, dass sich Franziskus als Papst eindeutig dafür entschied, den

---

73 Ebd., S. 175.

74 P. Lécrivain, Exercices, S. 71. Zu Fessards Denken vgl. G. Nguyen-Hong, Verbe; M. Sales, Fessard; M. Aumont, Philosophie; Ders., Ignace; F. Louzeau, Anthropologie; D. Serra-Coatanea, Défi.

mystischen Pol dem asketischen vorzuziehen. Die Mystik ist der Ort, an dem es zur Synthese von Gegensätzen kommt, und kein Pol, der dem aktiven Leben antithetisch gegenübersteht. Wird dies missverstanden, ergeben sich falsche Polaritäten, wie etwa die zwischen einem außergeschichtlichen Spiritualismus und einem innerweltlichen Aktivismus.

> Ignatius ist ein Mystiker, kein Asket. Ich ärgere mich, wenn ich jemanden sagen höre, die *Geistlichen Übungen* seien nur dann ignatianisch, wenn sie schweigend vollzogen werden. In Wirklichkeit können auch Exerzitien, die mitten im Lebensalltag und nicht schweigend vollzogen werden, vollkommen ignatianisch sein. Jene verzerrende Strömung, die das Asketentum, das Schweigen und die Buße unterstreicht, hat sich besonders im spanischen Umfeld auch in der Gesellschaft Jesu verbreitet. Ich stehe hingegen der mystischen Strömung von Louis Lallement und Jean-Joseph Surin nahe.[75]

In der Mystik finden Aktion und Kontemplation, Lehre und Praxis zueinander. Dies ist der Punkt, den die Dualismen der 1970er-Jahre leugneten und den das »katholische« dialektische Denken überwinden sollte.[76] Fessards theologisch-philosophischer Kommentar zu den ignatianischen *Übungen* erwies sich diesbezüglich als grundlegend.

2.3 Der dialektische Thomismus Alberto Methol Ferrés

Zu den Verfechtern eines katholischen, nicht-hegelianischen »dialektischen« Denkens gehören drei Jesuiten: Przywara, de Lubac und Fessard. Letztgenannter übte nicht nur einen direkten Einfluss auf Bergoglio aus, sondern kreuzte auch indirekt dessen intellektuellen Weg – über einen uruguayischen Thomisten *sui generis*: Alberto Methol Ferré.

Was sein Denken angeht, war Methol Ferré »der außergewöhnlichste katholische Laie Lateinamerikas der zweiten Hälfte des 20. und des frühen

75 A. Spadaro, Interview, S. 39f.

76 Vgl. M. de Certeau, Universalisme.

21. Jahrhunderts«.[77] Wir haben ihn bereits kennengelernt, als wir über Amelia Podetti und die Gruppe der Intellektuellen der USAL gesprochen haben, »die die Kirche als Schlüsselfaktor für die Entstehung eines neuen latein-amerikanischen kontinentalen Bewusstseins, der *patria grande*, sahen«.[78] Im USAL-Kontext machte Bergoglio Bekanntschaft mit Methol.

> 1978 traf Bergoglio bei einem Mittagessen mit dem Rektor der USAL, Francisco Piñón, zum ersten Mal auf Methol Ferré. Die Theologen und Intellektuellen vom Río de la Plata – zu denen auch der heutige Leiter der Päpstlichen Kommission für Lateinamerika, der Uruguayer Guzmán Carriquiry, gehörte – bildeten eine kurzlebige Gruppe, die den Namen »Juan Diego de Guadalupe« trug. Im Vorfeld der Konferenz von Puebla kam sie regelmäßig in Argentinien zusammen. Bergoglio, so erinnert sich Carriquiry, »kam und ging« zu diesen Treffen, verfolgte die Aktivitäten dieser Gruppe aber ganz genau.[79]

Methol Ferré und Bergoglio lernten sich also im Kontext der Vorbereitung auf die große Konferenz kennen, die Vertreter der Kirche Lateinamerikas

---

77 G. Carriquiry Lecour, »Più attuale che mai«, Vorwort zu A. Methol Ferré, A. Metalli, Papa, S. 8. Bei diesem Band, der ein langes Interview von Alver Metalli mit Methol Ferré enthält, handelt es sich um die Neuauflage von A. Methol Ferré, A. Metalli, America (span. Ausgabe: A. Methol Ferré, A. Metalli, América. Eine Teilbibliographie des Autors ist auf S. 195–200 zu finden).

78 Hinsichtlich der Veröffentlichungen Methol Ferrés vgl. bes. A. Methol Ferré, Crisis; Ders., Uruguay; Ders., *Puebla*; Ders., América Latina; Ders., Estados. Für eine Gesamtbibliographie des Autors vgl. http://www.metholferre.com/obras/libros.php. Ins Italienische übersetzt wurde neben *Il Papa e il filosofo* ein Aufsatzband mit dem Titel *Il Risorgimento Cattolico Latinoamericano*. Zahlreiche Übersetzungen von Methols Aufsätzen wurden überdies in der alle zwei Monate erscheinenden Zeitschrift *Incontri. Testimonianze dall' America Latina* publiziert: »Dietro l'ingiustizia e la violenza che sconvolge l'America Centrale. La profonda crisi dell'intellettualità cattolica«, *Incontri*, 1, Juni–Juli 1981, S. 44–53; »Da Rio de Janeiro a Puebla: venticinque anni di storia«, *Incontri*, 4, Januar–Februar 1982, S. 8–25; »›È un ecumenismo che riduce il cristianesimo ad allegoria del marxismo‹«, *Incontri*, 5, März–April 1982, S. 78–80; »Malvinas, nuova frontiera latinoamericana«, *Incontri* 6, Mai–Juni 1982, S. 52–54; »Da *Incontri* a NEXO. Al servizio della cultura Latinoamericana«, *Incontri* 8, November–Dezember 1982, S. 6–8. Zu Methol Ferré und seinem Werk vgl. J. Restán Martinez, Methol Ferré; G. Carriquiry Lecour, Attuale, S. 7–12; A. Metalli, »›Methol Ferré ci ha aiutati a pensare‹«, Nachwort zu A. Methol Ferré, A. Metalli, Papa, S. 213–227; H. Ghiretti, Methol. Zum Verhältnis zwischen Methol Ferré und Bergoglio vgl. A. Metalli, »Jorge Mario Bergoglio e Alberto Methol Ferré: affinità elettive di un papa e di un filosofo del Río de la Plata«, Vorwort zu A. Methol Ferré, A. Metalli, Papa, S. 13–29; J.R. Podetti, Confluencias.

79 A. Ivereigh, Reformer, S. 106.

1979 in Puebla zusammenbrachte. Diese von Johannes Paul II. eröffnete Konferenz stellte für das Bewusstsein der Kirche jener Jahre einen Wendepunkt dar. Das Schlussdokument bestätigte die beim Treffen in Medellín (1968) skizzierte bevorzugte Option für die Armen, berücksichtigte jedoch auch die Kultur und die Religiosität des Volkes. Zudem erteilte es der marxistischen Auslegung der Befreiungstheologie eine Absage.

> Für Bergoglio war Puebla ein Durchbruch. Nun schaute man auf Lateinamerika nicht länger durch die Brille importierter oder elitärer Ideologien; man konnte es durch seine eigene kulturelle Tradition betrachten, die in erster Linie in den spirituellen und religiösen Ressourcen der einfachen Gläubigen bewahrt wurde. Ebenso wie Gera und Methol Ferré war Bergoglio davon überzeugt, dass sich Lateinamerika, wenn diese Ressourcen freigesetzt würden, sowohl von den importierten Ideologien als auch vom Wirtschaftsimperialismus des Geldes befreien werden würde. Diese hielten Lateinamerika gefangen, indem sie »die christliche Ursprünglichkeit der Begegnung mit Jesus Christus, die viele unserer Leute noch immer in der Einfachheit ihres Glaubens leben und erfahren«, zerstörten.
>
> Zum Teil ist die Geschichte von Puebla also die Geschichte einer Bejahung der argentinischen Schule der post-medellínischen Theologie der Befreiung. Die gehaltvollen Passagen zur Evangelisierung der Kultur und der Volksreligiosität stammen aus der Feder Lucios Gera, des Pioniers der *teología del pueblo*, sowie Joaquín Allendes, eines chilenischen Theologen, der Geras Ansichten teilte. In Puebla nahmen sie das von Paul VI. veröffentlichte apostolische Schreiben »Evangelii Nuntiandi« (an dessen Entwurf Gera selbst mitgearbeitet hatte) und wandten es auf Lateinamerika an; im Schlussdokument wird es ganze 79-mal zitiert.
>
> Einen entscheidenden Beitrag zur Abfassung des Dokuments von Puebla leistete auch Alberto Methol Ferré, ein Mitarbeiter des CELAM. Er sollte Bergoglios Ansichten zum historischen Schicksal der lateinamerikanischen Kirche nachhaltig beeinflussen.[80]

Alberto Methol Ferré war also »Bergoglios Philosoph«. Er, ein Laie, war in der Zeit von Puebla (1979) bis Santo Domingo (1992) Mitarbeiter des CELAM, des Lateinamerikanischen Bischofsrats, und galt als führender Intellektueller und Visionär, der die historischen Prozesse und in ihnen den

80 Ebd., S. 185.

Weg der Kirche zu lesen wusste. Unermüdlich gründete und leitete er Zeitschriften (von 1955 bis 1958 *Nexo*, von 1967 bis 1975 *Vispera* und von 1983 bis 1989 wieder *Nexo*), in denen die Crème de la Créme der katholischen Intelligentsia Lateinamerikas publizierte. Dass Bergoglio den *Nexo* regelmäßig las, ist bekannt.[81] Er und Methol Ferré waren einander geistig verbunden und schätzten sich sehr. Franziskus erzählte:

> Ich hatte ein langes Gespräch mit Methol Ferré und ich habe viel von dem, was er geschrieben hat, gelesen. Das letzte, was ich von ihm gelesen habe, war ein Artikel, der am Sonntag vor dem Konklave erschien, das Ratzinger zum Papst wählte. Darin sagte er, dass die Zeit noch nicht reif sei für einen lateinamerikanischen Papst. Das ist der letzte Text, den ich von ihm gelesen habe. Wenn ich Methol Ferrés Texte las, nahm ich unbewusst Dinge von ihm an, weil ich ihn eben gerne las.[82]

Nach Methols Tod im Jahr 2009 erinnerte sich Bergoglio, der ihm ein Ehrenabschlussdiplom der Katholischen Universität von Buenos Aires verleihen wollte, an den »lieben verstorbenen Freund«.[83] Nicht nur hinsichtlich der Bedeutung, die der christliche Glaube im kirchlichen, sozialen und politischen Kontext Lateinamerikas der 1970er- bis 1990er-Jahre hatte, war Bergoglio mit Methol einer Meinung; er schätzte auch dessen katholische Geopolitik sowie sein Denken im eigentlichen Sinne. Am 16. Mai 2009 gab Kardinal Bergoglio im Auditorium der Viale Santa Fe in Buenos Aires ein Interview zum Thema Lateinamerika im 21. Jahrhundert. Dort sagte er: »Der Gegenstand von Methol Ferrés Metaphysik ist das *reale Wesen an sich*, und genau dieses – präzise determinierte und klar abgegrenzte – Thema öffnet uns die Türen zum konkreten Universellen.«[84] Bergoglio bezog sich hier auf die

---

81 Ebd., S. 184–185. Auch Antonio Quarracino, der Erzbischof von Buenos Aires und Vorsitzende des CELAM, schätzte Methol: »Beide engagierten sich im CELAM und waren überzeugte Anhänger der Idee einer transnationalen katholischen Einheit für Lateinamerika. Und beide bewunderten den Philosophen Alberto Methol Ferré« (ebd., S. 255).

82 »Ich weiß, wie sehr [Bergoglio] Methol Ferré geschätzt und bewundert hat. Mit großem Interesse verfolgte er seine Publikationen, insbesondere die in der Zeitschrift *Nexo*, und zog daraus großen Nutzen« (G. Carriquiry Lecour an M. Methol Sastre, März 2013, zit. nach A. Metalli, Bergoglio, S. 20).

83 Papst Franziskus, Audioaufnahme vom 3. Januar 2017.

84 J. M. Bergoglio-Papst Franziskus, Ciudadanos. Im Folgenden wird zitiert aus der it. Übersetzung: M. Toso, J. Paradiso, Cittadini, S. 35.

Grundlage von Alberto Methol Ferrés Denken, den Kern des dialektischen Denkens zwischen dem Endlichen und dem Unendlichen, dem Allgemeinen und dem Besonderen. Ebenso wie bei Möhler, Guardini, Przywara, de Lubac und Fessard tendiert dieses Denken zu einer polaren Dialektik. Diese ist charakteristisch für einen intellektuellen Strang der zeitgenössischen katholischen Philosophie, die die Kirche, den mystischen Körper, als Modell einer organisch-dialektischen Position sieht, die die Gegensätze der Welt überwindet und transzendiert. 1975 schrieb Methol:

> Es übersteigt die Fähigkeiten des Menschen, die *coincidentia oppositorum*, die die Kirche ist, voll und ganz zu begreifen. Einige reale Dimensionen verbleiben immer im Dunkeln bzw. in Vergessenheit. Die Kirche besteht im Wesentlichen aus zwei Polen, sie entsteht aus dem Geist Gottes und aus Jesus Christus in den Aposteln. Sie ist in einem einzigen Atemzug sichtbar und unsichtbar. Die Ekklesiologien neigen dazu, einen der Gegensätze hervorzuheben: Mal tendieren sie zur »Vergeistigung«, mal zur »Verkörperlichung«. Die Hervorhebung eines Pols führt zu Abweichung und Häresie; wenn nicht korrigierend eingegriffen wird, entwickelt sie sich zu einer kontradiktorischen Opposition. Man kann sich von keinem der beiden Pole ganz lösen, auch wenn es menschlich unmöglich ist, einem von ihnen nicht einen gewissen Vorrang zu geben. Das Gleichgewicht ist immer instabil, immer beweglich, immer im Prozess der Erneuerung. Wird es zerstört, kann die Kirche nicht »atmen«; sie löst sich dann in eine abstrakte Mystik auf oder verliert sich in institutionellen Formen. Geist ohne Institution oder Institution ohne Geist – das sind Oppositionen, die die Kirche zerstören. Sie stellen ein allgegenwärtiges Risiko und eine ständige Versuchung dar. Die ekklesiologische Bewegung dieses Jahrhunderts wird uns hier klar: Es ist eine Bewegung, die von totaler Sichtbarkeit zu reiner Anonymität übergeht. Ohne den Geist werden die sichtbaren Extremitäten zu Stein und frieren die Geschichte ein. Die unsichtbaren Extremitäten entfernen die Kirche von der historischen Wirklichkeit; sie werden zu ahistorischen Idealismen, zu Subjektivismen »schöner Seelen«, zum Narzissmus, kreisend um imaginäre »Authentizitäten«, die sich – jenseits der sichtbaren, historischen Kirche – als Prophezeiungen maskieren.[85]

Methols Worte von 1975 weisen deutliche Parallelen zu Bergoglios polarer Sicht der Gesellschaft Jesu auf, die in der Wahrnehmung des jungen Pro-

---

85 Zit. nach A. Metalli, Bergoglio, S. 22.

vinzials eine Synthese von Gegensätzen war. Dies heißt zwar nicht, dass Bergoglios »antinomisches« Denken in den Überlegungen des uruguayischen Denkers begründet ist, Interferenzen zwischen Methol und dem späteren Papst sind jedoch nicht auszuschließen. In seiner Audio-Botschaft erklärte Franziskus im Jahre 2017:

> Immer wenn ich Methol Ferré und Podetti las, habe ich etwas von ihrer Dialektik mitgenommen... En passant habe ich auch etwas von André Marc [einem Autor, der für Methol von großer Bedeutung war] gelesen, aber ich glaube nicht, dass das irgendwelche Spuren hinterlassen hat. Methol sprach von einer *hylemorphistischen* Dialektik des aristotelisch-thomistischen Typs... aber ich glaube, dass [meine] Wurzeln bei Gaston Fessard liegen.[86]

Dass ihn Methol Ferrés dialektisches Denken inspirierte, schloss Franziskus also nicht aus, auch wenn dessen aristotelisch-thomistische Ausrichtung nicht grundlegend für ihn und sein Denken war, dessen Hauptinspirationsquelle vielmehr bei Gaston Fessard zu finden ist. Ebenso frappierend wie beeindruckend ist jedoch, wie sehr die Sichtweisen Bergoglios und Methol Ferrés miteinander übereinstimmen. Ja, es ist, als sprächen sie die gleiche *koinè*, als verfügten sie über denselben kulturellen und intellektuellen Horizont, der sie zu konvergenten Diagnosen und Lösungen führt. Dies erklärt auch ihre gemeinsame Sympathie für Autoren wie Przywara, Guardini und Fessard: Sie alle verband die Vorstellung vom Katholizismus als *coincidentia oppositorum*. Eine Vorstellung, zu der Methol Ferré durch einen »dialektischen Thomismus« gelangte, der auf die Werke zweier französischer Jesuiten zurückgeht: André Marc und Gaston Fessard. In *La dialectica hombre-naturaleza. Formulación de un modelo: Filosofia* von 1966 stellte Methol sein Denken zum ersten Mal systematisch vor.[87] Darin führte er eine Geschichtsphilosophie ein, in der die Dialektik der Gegensätze einen zentralen Platz einnahm:

> Die historische Wirklichkeit zwingt der Vernunft gegensätzliche Maximen auf, die sich letztlich auf die Dialektik des Einen und des Vielen, auf die umfassende Aufrechterhaltung der Einheit des Vielfachen und auf den Respekt vor der sich verändernden und unwiederholbaren Vielheit in der Einheit her-

86 A. Methol Ferré, Chiesa, S. 148–149.

87 Papst Franziskus, Audioaufnahme vom 3. Januar 2017.

> unterbrechen lassen. Ein universelles Konzept, Modell, Abstraktion und eine unbeschreibliche, vergängliche, vielgestaltige Wirklichkeit des Individuums, wie etwa die Bipolarität. Daher erfordert das historische Verständnis ein paralleles und variierendes Streben danach, die zeitliche, chronologische und lebendige Verkettung mit der Logik sozialer »Modelle« zu verbinden. Erzählung und Typologie, Erzähltes und Konzept zu vereinen: Das ist die heikle und schwierige Aufgabe, die dem historischen Denken obliegt. Dazu bedarf es sowohl eines »esprit de finesse« als auch eines »esprit de géometrie«. Diese sind nicht voneinander zu trennen, sondern rufen sich gegenseitig auf den Plan und sind in jeder echten Wissenschaft unentbehrlich, jeder auf seine Weise, je nach seinem formalen und materiellen Gegenstand. Geschichte ist sowohl eine »Geschichte« als auch ein logischer Diskurs.[88]

Die Versuchung, diese *Bipolarität* zwischen dem Begriff und der Intuition, zwischen dem Universellen und dem Individuellen, zu vermeiden, führe letztlich dazu, dass ein Pol stärker hervorgehoben werde als der andere: das Allgemeine und das Typische mehr als das Individuelle und umgekehrt; das Qualitative mehr als das Quantitative und umgekehrt. Die erste Versuchung, nämlich die, das Allgemeine dem Besonderen entgegenzustellen, sei eine »hegelianische Gefahr, die viele Marxisten teilen«. Auf der anderen Seite wiederum bestehe eine »empiristische, nominalistische, kontingentistische Gefahr«, die die Gesamtheit zu unzusammenhängenden Individuen werden lasse. Ferner sei da die Versuchung des »logischen Positivismus«, der das Qualitative in das Quantitative auflöse, also in das, was messbar und mathematisch greifbar sei. Im Gegensatz zu diesen Reduktionismen ist die Geschichte für Methol

> in einer unauflösbaren Einheit sowohl logisch als auch neuartig, universell und individuell, Quantität und Qualität, Recht und Freiheit. Das Notwendige wird im Kontingenten, im nicht Wesensnotwendigen, lebendig, und das Kontingente, der Zufall und die Freiheit bauen auf dem Bedürfnis auf. Die konkrete Logik der Geschichte umfasst in sich selbst subsumierend Statistik, Physiognomik, große Kategorien und qualitativ-quantitative Strukturen, da sie eine hylemorphistische Dialektik ist. Geschichte ist immer hylemorphistisch, d. h. sie ist eine untrennbare Einheit aus Materie und Form, verstanden in dem Sinn, den das thomistische Denken ihnen gegeben hat. Es gibt keine

88 A. Methol Ferré, Dialectica.

> Form ohne Materie und keine Materie ohne Form. Deshalb sind Trennungen von »Materie« und »Form«, so wie der platonische Dualismus und später Scheler sie vorgenommen haben, nicht zulässig; denn dies ist eine pessimistische, umgekehrte Version des marxistischen materialistischen Optimismus mit seinem Dualismus aus »Überbau« und »Infrastruktur«, ein aus der Ferne kommendes, unbewusstes Echo der cartesianischen Spaltung zwischen »extensivem Ding« und »denkendem Ding«. Aber es gibt keine Materie, die der Form allein entgegensteht oder sie determiniert. Im Gegenteil, die hylemorphe Struktur der Wirklichkeit verhindert solche Dualismen von Beginn an und erlegt uns somit die Pflicht auf, die drei Forderungen zu verknüpfen, um die Abweichung in den Versuchungen zu evozieren.[89]

1965 fand Methol Ferré in der *hylemorphistischen*, auf der Spannung zwischen Materie und Form gründenden Vorstellung der Wirklichkeit des Thomas von Aquin die passende Form für das dialektische Denken. Er schrieb: »Dies ist ein Bereich, den Gaston Fessard und André Marc kürzlich innerhalb der Tradition des thomistischen Denkens eröffnet haben.«[90] Er bezog sich hier – »in Abgrenzung zur hegelschen Dialektik« – auf André Marcs Werke *Dialectique de l'agir* (1954) und *Méthode et Dialectique* (1956) sowie auf *Dialéctica de la Afirmación* (1964), wo »die thomistische dialektische Onthologie des Seins großartig ausgearbeitet wird«.[91] Ferner zitierte er Gaston Fessards Werke *De l'actualité historique* (1960) und *El ser y el espiritu* (Madrid 1963).[92] Erstgenanntes Werk, in dem sich der französische Jesuit an einer Art Fernvergleich zwischen dem heiligen Paulus und Hegel versuchte, war für Methol besonders wichtig. Die dreifache paulinische Dialektik zwischen Herr und Knecht, Mann und Frau, jüdisch und griechisch wurde bei Fessard zu einer ewigen Dialektik, zur ganz eigenen Form der historischen Gegensätze. In *La dialectica hombre-naturaleza* nahm Methol das erste Paar, das paulinisch-

---

89 Ebd., § 1.

90 Ebd.

91 Ebd.

92 A. Marc, Dialectique; Ders., Méthode; Ders., Dialéctica. André Marc (1892–1961), Jesuit und Professor für Philosophie am Institut catholique in Paris (1950–60), war ein Anhänger des Thomismus und offen für die Probleme und Anforderungen des modernen und zeitgenössischen Denkens. Seine Hauptwerke sind *L'idée de l'être chez s. Thomas et dans la Scholastique postérieure* (1933); *Psychologie réflexive* (2 Bd., 1949); *Raison philosophique et religion révélée* (1955); *L'être et l'esprit* (1958); *Raison et conversion chrétienne* (1961).

hegelsche Paar von Herr und Knecht, und führte es zu seiner ontologischen Grundlage zurück, die das Paar von Materie und Form ihm bot. *Fessards historische Dialektik muss daher von André Marcs »hylemorphistischer« Dialektik aus verstanden werden.* 1975 schrieb Methol Ferré:

> Die Zeit ist nunmehr reif für eine authentische thomistische Geschichtsphilosophie. Die nicht-thomistischen, »existenziellen« christlichen Philosophien haben hier nur wenig beizusteuern, so versunken wie sie im »Intersubjektiven« sind. [...] Der außerordentliche Wert der theologischen Arbeiten Gaston Fessards liegt meiner Ansicht nach darin, dass er als erster die dreifache Dialektik von Mann und Frau, Herr und Knecht und jüdisch und heidnisch aufgearbeitet hat, die das vielleicht wichtigste Instrument zur Analyse und Umstrukturierung historischer Ereignisse in sich birgt. Manche Thomisten lehnten seine Ideen ab, ohne sie zu verstehen; andere wiederum, unter ihnen André Marc, eigneten sie sich entschieden an.[93]

1965 sollte mithilfe des in *De l'actualité historique* vorgestellten Modells untersucht werden, wie die *Sociedad industrial*, also die rasanten industriellen Entwicklungen der 1960er-Jahre, in die Beziehung von *hombre* und *naturaleza*, von Mensch und Natur, eingriffen. Nachdem er festgehalten hatte, dass die *Bipolarität* zwischen Menschen und Dingen ein besonderer Aspekt der Beziehung zwischen Mensch und Natur ist, erläuterte Methol anhand dieser Beziehung das Verhältnis von Herr und Knecht.

> Die Dialektik von Mensch und Ding entspricht der von Herrn und Knecht, ihrem reziproken Handeln. Worauf beruht dieses Handeln? Das Handeln folgt und leitet sich aus dem Sein ab. Die Wesen handeln gemäß ihrer eigenen Natur. So wie der Handelnde oder der Betroffene sind, so sind auch sein Handeln oder seine Leidenschaft. Die reale Möglichkeit des dialektischen Zusammenwirkens der korrelativen Gegensätze von Herr und Knecht ist tief im Wesen des Menschen und im Wesen der Dinge verwurzelt; es ergibt sich aus der Grundstruktur der physischen Wesen, aus ihrer radikalen »hylemorphen« Bestimmung und gründet darauf (Form ist das Prinzip von Gleichheit, Immanenz und Unabhängigkeit; Materie ist das Prinzip von Andersartigkeit, Äußerlichkeit und Abhängigkeit). Die Form, das »Für-sich-selbst-Sein«, ist Herrschaft; die Materie, das »Für-einen-anderen-Sein«, ist Knechtschaft. Die hylemorphe Verfassung des Menschen und der Dinge ist die Grundlage für das Handeln als Herr und Knecht. Der Mensch ist Herr »für sich selbst« und

93 G. Fessard, Actualité; Ders., Ser.

Knecht »für einen anderen«. Er ist ein »für-sich-und-für-einen-anderen«-Wesen. Der Mensch an sich ist in Bezug auf die Dinge der Widerspruch von Herr und Knecht. Er ist ein Sklave der Dinge, der die Dinge beherrschen muss, kann und will. Der Widerspruch ist kein Zufall, sondern er ist unerlässlich: wegen seiner Struktur und seiner Eigenschaft als endliches Wesen, als »zusammengesetzte« und den »Gegensätzen« unterworfene Einheit. Die Endlichkeit des Menschen ist die Grundlage seiner angeborenen Begrenztheit; der Mensch ist immer auf der Suche nach einem Heilmittel für seine angeborenen Einschränkungen, indem er die Natur immer stärker in Besitz nimmt, wovon sein physisches Überleben und sein spiritueller Ausdruck abhängen. Es ist die Dialektik von Gegensätzen, von Besitz und Entbehrung, von Herrschaft und Abhängigkeit, die zwischen dem dramatischen Ausschluss des Widerspruchs und der Eintracht der friedlichen Beziehung oszilliert. Die Beziehung von Mensch und Natur ist in der ursprünglichen Dialektik von Herrschaft und Abhängigkeit und ihren möglichen Hauptformen enthalten. Wir müssen diese Dialektik in ihren Verwirklichungskategorien bestimmen und spezifizieren. Unter welchen Hauptformen wird der biblische Auftrag, *»die Erde zu bevölkern und sie zu unterwerfen«*, in der Geschichte verwirklicht? Was ist seine Bedeutung?[94]

Letztgenannter Punkt, der die Beziehung von Mensch und Natur betrifft, die hier ausgehend von der ursprünglichen Dialektik von Herr und Knecht betrachtet wird, führt zur finalen Frage: »Wie wird der biblische Auftrag, die Erde zu bevölkern und sie zu unterwerfen, in der Geschichte erfüllt?« Das Pendeln zwischen den Polen, d.h. die Tatsache, dass der Mensch sowohl herrschen als auch von Dingen beherrscht werden kann, weist darauf hin, wie problematisch der Kontext einer offenen Dialektik ist, die die Industriegesellschaft nicht ablehnt, sondern kritisch hinterfragt, ob sie die »beherrschende« Dimension des Menschen achtet oder nicht.

Diese Doppelgesichtigkeit der Dialektik führt immer wieder zu einer neuen Ambivalenz zwischen Vermenschlichung und Entmenschlichung. Auf der einen Seite eignet sich der Mensch die Dinge an, auf der anderen eignen sich die Dinge den Menschen an. Es besteht jedoch keine Äquivalenz, denn wenn es sie gäbe, dann gäbe es keine Dialektik: Einer der Begriffe des Gegensatzpaares bestimmt die Ausrichtung und den Sinn der Bewegung – der Mensch den Dingen, die Immanenz der Effizienz. Der Weg durch die Dinge kann je-

94 A. Methol Ferré, Sviluppi, it. Übersetzung in Ders., Risorgimento, S. 117.

doch zu schlimmsten Entfremdungen, Ausbeutungen oder Beeinträchtigungen führen. Dazu, in den Dingen zu ertrinken. Es geht hier um eine Dualität, die der Objektivierung innewohnt. Sie weist sowohl auf den Sieg als auch auf seine Gefahr hin. Doch die Fülle menschlichen Handelns ist stets der Übergang von der Sklaverei zum »schöpferischen Gehorsam«, also zur schöpferischen Freiheit in Bezug auf die Dinge. Schöpferischer Gehorsam, der zugleich die Ordnung entdeckt und das neue Absolute in die Kosmogenese einführt. Deshalb ist menschliches Handeln auch konstitutiv mitschöpferisch, ein Abbild von und eine Mitwirkung am schöpferischen Handeln Gottes, im wunderbaren Schoß der sich entwickelnden Schöpfung des Kosmos. Aber weiterzumachen hieße, die Analyse zu verkomplizieren, indem man menschliches Handeln als poetisches, formbildendes Handeln ansieht.[95]

Am Ende seines Buches schrieb Methol:

> Ausgehend von der thomistischen Dialektik der Gegensätzlichkeit (nicht des Widerspruchs, der entsteht, wenn die Dialektik wegfällt, da einer der Begriffe ausgeschlossen wird), die für endliche Wesen konstitutiv ist, nicht nur in ihrer eigenen Struktur, sondern auch in ihren gemeinsamen Gegensätzen, haben wir die Dialektik von Herr und Knecht formuliert und sie mit der Dialektik von Besitz und Entbehrung, von Immanenz und Effizienz identifiziert. Der Mensch ist Herr, insofern er von sich selbst Besitz genommen hat, Immanenz, und er ist Sklave, insofern er seiner selbst beraubt und für andere wirksam ist. So haben wir den Übergang von der Struktur des menschlichen Handelns zu seinem Gegensatz und zur gegenseitigen Durchdringung mit den Dingen vollzogen. Die Dinge wiederum erscheinen uns im Lichte derselben Dialektik der Gegensätzlichkeit und ihrer ontischen Struktur als Äußerlichkeit, Effizienz, also vor allem als Quantität. In dieser grundlegenden Beziehung haben wir das Handeln an den Dingen als Herrschaft, als Aneignung der Dinge, als Immanentierung in der Effizienz der Dinge, als objektivierbar in der Erhöhung der verfügbaren Menge und im Dienste des Menschen verstanden.[96]

---

95 A. Methol Ferré, Dialectica, Kap. 2.

96 Ebd., § 4. Ausgehend von dieser Herrschaft über die Natur geht Methol zur Mensch-Gott-Dialektik über. Die Dialektik löst sich beim Tod nicht auf, was sonst den Sieg der *Dinghaftigkeit* bedeuten würde: »Tatsächlich würde die Mensch-Ding-Dialektik ohne die Mensch-Gott-Dialektik, ohne die Auferstehung und ohne den ›neuen Himmel und die neue Erde‹ wieder zu einer Anti-Dialektik werden, zur Wiederholung, zum stumpfen Rad einer ewigen Wiederkehr, zur endgültigen Herrschaft des Dings, zur Entfremdung, zur reinen Effizienz, und der Kosmos würde in der gestaltlosen Sklaverei ›eines gemeinsamen Ganzen‹ verwirrt und undurchschaubar zerstört werden« (Ebd., § 6. Vgl. auch § 4).

1965 zeigte sich Methol als Anhänger eines historisch-dialektischen Thomismus. Ohne Zweifel betrat er damit in Bezug auf Lateinamerika Neuland, da sich dort noch niemand mit dieser Position befasst hatte. Das Modell entsprach einem Bedürfnis, das Methol in den 1960er Jahren verstärkt empfand: einem Bedürfnis danach, das christliche Denken mit der industriellen Revolution zusammenzubringen, die von einer ausgesprochen positivistischen Ideologie beherrscht wurde. Daher die Dringlichkeit, aus einem spiritualistischen, abstrakten und zeitlosen Rahmen auszubrechen, um das Verhältnis zwischen Mensch und Natur in die neuen historisch-sozialen Bedingungen zu bringen.[97] Abgesehen davon, dass sie konkret auf die Probleme der Zeit angewandt werden konnte, gilt es festzuhalten, dass Methol Ferrés 1965 entwickelte dialektische Methodik eine Methodik ersten Ranges war. Sie sollte der rote Faden seiner soziologischen Arbeiten und seiner großen geopolitischen Studien werden. Die Geschichte, sagte er 1975, sei von einer Dialektik der Gegensätze geprägt; diese neige in reziproker Spannung

> mal zum radikalen Ausschluss des anderen, mal zu seiner Zerstörung, mal zu seinem Tod (dem Widerspruch) und mal zur »reinen Beziehung«, in der die Gegensätze sich selbst negieren, um nicht vermischt zu werden, und bezeugen, dass sie füreinander da sind und sich gegenseitig anerkennen. Diese doppelte Bewegung der Gegensätze endet entweder bei Gott oder im Nichts. Gegensätzlichkeit führt zur Zermürbung des Ringens zwischen Besitzen und Entbehren und letztlich zum Ende aller Gegensätze, d.h. zum Widerspruch, zur Eliminierung des anderen. Das Gesetz der Widersprüche ist die Unfähigkeit, zur gleichen Zeit existieren zu können bzw. das Ende des Konflikts. Genau genommen bedeutet es das Ende des Dialektischen, die Auslöschung bzw. Annullierung jeder Dialektik. Oder aber die dialektische Bewegung, die in ihrer beständigen Transformation von Besitz und Entbehrung etwas Pathetisches und Quälendes hat, kann den Konflikt friedlich, in reiner Korrelation, in Liebe auf der Ebene der Menschen lösen. Die Wurzel dieser Dialektiken, die sich nicht überlagern, sondern sich gegenseitig bedingen, ist die Endlichkeit, die Kontingenz, die angeborene Zerbrechlichkeit und die Begrenztheit unseres Seins, die uns dem Risiko, dem Kampf gegen die Widersprüchlichkeit, dem Besitz und der Besitzlosigkeit, also der Bewegung der Geschichte, aussetzt. Das Ringen der Gegensätze ist also der eigentliche Prozess der Wirklich-

---

97 Ebd., § 6.

keit – auf allen Ebenen, hinter dieser zweifachen Lösung, die letztlich entweder Gott oder das Nichts ist.[98]

Die dialektische Bewegung ist also nicht einseitig. Sie endet nicht notwendigerweise in der hobbesianisch-hegelianischen Dialektik von Herr und Knecht. Es gibt die Möglichkeit einer *anderen* Dialektik, die der »Freundschaft«, die Gaston Fessard zufolge die Beziehung zwischen Mann und Frau regelt. Sie ist die einzige, die dem Begriff »Nation« einen Sinn geben kann.

> Die Genese der Nation setzt voraus, dass es eine gewisse »Dialektik der Freundschaft« gibt. Fessard bezeichnet sie als Dialektik »von Mann und Frau«, die Dialektik der grundlegenden Anerkennung des Menschen für den Menschen, die über der Dialektik »von Herrn und Knecht« steht, der Feindschaft des Menschen mit dem Menschen, die zu Recht zum Zerbrechen und zum Verderben der grundlegenden Dialektik führt. In der Geschichte sind diese Dialektiken voneinander nicht zu trennen; ihre Korrelation konfiguriert die gesamte Grundlage der Wirklichkeit und der Interpretation ihrer Prozesse. Je radikaler die Herr-Knecht-Dialektik ist, desto mehr zerstört sich die Nation selbst.[99]

Der Begriff »Volk« setzt also *diese* Dialektik voraus, die der Beziehung zwischen Mann und Frau. Sie ist das Modell, mit dessen Hilfe das Verhältnis von Herr und Knecht überwunden werden kann:

> »Volk« bedeutet Nation, Mutter; Vaterland, Vater, Kindschaft, konkrete Universalität der Brüder, Brüderlichkeit jenseits der Abstammung. »Volk« basiert auf der »Dialektik der Freundschaft«, auf der Entgegensetzung der »reinen Beziehung« als unablässiger Lösung des Gegensatzes von Besitz und Entbehrung: Mann und Frau, Braut und Bräutigam, Mutter, Vater und Kinder, Bruder. Dies ist der mannigfaltige Prozess der Dialektik der Freundschaft. Sie ist die ursprüngliche und konstitutive Dialektik und erlangt ihre Fülle in der Kirche Christi, die den Sinn der Geschichte annimmt, bestätigt und verklärt. Es ist eine stets labile Lösung, denn, wie der heilige Thomas sagt, kann der

---

98 Vgl. den in *Vispera* 5 im Februar 1970 erschienenen Beitrag »Scienza e filosofia in America Latina«, in dem es heißt: »Die dreifache Polarität Mensch-Natur-Gott durchdringt unser gesellschaftliches Leben, und die immerwährende Versuchung des modernen Christen liegt darin, sich auf die liebevolle Beziehung des Menschen zum Menschen zu beschränken, ohne dass die Natur dabei vermittelt, also ohne tiefgreifende sozio-ökonomische Kritik. Das bedeutet, in einen abstrakten Humanismus abzugleiten« (A. Methol Ferré, Risorgimento, S. 86).

99 A. Methol Ferré, Chiesa, S. 142.

> Gegensatz von Besitz und Entbehrung zu »einer Art Widerspruch« werden. Deshalb benötigen Nationen trotz aller Widersprüche Gleichheit, Gerechtigkeit und solidarische Anerkennung.[100]

Fessards Modell der dreifachen Dialektik gestattete es Methol also, die Geschichte realistisch als *Widerspruch* zwischen Herr und Knecht und solidarisch als *Vereinigung* der vielen im ehelichen Bund zu interpretieren. Der ersten Form bedurfte es, um die duale Form des Atheismus des 19. Jahrhunderts zu erklären. Methol sagte gegenüber Metalli: »Gaston Fessard hat 1960 die Dialektik von Herr und Knecht beschrieben; dahingegen schilderte Nietzsche die Welt aus der Sicht des Herrn und Marx beobachtete sie aus der Sicht des Knechts. Wir haben es hier also mit einem Atheismus der Herren und mit einem Atheismus der Knechte zu tun.«[101] Dennoch steht die Beziehungsform der Dialektik (Mann/Frau) an erster Stelle und steht vor jedem Widerspruch: »Die Einheit der Gegensätze ist entweder von Anfang an da oder wir begegnen ihr nicht mehr.«[102] Dies ist »Fessards grundlegende Dialektik, bei der *Mensch* Ehe, Vaterschaft, Mutterschaft, Abstammung und Brüderlichkeit bedeutet. Und es scheint uns so, als seien alle Namen der Kirche unter dem des Volkes Gottes vereint, auch wenn sie dazu beitragen, den Unterschied zwischen Israel und der Kirche zu präzisieren. Nur die Kirche besitzt die archetypische Vollkommenheit dessen, was ein Volk ist«.[103] Die dreifache Dialektik Fessards gestattet es uns, den historischen Prozess zu rechtfertigen. Sie setzt »die thomistische Dialektik der Gegensätze voraus, die die Wirklichkeit gestalten; diese ist unserer Meinung nach viel reichhaltiger als die hegelianische oder die marxistische Dialektik«.[104]

Der *dialektische Thomismus* ist also der philosophische *plafond* des »Amateurthomisten« Methol Ferré.[105] Die bedeutendsten Autoren dieser Schule waren, wie wir gesehen haben, André Marc und Gaston Fessard. 1984 konsultierte Methol noch eine dritte Quelle: Tomás Melendo Granados' Werk *Ontología de los Opuestos* (Pamplona: Eunsa,1982), das er im März 1984 in

---

100 Ebd., S. 161.
101 Ebd., S. 162.
102 A. Methol Ferré, Papa, S. 38.
103 A. Methol Ferré, Chiesa, S. 164.
104 Ebd.
105 J. C. Espeche Gil, Methol.

der *Nexo* besprach.[106] In seiner kurzen Einführung skizzierte er den Schwerpunkt von Melendos Buch:

> Die Dynamik der Gegensätze kennzeichnet alles, was real ist. Nichts kann ohne die Vermittlung von Gegensätzen gedacht werden. Die Philosophie war von Anfang an ein großes Bemühen um eine legitime Reduktion auf die Einheit von Gegensätzen. Ihre wichtigste Grundlage ist das Streben danach, alle möglichen Gegensätze zu vereinen. Die schlimmsten Lösungen sind solche, die die Gegensätze »verflachen« und sie zu einer falschen Einheit verwässern lassen. Oder solche, die die Einheit explodieren lassen, indem sie sie zu zersplitterten, rein antinomischen Gegensätzen verkommen lassen. So geht die Bildung von Intelligenz über das Verständnis von Gegensätzen. Dies wird im Allgemeinen als »dialektisches« Denken bezeichnet.[107]

Melendo Granados' Werk lenkte also die Aufmerksamkeit des Thomismus auf diese Philosophie der Polarität. In den Arbeiten derjenigen Philosophen, die Methol wohlbekannt waren, nahm diese bereits einen zentralen Stellenwert ein:

> Ich beziehe mich hier auf den belgischen Jesuiten und Philosophen André Marc und vor allem auf sein großes ontologisches Werk *Dialectique de l'Affirmation* (eine spanische Übersetzung ist bei Gredos erschienen). Sicherlich ist der Hintergrund, den Marc bei seinen Überlegungen zu den Gegensätzen im Auge hat, also sein Hauptgesprächspartner, nicht Hegel, sondern Hamelin, ein weiterer großer dialektischer Philosoph. André Marc widmet sich in einem großartigen Beitrag mit dem Titel »Methode et Dialectique«, der in einem bemerkenswerten Sammelband (*Aspects de la Dialectique*, Paris: Desclée de Brouwer, 1956) enthalten ist, der Frage auch mit Hegel als Gesprächspartner. Es ist überraschend, dass Melendo diesen weder erwähnt noch in seine Bibliographie aufgenommen hat [...]. Wir sagen das, weil André Marc uns ein wichtiger Meilenstein für die Erneuerung und Aktualität der klassischen Metaphysik zu sein scheint.[108]

---

106 A. Methol Ferré, Melendo, S. 55–56.

107 Ebd., S. 55.

108 Ebd., S. 56. In der bereits erwähnten Rezension zu Erich Przywaras Augustinus-Band erinnerte Methol an seine Rezension von Melendo Granados' Werk. Darin verwies er auf den roten Faden, der Melendo mit Przywara verband: »Hier könnte es von Nutzen sein, auf meinen Kommentar zu Melendo hinsichtlich der Logik der Gegensätze in Ausgabe 2 der *Nexo* zu verweisen, die ohne einen ›antagonistischen Geist‹ à la Przywara unmöglich am Leben erhalten werden kann« (A. Methol Ferré, Przywara, S. 31–32).

3 Die Theorie der polaren Gegensätze: Bergoglio und Romano Guardini

3.1 Die Doktorarbeit über Romano Guardini

Auf ihrem Weg zur polaren Philosophie begegneten Bergoglio und Methol Ferré einer Reihe von Autoren, die der Gesellschaft Jesu angehörten: Erich Przywara, Gaston Fessard und André Marc. Am nachhaltigsten beeinflusste sie wohl Gaston Fessard, der sowohl für Bergoglio als auch für Methol ein fester Bezugspunkt war und blieb – wenn auch jeweils wegen unterschiedlicher Bücher: Bergoglio prägte vor allem *La Dialectique des »Exercises spirituels« de Saint Ignace de Loyola*, während für Methol *De l'actualité historique* und die darin erläuterte dreifache Dialektik von besonderer Bedeutung waren. Am Ende standen dennoch nicht etwa zwei völlig divergierende Denkmodelle, im Gegenteil: Methol nahm möglicherweise direkten Einfluss auf Bergoglios Denken. Wir haben es hier also gewissermaßen mit zwei Variationen über ein gemeinsames Thema zu tun.

Dieser Riege von Autoren fügte Bergoglio einen weiteren Jesuiten hinzu, der für Methol weniger wichtig war: Romano Guardini. Ich spreche hier explizit von einer »Hinzufügung«, *weil Guardini in den ersten Entwicklungsphasen von Bergoglios Denken noch keine Rolle spielte.* In einer Audioaufnahme sagte Papst Franziskus:

> Ja, ich hatte mich schon vor 1986 mit Guardini beschäftigt, aber eher mit spirituellen Werken wie *Der Herr* oder *Die Mutter des Herrn* usw. Die Lektüre bekam dann eine andere Bedeutung, als ich *Der Gegensatz* zur Hand nahm.[1]

Den »Philosophen« Guardini entdeckte Bergoglio also, als sein dialektisches Denken bereits eine Struktur angenommen hatte. In gewisser Weise bestätigte

1 Papst Franziskus, Audioaufnahme vom 3. Januar 2017.

die Entdeckung des deutsch-italienischen Autors, wie wir im Folgenden sehen werden, das Denken des späteren Papstes und bereicherte es gleichzeitig. Doch wie kam es zu dieser Entdeckung?

Im Jahre 1986 kam Jorge Mario Bergoglio nach Deutschland, genauerhin an die Philosophisch-Theologische Hochschule Sankt Georgen in Frankfurt, um dort zu promovieren. Sein Thema: das Denken Romano Guardinis. Am Ende sollte Bergoglio nur ein paar Monate in Deutschland bleiben und die Doktorarbeit nie abschließen;[2] es gibt sogar Stimmen, die behaupten, Bergoglio habe sie nie wirklich begonnen, ja, sie sei spurlos an ihm und seinem Denken vorbeigegangen. So bezeichnete etwa der italienische Journalist Sandro Magister Guardini als »›Lehrer‹, den Bergoglio nie hatte«.[3] Er behauptete: »Im Interview mit *La Civiltà Cattolica*, in dem er lang und breit über die Autoren spricht, die ihn beeinflusst haben, erwähnt er Guardini nicht. Vor allem aber haben Bergoglio und der große italienisch-deutsche Theologe ganz unterschiedliche Ansichten, sowohl was die Liturgie angeht (hier wiederum war der Einfluss Guardinis auf Joseph Ratzinger sehr stark), als auch in Bezug auf die Kritik an der modernen Gesellschaft und die Auffassung vom persönlichen Gewissen«.[4] Magister schloss jegliche Verbindungen zwischen Guardini und Bergoglio kategorisch aus. Guardini, für den Kolumnisten Ratzingers »Lehrer«, könne nicht gleichzeitig der Lehrer des argentinischen Jesuiten sein. Magisters These fußte auf Stereotypen, da sie auf der einen Seite Ratzinger als traditionellen und feinen Theologen und auf der anderen Bergoglio als progressistischen Pragmatiker sah. Eine von Javier Cámara und Sebastián Pfaffen veröffentlichte Franziskus-Biographie mit dem Titel *Aquel Francisco* räumte jedoch mit dieser These auf.[5] Die Autoren zeigten, dass sich Bergoglio während seines kurzen Deutschlandaufenthalts nicht nur flüchtig mit Guardini befasst hatte, sondern dass dieser für seine intellektuelle Bildung von fundamentaler Bedeutung war. Ihre Schlussfolgerungen veranlassten Magister schließlich dazu, sein Urteil zu überdenken.[6]

---

2 Vgl. E. Himitian, Francisco, S. 91–95.

3 S. Magister, »Guardini, un ›maestro‹ che Bergoglio non ha mai avuto«, in *Settimo Cielo-Blog-l'Espresso*, 21. Oktober 2013.

4 Ebd.

5 J. Cámara, S. Pfaffen, Francisco (it. Übersetzung J. Cámara, S. Pfaffen, Anni).

6 Vgl. S. Magister, »Padre Jorge e i suoi confratelli. Perché vollero liberarsi di lui«, in *Settimo Cielo-Blog-l'Espresso*, 17. Dezember 2014.

In den Jahren 1990 bis 1992 befand sich Bergoglio 700 Kilometer von Buenos Aires entfernt im »Exil« in Cordoba und bekleidete in der Gesellschaft Jesu, deren Oberer er für Argentinien gewesen war, kein Amt.[7] »In Cordoba«, so wird Bergoglio in *Aquel Francisco* zitiert, »habe ich mein Studium fortgesetzt und geschaut, ob ich mit meiner Doktorarbeit weitermachen konnte, habe es aber nicht geschafft. Ich habe es verpasst, sie zu veröffentlichen, d.h. die Arbeit zu verteidigen und zu veröffentlichen«.[8] Doch er fügte hinzu: »Auch wenn ich meine Dissertation nicht verteidigen konnte, hat mir mein Studium bei allem, was danach kam, sehr geholfen. Dies gilt auch für das apostolische Schreiben ›Evangelii gaudium‹ (›Die Freude des Evangeliums‹), weil der ganze Abschnitt zu den sozialen Prinzipien der Dissertation über Guardini entnommen ist«.[9] Die Aussage, die Cámara und Pfaffen hier zitieren, ist essentiell, um die geistige Beziehung zwischen Bergoglio und Guardini zu verstehen. Entgegen Magisters Behauptung legt sie nahe, dass Bergoglio sein Werk in Frankfurt zumindest begonnen hatte; dass er die Idee, die Dissertation zu schreiben, auch Jahre später noch nicht aufgegeben hatte und sie sich in Cordoba wieder vornahm; dass die Arbeit zumindest teilweise Einfluss auf sein Denken und Schreiben nahm, da, wie er selbst bekannte, der Abschnitt zu den sozialen Kriterien in »Evangelii gaudium« »der Dissertation über Guardini entnommen ist«. Gerade dies zeigt zweifelsfrei, dass die in Deutschland betriebene Forschung ein Fixpunkt blieb und sich sogar auf das päpstliche Lehramt niederschlug. Auch Magister musste dies schließlich anerkennen:

> Und es ist genau so. In »Evangelii gaudium« wird eine Passage aus Guardinis Aufsatz »Das Ende der Moderne« zitiert, nämlich in den Abschnitten § 217 bis 237, in denen Papst Franziskus die vier Kriterien erläutert, die seiner Meinung nach das Gemeinwohl und den sozialen Frieden fördern müssen: 1. Die Zeit ist mehr wert als der Raum; 2. Die Einheit wiegt mehr als der Konflikt; 3. Die Wirklichkeit ist wichtiger als die Idee; 4. Das Ganze ist dem Teil übergeordnet. Diese Kriterien sind bei Papst Franziskus omnipräsent, nicht nur in seinen Predigten, sondern auch in seiner Art, die Kirche zu leiten.[10]

---

7 Zum »Exil« in Cordoba vgl. J. Cámara, S. Pfaffen, Anni, S. 157–205.

8 Ebd., S. 184.

9 Ebd., S. 185.

10 Vgl. S. Magister, »Padre Jorge e i suoi confratelli. Perché vollero liberarsi di lui«, in *Settimo Cielo-Blog-l'Espresso*, 17. Dezember 2014.

In seinem Artikel von Ende 2014 revidierte Magister also sein früheres Urteil und war nun auch der Meinung, dass *Guardini ein »Lehrer« Bergoglios gewesen sei* – ein geistiger Lehrer natürlich. Die unvollendet gebliebene Doktorarbeit von 1986 hat beim späteren Papst tiefe Spuren hinterlassen. Dies veranschaulicht auch die folgende Episode. Als der damals 75-jährige Bergoglio dem Papst 2011 seinen Rücktritt anbot, plante er, sich in das kirchliche Altersheim in der Calle Condarco im Stadtteil Flores von Buenos Aires zurückzuziehen. Auf die Frage, was er künftig zu tun gedenke, antwortete er: »Ich werde die Doktorarbeit abschließen, die ich nie fertig gestellt habe«.[11] Dies zeigt: Er hatte die Dissertation nie ganz aufgegeben.

Das von Cámara und Pfaffen zitierte Bekenntnis verschafft uns zudem einen Einblick in den Inhalt des Dissertationsvorhabens: *Es ging um das System der Gegensätze, das Guardini in seinem 1925 erschienenen Werk* Der Gegensatz *entwickelt hatte.*[12] Dieses System erklärt zumindest teilweise die Konzeption der polaren Paare, die Papst Franziskus in »Evangelii gaudium« zur Begründung der sozialen Kriterien verwendete. In einer Audioaufnahme sagte er über seine Doktorarbeit:

> Das Thema war Guardinis erstes philosophisches Buch, *Der Gegensatz*, »die polaren Gegensätze«, Guardinis Studie über das »Lebendig-Konkrete«. Bei der Arbeit an diesem Buch half mir eine Studie von Guido Sommavilla, der für mich damals eine Art Übersetzer von Guardini und gleichzeitig ein Denker echter guardinischer Prägung war. Der Titel der Arbeit lautete: *Die polaren Gegensätze als Struktur des täglichen Denkens und der christlichen Verkündigung*. Aber ich hatte mich da noch nicht ganz festgelegt [...]. Hanna-Barbara Gerl, eine Guardini-Spezialistin und Kustodin des Guardini-Archivs in München, hatte großen Einfluss auf mich. Gerl hat mein Studium sehr geprägt.[13]

Neben dem Arbeitstitel der Arbeit ist hier der Verweis auf Sommavilla und auf Hanna-Barbara Gerl interessant. Gerls 1985 in deutscher Sprache erschienene Guardini-Biographie war damals noch nicht ins Spanische übersetzt worden. Die Aussage des Papstes lässt aber offen, ob in seinem Disser-

---

11 A. Ivereigh, Reformer, S. 340.

12 R. Guardini, Gegensatz.

13 Papst Franziskus, Audioaufnahme vom 3. September 2017. Der Papst bezieht sich hier auf das wichtige Werk des Jesuiten G. Sommavilla, Filosofia, I, S. 3–121. Gerl, die sich ausgiebig mit Guardinis Denken beschäftigt hat, verfasste auch eine Guardini-Biographie: H.-B. Gerl, Guardini.

tationsprojekt auch ein weiteres Guardini-Thema berücksichtigt werden sollte, das ihn, wie die Enzyklika »Laudato sì« zeigt, ebenfalls beschäftigte: die Kritik am technokratischen Paradigma, an der unkritischen Zunahme unkontrollierter Macht, die Guardini in *Das Ende der Neuzeit* (1950) und *Die Macht* (1951) geäußert hatte.[14] Gewiss ist jedenfalls, dass Romano Guardinis Denken und sein Konzept des Lebendig-Konkreten ein wesentlicher Bezugspunkt für Bergoglio sind. Bei Guardini fand er ein »synthetisches«, »integrales« Modell, ein »katholisches« Paradigma, das ihm und seinem Denken entsprach; ein Modell, das die wichtigsten persönlichen, sozialen und politischen Gegensätze erläuterte, welche zu jenen dialektischen Widersprüchen werden können, die Vorboten gefährlicher Konflikte sind. Gegenüber Antonio Spadaro bekannte Franziskus:

> Der Gegensatz eröffnet einen Weg, eine Straße, auf der man gehen kann. Allgemeiner gesprochen muss ich zugeben, dass ich die Gegensätze liebe. Hier hat mir Romano Guardini mit seinem Buch *Der Gegensatz* geholfen, das für mich sehr wichtig ist. Er spricht darin von einem polaren Gegensatz, bei dem die beiden Polen einander nicht aufheben. Und sie zerstören einander auch nicht. Zwischen ihnen besteht weder Gleichheit noch Widerspruch. Für ihn löst sich der Gegensatz auf einer höheren Ebene auf. Dennoch bleibt auch in dieser Auflösung die bipolare Spannung weiter bestehen. Die Spannung bleibt, sie löst sich nicht. Die Grenzen werden überwunden, indem man sie nicht negiert. Die Gegensätze helfen. Das menschliche Leben ist gegensätzlich strukturiert. Und das passiert jetzt gerade auch in der Kirche. Die Spannungen müssen nicht unbedingt aufgelöst und angeglichen werden, sie sind nicht wie Widersprüche.[15]

Diese Präzisierung, die er als Papst machte, verdeutlicht, was genau der frühere Provinzial der Jesuiten bei Guardini fand: die Idee, dass das Leben (das

---

14 R. Guardini, Ende; Ders., Macht.

15 A. Spadaro, Spuren, S. 29f. Bergoglio lenkte auch das Interesse seines Freundes und Schülers Diego Fares, derzeit Professor für Metaphysik an der Universidad del Salvador und der Päpstlichen Katholischen Universität von Buenos Aires, auf Guardini: »Bergoglio eröffnete ihm auch seinen intellektuellen Weg, indem er ihn dazu anregte, sich mit Romano Guardini und Hans Urs von Balthasar zu befassen; mit der Phänomenologie der Wahrheit des letzteren befasste sich Fares in seiner Doktorarbeit« (A. Spadaro, »L'amicizia è questione di un momento«, Vorwort zu D. Fares, Papa, S. 8). Fares bestätigte Spadaros Aussage indirekt: »Ich weiß gut, wie sehr Papst Franziskus Romano Guardini schätzt« (ebd., S. 17).

persönliche wie auch das gemeinschaftliche) notwendigerweise eine polare Spannung zwischen den Gegensätzen ist – eine oppositive, keine »widersprüchliche« Spannung. Gegensätze sind das Lebenselixier des Lebendig-Konkreten, sie machen diese Einheit mobil und dynamisch. Der Widerspruch, wie z. B. der zwischen Gut und Böse, zwingt zu einer Entscheidung, zu einer Wahl: Das Böse ist nicht der Gegenpol des Guten, wie es die Gnosis will, sondern seine Negation. Die Unterscheidung zwischen *Gegensatz* und *Widerspruch* ist entscheidend, weil sie es uns gestattet, die katholische *communio* nicht als flache, uniforme Einheit zu denken, sondern als dynamische, vielgestaltige Wirklichkeit, die deshalb aber keine Angst hat, ihre Einheit zu verlieren. Die Einheit der Kirche ist kein monolithischer Block, bei dem die Einheit von oben kommt. Sie scheut sich nicht davor, verschiedene Pole in sich aufzunehmen und sie durch den Geist, der alles vereint, wie in einer Symphonie zu versöhnen. Die *communio* entsteht *dialogisch*, durch die geduldige Entwicklung von Verbindungen, die die Akzentsetzungen, die verschiedenen verbleibenden Empfindungen nicht verleugnen will. Dieses Konzept der Kirche sah Bergoglio 1986 für sich vollumfassend bestätigt, als er sich mit der philosophischen Anthropologie Guardinis befasste. Dieser hielt Ende 1967, kurz vor seinem Tod, in einem Brief fest:

> In der *Frankfurter Allgemeinen Zeitung* stand ein Aufsatz des vatikanischen Korrespondenten über ein neu erschienenes Buch von Prof. Guitton. Dieser zieht das Ergebnis von offenbar verschiedenen Gesprächen mit Papst Paul VI. zusammen und zeichnet dadurch den geistigen Charakter und die Intention des Papstes, daß dieser nicht einfach regiert, sondern mit dem Anderen, um den es sich handelt, in einen Dialog tritt. Das Wesen dieses Verfahrens besteht darin, daß der Andere nicht als Gegner, sondern als »Gegensatz« erscheint, und die beiden Standpunkte Satz und Gegensatz zur Einheit gebracht werden. Dann nennt der Verfasser Namen von Persönlichkeiten, die die gleiche Methode vertreten, in Deutschland den meinigen. Wenn man die Bedeutung die der Dialoggedanken heute gewinnt, hinzunimmt, so sehen Sie, daß jetzt die Stunde meines Buches über den »Gegensatz« kommt. Das ist auch schon ausdrücklich ausgesprochen worden. Die Gegensatzlehre ist die Theorie der Auseinandersetzung, welche nicht durch Kampf gegen einen Gegner, sondern durch Synthese fruchtbarer Spannung, das heißt durch Aufbau der konkreten Einheit geschieht.[16]

---

16 R. Guardini an J. Laubach, 21. November 1967, Bayerische Staatsbibliothek München, zit. nach H.-B. Gerl, Guardini, S. 252.

Wie in einer Art Testament brachte Guardini hier die Essenz seines Denkens auf den Punkt. Dadurch, dass er in *Der Gegensatz* eine Reihe grundlegender Gegensätze des Lebens vorstellte, wollte er all jene tiefen Gegensätze überwinden, die eine aus den Trümmern des Ersten Weltkriegs hervorgegangene Generation kennzeichneten, die überall tiefe Trennungen und einen scheinbar unauslöschlichen Hass vorfand. Sein Konzept bot eine Alternative zur Freund-Feind-Dialektik, die seit den späten 1920er-Jahren die politische Theologie Carl Schmitts bestimmte.[17] Für Guardini wurden die Pole des Lebens, die Gegensätze, erst zu solchen, wenn sie nicht verabsolutiert wurden, wenn das eine das »andere« nicht ausschloss, sondern es voraussetzte. Die Polarität untersagt es sich, zum Manichäismus zu werden und in den Bereich der »Widersprüche« zu geraten, die eine Versöhnung nicht zulassen.

3.2 Prinzipien und Polarität. Analogien zwischen Bergoglio und Guardini

In seinem polaren »System« führte Guardini eine Reihe von Gegensätzen ein. Diese unterteilte er in »transzendentale« und »kategoriale« Gegensätze; bei letzteren unterschied er nochmals zwischen intraempirischen und transempirischen Gegensätzen.[18] Bergoglio erläuterte diese folgendermaßen:

> Guardinis *polare Gegensätze* sind Gegensätze, die wir im realen Lebewesen vorfinden. Strukturell kann man sie in den Spannungen von Fülle und Form, von Akt und Bau und von Einzelheit und Ganzheit erfahren. Guardini bezeichnet diese Gegensätze als *intraempirische* Kategorien. Ein tieferes (ich würde sagen: reflexives) Spannungsniveau entsteht in dem Moment, in dem das Erfahrbare mit dem Inneren des Menschen in Verbindung tritt. Diese *transempirische* Wirklichkeit ist durch die Gegensätze zwischen Produktion und Disposition, Ursprünglichkeit und Regel sowie Immanenz und Transzendenz gegliedert. Schließlich synthetisiert Guardini die Spannungen, die in allen anderen Spannungen zu finden sind, die sogenannten *transzendentalen* polaren Spannungen: Einheit und Mannigfaltigkeit, Verwandtschaft und Besonderung. Diese Spannungen zwischen den Gegensätzen müssen wir *indivise*

---

17 Zur politischen Theologie Carl Schmitts vgl. M. Borghesi, Critica, S. 165–202.
18 Zum System der Gegensätze bei Guardini vgl. M. Borghesi, Guardini, S. 13–71.

et inconfuse, untrennbar und unvermischt, sehen. Ihre Unterschiedlichkeit und ihre Ähnlichkeit, ihre Einheit und ihre Vielfältigkeit müssen erhalten werden, und zwar durch *Maß* und *Rhythmus*. Auf der Erkenntnisebene besteht eine grundlegende Spannung zwischen Intuition und Konzept, die es uns gestattet, die Spannungen *indivise et inconfuse* zu sehen.[19]

Guardinis Schema der Gegensätze lässt sich wie folgt zusammenfassen:

1) Kategoriale Gegensätze

a) intraempirisch:
Akt-Bau;
Fülle-Form;
Einzelheit-Ganzheit.

b) transempirisch:
Produktion-Disposition;
Ursprünglichkeit-Regel;
Immanenz-Transzendenz.

2) Transzendentale Gegensätze:

Verwandtschaft-Besonderung;

Einheit-Mannigfaltigkeit.

Guardini zufolge stellen diese acht Paare die Hauptpole des Lebens dar, die Gegensätze, die in ständiger Spannung zueinander stehen. Die persönliche und soziale Existenz ist vom Rhythmus zwischen einem Pol und dem anderen durchdrungen. Sie zu verstehen bedeutet, die Wirklichkeit in ihrer Komplexität zu verstehen und zu respektieren, wie die Pole Wahrheit offenbaren, sowie Monismen und Reduktionismen zu vermeiden und Fundamentalismen und Integralismen abzulehnen.

---

19 J. M. Bergoglio, »Necessità di un'antropologia politica. Un problema pastorale« (1989), in Ders., Pastorale, S. 292, Anm. 5.

In dieser Vorstellung und vor allem in Guardinis Dialektik fand Bergoglio ein geeignetes Denkmodell, auch wenn nicht alle polaren Gegensätze Eingang in sein Denken fanden. Während Guardini mit acht Gegensatzpaaren arbeitet, entdeckt man bei Bergoglio drei Paare, die andere Arten von Polarität umfassen und mit vier Prinzipien verbunden sind. Bergoglio ging es vor allem um ihre *soziale* Relevanz. Guardini antizipierte diese bereits, als er festhielt:

> Das Verhältnis von Einzelnen und Gesamtheit erscheint, der individualistischen Denkweise gemäß, von ersterem her gebaut; die Sozietät von den Einzelnen hergeleitet. Jene bedeutet dann weiter nichts als die Gesamtheit der allein in Betracht kommenden, unter bestimmten Zwecken zusammengefaßten Einzelnen. Allein diese Auffassung irrt, denn die wesenhafte Sozietät, heiße sie nun Familie oder Staat, ist etwas Ursprüngliches und steht in sich. Ebenso aber irrt die entgegengesetzte Ansicht, die den Einzelnen in die Gemeinschaft auflösen will als deren Resultante oder Funktion oder Phase, oder wie immer sich die kollektivistische Grundauffassung ausspricht. Denn der Einzelne steht als Ursprüngliches in sich selbst.[20]

Liberaler Individualismus und sozialistischer Kollektivismus lösen jene grundlegende polare Spannung zwischen Person und Gemeinschaft auf, die, wie noch zu sehen sein wird, für Guardini wie auch für Bergoglio durch *Solidarität* gelöst wird. Die sozialen Implikationen von Guardinis polarem Modell sind hier offenkundig.

In einem Text mit dem Titel »Wir als Bürger, wir als Volk« von 2011, den er anlässlich des zweihundertjährigen Bestehens Argentiniens verfasste, umriss Bergoglio den historischen Kontext, in dem seine Polarpaare entstanden waren: im Kontext eines Landes, das aus der eisernen Unterdrückung einer Militärdiktatur und später dann aus tiefer wirtschaftlicher Rezession hervorgegangen war. Das eine wie das andere hatte zu tiefgreifenden sozialen Konflikten geführt. Bergoglio verstand das demokratische Modell der Gesellschaft als »Übersetzung« des polaren Modells Guardinis. Es sollte »den Raum für einen Kompromiss [schaffen] und so die Mission [erfüllen], all jene Gegensätze zu überwinden, die für das Gemeinwohl hinderlich sind«.[21] In politischen Dialog zu treten bedeutete also, über die Werte und Interessen einzelner Parteien und Gruppen hinauszugehen: »Wir können das Land nicht einfach in gut und schlecht, gerecht und korrupt, Patrioten und Vaterlandsfeinde spalten«.[22] *Demokratie bedeutet Kompromiss*, die Auflösung der polaren

Spannungen und die *Überwindung des Manichäismus.* Ihr Ziel ist es, ausgehend vom Streben nach Gemeinwohl, die Kluft zwischen der Elite und dem Volk sowie zwischen Reichen und Armen zu überbrücken und den Kontrast zwischen dem Individuum und der Gemeinschaft, vor allem aber zwischen den Bürgern und dem Volk zu überwinden: »*Bürger* ist eine logische Kategorie. *Volk* ist eine historische und mythische Kategorie. Wir leben in einer Gesellschaft und wir alle verstehen und erklären uns dies logisch. Der Begriff *Volk* lässt sich nicht nur logisch erklären. Er enthält ein Mehr an Bedeutung, das uns entgeht, wenn wir nicht auf andere Verständigungsweisen, andere Logiken und andere Hermeneutiken zurückgreifen. Teil der Herausforderung, *Bürger* zu sein, ist es, die beiden Zugehörigkeitskategorien zu leben und sie zu verstehen: die der Zugehörigkeit zur *Gesellschaft* und die der Zugehörigkeit zu einem *Volk.*«[23] Deshalb ist der eigentliche Prozess der, *ein Volk zu werden.* Bei diesem *Integrationsprozess* »laufen zwei Arten von Kategorisierung zusammen: die logische und die historisch-mythische. Und wir müssen beide nutzen«.[24] Ebenso wie für Romano Guardini, für den die Kenntnis des Lebendig-Konkreten zugleich einen eigenen, bipolaren, intuitiven und konzeptuellen Akt erfordert, kann für Bergoglio die soziale Einheit nur von einem zweifachen Paradigma aus erfasst werden: dem rationalen und dem suprarationalen.[25] In einer Ansprache an die Teilnehmer einer von der Romano-Guardini-Stiftung geförderten Konferenz bezog er sich auf die guardinische »lebendige Einheit« zwischen Gott und Mensch:

> Das ist der tiefgründige Blick Guardinis. Er hat wohl seinen Ursprung in seinem ersten metaphysischen Werk *Der Gegensatz.* Für Guardini ist diese »lebendige Einheit« mit Gott in den konkreten Austausch der Personen mit der Welt und den Mitmenschen eingebettet. Der Einzelne erfährt sich verwoben

---

20 R. Guardini, Gegensatz, S. 124.

21 J.M. Bergoglio, Cittadini, S. 29. Übersetzung des Titels: EMR. Im Folgenden wird stets aus der italienischen Übersetzung des Textes zitiert. Der Kern des Textes (S. 61–69), wo es um die vier Prinzipien und die drei bipolaren Spannungen geht, nimmt wortwörtlich einen Beitrag vom 30. Juni 2007 auf, der den Titel »La sfida di essere cittadino« trägt (it. Übersetzung in J.M. Bergoglio-Papst Franziskus, Pastorale, S. 345–354).

22 J.M. Bergoglio, Cittadini, S. 30.

23 Ebd., S. 37.

24 Ebd., S. 45.

25 Zum Lebendig-Konkreten bei Guardini vgl. M. Borghesi, Guardini, S. 59–71.

> mit einem Volk, einem »ursprünglichen Zusammenhang von Menschen, die nach Art, Land und geschichtlicher Entwicklung eins sind«. Guardini versteht den Begriff »Volk« in Abgrenzung zu einem aufklärerischen Rationalismus, der nur das als Wirklichkeit akzeptiert, was rational erfasst werden kann und den Menschen zu isolieren versucht, indem er ihn den natürlichen Zusammenhängen des Lebens entreißt. Das Volk hingegen ist »der Inbegriff alles menschlich Echten, Tiefen und Tragenden«. Wir können im Volk wie in einem Spiegel das Kraftfeld des göttlichen Wirkens erkennen. Das Volk – fährt Guardini fort – »fühlt, wie in allem von Gott her etwas vor sich geht. Es ahnt das Geheimnis dieses Geschehens, seine Nähe, seine Unruhe«. Deshalb sage ich gerne – ja, davon ich bin überzeugt – dass »Volk« nicht eine logische Kategorie ist, sondern eine mystische. Aus diesem Grund sagt Guardini das.[26]

Für Bergoglio steht diese mythische Betrachtung der Kategorie »Volk« am Anfang eines Ethos, das »die Kraft von Traditionen (Aufklärung/Volk, zwei Argentinien), von Erzählungen (liberal/revisionistisch), von Kontroversen (agrarisch oder industriell) und von Gegensätzen (einheitlich/föderalistisch; Regime/Revolution; Peronisten/Anti-Peronisten)« übersteigt.[27] Der hier aufgezeigte Weg ist der Weg einer *»Kultur der Begegnung und eines gemeinsamen utopischen Horizonts«*.[28] Das Individuum, das aus der Einsamkeit befreit wird, in welcher der klassische Liberalismus es gefangen hält, definiert sich über die Zugehörigkeit. Es ist ein »sozialer Mensch«,[29] der Protagonist einer »sozialen Freundschaft«,[30] deren Ziel das Wohl aller ist. Bergoglio verwendet hier das bipolare Bürger-Volk-Modell, um eine ethisch-soziologisch-gnoseologische Spannung zu beschreiben. Der Integrationsprozess ist nicht nur ein sozialer, sondern auch ein ethischer und kognitiver Prozess. Der einzelne Mensch, der Solipsist und Individualist, und der Mensch als Teil der Masse haben andere Vorstellungen als der Bürger, der sich als Teil eines Volkes ver-

26 Ansprache von Papst Franziskus an die Teilnehmer der Konferenz der »Romano-Guardini-Stiftung«, Clementina-Saal, Freitag, 13. November 2015, online zugänglich unter http://w2.vatican.va/content/francesco/de/speeches/2015/november/documents/papa-francesco_20151113_romano-guardini-stiftung.html (letzter Zugriff 2. April 2020).

27 J. M. Bergoglio, Cittadini, S. 38.

28 Ebd., S. 39.

29 Ebd., S. 45.

30 Ebd., S. 47.

steht. Die politische Berufung des Bürgers zielt auf das konkrete Wohl aller ab. »Es geht hier nicht um eine abstrakte Vorstellung des Guten oder um ein theoretisches Prinzip, das einen vagen Ethikbegriff, einen ›Ethizismus‹ begründet, sondern um eine Idee, die sich in der Dynamik des Guten, *in der Natur des Menschen und in seinen Einstellungen* entwickelt. Es geht hier um zwei verschiedene Dinge. Wenn sich die Dynamik des Guten mit Blick auf die soziale Freundschaft entfaltet, wird der Mensch zum Bürger«.[31] Auf der anderen Seite ist eine abstrakte Ethik das Ergebnis eines abstrakten Wissens, das angesichts der Abspaltung von den Transzendentalien (dem Schönen, dem Guten, dem Wahren) das »Konkrete«, also die Einheit des Realen, nicht mehr erreichen kann.

Auf dieser Grundlage entstand Bergoglios Lehre von den Prinzipien und den Polarpaaren. In »Wir als Bürger, wir als Volk« von 2009 und in »Evangelii gaudium« von 2013 verband er die vier Prinzipien mit den drei Polarpaaren. Das erste bipolare Paar, das sich auf die Spannung zwischen der *Fülle* und der *Beschränkung* bezieht,[32] deckt sich mit dem zweiten Paar von Guardinis intraempirischen Gegensätzen: dem von *Fülle* und *Form*. Gleichzeitig integriert es auch dessen erstes intraempirisches Paar, das von *Akt* und *Bau*. In »Evangelii gaudium« setzte Bergoglio die *Fülle* und die *Beschränkung* mit der Polarität zwischen *Raum* und *Zeit* gleich (die Guardini im Übrigen mit dem Paar Akt-Bau in Verbindung gebracht hatte).[33] Bergoglio tat dies auf seine ganz eigene Art und Weise: indem er Raum und Zeit aus einem sozialen Blickwinkel interpretierte.

> Es gibt eine bipolare Spannung zwischen der Fülle und der Beschränkung. Die Fülle weckt den Willen, sie ganz zu besitzen, während die Beschränkung uns wie eine vor uns aufgerichtete Wand erscheint. Die »Zeit«, im weiteren Sinne, steht in Beziehung zur Fülle, und zwar als Ausdruck für den Horizont, der sich vor uns auftut. Zugleich ist der aktuelle Augenblick ein Ausdruck für die Beschränkung, die man in einem begrenzten Raum lebt. Die Bürger leben in der Spannung zwischen dem Auf und Ab des Augenblicks und dem Licht der Zeit,

---

31 Ebd., S. 47–48.

32 Vgl. ebd., S. 61–63; Papst Franziskus, »Evangelii gaudium«, §§ 222–225.

33 »Und ist die Akt-Erfahrung des Lebens verknüpft mit der Grundvorstellung zeitlichen Strömens, so die Struktur-Erfahrung des Lebens mit der Grundvorstellung ruhender Raumweite« (R. Guardini, Gegensatz, S. 38).

> dem größeren Horizont, der Utopie, die uns für die Zukunft öffnet, die uns als letzter Grund an sich zieht.[34]

Der »Moment« wird hier zu einem »Zusammentreffen von Umständen«, zu einer »räumlich« umschriebenen Zeit. Hier bedarf es eines Punktes, an dem Transzendenz und Zeit im vollen Sinne stattfinden können, eines Punktes gleichsam der »Utopie«. Diese wird hier nicht als Ideologie, sondern als ideale Zukunft verstanden, die das Zusammentreffen von Umständen in einem Moment transzendiert: »Fülle bedeutet, Utopie als Wahrnehmung zu haben, das heißt, im Hinterkopf zu haben: Wir müssen über etwas hinausgehen. Zum Wohle der Gemeinschaft muss ein Bürger nach Utopien leben. Utopie als ›Weg zu etwas‹ oder, wie die Scholastiker es formulieren würden, Utopie als ›letzte Ursache‹, als etwas, das einen anzieht, das man erreichen muss: das Gemeinwohl.«[35] Für Bergoglio gilt:

> Die *Fülle* ist jene Anziehungskraft, die Gott in das Herz eines jeden von uns legt, damit wir suchen, was uns freier macht; die *Begrenzung*, die ebenso wie die Fülle, die uns anzieht, stets da ist, drängt uns wieder zurück; Beschränkung ist das Zusammentreffen von Umständen, eine zu bewältigende Krise, eine alltägliche Aufgabe. Wir müssen diesen Knoten lösen. Fülle und Beschränkung stehen in Spannung zueinander. Keine von beiden sollte ignoriert werden. Auch darf die eine die andere nicht aufsaugen. In einer beständigen Spannung zwischen Fülle und Beschränkung zu leben, ist für den Weg des Bürgers zuträglich.[36]

Genau so definierte auch Guardini die polaren Gegensätze. Diese sind für ihn »[n]icht ›Synthese‹ also zweier Momente in einem dritten. Auch nicht ein Ganzes, von dem jene beiden Seiten ›Teile‹ darstellten. Noch weniger Vermischung zu irgendwelchem Ausgleich. Es handelt sich vielmehr um ein ursprüngliches, durchaus eigenartiges Verhältnis; um ein Urphänomen. Die eine Gegensatzseite kann nicht aus der anderen abgeleitet, und nicht von der anderen her aufgefunden werden. [...] Aber beide Seiten sind immer zugleich gegeben; eine nur möglich und denkbar an der andern. Das ist Gegensatz: daß zwei Momente, deren jedes unableitbar, unüberführbar, unver-

---

34 Papst Franziskus, »Evangelii gaudium«, § 222.
35 J.M. Bergoglio, Cittadini, S. 61.
36 Ebd.

mischbar in sich steht, doch unablöslich miteinander verbunden sind; ja gedacht nur werden können an und durch einander«.[37]

In gleicher Weise, so Bergoglio, »verlaufen die *Zeit* und der *Moment* zusammen; die Zeit hin zur Fülle als Ausdrucksform des Horizonts und der Moment als Ausdrucksform der Beschränkung. Der Bürger muss in der Spannung innerhalb des Zusammentreffens von Umständen im *Moment* leben, der in Bezug auf die *Zeit* und den Horizont zu deuten ist. Er kann weder in dem einen noch in dem anderen eingesperrt bleiben. Der Bürger ist der Hüter dieser *bipolaren* Spannung«.[38] In dieser Spannung besteht jedoch augenscheinlich keine vollkommene Äquivalenz zwischen den Gegensätzen. Ebenso wie für Guardini, der den »formalen« Gegensätzen Vorrang vor den »materiellen« Gegensätzen gibt, ist für Bergoglio von einem sozialen Standpunkt aus, der das Gemeinwohl im Blick hat, einer der Pole des Paares wichtiger als der andere.[39] Die »Prinzipien«, die die Gegensatzpaare modulieren, legen dies fest. Im Falle des ersten bipolaren Paares, dem *zwischen Fülle und Beschränkung* (*Zeit und Moment*), gibt es zwei Prinzipien. Das erste besagt: *Die Zeit ist mehr wert als der Raum.*[40] Die Zeit als utopisches *telos* ist hier der Ort, an dem Konflikte gelöst und geduldig Pläne geschmiedet werden, die nicht nur die Gegenwart, sondern die künftige Entwicklung der Völker im Blick haben. In »Evangelii gaudium« zitierte Bergoglio zur Veranschaulichung Guardini: »Der Maßstab, an welchem eine Zeit allein gerecht gemessen werden kann, ist die Frage, wie weit in ihr, nach ihrer Eigenart und *Möglichkeit, die Fülle der menschlichen Existenz* sich entfaltet und zu echter Sinngebung gelangt.«[41]

Das zweite Prinzip, das mit dem Paar von Fülle und Beschränkung verbunden ist, lautet: *Die Einheit wiegt mehr als der Konflikt.*[42] »Der Konflikt darf nicht ignoriert oder beschönigt werden. Man muss sich ihm stellen. Aber

---

37 R. Guardini, Gegensatz, S. 40–41.

38 J.M. Bergoglio, Cittadini, S. 62.

39 R. Guardini, Gegensatz, S. 111–112.

40 Vgl. J.M. Bergoglio, Bergoglio, Cittadini, S. 62–63; Papst Franziskus, »Evangelii gaudium«, §§ 222–225.

41 Papst Franziskus, »Evangelii gaudium«, § 224. Das Zitat stammt aus R. Guardini, Ende, S. 34. Hervorhebung durch Papst Franziskus.

42 Vgl. J.M. Bergoglio, Cittadini, S. 63; Papst Franziskus, »Evangelii gaudium«, §§ 226–230.

wenn wir uns in ihn verstricken, verlieren wir die Perspektive, unsere Horizonte werden kleiner, und die Wirklichkeit selbst zerbröckelt. Wenn wir im Auf und Ab der Konflikte verharren, verlieren wir den Sinn für die tiefe Einheit der Wirklichkeit.«[43] Deshalb sei es notwendig, »sich auf ein Prinzip zu berufen, das zum Aufbau einer sozialen Freundschaft unabdingbar ist, und dieses lautet: Die Einheit wiegt mehr als der Konflikt. Die Solidarität, verstanden in ihrem tiefsten und am meisten herausfordernden Sinn, wird zu einer Weise, Geschichte in einem lebendigen Umfeld zu schreiben, wo die Konflikte, die Spannungen und die Gegensätze zu einer vielgestaltigen Einheit führen können, die neues Leben hervorbringt. Es geht nicht darum, für einen Synkretismus einzutreten, und auch nicht darum, den einen im anderen zu absorbieren, sondern es geht um eine Lösung auf einer höheren Ebene, welche die wertvollen innewohnenden Möglichkeiten und die Polaritäten im Streit beibehält.«[44]

Nach dem ersten Gegensatzpaar beschrieb Bergoglio dann das zweite: die Spannung zwischen *Idee* und *Wirklichkeit.*

> Die *Wirklichkeit* »ist«. Eine *Idee* wird entwickelt, herbeigeführt. Sie trägt entscheidend dazu bei, dass wir die Wirklichkeit verstehen, wahrnehmen und uns mit ihr befassen. Es muss einen Dialog zwischen der Wirklichkeit und ihrer Entfaltung durch uns geben. Hier sehen wir eine weitere *bipolare* Spannung, die sich in Bezug auf die Wirklichkeit der Autonomie der Idee und des Wortes widersetzt, so dass es letztlich die Idee ist, die befiehlt (daraus leiten sich Idealismen und Nominalismen ab). Nominalismen rufen nie zusammen. Sie klassifizieren, zitieren, definieren, aber führen nie zusammen. Es ist die Wirklichkeit, die zusammenführt, da sie durch die Vernunft, die Idee und ihre intuitive Wahrnehmung erleuchtet wird.[45]

Diese polare Spannung ist in Guardinis Schema der Gegensätze nicht enthalten. Gewisse Analogien zum dritten Paar der transempirischen Gegensätze (dem von *Immanenz und Transzendenz*) sind jedoch erkennbar.[46] Ich spreche hier von einer Analogie, weil die gesamte theoretische Struktur von *Der Gegensatz* methodisch nicht vom Problem der Wirklichkeit abhängig ist.

---

43 Papst Franziskus, »Evangelii gaudium«, § 226.

44 Ebd., § 228.

45 J. M. Bergoglio, Cittadini, S. 65.

46 R. Guardini, Gegensatz, S. 66–71.

Sie verkennt damit jedoch die Grundspannung zwischen Idealismus und Realismus, zwischen der Idee und der Wirklichkeit, die Bergoglio berechtigterweise in »sein« Schema der Gegensätze einführte. Dadurch brachte er das polare Modell mit der thomistischen Tradition in Verbindung, was Guido Sommavilla Jahre zuvor bereits unter erheblichen Schwierigkeiten versucht hatte.[47] In »Evangelii gaudium« heißt es hierzu: »Daraus folgt, dass ein drittes Prinzip postuliert werden muss: Die Wirklichkeit steht über der Idee. Das schließt ein, verschiedene Formen der Verschleierung der Wirklichkeit zu vermeiden: die engelhaften Purismen, die Totalitarismen des Relativen, die in Erklärungen ausgedrückten Nominalismen, die mehr formalen als realen Projekte, die geschichtswidrigen Fundamentalismen, die Ethizismen ohne Güte, die Intellektualismen ohne Weisheit.«[48] Der dritte Grundsatz richtet sich gegen jeglichen »Innerlichkeitskult und Gnostizismus«[49] und ist mit der »Inkarnation des Wortes« verbunden.[50] Dies »bringt uns einerseits dazu, die Geschichte der Kirche als Heilsgeschichte zur Geltung zu bringen, unserer Heiligen zu gedenken, die das Evangelium in das Leben unserer Völker inkulturiert haben, die reiche zweitausendjährige Tradition der Kirche aufzunehmen, ohne uns anzumaßen, eine von diesem Schatz getrennte Lehre zu entwickeln, als wollten wir das Evangelium erfinden.«[51] Die Wurzeln des bergoglianischen Realismus liegen in der historischen und kirchlichen Inkarnation des christlichen Ereignisses. Diese Sicht trug erheblich dazu bei, das in *Der Gegensatz* vorgestellte polare Modell von jeder möglichen psychologischen Abweichung und von jeder *Lebensphilosophie* zu befreien: »*Die Wirklichkeit ist wichtiger als die Idee*«.[52]

Die dritte und letzte Spannung ist die zwischen *Globalisierung* und *Lokalisierung*. Sie entspricht dem dritten Paar von Guardinis intraempirischen Gegensätzen, dem von *Einzelheit* und *Ganzheit*.[53] Bergoglio übernahm es und aktualisierte es gleichzeitig im Hinblick auf den Prozess der Globalisierung und Verwestlichung nach 1989 und die Probleme, die dieser für die Kulturen

---

47 Vgl. G. Sommavilla, Filosofia, S. 120–121.
48 Papst Franziskus, »Evangelii gaudium«, § 231.
49 Ebd., § 233.
50 Ebd.
51 Ebd.
52 J.M. Bergoglio, Cittadini, S. 66.
53 R. Guardini, Gegensatz, S. 45–50.

der Völker mit sich gebracht hatte. Speziell für Lateinamerika war dieser Punkt von großer Bedeutung. Die Lösung lag für Bergoglio auch hier in der richtigen Polarität: »Wenn man Bürger sein will, kann man weder in einem globalisierenden Universalismus noch in einem folkloristischen oder anarchistischen Lokalismus leben. Weder das eine noch das andere. Weder in der globalen Sphäre, die auslöscht, noch in isolierter Partialität. Weder noch. In der globalen Sphäre, der Kugel, die auslöscht, sind alle gleich, jeder Punkt ist gleich weit vom Zentrum der Sphäre entfernt. Es gibt keinen Unterschied zwischen den verschiedenen Punkten der Sphäre. Diese Globalisierung lässt uns nicht wachsen. Was ist also die Lösung? Zuflucht suchen im Lokalen und uns dem Globalen verschließen? Nein, denn wir würden zum anderen Extrem der *bipolaren* Spannung tendieren«.[54] Die Spannung zwischen Lokalisierung und Globalisierung betrifft nicht nur die Welt. In seiner Videobotschaft für den Internationalen Theologie-Kongress an der Päpstlichen Universität von Argentinien sagte der Papst 2015:

> Es gibt keine isolierte Teilkirche, die sich als allein bezeichnen könnte, so als erhebe sie den Anspruch, Herrin und einzige Auslegerin des Wirkens des Heiligen Geistes zu sein. Keine Gemeinschaft besitzt das Monopol der Auslegung oder der Inkulturation, ebenso wie es andersherum keine Universalkirche gibt, die der örtlichen Wirklichkeit den Rücken kehrt, sie unbeachtet lässt, sich nicht um sie kümmert. Die Katholizität erfordert und verlangt diese Spannungspolarität zwischen dem Teil und dem Ganzen, zwischen dem Einen und dem Vielen, zwischen dem Einfachen und dem Komplexen. Diese Spannung aufzuheben widerspricht dem Leben des Geistes. Jeder Versuch, jedes Bemühen, die Kommunikation zu verringern, die Beziehung zwischen der empfangenen Überlieferung und der konkreten Wirklichkeit zu zerstören, bringt den Glauben des Gottesvolkes in Gefahr. Wenn wir diese beiden Faktoren als unbedeutend erachten, begeben wir uns in ein Labyrinth, das für unser Volk nicht lebensspendend ist. Der Abbruch dieser Kommunikation führt uns leicht dazu, unsere Sichtweise, unsere Theologie zu einer Ideologie zu machen.[55]

---

54 J. M. Bergoglio, Cittadini, S. 67.

55 Papst Franziskus, Videobotschaft für den Internationalen Theologie-Kongress an der Päpstlichen Universität von Argentinien, Buenos Aires, 1.–3. September 2015, online zugänglich unter https://w2.vatican.va/content/francesco/de/messages/pont-messages/2015/documents/papa-francesco_20150903_videomessaggio-teologia-buenos-aires.html (letzter Zugriff 2. April 2020).

Lokalisierung und Globalisierung schließen sich nicht gegenseitig aus; sie bestehen nebeneinander und in Abgrenzung voneinander. Um dies zu veranschaulichen, wählte Bergoglio ein liebgewonnenes geometrisches Bild, das in seinen Schriften häufig wiederkehrt: den *Polyeder*. »Das Modell ist nicht die Kugel, die den Teilen nicht übergeordnet ist, wo jeder Punkt gleich weit vom Zentrum entfernt ist und es keine Unterschiede zwischen dem einen und dem anderen Punkt gibt«,[56] sondern es ist »der Polyeder, der alle Partialitäten vereint und in der Einheit die Ursprünglichkeit der einzelnen Partialitäten beibehält. Der Polyeder veranschaulicht zum Beispiel die Vereinigung der Völker, die in der universellen Ordnung ihre Eigenart als Volk beibehalten; oder die Vereinigung von Menschen in einer Gesellschaft, deren Ziel das Gemeinwohl ist. Ein Bürger, der seine persönliche Besonderheit und Eigenart bewahrt, sich aber in eine Gemeinschaft einfügt, löst sich nicht wie in einer Kugel auf, sondern hält die verschiedenen Teile des Polyeders aufrecht«.[57]

Das Bild des Polyeders eignet sich sehr gut dafür, die Idee der *Einheit in Verschiedenheit*, des Einen mit den vielen Gesichtern zu veranschaulichen: »Das ›Ganze‹ des Polyeders, nicht das sphärische, kugelförmige ›Ganze‹. Die Kugel ist dem Teil nicht überlegen, sie hebt es auf«.[58] Nur beim Polyeder steht das Ganze im Vordergrund, ohne dass die Polarität der Teile, die ihn zusammensetzen, aufgehoben wird.[59] Dies ist das Bild des vierten Prinzips: *Das Ganze ist dem Teil übergeordnet.* Ob diese Überlegung

> aus einer Beschäftigung mit Romano Guardini hervorgegangen ist? Aber natürlich. Es gibt einen Gegensatz, der mir gut gefallen hat, als ich das Problem der Globalisierung in den letzten zehn bis 15 Jahren untersucht habe: den Vergleich zwischen sphärischer und polyedrischer Globalisierung. Der sphärische

56 Papst Franziskus, »Evangelii gaudium«, § 236.

57 J. M. Bergoglio, Cittadini, S. 68.

58 Ebd.

59 Das Bild des »Polyeders« entdeckt man auch in dem Arbeitsdokument, das von der XXXII. Generalversammlung der Jesuiten im Anschluss an den Brief des Generalvaters an die gesamte Gesellschaft über die Inkulturation erstellt wurde, der am 14. Mai 1978 von Pater Pedro Arrupe unterzeichnet wurde. In Punkt 10 der Vorbemerkungen heißt es: »Die Inkulturation ist, wie wir sehen, vielfältig: Sie kann Ausdrucksformen annehmen, die manchmal scheinbar widersprüchlich sind, die nichts anderes als verschiedene Aspekte desselben Geistes sind, der will, dass alle Menschen das Wort Gottes verstehen und der Lebensnerv ihres Lebens sind« (http://www.sufueddu.org/fueddus/inculturazione/0708/04_2_ arrupe_inculturazione_oss_.pdf [letzter Zugriff 13. Juli 2017]).

> Gegensatz hebt alle Spannungen auf. Nur zwischen dem Zentrum und der Peripherie besteht eine Spannung. Nur eine Spannung, *aber* die Peripherien existieren nicht, und jeder Punkt gleicht dem anderen. Die polyedrische Globalisierung hingegen erzeugt wahre Spannung. Sphärische Globalisierung ist eine Illusion, eine intellektuelle, cartesianische Spannung. Aber die zweite, die polyedrische, ist eine echte Spannung zwischen einer Realität und einer anderen. Zwei Realitäten stehen sich in Spannung gegenüber. Der Polyeder stellt die wahre Globalisierung dar, die die Menschheit beständig wachsen lässt. Er schützt immer die Besonderheit einer Person, eines Volkes oder einer Kultur. Er löst nicht auf, sondern löst das Problem auf einer höheren Ebene.[60]

In »Wir als Bürger, wir als Volk« fasste Bergoglio seine langjährige Forschung zu den Prinzipien und der polaren Spannung zusammen, die die kirchliche, soziale und politische Anthropologie bestimmt. Seine Prinzipien und Pole können tabellarisch folgendermaßen dargestellt werden:

A) Polarität _____ FÜLLE (Zeit) – BESCHRÄNKUNG (Moment)
   Prinzip:
   1. Die Zeit ist mehr wert als der Raum.
   2. Die Einheit wiegt mehr als der Konflikt.

B) Polarität _____ IDEE – WIRKLICHKEIT
   Prinzip:
   3. Die Wirklichkeit ist wichtiger als die Idee.

C) Polarität _____ GLOBALISIERUNG – LOKALISIERUNG
   Prinzip:
   4. Das Ganze ist dem Teil übergeordnet.

Die Komplementarität der Prinzipien und der polaren Paare ebnet einem Ansatz den Weg, bei dem die »Synthese« die Gegensätze nicht auflöst, sondern sie zu einer »vielgestaltigen Einheit« werden lässt.[61] Dieser Punkt ist von höchster Bedeutung. Denn hier zeigt sich, wie sehr Bergoglios Sicht- und Denkweise der Guardinis ähnelt und wie weit sie von der Denkweise Hegels entfernt ist. Guardini zufolge macht es der Gegensatz zwischen den Polen

---

60 Papst Franziskus, Audioaufnahme vom 29. Januar 2017.
61 Papst Franziskus, »Evangelii gaudium«, § 226.

unmöglich, dauerhaft zu einer Synthese zu gelangen. Dieser Gegensatz ist genau genommen die Figur einer Spannung, die der endlichen Natur des Menschen eigen ist: »In allem Endlichen aber überwiegt für die Regel eine Seite. Eben dieses Überwiegen nun öffnet einen Weg nach außen. Ein lebendiges Gegensatzsystem, das in dauerndes Gleichgewicht träte, müßte sterben. [...] Alle Kräfte innerhalb der System-Einheit wären durch Gegenkräfte gebunden; alle Spannungen festgelegt. Diese Einheit würde sich selbst genügen. Sie wäre in sich zugeschlossen; hätte keinerlei lebendige Gegensatzbeziehung nach außen. Solche Haltung ist aber unmöglich. Solches Selbst-Genügen setzt absolutes Sein voraus. Sobald endliches Leben in eine Struktur geriete, die inneres Selbstgenügen voraussetzt, müßte es sterben«.[62] Für Guardini galt: »Das Verhältnis des Gleichgewichtes ist eine Ausnahmestellung; nur möglich als Übergang. Als dauernd genommen bildet es wiederum einen Grenzfall, der nur im Untergang des Lebens, im Tod verwirklicht werden könnte«.[63]

Guardinis Ansatz steht nicht im Kontrast zu Bergoglios Vorstellung von der »Synthese«, die vermeiden will, in die Verschlossenheit einer vollkommenen Immanenz zu verfallen. Daher führt sie die Polarität von Idee und Wirklichkeit ein, die im psychologischen Universum von *Der Gegensatz* noch fehlt. Bergoglio glaubte, dass es nicht das Ungleichgewicht der Pole war, das den »Durchbruch« zur Transzendenz garantierte, sondern vielmehr die *unausweichliche Spannung zwischen dem Idealen und dem Realen.* Somit ist »Synthese« nicht tödlich, da sie die Spannung zwischen den Gegensätzen nicht in der Homogenität der Kugel auflöst, sondern sie in die Pluriformität des Polyeders einfügt. Bergoglio behielt daher die Intentionalität bei, die Guardini zu einem »offenen« Denken bewegt hatte, ohne aber die Möglichkeit partieller und provisorischer Synthesen auszuschließen, die in der Zeit verwirklicht werden.

Dieser Sichtweise begegnen wir auch in einem Aufsatz mit dem Titel »Dienst des Glaubens und Förderung der Gerechtigkeit«, den Bergoglio 1988, also zwei Jahre nach seinem Deutschlandaufenthalt, verfasste. Darin behandelte er das 4. Dekret der 32. Generalkongregation der Gesellschaft Jesu. Guardinis Einfluss ist in diesem Text unverkennbar. Bergoglio zufolge

62 R. Guardini, Der Gegensatz, S. 113f.
63 Ebd., S. 98.

deuten zwei Pole, Glaube und Gerechtigkeit, auf eine Dialektik zwischen einem entkörperlichten Spiritualismus und jenem säkularisierten Aktivismus, der die lateinamerikanische Kirche der 1970er- und 1980er-Jahre auf dramatische Weise prägte.

Allein die Art, wie das Dekret verfasst worden war, biete, so der spätere Papst, eine Methode mit normativem Wert. Diese entwickle sich in drei Momenten: (1) der *Eingebung* des Geistes, (2) der *Konzeptualisierung* der vorgeschlagenen Veränderung, (3) der *Gegenüberstellung*/dem *Dialog* des Konzepts und der Eingebung mit der *Realität*. »Dieser Dialog entwickelt sich nicht linear. Er muss – bedingt durch die Vermittlung der *Konzeptualisierung* – der Realität ebenso Gehör schenken wie der Eingebung. Daraus folgt, dass sich der Konzeptualisierungsprozess weder der Realität noch der Eingebung ›aneignen‹ kann; anderenfalls würde er sie auf monolithische Totalitäten ›reduzieren‹. Will er Fortschritte verzeichnen, muss der Dialog eine andere Struktur annehmen, die sich aus seiner eigenen Phänomenologie ergibt: Der Dialog wird als solcher erst dann möglich, wenn er sich zwischen den in Spannung befindlichen polaren Partialitäten in Richtung Einheit bewegt.«[64] Wohlgemerkt: Der Dialog, also die Synthese, »bewegt sich zwischen den in Spannung befindlichen polaren Partialitäten in Richtung Einheit«. Die Synthese ist für Bergoglio kein Punkt ohne Wiederkehr, sondern *eine zwischen Eingebung, Konzept und Wirklichkeit verlaufende Bewegung hin zur Einheit einer vielgestaltigen Polarität*: »Ich glaube, dass innerhalb der Vielfalt einer Wirklichkeit und einer Konzeptualisierung eine Reihe von Polaritäten ins Spiel kommt (was etwas ganz anderes ist als ein Widerspruch). Es geht dabei um Gegensätze, die sich nicht ausschließen; gelöst werden sie nie durch Synthese, sondern eher durch eine Antinomie, die tief in ihrem Kern die Virtualität der gegensätzlichen Polaritäten bewahrt, aber auf einer höheren Ebene gelöst wird.«[65] Hier liegt also eine bipolare Struktur vor, die verhindert, dass die Pole zu selbstausschließenden Systemen werden. Ferner »wird vermieden, dass sie auf ein ›widersprüchliches‹, sich selbst ausschließendes und in sich geschlossenes Denksystem ›reduziert‹ werden. Aus logischer Sicht führt dies stets zu einer disjunktiven Behauptung und, was die Analyse der

---

64 J. M. Bergoglio, »Servizio della fede e promozione della giustizia« (1988), in Ders., Pastorale, S. 80. Übersetzung des Titels: EMR.

65 Ebd., S. 80–81.

Wirklichkeit angeht, zur Versklavung gegenüber einer Ideologie«.[66] Wenn die Lehre, die Konzeptualisierung, nicht auf eine Ideologie reduziert werden will, muss sie von der Eingebung des Geistes und der Beziehung zur Wirklichkeit leben. Der Zustand der »Nähe«, des empirischen Verhältnisses zum Anderssein kann nicht übergangen, sublimiert oder idealisiert werden. Wir sehen hier eine »mehrfache bipolare Spannung«, die »das Gegenteil eines ›einfachen ausschließenden Widerspruchs' und einer ›in der Synthese aufgelösten Spannung‹ ist«.[67] Die Spannung kann nicht aufgelöst werden, da die drei Momente des Prozesses (Eingebung, Konzeptualisierung, Wirklichkeit) immer wieder zusammenkommen. »Eine *konzeptualisierte Eingebung* ermöglicht es uns, auf die *Realität* einzuwirken. Die drei Momente – Eingebung, Konzeptualisierung, Realität – interagieren jedoch in der Praxis so, dass die Realität anschließend auf die Konzeptualisierung einwirkt, was zu einer weiteren Ausprägung der ersten Eingebung des Geistes führt«.[68]

3.3 Die polaren Gegensätze und das Gemeinwohl. Das syneidetische Denken

Wir haben nun gesehen, dass Bergoglio die Lehre von den Polen 2011 in »Wir als Bürger, wir als Volk« vorstellte. Doch dieser Aufsatz ist nicht der einzige Text, in dem deutlich wird, wie stark sein Denken Romano Guardini verhaftet ist und welche Parallelen es zwischen dem Denken des späteren Papstes und dem des deutsch-italienischen Philosophen gibt. Noch weit drastischer zeigen sich die im vorhergehenden Kapitel herausgearbeiteten Analogien in einer Rede, die Bergoglio zur Eröffnung des akademischen Jahres 1989 an der Universidad del Salvador in Buenos Aires hielt. Sie trägt den Titel »Zur Notwendigkeit einer politischen Anthropologie«.[69] Ivereigh schreibt darüber: »Der Text ist so etwas wie das Grundgerüst seiner Doktor-

---

66 Ebd., S. 80.
67 Ebd., S. 83.
68 Ebd.
69 Vgl. D. Fares, »L'antropologia politica di Papa Francesco«, in *La Civiltà Cattolica* 3928, 2014, S. 345–360. Übersetzung des Titels: EMR.

arbeit (hätte er sie jemals geschrieben): eine gut durchdachte, wenn auch manchmal für einen Laien undurchdringliche Auseinandersetzung mit Guardini und dem heiligen Ignatius [...]. Seine intensive Beschäftigung mit den Werken Guardinis – vor allem mit *Der Gegensatz* und *Das Ende der Neuzeit* – hat unverkennbare Spuren bei ihm hinterlassen: Bergoglio versuchte, die hegelsche Dialektik aufeinanderprallender Gegensätze durch etwas zu ersetzen, das er als ›wechselseitige Interaktion der Wirklichkeiten‹ bezeichnete.«[70] In seiner Rede lobte Bergoglio Argentiniens Rückkehr zur Demokratie und betonte eindringlich, wie wichtig es sei, das Verständnis der politischen Dimension neu zu denken, um in Zukunft die Fehler der Vergangenheit zu vermeiden. Im politischen Leben, so Bergoglio, »besteht immer die Versuchung, einen Konflikt mehr schlecht als recht zu lösen, die Spannung auf ein instabiles Gleichgewicht zu ›reduzieren‹ [...] oder sie aufzuheben, indem man sich für einen der Pole entscheidet«.[71] Wenn aber, so betonte er, »das Politische seine Wirksamkeit zurückgewinnt, dann gewinnt man gleichzeitig eine Vorstellung von Synthese und ein Gefühl für die Einheit einer Gemeinschaft zurück. Man bekommt einen Blick dafür, wie man Interessen zusammenbringen und politische Rationalität gestalten kann, die uns dabei hilft, Konflikte zu lösen«.[72] Daher müsse die Politik »ausgehend von der Einheit die Spannung zwischen kollektiver Identität und persönlicher Würde hierarchisieren«.[73] Dadurch entdecke sie wieder die »klassische und christliche Auffassung dessen, was, um es mit den Worten des Aristoteles zu sagen, ›den Menschen besser macht‹. Die Spannung – im Sinne eines *bonum* – besteht zwischen dem Gemeinwohl und dem Wohl des Einzelnen. Diese gestaltet die politische Spannung als solche«.[74] Diese Spannung könne nie ganz aufgelöst werden; zu glauben, sie sei auflösbar, sei eine Illusion der Politik als immanenter Totalität. Heute, so Bergoglio, sei dieser Immanentismus die Folge moderner Entwurzelung, der Krise einer Autonomie, die Gott ablehnt und stattdessen eine Art *Transfer* auf verschiedene Formen des profanen

70 A. Ivereigh, Reformer, S. 202.

71 J. M. Bergoglio, »Necessità di un'antropologia politica. Un problema pastorale« (1989), in Ders., Pastorale, S. 290.

72 Ebd.

73 Ebd., S. 291.

74 Ebd.

Messianismus schafft. In seiner Analyse dieser Messianismen verwendete Bergoglio als kritisches Werkzeug das von Guardini in *Der Gegensatz* ausgearbeitete Modell der Polarität. Zudem zog er den spanischen Philosophen Alfonso López Quintás heran, der Guardinis Denken und Werk in der spanischsprachigen Welt bekannt gemacht hatte.[75] Bergoglio widmete sich einem dieser Messianismen, ohne ihn ausdrücklich beim Namen zu nennen: den Marxismus und die für ihn typische »*Verlagerung* des Ethos von den Handlungen einer Person auf die Strukturen, die letztlich zur Folge hat, dass nicht das Ethos den Strukturen Form gibt, sondern dass diese vielmehr das Ethos erzeugen«.[76] In einem solchen Ungleichgewicht gehe die für den einzelnen und die Gesellschaft konstitutive polare Spannung verloren: »Dies geschieht in der Spannung von Handlung und Struktur. Das Ethos hält die richtige Spannung zwischen Akt und Struktur nicht aufrecht [...]. Daher verlagert sich das Ethos in die Strukturen, die von Natur aus stabiler und gewichtiger sind. Geht das persönliche Wesen des Zieles (das Wohl der Menschen, Gott) verloren, bleibt nur noch die ›Quantität‹ der Struktur«.[77] Hier griff Bergoglio auf das erste Paar von Guardinis intraempirischen Gegensätzen zurück (Akt-Struktur), um das strukturalistische Modell als »quantitativ« zu kritisieren. Dieses »quantitative« Modell schafft den menschlichen Faktor, die Dimension des spirituellen Handelns und Seins, ab. Der Strukturalismus vernachlässigt die Polarität von Handlung und Struktur: Letztere wird verabsolutiert und die Handlung, die menschliche Subjektivität, verschwindet allmählich. Das strukturalistische Modell führt zum Ende der Dialektik, es ist daher adialektisch.

Bergoglio griff außerdem auf ein weiteres Gegensatzpaar zurück: das von Intuition und Begriff. Dieses thematisierte Guardini im Abschnitt zur Erkenntnis des Lebendig-Konkreten, um das funktionalistisch-utilitaristisch-positivistische Paradigma des Politischen zu kritisieren. Diese Vorstellung »reduziert Ethik und Politik auf das rein Physische. Gut und Böse an sich gibt

---

75 Die von Bergoglio zitierten Werke López Quintás' sind López Quintás, Pasión; Ders., Guardini.

76 J. M. Bergoglio, »Necessità di un'antropologia politica. Un problema pastorale« (1989), in Ders., Pastorale, S. 294.

77 Ebd.

es nicht, sondern nur als Erwägung von Vor- und Nachteilen«.[78] Der Rechtsbegriff wird hier vom *Bild* der Gerechtigkeit abgekoppelt. Bergoglio beobachtete, dass »sich diese zweite Ausprägung in der Spannung zwischen Intuition und Begriff bewegt. Die Faszination, die von der Quantität ausgeht, bewirkt, dass das politische Denken das Ziel aus den Augen verliert. Die ›physische‹ oder technische Macht ist unbegrenzt, sie erscheint als das Notwendigste, als das, was über alles andere entscheidet. Der Kampf um diese Macht führt dazu, dass die Werte aus den Augen verloren werden«.[79] Die intuitiv-imaginative Dimension wird so einer aseptischen und wertfreien Rationalität geopfert.

Doch das Konzept einer dem technisch-positivistischen Modell hörigen Politik hat nicht nur eine »kalte«, funktionalistische Form. Sie kann auch eine »warme« Wesensart annehmen.

> Die technikorientierte Mentalität ist – in Verbindung mit einem beständigen Suchen nach einem profanen Messianismus – ein enthüllender Wesenszug des heutigen Menschen, den wir auch als »gnostischen Menschen« bezeichnen könnten: Er besitzt Wissen, doch es mangelt ihm an Einheit. Dann wieder braucht er das Esoterische, genauer gesagt das säkularisierte, also profane Esoterische. Man könnte also sagen, dass die Versuchung der Politik darin besteht, gnostisch und esoterisch zu sein; sie ist nicht in der Lage, die Macht der Technologie zu handhaben, angefangen von der inneren Einheit, die aus den tatsächlichen Zielen und den auf menschlicher Ebene genutzten Mitteln entsteht.[80]

Die Politik neige hier dazu, ihre Grenzen zu überschreiten und meta-menschliche, prometheische Rollen einzunehmen. Dies rufe die »bipolare Spannung zwischen Fülle und Beschränkung«[81] auf den Plan, das zweite Paar von Guardinis intraempirischen Gegensätzen. Die Spannung zwischen diesen beiden Polen verhindert, dass der Mensch in tragischen Finitismus oder in dionysische Unendlichkeit verfällt.[82]

---

78 Ebd.

79 Ebd., Anm. 13.

80 Ebd., S. 295.

81 Ebd.

82 Vgl. M. Borghesi, Guardini, besonders Kap. 5 »L‹epoca moderna tra ›dionisismo della totalità‹ e ›finitismo tragico‹« (S. 161–195).

1989, im Jahr des Mauerfalls, fürchtete Bergoglio den Marxismus, der langsam aber sicher von der Bühne verschwand, nicht so sehr wie die anderen beiden, von einer *gnostisch-esoterischen, eng mit der Technik verbundenen Politik* geprägten Messianismen. Daher rührt der »therapeutische« Gebrauch von Guardinis polarer Philosophie in Bezug auf die Versuchungen der politischen Anthropologie seiner Zeit: »Erstens gilt es, eine Anthropologie zu finden, die nicht in den Käfigen jener *Nominalismen* eingesperrt ist, die versuchen, ›den verwendeten Konzepten ein Höchstmaß an innerer Mobilität zu geben‹. Dies gelingt nur, wenn man die Explizierung der Spannung zwischen Konzept und Wirklichkeit erfasst.«[83] Dem politischen Nominalismus stellte Bergoglio das zweite Paar seiner polaren Gegensätze (Idee-Wirklichkeit) entgegen, das er an Guardinis gnoseologisches Paar (Begriff-Intuition) angepasst hatte; ferner griff er auf das zweite Paar von Guardinis intraempirischen Gegensätzen (Form-Fülle) zurück, das Analogien zu seinem eigenen ersten Gegensatzpaar aufweist. »Diese Eigenschaft ist in der Spannung zwischen *Idee* und *Wirklichkeit* im Spiel. Man muss bedenken, dass die Idee in Spannung zur Intuition steht, damit das Denken nicht abstrakt wird. Die Wirklichkeit steht im Mittelpunkt aller Spannungen. Bevorzugt wird hier die Spannung von Form und Fülle. Dem Nominalismus bleibt nur die Form; sie ist Rhetorik.«[84]

Zweitens dürfe, so Bergoglio, die Anthropologie nicht den Versuchungen der Entwurzelung erliegen. Diese seien typisch für eine moderne Autonomie, die zwischen anarchischem Individualismus und einer Verabsolutierung der Formen, zwischen Dionysischem und Apollinischem, schwankt. Das zweite Paar der transempirischen Gegensätze Guardinis gestattet es uns, diese Polarisierung zu transzendieren. »Hier besteht eine Spannung zwischen den Gegensätzen Regel und Ursprünglichkeit, wobei man vermeiden muss, in Zwang (Übertreibung der Regel) oder Impulsivität (Übertreibung der Ursprünglichkeit) zu verfallen.«[85]

---

83 J. M. Bergoglio, »Necessità di un'antropologia politica. Un problema pastorale« (1989), in Ders., Pastorale, S. 296. Das Zitat in Anführungszeichen stammt aus A. López Quintás, Pasión, S. 163.

84 J. M. Bergoglio, »Necessità di un'antropologia politica. Un problema pastorale« (1989), in Ders., Pastorale, S. 296, Anm. 19.

85 Ebd., S. 297.

Drittens müsse jene Dialektik vermieden werden, die zwischen einer Rückkehr in die Vergangenheit einerseits und Utopien andererseits, zwischen Archäologie und Futurologie, entsteht. Diese sei ebenfalls typisch für eine grundlagenlose Autonomie, die unsicher und plötzlichem Umschwung unterworfen ist. Dieser falschen Polarität setzte Bergoglio eine zeitliche Neuinterpretation des dritten intraempirischen Gegensatzpaares, dem von Ganzheit und Einzelheit, entgegen: »Um das Thema Verwurzelung zu verstehen, wollen wir uns Guardinis Überlegungen dazu anschauen, die bei López Quintás (*Romano Guardini*, Cristianidad 1966, S. 324ff.) wiedergegeben werden. Die Frage der Verwurzelung vermeidet gleichermaßen die Flucht in die Vergangenheit (pantheistische Rückbesinnung) und in die Zukunft (utopischer Evolutionismus). Das, was Guardini in den Kategorien des Ganzen und des Teils betrachtet, verorte ich unter zeitlichen Kategorien: Entwurzelung nach einer Rückbesinnung auf den anfänglichen Pantheismus oder durch eine Flucht in die utopische Zukunft. Rückkehr-Evolution.«[86] Bergoglio fügte hinzu:

> Wenn die Moderne ihre objektiven Stützpfeiler verliert, greift sie auf das »Klassische« zurück (im Sinne der klassischen Welt, der Antike, also nicht dem, was wir zu geben haben). Und zwar als Ausdruck des *Kulturell-sein-Müssens*. Diesbezüglich ist es äußerst bemerkenswert, dass der gröbste objektivistische Empirismus im Chaos der Moderne mit dem bewertenden Subjektivismus Kants Hand in Hand gehen und auf die Suche nach Stützpfeilern – also auf echte »kulturelle Zufluchtsorte« – übertragen werden kann, was eben jenes »Kulturell-sein-Müssen« ist. Der Mensch von heute erliegt der Versuchung des Zurückbesinnens. Da er von sich selbst getrennt ist, verwechselt er die eigene *Nostalgie* des Rufs nach Transzendenz mit einem *Nachtrauern* ebenfalls entwurzelter immanenter Vermittlungen. Kultur ohne Wurzeln und Einheit kann es nicht geben; Verwurzelung und Einheit können weder dadurch entstehen, dass man dem Pantheismus nachtrauert (man denke nur daran, wie verzweifelt Hölderlin zu den Ideen Giordano Brunos zurückkehrte) noch indem man sich in den utopischen Evolutionismus der hegelianischen Geschichtseschatologie flüchtet.[87]

Das Paar Ganzes-Teil wird also vom Paar Immanenz-Transzendenz, dem dritten von Guardinis transempirischen Gegensatzpaaren, gestützt. Beide

86 Ebd., Anm. 21.
87 Ebd., S. 297–298.

Paare korrigieren zwei Fehlformen der politischen Anthropologie: den weichen, synkretistischen Totalitarismus und den Fundamentalismus. Der »vermittelnde Synkretismus ist die am stärksten verschleierte Form des modernen Totalitarismus: Es ist der Totalitarismus derer, die zusammenführen und schlichten – unabhängig von den Werten, die ihn übersteigen«.[88] Der Fundamentalismus, so Bergoglio, sei eine Reaktion auf den Synkretismus, er entstehe, wenn er sich auf die Suche nach »Reinheit« begebe: »Reine Vernunft, reine Wissenschaft, reine Kunst, reine Regierungssysteme, etc. Dieses Streben nach Reinheit, das sich manchmal zu religiösem, politischem und historischem Fundamentalismus entwickelt, geht auch auf Kosten der Werte der Völker. Es isoliert das Gewissen und kann sogar zu wahrem Nihilismus führen.«[89] Gegen diese Extreme richte sich die »Spannung von Transzendenz und Immanenz und die zwischen dem Ganzen und dem Teil, wenn man den Totalitarismus (eine Übertreibung der Totalität, also der Ganzheit) von seiner synkretischen Seite aus betrachtet; und wenn man die Verschließung in sich selbst (eine Übertreibung der Innerlichkeit) in ihrer fundamentalistischen Ausprägung betrachtet, die alles, was konflikthaft und in sich selbst verschlossen ist, auf den reinen Teil reduziert, was in keiner Weise der Innerlichkeit entspricht«.[90]

Mit Blick auf die falschen Polarisierungen, die zu den bereits angedeuteten technischen und esoterisch-gnostischen Messianismen führen, »muss eine Anthropologie, die entscheidend dazu beitragen will, die Krise zu überwinden, dialektisch sein: Sie muss strikt persönlich und zugleich solidarisch mit den anderen sein«.[91] Dafür, so Bergoglio, bedürfe es einer adäquaten *Denkmethode*:

> Ich meine hier einen Denkstil, der eine phänomenologische Methode mit einer dialektischen Nuancierung voraussetzt. Hier ist es notwendig, dem Begriff »Dialektik« jeglichen hegelianischen Beiklang zu nehmen und ihn lediglich als *Ausdruck zu verstehen, der sich auf eine reziproke Interaktion der Wirklichkeit bezieht.* Es geht hier um eine dynamische Dialektik zwischen Leben und Denken, bei der der Rhythmus entscheidend ist. Die Mobilität wiederum lenkt

88 Ebd., S. 300.
89 Ebd.
90 Ebd., S. 299, Anm. 26.
91 Ebd., S. 300. Bergoglio verwies hier auf A. López Quintás, Pasión, S. 171.

> nicht ab, sondern konzentriert und intensiviert die Aufmerksamkeit. Man könnte hier von einem *syneidetischen Denken* sprechen, bei dem die einzelnen Teile in der Funktion des Ganzen betrachtet werden müssen. *Einheit* und *Rhythmus* sind hier entscheidend. Der *Rhythmus* ergibt sich aus der Anwendung der phänomenologischen Methode; die Einheit ist ein »transzendentales« Wesen, bestehend aus den Gegensätzen des dynamischen und des lebendigen Wesens. Eine solche Methode verlangt vom Verstand eine *syneidetische Spannung*. Diese ist notwendig, um die Teile in ihrer Beziehung zum Ganzen und das Ganze in seiner Beziehung zu den Teilen zu sehen, stets im Bewusstsein, dass es in jedem lebendigen Ganzen (und die politisch-gesellschaftliche Wirklichkeit ist ein lebendiges Ganzes) unmöglich ist, die Teile vom Ganzen zu trennen und umgekehrt; ganz einfach, weil es unmöglich ist, einen Teil zu verstehen, ohne gleichzeitig das Ganze zu erfassen, mit dem es verbunden ist. Ebenso unmöglich ist es, das Ganze vollumfassend zu verstehen, ohne die einzelnen Teile zu erfassen. Es geht hier um ein Werk des Zusammenführens in Spannung – eine syneidetische Art zu denken.[92]

Bergoglio gab hier fast wortwörtlich das vierte Kapitel von *Der Gegensatz* wieder, in dem Guardini sich mit »dem Erkenntnisproblem des Konkreten« befasste und zeigte, wie der Gegensatz zwischen formalem Wissen und Intuition gelöst werden kann: durch eine von Begriff und Intuition gleichzeitig erwirkte Erkenntnis: »Bezeichnen wir sie mit Anschauung. Diese wäre nicht eine Synthese aus beiden, sowenig das Konkrete eine Synthese aus den Gegensätzen ist, sondern der in höchster Spannung zwischen beiden Lebens-Polen sich vollziehende, lebendig-konkrete Erkenntnisakt«.[93] Ähnliche Worte finden wir in Bergoglios Rede von 1989; dort heißt es, dass »die den Naturwissenschaften entlehnte analytisch-objektivistische Methode versagt hat, als sie auf die Geisteswissenschaften angewandt wurde. Angesichts des Problems der Politik ist es entscheidend, den Rationalismus zu überwinden – wobei es aber weder um eine romantisch angehauchte Rückwärtsbewegung noch um eine vermeintlich affektive Kenntnis der Wirklichkeit geht, sondern um eine Anerkennung des vollen Wertes des Intellekts: der Fähigkeit zur Vernunft und zur Intuition, also der Fähigkeit zur Anschauung der Dinge«.[94] Diese

---

92 J. M. Bergoglio, »Necessità di un'antropologia politica. Un problema pastorale« (1989), in Ders., Pastorale, S. 302. Zur Bedeutung des »syneidetischen Denkens« verwies Bergoglio auf A. López Quintás, Pasión, S. 165.

93 R. Guardini, Gegensatz S. 151.

»Vision« ermögliche es, sich der Dimension des »Konkreten«, d. h. des Realen, Persönlichen und Sozialen, zuzuwenden.[95]

> Dieses Denken ermöglicht es dem Menschen, sich zu erheben und sich auf der Höhe seines Seins zu halten, da für ihn der Bereich des intellektuellen Lebens nicht so sehr die »Objektivität« oder die »Subjektivität« des Seins ist, sondern das überobjektive Sein. Dem individualistisch-analytischen Denken ist es nicht gelungen, das soziale Problem richtig anzugehen, das durch die Fragmentierung eines sozialen Positivismus zerrieben wird. Das soziale Wesen befindet sich innerhalb des *Kollektivs*; dieses ist kein »herdenähnliches Ganzes«, eine *unitas accumulationis*, wie die Scholastiker sagen würden, sondern ein *organisches Ganzes*. Daher steht es nicht im Gegensatz zum Individuum, sondern integriert es. *Objektiv* und *persönlich* sind keine gegensätzlichen Begriffe, da die objektiv-subjektive Dualität ontologisch unvollständig oder sogar unklar ist. Der Bereich des überobjektiven Seins ist im Sinne der Realität streng »objektiv«. Folglich kann eine lebendige, also organische Realität sowohl *kollektiv*, *objektiv* als auch *persönlich* sein.[96]

Das Ergebnis ist eine freie Solidarität, bei der die Immanenz in einer wirklichen Transzendenz verwurzelt ist und die Einheit eines Volkes ihre Verwirklichung in der *Sehnsucht nach Gott* findet.[97]

---

94 J. M. Bergoglio, »Necessità di un'antropologia politica. Un problema pastorale« (1989), in Ders., Pastorale, S. 303.

95 »Dort ist von einem Blick die Rede, der auf die organische Universalität schaut. Diese hält die Irreduzibilität des Ganzen (unter Vermeidung eines absolutistischen Dogmatismus, der das Sein durch Strukturen beherrschen will) und den individuellen Wert der einzelnen Strukturen in Spannung (unter Vermeidung eines schematischen Universalismus, der den Menschen auslöscht, indem er ihm die regionale Note individueller Perspektiven nimmt). Diese organische Universalität richtet sich auch gegen eine relativistische Skepsis, die die Bindung zwischen konkreten Strukturen und dem Ganzen aufbricht. Diese Sichtweise geht von dem aus, was im Kern des individuellen Geistes, der auf das Ganze schaut, dynamisch ist (Akt), und dem die lebendige Wahrheit nicht durch Begriffe, sondern durch Symbole offenbart wird. Der Blick auf das Ganze macht einen bestimmten Blickwinkel ausfindig, der das Ganze weiterhin leitet, aber von einem bestimmten Aspekt ausgeht (diese Spannung ist ›Struktur‹). Und so wird das Ganze begrenzt denkbar« (Ebd., S. 304, Anm. 39).

96 Ebd., S. 303. Hinsichtlich des Begriffs des »überobjektiven Seins« verwies Bergoglio (ebd., Anm. 37) auf das unobjektive Sein, von dem bei A. López Quintás, Pasión, S. 165, Anm. 2, die Rede ist.

97 Vgl. J. M. Bergoglio, »Necessità di un'antropologia politica. Un problema pastorale« (1989), in Ders., Pastorale, S. 304.

Unter diesem Gesichtspunkt und mit dieser syneidetischen Art zu denken kann eine politische Anthropologie für den Menschen von heute proponiert werden, bei der der Mensch politische Haltungen entwickelt, die in der *Solidarität* verwurzelt sind – einem dialektischen Terminus, der das *Kollektiv* (ein Element der Stärke, das heute essentiell ist) und das *Individuum* (die Individualität der Person, die ihren Ausdruck findet in einer ethischen, d. h. verantwortungsbewussten und loyalen Haltung sowie in einer ontologischen Offenheit zur Transzendenz gegenüber den anderen und gegenüber Gott) vereint. *Solidarität* ist in diesem Sinne ein Weg, um in der Zeit zu leben und Geschichte zu schreiben; es ist ein lebendiges Umfeld, in dem Konflikte, Spannungen und Gegensätze jene vielgestaltige Einheit erreichen, die Leben hervorbringt.[98]

3.4 Die Kraft, die Natur, die Technik. Guardini in »Laudato sì«

In den drei Schriften, die wir bisher betrachtet haben – »Zur Notwendigkeit einer politischen Anthropologie« (1989), »Wir als Bürger, wir als Volk« (2011) und »Evangelii gaudium« (2013) – kommt Bergoglios »agonische« Vision des

98 Ebd. »Vom Standpunkt der Gegensatzlehre werden wir vielmehr zum entschiedensten Solidarismus gedrängt. Der besagt: Einzelner und Gruppe können, soweit sie im Gegensatzverhältnis stehen, von einander nicht abgeleitet werden. Jedes hat sein ursprünglich in sich selbst stehendes Wesen; aber keines kann ohne das andere sein, sondern ist von vornherein im anderen mitgegeben. Im Einzelnen liegt von vornherein die Gesamtheit mitgegeben. [...] Ein isoliertes, auf sich allein hingeordnetes Einzelnes gibt es nicht. ›Person‹, um den eigentlichen Kern des menschlichen Einzelseins zu nennen, ist zugleich auf Gesamtheit bezogene Eigenständigkeit. Eigenständigkeit, denn sie entsteht nicht durch die Gemeinschaft, sondern ist in sich selbst gegeben« (R. Guardini, Gegensatz, S. 124–125). Bergoglios Verwendung der Kategorie »Solidarität« ist nicht nur durch Guardini, sondern aller Wahrscheinlichkeit nach auch durch das soziale Lehramt Johannes Pauls II. und dessen Erfahrung mit der polnischen Gewerkschaft Solidarność beeinflusst: »Will man die soziale Gerechtigkeit in den verschiedenen Teilen der Welt, in den verschiedenen Ländern und in den Beziehungen zwischen ihnen verwirklichen, bedarf es immer *neuer Bewegungen von Solidarität der* Arbeitenden und *mit den* Arbeitenden. Diese Solidarität muß immer dort zur Stelle sein, wo es die soziale Herabwürdigung des Subjekts der Arbeit, die Ausbeutung der Arbeitnehmer und die wachsenden Zonen von Elend und sogar Hunger erfordern. Die Kirche setzt sich in diesem Anliegen kraftvoll ein, weil sie es als ihre Sendung und ihren Dienst, als Prüfstein ihrer Treue zu Christus betrachtet, um so wirklich die ›Kirche der Armen‹ zu sein« (Johannes Paul II., »Laborem exercens, II, 8).

sozialen Lebens deutlich zum Vorschein: »Bürger zu sein bedeutet, zusammen eine Entscheidung zu treffen und zu einem Kampf aufgerufen zu sein; einem Kampf um Zugehörigkeit zu einer Gesellschaft und zu einem Volk. Bürger zu sein bedeutet, nicht länger nur eine Menschenmasse zu sein, sondern zu einer Person, einer Gesellschaft, einem Volk zu werden. Doch dies setzt einen Kampf voraus. In der richtigen Auflösung dieser bipolaren Spannungen kommt es zu einem Kampf und er hat eine agonische Struktur.«[99] Guardinis *Der Gegensatz* wird hier auf den gesellschaftlichen Rahmen übertragen, in dem die Gegensätze gelöst und nicht dialektisch versteift werden sollen: »Wir können nicht zulassen, dass eine *duale Gesellschaft* entsteht. [...] Wir müssen die Hauptaufgabe des Staates wiederentdecken: für Gerechtigkeit und eine gerechte soziale Ordnung zu sorgen, damit alle Anteil an den gemeinsamen Gütern haben. Dabei gilt es, die Grundsätze der Subsidiarität und der Solidarität zu beachten.«[100]

Subsidiarität und Solidarität, Bürger und Menschen, Freiheit und Gleichheit sind Momente eines polaren, eines »agonischen« Prozesses, der stark von Guardinis Überlegungen geprägt ist. Es geht Bergoglio nicht nur um ein intellektuelles Paradigma oder um eine »Technik«, die dabei helfen kann, Konflikte beizulegen, sondern um etwas Tiefergehendes. Wir haben es hier mit einem »Stil«, einer Art des Seins zu tun. Bergoglio ist ein »stilles Chaos«,[101] die lebende Synthese von Gegensätzen. Für ihn als Jesuiten gilt die Maxime des Ignatius, die Hölderlin in seinem *Hyperion* aufgriff: »Non coerceri maximo, contineri tamen a minimum, divinum est.«[102] Das Einzelne nimmt seine Bedeutung im Horizont des Allgemeinen an, und doch wird das Allgemeine nur vom Einzelnen her als real wahrgenommen: Es ist die Spannung zwischen Raum und Zeit, zwischen Lokalisierung und Globalisierung. Im Interview, das Papst Franziskus Antonio Spadaro 2013 gab, scheinen sich die von ihm identifizierten bipolaren Spannungen nicht auf drei zu beschränken, sondern sich um weitere, von Guardini ausgemachte Gegensätze erweitert zu haben. Dies gilt etwa für das das dritte Paar transempirischer Gegensätze (*Immanenz-Transzendenz*), das sich auf die Familie, die Gesellschaft,

---

99 J. M. Bergoglio, Cittadini, S. 69.

100 Ebd., S. 82–83.

101 Papst Franziskus, Porta, S. 17.

102 A. Spadaro, Interview, S. 33.

den Staat und die Kirche bezieht. Jede »Struktur« muss einen, wie Guardini ihn nennt, »transempirischen Punkt«, sozusagen einen »Zerreißpunkt«, haben, an dem die Neigung zur Immanenz durchbrochen werden kann, also jene Verschließung, die alle sozialen Einrichtungen, die Kirche eingeschlossen, betrifft.[103] Dies gilt auch für die Jesuiten, den Orden des Papstes.

> Die Gesellschaft Jesu ist eine Institution, die sich in Spannung, immer radikal in Spannung befindet. Der Jesuit ist dezentriert. Die Gesellschaft Jesu in sich selbst ist dezentriert: Ihr Zentrum ist Christus und seine Kirche. Also: Wenn die Gesellschaft Jesus Christus und die Kirche als Mitte hat, hat sie zwei fundamentale Bezugspunkte für ihr Gleichgewicht, um an den Rändern der Gesellschaft zu leben. Wenn die Gesellschaft Jesu jedoch ihren Blick allzu sehr auf sich selbst richtet, stellt sie sich als sehr solide, gut gewappnete Struktur in den Mittelpunkt und läuft damit Gefahr, sich sicher und selbstgenügend zu fühlen. Die Gesellschaft muss immer den *Deus semper maior* vor sich haben [...]. Diese Spannung führt uns ständig aus uns selbst heraus.[104]

Christus ist hier der transempirische Punkt; er ist der Fluchtpunkt und kann jeglichen Rückzug sowie Verschließung und bürokratische Erstarrung verhindern, die durch ein »systematisches«, in sich geschlossenes und repetitives Denken entstehen. Ähnlich wie bei Guardini kann die Erkenntnis des Lebendig-Konkreten nur in einer polaren Spannung zwischen Begriff und Intuition, zwischen dem Rationalen und dem Überrationalen moduliert werden. Guardini bezeichnet diese Erkenntnis als »Anschauung«.[105] Bei Bergoglio heißt es dazu:

> Aber es ist schwierig, über die Gesellschaft Jesu zu sprechen. Wenn man zu viel erklärt, besteht die Gefahr von Missverständnissen. Die Gesellschaft Jesu kann man nur in erzählerischer Form darstellen. Nur in der Erzählung kann man die Unterscheidung anstellen, nicht aber in der philosophischen oder theologischen Darlegung, wo man diskutieren kann. Der Stil der Gesellschaft Jesu ist nicht der Stil der Diskussion, sondern jener der Unterscheidung, die natürlich die Diskussion im Prozess voraussetzt. Das mystische Umfeld definiert nie seine Grenzen, schließt das Denken nicht ab. Der Jesuit muss immer ein Mensch mit einem unabgeschlossenen, einem offenen Denken sein.[106]

---

103 R. Guardini, Gegensatz, S. 7.
104 A. Spadaro, Interview, S. 34f.
105 R. Guardini, Gegensatz, S. 151.
106 A. Spadaro, Interview, S. 35f.

Abermals sieht man hier, dass Bergoglio auf Guardini und seine »Gegensatzidee« zurückgreift, die »kein geschlossenes System, sondern ein Aufgetansein der Augen und eine innere Richtung im lebendigen Sein« ist.[107] Ein lebendiges Denken, das zur gleichen Zeit rational und intuitiv ist, ist »offen«. Unschwer erkennt man, dass die Vorstellung von Polarität Bergoglios Denken durchzieht und nicht allein auf das Soziale beschränkt ist. Im Interview mit Spadaro verwies Franziskus auf diverse bipolare Konzepte, so etwa Aktion-Kontemplation,[108] Volk-Hierarchie[109], Sanftmut-Stärke,[110] Primat-Kollegialität,[111] männlich-weiblich[112] oder Vergangenheit-Gegenwart.[113] Hinzu kommt die grundsätzliche Bipolarität zwischen Theologie und Seelsorge. In einer Videobotschaft an die Teilnehmer des Internationalen Theologie-Kongress an der Päpstlichen Katholischen Universität von Argentinien sagte Franziskus:

> Nicht selten wird ein Gegensatz zwischen Theologie und Pastoral hergestellt, so als wären es zwei widersprüchliche, voneinander getrennte Wirklichkeiten, die nichts miteinander zu tun haben. Nicht selten setzen wir lehrmäßig mit konservativ, rückwärtsgewandt gleich und gehen dagegen bei der Pastoral von Anpassung, Verkürzung, Angleichung aus – so als hätten sie nichts miteinander zu tun. Auf diese Weise wird ein falscher Widerspruch zwischen den sogenannten »pastoral Orientierten« und den »akademisch Orientierten« geschaffen – zwischen jenen, die auf der Seite des Volkes stehen, und jenen, die auf der Seite der Lehre stehen. Es wird ein falscher Widerspruch zwischen Theologie und Pastoral geschaffen, zwischen Glaubensreflexion und Glaubensleben: Demnach gibt es im Leben keinen Raum für die Reflexion, und die Reflexion findet keinen Raum im Leben. Die großen Kirchenväter – Irenäus, Augustinus, Basilius, Ambrosius, um nur einige zu nennen – waren große Theologen, weil sie große Hirten waren. Einer der wichtigsten Beiträge des Zweiten Vatikanischen Konzils war das Bestreben, diese Trennung zwischen Theologie und Pastoral, zwischen Glauben und Leben zu überwinden. Ich

107 R. Guardini, Gegensatz, S. 182–183.
108 A. Spadaro, Interview, S. 37.
109 Ebd.
110 Ebd., S. 39.
111 Ebd., S. 54f.
112 Ebd., S. 56.
113 Ebd., S. 58.

wage zu sagen, dass es die Grundordnung der Theologie – das Handeln und Denken aus dem Glauben heraus – gewissermaßen revolutioniert hat.[114]

Papst Franziskus umriss hier die Bedeutung und die Ausrichtung eines *agonisch-organischen Denkens*, in dessen Zentrum bipolare Spannungen, also unauflösbare Pole, stehen, die von Zeit zu Zeit Synthese benötigen. Sein »dialogisches Denken« ist in dieser Hinsicht keine irenische Lösung; es geht vielmehr auf eine ontologische Auffassung zurück. *Die Ontologie der Polarität erfordert ein dialogisches Denken, das auf einen synthetischen Horizont ausgerichtet ist. Dieser muss verhindern, dass die Pole zu »Widersprüchen« werden.* Das Bild ist das eines »katholischen« Denkens, das die Kirche und das Leben als *complexio oppositorum*, als agonischen Kampf versteht; es geht hierbei darum, Konflikte zu überwinden und zu verhindern, dass Polaritäten manichäistisch in Widersprüchen aufgelöst werden. Deutlich erkennen wir hier, dass Guardini für Jorge Mario Bergoglio von zentraler Bedeutung ist und war – nicht nur wegen des Systems der lebendigen Gegensätze, sondern auch wegen der klaren Analyse der polaren Spannung zwischen Natur und Technik, die Guardini nach dem Zweiten Weltkrieg vorlegte. Sowohl in *Das Ende der Neuzeit* als auch in *Die Macht* schilderte der deutsch-italienische Autor – ähnlich wie Martin Heidegger – die Degradierung und Ausbeutung der Natur durch Industrialisierung und Technik. Er hing jedoch keinen archaischen Utopien nach, sondern stellte nüchtern die Frage, ob es eine Macht gibt, die jene durch den technischen Fortschritt verursachte Macht zu beherrschen vermag. *Das Vermögen, Macht über die eigene Macht zu haben, ist das anthropologische Grundproblem unserer Zeit.*[115] Das Problem wird dadurch verkompliziert, dass die Moderne in ihrer »Autonomie« ständig unter Beweis stellt, dass sie nicht in der Lage ist, die aus dem christlichen Erbe stammenden Werte zu erhalten. Der parasitäre, von den Wurzeln des Glaubens völlig losgelöste Gebrauch christlicher Werte ist, wie Nietzsches Werk

---

114 Papst Franziskus, Videobotschaft für den Internationalen Theologie-Kongress an der Päpstlichen Universität von Argentinien (Buenos Aires, 1.–3. September 2015), online zugänglich unter http://w2.vatican.va/content/francesco/de/messages/pont-messages/2015/documents/papa-francesco_20150903_videomessaggio-teologia-buenos-aires.html (letzter Zugriff 11. Juni 2020).

115 Vgl. M. Borghesi, Guardini, S. 197–236.

zeigt, unmöglich. Dies macht das Verhältnis des heutigen Menschen zu Macht und Technik problematisch.

In »Zur Notwendigkeit einer politischen Anthropologie« konstatierte Bergoglio, dass heute niemand mehr an dem für die Aufklärung typischen Fortschrittsglauben festhalte. Wie schon Guardini in *Das Ende der Neuzeit* festgestellt hatte, büßten die drei *absoluta* an Kraft ein: die Natur, das Subjekt und die Kultur. Bei Bergoglio heißt es, dass *»die drei typischen Elemente der Moderne (die in sich selbst existierende Natur, die autonome Subjekt-Persönlichkeit und die auf ihren eigenen Regeln beruhende kreative Kultur) ihre referentielle Gültigkeit verloren haben«.*[116] Infolgedessen (und hier zitierte Bergoglio López Quintás) fühle sich »die Menschheit heute auf absurde Weise frei, und ihre Freiheit grenzt größtenteils an *Vernachlässigung* [...]. Unbemerkt bleibt dabei, dass die Schöpfung Stolz erwecken kann, und das Ergebnis ist ein Ungleichgewicht zwischen der Macht, die man über die Dinge hat, und der Macht, die man über die Macht hat.«[117] Es besteht also ein Missverhältnis zwischen der technischen Macht und der ethischen Reife derer, die sie nutzen sollten. Daher »bewegt sich bei einer Anthropologie, die nicht zur Ignoranz zurückkehren will, die Antwort auf die Frage, wie Macht beherrscht werden kann, in der Spannung zwischen Fülle und Form, die Chaos und Formalismus vermeidet. Die Herausforderung der Anthropologie liegt darin, die unbegrenzte Fülle der Technik, über die die Macht verfügt, zu gestalten und zu begrenzen. Die richtige Ausgestaltung der Spannungen hilft. Und sie ist an sich schon ein herrschender und begrenzender Akt, der die entfesselte Kraft der modernen Kultur leitet.«[118] Bergoglio zitierte hier direkt Guardini: »Die Wildnis in ihrer ersten Form ist bezwungen: Die unmittelbare Natur gehorcht. Sie kehrt aber innerhalb der Kultur selbst wieder, und ihr Element ist eben das, was die erste Wildnis bezwungen hat: die Macht selbst. In dieser zweiten Wildnis haben sich alle Abgründe der Urzeit wieder aufgetan. Alles wuchernde und erwürgende Wachstum der Wälder dringt wieder vor. Alle Ungeheuer der Einöden, alle Schrecken der Finsternis sind wieder da. Der

---

116 J. M. Bergoglio, »Necessità di un'antropologia politica. Un problema pastorale« (1989), in Ders., Pastorale, S. 293.

117 Ebd. Das Zitat stammt aus A. López Quintás, Pasión, S. 171.

118 J. M. Bergoglio, »Necessità di un'antropologia politica. Un problema pastorale« (1989), in Ders., Pastorale, S. 298, Anm. 24.

Mensch steht wieder vor dem Chaos«.[119] Dieses neue, von Menschenhand geschaffene Chaos galt es zu beherrschen. In einem Beitrag von 2003, der den Titel »Duc in altum: die Soziallehre Johannes Pauls II.« trägt, befasste sich Bergoglio mit dem Konzept der Arbeit beim Wojtyła-Papst:

> Der Papst unterstreicht diese Aussage mit Blick auf das eigentliche Wesen des Menschen, das auch den Auftrag, »über die Erde zu herrschen«, und die freie Entscheidung umfasst, Mitarbeiter seines Schöpfers zu sein. Diesem Denken liegt die Prophezeihung Romano Guardinis zugrunde, der in seiner Schrift *Die Macht* auf die eigentliche Ursache des Paradigmenwechsels hinwies, der sich in unserer modernen Welt scheinbar unaufhaltsam vollzieht. Guardini sagte, das auffäligste und entscheidendste Merkmal unserer Gegenwartszivilisation sei die zunehmende Anonymisierung der Macht. Aus dieser Wurzel wüchsen alle Gefahren und Ungerechtigkeiten hervor, unter denen wir derzeit zu leiden haben. Und das Gegenmittel, das Guardini vorschlug, bestand eben darin, dass jeder auf solidarische Weise für die Macht Verantwortung übernimmt. Genau hierauf gründet auch die Auffassung Johannes Pauls II., der die menschliche Arbeit als *den Ort* begreift, wo der Mensch sich frei entscheidet, die Macht zum Wohl seiner Mitmenschen zu gebrauchen, um zu dienen und an Gottes Schöpfungswerk mitzuwirken.[120]

Eine zentrale Rolle nimmt Guardinis Auffassung vom Verhältnis von Technik und Macht in der »Postmoderne« überdies in der 2015 von Papst Franziskus veröffentlichten Enzyklika »Laudato sì« ein. Darin lenkte er den Blick auf die unkontrollierte Ausbeutung von Ressourcen und Wasserquellen, die Zerstörung der Umwelt und die katastrophale Lage in den Slums der südamerikanischen Metropolen. Dabei übernahm er Guardinis Grundkategorien; keinen anderen Denker zitierte er in der Enzyklika häufiger als den Deutsch-Italiener.

Franziskus beobachtete zunächst: »Nie hatte die Menschheit so viel Macht über sich selbst, und nichts kann garantieren, dass sie diese gut gebrauchen wird, vor allem, wenn man bedenkt, in welcher Weise sie sich gerade jetzt

---

119 R. Guardini, Ende, S. 103–104. Diese Passage wird zitiert in J. M. Bergoglio, »Necessità di un'antropologia politica. Un problema pastorale« (1989), in Ders., Pastorale, S. 298.

120 J. M. Bergoglio, »›Duc in altum‹: die Soziallehre Johannes Pauls II.« (2003), in Ders., Macht, S. 340–341.

ihrer bedient«.[121] Anschließend zitierte er Guardini, für den es illusorisch war, zu glauben, »jede Zunahme an Macht sei einfachhin ›Fortschritt‹; Erhöhung von Sicherheit, Nutzen, Wohlfahrt, Lebenskraft, Wertsättigung«.[122] Es geht hier um das technokratische Konzept, das wirtschaftlichen Fortschritt und Wohlergehen als das Gute schlechthin sieht. Guardini, der hier weiterhin zitiert wird, glaubte jedoch, dass »der moderne Mensch nicht zum richtigen Gebrauch der Macht erzogen wird«.[123] Daher steige »die Möglichkeit, der Mensch werde die Macht falsch gebrauchen, beständig«, wenn »keine Freiheitsnormen, sondern nur angebliche Notwendigkeiten des Nutzens und der Sicherheit bestehen«.[124] Die Crux ist für Papst Franziskus die »Globalisierung des technokratischen Paradigmas«,[125] die (in der Wirtschaft und der Politik) eine vollständige Reduzierung der Natur auf technische Macht und die Auslöschung der Polarität zwischen Subjekt und Natur voraussetze.

> Dieses Subjekt entfaltet sich, indem es die wissenschaftliche Methode mit ihren Versuchen aufstellt, die schon explizit eine Technik des Besitzens, des Beherrschens und des Umgestaltens ist. Es ist, als ob das Subjekt sich dem Formlosen gegenüber befände, das seiner Manipulation völlig zur Verfügung steht. Es kam schon immer vor, dass der Mensch in die Natur eingegriffen hat. Aber für lange Zeit lag das Merkmal darin, zu begleiten, sich den von den Dingen selbst angebotenen Möglichkeiten zu fügen. Es ging darum, zu empfangen, was die Wirklichkeit der Natur von sich aus anbietet, gleichsam die Hand reichend. Jetzt hingegen ist das Interesse darauf ausgerichtet, alles, was irgend möglich ist, aus den Dingen zu gewinnen durch den Eingriff des Menschen, der dazu neigt, die Wirklichkeit dessen, was er vor sich hat, zu ignorieren oder zu vergessen. Deswegen haben der Mensch und die Dinge aufgehört, sich freundschaftlich die Hand zu reichen, und sind dazu übergegangen, feindselig einander gegenüber zu stehen.[126]

Die Bipolarität von Mensch und Natur gerate in eine Krise und räume das Feld für eine einfache Negierung der Natur: »In der Tat neigt die Technik

---

121 Papst Franziskus, »Laudato sì«, § 104.

122 R. Guardini, Ende, S. 94, zit. nach Papst Franziskus, »Laudato sì«, § 104.

123 Ebd.

124 Ebd.

125 So lautet der Titel von § 2 des 3. Kapitels von »Laudato sì«.

126 Papst Franziskus, »Laudato sì«, § 106.

dazu, zu versuchen, dass nichts außerhalb ihrer harten Logik bleibt, und« (hier zitierte Franziskus erneut Guardini) »der Mensch, der sie trägt, weiß, daß es in der Technik letztlich weder um Nutzen noch um Wohlfahrt geht, sondern um Herrschaft; um eine Herrschaft im äußersten Sinn des Wortes«.[127] Dieses Ideal der »bloßen« Herrschaft unterscheidet sich vom vormodernen Ideal, das auf der untrennbaren Beziehung zur natürlichen Wirklichkeit beruht: »*Die neue [Herrschaft]*«, so heißt es bei Guardini, »*bezweifelt, ob die Dinge überhaupt in einem Wesen begründet seien.* Sie greift auf die Grundelemente zurück und konstruiert die Gestalten, wie sie sie haben will. *Ihr Grundbild ist nicht der König, der das Wesen hütet* – der alte Begriff des ›Hirten des Volkes‹ – *sondern der Diktator, welcher Wesen setzt.* Bolschewismus und Existentialismus sind hier offenbarend«.[128] Die neue Herrschaft ist eine Konsequenz des Prometheusmythos, der sich durch die Neuzeit zieht. In »Laudato sì« heißt es: »Der moderne Anthropozentrismus hat schließlich paradoxerweise die technische Vernunft über die Wirklichkeit gestellt, denn« – und hier zitierte Franziskus abermals Guardini – »dieser Mensch empfindet die Natur weder als gültige Norm, noch als lebendige Bergung. Er sieht sie voraussetzungslos, sachlich, als Raum und Stoff für ein Werk, in das alles hineingeworfen wird, gleichgültig, was damit geschieht.«[129] Die Lösung liegt darin, zur Realität zurückzukehren und sich vom anthropozentrischen Überfluss freizumachen.

> In der Moderne gab es eine große anthropozentrische Maßlosigkeit, die unter anderer Gestalt heute weiterhin jeden gemeinsamen Bezug und jeden Versuch, die sozialen Bande zu stärken, schädigt. Deswegen ist der Moment gekommen, der Wirklichkeit mit den Grenzen, die sie auferlegt und die ihrerseits die Möglichkeit zu einer gesünderen und fruchtbareren menschlichen und sozialen Entwicklung bilden, wieder Aufmerksamkeit zu schenken. Eine unangemessene Darstellung der christlichen Anthropologie konnte dazu führen, eine falsche Auffassung der Beziehung des Menschen zur Welt zu unterstützen. Häufig wurde ein prometheischer Traum der Herrschaft über die Welt vermittelt, der den Eindruck erweckte, dass die Sorge für die Natur eine

127 Ebd., § 109. Das Guardini-Zitat stammt aus Guardini, Ende, S. 70.

128 R. Guardini, Situation, S. 24–25. Hervorhebung durch den Verfasser.

129 Papst Franziskus, »Laudato sì«, § 115. Das Guardini-Zitat stammt aus Guardini, Ende, S. 69–70.

> Sache der Schwachen sei. Die rechte Weise, das Konzept des Menschen als »Herr« des Universums zu deuten, besteht hingegen darin, ihn als verantwortlichen Verwalter zu verstehen.[130]

Den Ausweg sah Franziskus darin, eine adäquate Anthropologie vorzulegen, diese also nicht, wie gewisse radikal ökologische Strömungen vorschlugen, abzulehnen: »Ein fehlgeleiteter Anthropozentrismus darf nicht notwendigerweise einem ›Biozentrismus‹ den Vortritt lassen, denn dies würde bedeuten, ein neues Missverhältnis einzubringen, das nicht nur die Probleme nicht lösen, sondern auch andere hinzufügen würde.«[131]

Ebenso wie der unilaterale Anthropozentrismus unterbricht der Biozentrismus die polare Beziehung zwischen Mensch und Natur. Daher »steht die Entwicklung einer neuen Synthese aus, welche die falschen Dialektiken der letzten Jahrhunderte überwindet.«[132] Die Enzyklika »Laudato sì« erscheint unter diesem Gesichtspunkt wie der Entwurf einer »neuen Synthese«, den Franziskus *im Lichte von Guardinis Modell der Polaritäten* vorstellte. Prometheischer Anthropozentrismus und Biozentrismus lösen die konstitutive Verbindung zwischen dem Ich und der Welt. Sie vergessen, dass alles »miteinander verbunden«[133] ist, dass »alles in Beziehung steht«[134] – und zwar nicht in der pantheistischen Ein-Alles-Art, sondern ausgehend von der persönlichen, grundlegenden und paradigmatischen Beziehung zwischen dem »Ich« und dem »Du«.

> Wenn die ökologische Krise ein Aufbrechen oder ein Sichtbarwerden der ethischen, kulturellen und spirituellen Krise der Moderne bedeutet, können wir nicht beanspruchen, unsere Beziehung zur Natur und zur Umwelt zu heilen, ohne alle grundlegenden Beziehungen des Menschen zu heilen. […] Die Offenheit auf ein »Du« hin mit der Fähigkeit, zu erkennen, zu lieben und miteinander zu sprechen, ist weiterhin der große Adel des Menschen. Deshalb ist es nicht nötig, für eine angemessene Beziehung zur Schöpfung die soziale Dimension des Menschen abzuschwächen und ebenso wenig seine transzendente Dimension, seine Offenheit auf das göttliche »Du« hin. Denn man kann

130 Papst Franziskus, »Laudato sì«, § 116.
131 Ebd., § 118.
132 Ebd., § 121.
133 Ebd., § 117.
134 Ebd., § 120.

> nicht eine Beziehung zur Umwelt geltend machen, die von den Beziehungen zu den anderen Menschen und zu Gott isoliert ist.[135]

»Laudato sì« ist nach »Evangelii gaudium« ein weiterer Beweis dafür, dass die polar-relationale Anthropologie Romano Guardinis eine besondere Rolle für die Entwicklung des Denkens Jorge Mario Bergoglios bzw. Papst Franziskus' spielte. Die große Idee der Polarität des Lebens dominiert die gesamte Struktur seines Denkens. Sie ist ihr konzeptueller Kern, der hermeneutische Schlüssel, der die Tür zu einem »katholischen« Denken öffnet. Es ist also unbestreitbar, dass Romano Guardini Bergoglios geistiger Lehrer war.

---

135 Ebd., § 119.

4 Kirche und Moderne. Methol Ferré und das katholische *Risorgimento* in Lateinamerika

4.1 Das Zweite Vatikanische Konzil als »Bewältigung« der Reformation und der Aufklärung

Wie wichtig Alberto Methol Ferré für die Entwicklung von Bergoglios Denken war, haben wir bereits gesehen. Die von ihm herausgegebenen Zeitschriften – *Nexo*, *Vispera* und dann wieder *Nexo* – beeinflussten ihn und alle katholischen Intellektuellen Lateinamerikas nachhaltig. Gleichzeitig boten diese Organe Methol Raum, um seine »kirchliche Geopolitik« zu entfalten. Diese war von zwei in Spannung stehenden Polen geprägt, die gleichzeitig miteinander verbunden und voneinander getrennt waren: die Kirche und Lateinamerika.[1] Wie Methol 1975 festhielt, ging es ihm darum, »eine Reflexion zwischen den beiden Polen, zwischen Lateinamerika und der Kirche, anzustoßen, um die ›Strukturen‹ zu definieren, die diese beiden Pole heute angenommen haben. Dieses Thema ist ungemein wichtig, denn wir sind sowohl Lateinamerikaner, die sich der Kirche verpflichtet fühlen, als auch Christen, die sich für Lateinamerika einsetzen. Doch ein Pol kann nicht mit einem anderen Pol und dessen Konflikten zusammenkommen, ohne seine eigenen einzubringen. Wir befassen uns mit den Konflikten beider Pole, des kirchlichen wie des weltlichen, die sich gegenseitig durchdringen. Es ist unmöglich, sich mit dem einen zu befassen, ohne den anderen im Blick zu haben.«[2] Die Pole voneinander zu trennen, ist unmöglich, weil beide den gleichen Ausgangspunkt haben: das Volk.

---

1 Zur »kirchlichen Geopolitik« vgl. A. Methol Ferré, »Prologo per Europei«, Vorwort zu Ders., Risorgimento, S. 12.

2 A. Methol Ferré, Chiesa, S. 139.

> [Die Kirche ist] ist ein universelles Volk »innerhalb« eines Volkes. Es ist ein universelles Volk, weil es das Volk Gottes ist und inmitten jeder Nation lebt. Bis zum letzten Tag der Geschichte wird es allen Arten von Widersprüchen ausgesetzt sein. Es hat keinen eigenen Wohnsitz und es ist gleichermaßen das zerbrechlichste und das stärkste Volk, weil es in der Kraft der Liebe Christi und der Liebe Gottes wohnt. Das Geheimnis der Kirche gründet auf der Allmacht des gekreuzigten Gottes, der unsere Schwächen auf sich nimmt, um uns zu erlösen; dieser Gott hat keinen eigenen Wohnsitz auf Erden, sondern er lebt unter den Völkern und Staaten. Er ist ihnen unterworfen und teilt ihre Unbeständigkeiten und Traditionen, verfügt jedoch zugleich über eine eigene kirchliche Tradition, da die Kirche selbst ein Volk ist. Die Kirche nimmt die Traditionen der Völker auf, die gleichsam ihre Nahrung sind, doch gleichzeitig entwickelt sie ihre eigene Tradition, die sich von der aller weltlichen Völker der Welt unterscheidet. Sie dringt von »außen« in sie ein, um sich »innen« zu begründen und das kirchliche »Außen« zum »Innen« der Völker der Welt zu machen.[3]

Diese »Innen«-»Außen«-»Innen«-Dialektik spiegelt die Beziehungen zwischen Kirche und Welt wider, die drei verschiedene Folgen haben kann: Säkularisierung, Reaktion und Inkulturation. Als sich Methol in den 1970er- und bis in die 1990er-Jahre kritisch mit diesen drei Formen auseinandersetzte, ging es ihm darum, die Unterschiede zwischen ihnen zu erforschen, um zu ermitteln, wie der christliche Glaube der Moderne Lateinamerikas am besten begegnen konnte.

Die Theologie der Säkularisierung, die in den 1970er-Jahren dank solch großer Namen wie Gogarten, Bonhoeffer, Robinson und Cox in aller Munde war, war Methol zufolge eine Konsequenz der Übermacht der modernen Welt: »Optimistisch betrachtet sieht die moderne Welt aus wie ein Monolith. Dies ist die ›aufgeklärte‹ Version der modernen Welt. Sie greift die Inhalte der Aufklärung auf und teilt ihre Kritik an der Kirche. Es kann nichts ›Jenseitiges‹, nichts ›Übernatürliches‹ geben: Dem Christen obliegt es lediglich, die säkulare Welt aufzubauen, ohne sich selbst von der säkularen Welt zu distinguieren«.[4] Dieser Grundhaltung folgend »gibt es in der Welt keinen Platz für das spezifisch Christliche, denn es wäre ›Objektivierung‹, ›Christen-

3 Ebd., S. 146–147.
4 Ebd., S. 154.

tum‹ usw.; religiöse Verunreinigung des Glaubens. Alles sichtbar Christliche ist unrein, nur das Profane darf sichtbar sein. Eine ›Reinheitsbesessenheit‹, die die Rückkehr des sektiererischen Geistes in die Kirche einläutet. In der Vorstellung eines Säkularisierers wäre ein christliches Volk, wenn überhaupt, ein ›Volk aus Engeln in einer säkularisierten Welt‹. Der Prozess der Vergeistigung hat seine äußerste Grenze erreicht: Allein der nackte Glaube bleibt, eine Liebe so rein wie eine kantische Transzendentalie, ohne Kirche, ohne objektiven Inhalt. Hier offenbart sich ein unauflösbarer Widerspruch zwischen der Säkularisierung und dem Volk Gottes, ein sichtbares historisches Subjekt, das in diesem oder jenem konkreten Bereich der Geschichte fleischgeworden ist. Die Säkularisierer verfahren nach der Logik, dass die Sichtbarkeit der Kirche, des Volkes Gottes, verschwinden muss.«[5] Diese Position mit ihrer unkritischen Annahme der »aufgeklärten« Version der Moderne war für Methol Ferré nichts anderes als eine spiegelbildliche Darstellung ihrer Antithese: einer reaktionären Position, die sich gegen alles Moderne wendet, das hier abermals aus einer aufklärerischen Warte verstanden wird. Vergleicht man die Schlüsse, zu denen Progressive und Reaktionäre kommen, erkennt man, dass sie ähnliche Vorstellungen von der Moderne haben. Ihre Positionen sind einander wechselseitig untergeordnet.

Die Theologien der Säkularisierung sind auch eine Inversion der bisher in der Kirche gängigen Bewertung der modernen Welt. Einer Bewertung, die weitgehend auf die »politische Theologie der Romantik« des frühen 19. Jahrhunderts zurückgeht (zu deren Vertretern etwa De Bonald, Donoso Cortés oder Haller zu zählen sind), die die Aufklärung in Anlehnung an eine mythische und archetypische Rückbesinnung auf das Mittelalter als Feind sah und die Moderne en bloc ablehnte. Hier reagierte die alte, ländliche Welt auf die aufstrebende Bourgeoisie. Sie trauerte dem Mittelalter nach und nahm die Moderne als eine einzige Abweichung wahr. Die anti-mittelalterliche Haltung der Moderne wurde faktisch zu einer anti-christlichen Haltung. Ein schwerwiegendes Missverständnis! Es gibt keine christlichen Archetypen oder Zeitalter, die »Modellcharakter« haben. Es gibt nur Christus. Doch die Simplifizierung des »Antimodernen« hat in der Kirche bis zum Zweiten Vatikanischen Konzil fortbestanden. Mit der Theologie der Säkularisierung kam dann eine umgekehrte, kompensatorische Vereinfachung: Alles Moderne ist gut, und alles, was mit dem mittelalterlichen Christentum zu tun hat, ist schlecht. Christen-

---

5 Ebd.

> tum und antichristliche Verunreinigung auf der einen, säkularisierende Moderne und christliche Reife auf der anderen Seite.[6]

Zwei einseitige Positionen stoßen hier aufeinander. Das Ergebnis ist eine antithetische Dialektik, die die Kirche von innen heraus spaltet. Methol, der hier an Jacques Maritain anknüpfte, konnte mit der mediävalistischen Ideologie, der »Rückkehr ins Mittelalter«, nichts anfangen. Vorangetrieben wurde diese von der neuscholastischen Bewegung des 20. Jahrhunderts, die sich – auch wegen des Einflusses Spaniens – in den katholischen Kreisen Lateinamerikas großer Beliebtheit erfreute.[7] Den Optimismus der neuen postkonziliaren Theologien teilte Methol jedoch ebenso wenig. Für ihn war die Theologie der Säkularisierung der 1970er-Jahre eine Reaktion auf eine erstarrte und verschlossene Kirche, die nicht in der Lage war, der modernen Welt konstruktiv zu begegnen. Was seiner Ansicht nach fehlte, war ein »kritischer« Ansatz, der zwischen den positiven und negativen Aspekten der modernen Welt unterschied. *Eben darin liegt das Neue an Methols dialektischem Thomismus, der sich vom scholastischen Thomismus, der in den katholischen Universitäten Lateinamerikas gelehrt wurde, unterscheidet.* Letzterer geht auf die »›defensivistische‹ Phase der katholischen Kirche zurück, die allgemein bis zum Zweiten Vatikanischen Konzil dauerte. Es ist unmöglich, Widerstand zu leisten, ohne sich bis zu einem gewissen Grad anzupassen. Widerstand ist wie verzweifelte Selbstverteidigung. Er führt zum Rückzug in sich selbst, gleich wie in eine Festung. Widerstand bedeutet unfähig zu sein, eigene Modelle zu entwickeln, und allein mit Hilfe bestehender, von anderen entwickelter Modelle zu überleben. Widerstand bedeutet, abhängig zu werden, da man auf einem Gebiet kämpft, das von anderen ausgesucht, ja, von anderen aufgezwungen wurde. Die katholische Kirche vom 13. Jahrhundert bis heute kann daher eindeutig als ›abhängige Gesellschaft‹ bezeichnet werden«.[8] Dies

> bezeugen der heftige Widerstand, den sie leistete, und ihre Unfähigkeit, irgendetwas anderes zu unternehmen als Widerstand zu leisten, sowie die Tatsache, dass sie ihren Blick mehr in die Vergangenheit als in die Zukunft richtet. Denn wer Widerstand leistet, blickt auf die Zeit zurück, an der er sich orientiert.

---

6 Ebd., S. 155.

7 Vgl. A. METHOL FERRÉ, Maritain.

> Hier liegt der Ursprung des im 19. Jahrhundert aufgekommenen »Mediävalismus« innerhalb der katholischen Kirche. Doch indem sie sich krampfhaft an eine Zeit klammerte, in der sie die nötige Energie gehabt hatte, um für sich selbst entscheidende Modelle zu entwickeln, und diese »kopierte«, beraubte sich die Kirche der Fähigkeit, Modelle für die Gegenwart zu entwickeln. Die nostalgische Rückbesinnung auf Antworten, die in anderen Situationen und zu anderen Zeiten Wirkung hatten, löst die Probleme der Gegenwart nicht. Man macht sich dadurch vielmehr selbst unfähig, angemessen auf die eigene Zeit zu reagieren. Dieser Ansatz ist ferner das genaue Gegenteil dessen, was die Katholiken im Mittelalter taten, um Modelle zu entwickeln. In Zeiten der Niederlage ist die Erinnerung sicherlich eine große Hilfe. Aber die wahrhaftigste und wirksamste Hilfe ist die Hoffnung und der Wagemut, etwas zu unternehmen, nicht die bloße Wiederholung dessen, was bereits geschehen ist und, weil es bereits geschehen ist, nicht mehr sein wird.[9]

Der Ansatz der Traditionalisten ist insofern naiv, als diese sich dem Gegner gleichzeitig ergeben und entgegenstellen.

> Indem die Aufklärung den Ursprung der Moderne neu deutete, drängte sie ihr Modell auf. Der traditionalistische, defensive und unselbstständige Integralismus nahm das Muster der Aufklärung an und machte dadurch die mit Descartes begonnene Moderne zum Feind, den sie als den Niedergang schlechthin ansah. [...] Ein Integralist ist ein von der Aufklärung bezwungener Katholik, der sich zurückzieht; ein Modernist ist dasselbe, öffnet sich aber; der eine erstarrt, der andere löst sich auf.[10]

Sehr eindrücklich erfasste Methol hier die *formae mentis* des konservativen und des progressistischen Katholizismus. Beiden sei es nicht gelungen, ein wahrhaftig dialektisches Denken zu entwickeln, das die Gegensätze zu integrieren vermag: »Die Kirche, der die Energie fehlte, um einen ›assimilierenden und überwindenden‹ Widerstand zu leisten, beschränkte sich darauf,

---

8 A. Methol Ferré, »La Chiesa latinoamericana nella dinamica mondiale« (1973), in Ders., Risorgimento, S. 131.

9 Ebd., S. 131–132.

10 A. Methol Ferré, »Il risorgimento cattolico latinoamericano« (1981), in Ders., Risorgimento, S. 260. Zur traditionalistischen katholischen Position, die sich »im Schatten von De Bonald« bewegt, vgl. Ders., Sviluppi.

einfach nur zu ›opponieren‹. In erster Linie ging es ihr darum, aus den Schützengräben anzugreifen und den Gegner zurückzuschlagen. Es besteht kein Zweifel daran, dass die Kirche starke Abneigung erzeugt hat. Wer im Kampfmodus verharrt, verlässt den Bereich der dominanten Modelle nicht; und diese sind es, die einen letztlich konditionieren.«[11] Die Dialektik, die sich durch das Leben der Kirche zieht, oszilliere zwischen zwei Formen der Abhängigkeit: »Das Risiko des Widerstands sind Verödung, Versteifung und Degeneration; das Risiko der Anpassung an den anderen liegt schlichtweg darin, vom anderen absorbiert zu werden. Das passiert uns heute auf verschiedenen Ebenen. Es gibt so viel ›Dienst‹ am anderen ohne jeglichen Bezug auf die Kirche oder auf Christus. Diese beiden voneinander abhängigen Momente enden entweder im Integralismus oder in der Säkularisierung. Beide Wege führen zum Tod, wenn man es nicht schafft, sie zu transzendieren, indem man das Andere annimmt, es in sich aufnimmt und neue kulturelle Modelle vorlegt.«[12] Diese Annahme resp. diese Transzendenz erfordere ein gleichzeitig kritisches und dialektisches Denken und die Fähigkeit, den Kern der Wahrheit von den Ideologien zu trennen, in die sie eingeschrieben ist.

> Die *conditio sine qua non*, um einen wirklichen historischen Prozess aufzunehmen und zu lenken, ist, den anderen zu kennen, tief in die Logik gegenwärtig vorliegender Modelle einzudringen und sie zu durchdringen, um sie wirklich zu überwinden und um tatsächlich auf die Wirklichkeit reagieren zu können. Wenn ich einfach nur Widerstand leiste, wenn ich sage: »Hegel und Marx sind Atheisten«, und das reicht mir, und ich schließe mich ein, dann funktioniert das nicht. Die Theologen des vergangenen Jahrhunderts waren Hegels und Marx' Atheismus gewahr und prangerten ihn an. Doch das war nicht genug. Man hätte sich ausgiebig mit ihren Motiven befassen müssen, um die neu entstandenen Probleme zu verstehen. Das ist aber nicht geschehen. Und so versuchen heute Generationen von Katholiken vergeblich, Hegel und Marx zu assimilieren und sie zu verstehen. Es wird so weit kommen, dass viele an Verdauungsstörungen sterben, weil es unmöglich ist, Hegel und Marx ungestraft zu »konsumieren«. Sie zu »bewältigen« ist nicht leicht.[13]

---

11 A. METHOL FERRÉ, Chiesa, S. 132.
12 Ebd.
13 Ebd., S. 133.

Methol war folgender Auffassung: »Wenn ich als Kirche etwas transzendieren möchte, muss ich es irgendwie in mich aufnehmen – so wie die Christen es mit der gesamten griechisch-römischen Kultur getan haben. Dies geschah auch im Mittelalter, als der ›Averroismus‹ die auf intellektueller Ebene treibende Kraft war und Thomas von Aquin sie geistreich aufnahm. Man bewältigt nur, was man gut verdaut hat, denn alles andere ist zu schwere Kost; und wenn man diese gierig verschlingt, riskiert man, dass man ein Geschwür bekommt. Gemäß jener einzigartigen Dialektik von Tod und Auferstehung, in die wir eingetaucht sind, geht es nicht darum, Sachen zu ›verschlingen‹, um sie zu zerstören, sondern um sie zu retten.«[14]

Das Zweite Vatikanische Konzil, so Methol, habe diese Dialektik in der Kirche verwirklicht. Im Interview sagte er gegenüber Alver Metalli:

> Durch das Konzil transzendiert die Kirche sowohl die Reformation als auch die säkulare Aufklärung. Sie bewältigt sie in dem Sinne, dass sie das Beste von beiden annimmt. Man könnte auch sagen: Sie schafft eine neue Reformation und eine neue Aufklärung. Reformation und Aufklärung waren damals die beiden großen ungelösten Fragen, unter die nie wirklich ein Schlussstrich gezogen worden war. Nach dem Konzil waren die Reformation und die Aufklärung endlich Geschichte. Sie verloren ihre Daseinsberechtigung und Substanz und verwirklichten das Beste von sich in der katholischen Intimität der Kirche. Indem die Kirche sie assimiliert, setzt sie sie als Gegner außer Kraft und nimmt ihre konstruktive Kraft in sich auf.[15]

Die Assimilation sei eine Form der dialektischen Bewältigung, die Wahrheit und Irrtum voneinander trenne:

---

14 Ebd. »Nein, keiner braucht einen Feind. Aber eine Mission – die Kirche ist im Wesentlichen eine Mission – kann dynamisch sein, wenn sie es schafft, Verständnis für den Feind aufzubringen; genauer gesagt: wenn sie Verständnis für das ›Beste‹ in einem Feind hat. […] In diesem Sinne ist der Feind ›draußen‹, aber auch ›drinnen‹. Im Feind steckt auch der Freund, der erlöst und gerettet werden muss. Wir müssen ihn zum Freund machen, den Freund im Feind finden, im Wissen, dass der Feind in uns steckt. [...] Das Besondere an Christus ist nicht nur die Nächstenliebe, sondern vor allem die Feindesliebe. Die Freund-Feind-Dialektik im christlichen Sinne wird nicht durch die Vernichtung des Feindes gelöst, sondern dadurch, dass der Feind wieder zum Freund wird. Dies ist nicht überall so: Der Feind wird liquidiert; der Staat eliminiert ihn oder aber der Feind liquidiert diesen. In der Kirche sind die Dinge radikal anders, und wenn die Kirche sich nicht so verhalten hat, hat die Geschichte ihr dies vorgeworfen, wie in bestimmten Momenten der Inquisition und noch mehr in den Religionskriegen. Zu Recht« (A. Methol Ferré, A. Metalli, Papa, S. 54–56).

15 Ebd., S. 95.

> Um auf die Herausforderungen zu reagieren, mit denen sie konfrontiert war, um sich sozusagen »auf den neuesten Stand zu bringen«, musste die Kirche die Moderne, gegen die sie sich während der Zeit der Zersetzung des alten mittelalterlichen und barocken Christentums gewehrt hatte, in ihrer Gesamtheit erfassen. Die Grundzüge der Moderne wurden der protestantischen Reformation und der säkularen Aufklärung zugerechnet. Die Kirche hatte Antworten auf die eine und die andere gegeben, doch diese waren begrenzt und insofern unzureichend, als sie die inakzeptablen Elemente der Reformation und der Aufklärung ablehnten und zurückwiesen, ohne wirklich zwischen Wahrheit und Irrtum zu unterscheiden. Ein Irrtum hat gerade wegen der Wahrheit, die er enthält, Macht; deshalb kann man ihm nur effektiv begegnen, wenn man den Kern der Wahrheit versteht, der in ihm verborgen liegt. [...] Meiner Meinung nach hat das Zweite Vatikanische Konzil zum ersten Mal die Moderne bewältigt, da es das Beste der protestantischen Reformation und das Beste der säkularen Aufklärung verstanden hat.[16]

Dieses »Beste« sei im Falle der Reformation »das Bekenntnis, dass das Volk Gottes und die Laien ein priesterliches Volk sind. In gewisser Weise war die ganze Reformation ein großer Laienprotest gegen den Klerikalismus.«[17] Was die Aufklärung angeht, sei das »Beste« die Tatsache, dass »das Konzil entgegen der Behauptung der späteren Aufklärer zeigt, dass der Glaube die Autonomie des Säkularen nicht missachtet und neue Gründe für die menschliche Entwicklung mit sich bringt. Der Himmel befruchtet die Erde, er treibt ihre Gesamtentwicklung weise voran und erhebt und reinigt sie. Das Konzil bestätigt die Autonomie des Wissens über Natur und Geschichte«.[18] Diese doppelte Bewältigung von Aufklärung und Reformation versöhne die Kirche nicht nur mit dem Kern der Moderne, sondern befördere sie zudem in einen »postmodernen« Horizont.

> Das Zweite Vatikanische Konzil bringt die Kirche zum ersten Mal in die wirkliche Postmoderne. Die Postmoderne, von der oft die Rede ist, ist nicht wirklich die Postmoderne; sie ist eine bloße Zersetzung der Moderne, keine *Post*-Moderne. Wir sind die einzige Postmoderne, weil wir das Beste der Moderne angenommen haben. Wir haben auch den Traditionalismus verworfen, natürlich aber nicht die Tradition. Wir müssen uns nicht gegen alles verteidigen.

---

16 Ebd., S. 95–96.

17 Ebd., S. 96.

18 Ebd., S. 99. Ähnliche Überlegungen findet man in DERS., Evangelizzazione, S. 195–196.

Der Papst kann Luther im Frieden, absolut im Frieden, um Vergebung bitten. Man bittet nur um Vergebung, wenn man wirklich im Frieden ist. Dies weist auf die Bedeutung des Zweiten Vatikanischen Konzils für die ganze Welt hin: mit seinen beiden »Flügeln«, den Konstitutionen »Lumen Gentium« und »Gaudium et Spes«, in seinen zwei Transzendenzen und in einer neuen Zeit, die die Kirche auf die Ebene der historischen Gegenwart stellt, just in dem Moment, als infolge des Zusammenbruchs des von der UdSSR verkörperten säkularen Mythos, des messianischen Atheismus, der Todeskampf der säkularen Religion begonnen hat.[19]

4.2 Von Medellín nach Puebla: das katholische *Risorgimento* in Lateinamerika

Die umrissene Perspektive, die es dem Katholizismus ermöglicht, mit der Moderne abzuschließen, stellt für die Kirche Lateinamerikas einen *Neuanfang* und eine historische Chance dar. »Vor zwanzig oder dreißig Jahren«, so schrieb Methol in seinem 1981 erschienenen Beitrag »Il risorgimento cattolico latinoamericano«, »hätte es niemand gewagt, die gegenwärtige Dynamik der Kirche in Lateinamerika vorauszusagen. [...] Aber jetzt hat sich alles verändert, fast mit einem Schlag. Was man nicht für durchführbar oder gar möglich hielt, passiert jetzt. Was man einst für ein Überbleibsel der Vergangenheit hielt, erscheint nun als zukunftsweisender Trend. Was statisch, reaktionär oder einfach nur resigniert erschien, erhebt sich im Herzen der Völker Lateinamerikas und wird dynamisch und kreativ. All diese Entwicklungen waren in Medellín zu erahnen, in Puebla zeigten sie sich dann deutlich. Wir müssen nun genauer hinsehen und versuchen, diese historische Überraschung, die katholische Wiedergeburt Lateinamerikas, zu begreifen und ihre Konturen nachzuzeichnen«.[20]

Die 1968 in Medellín stattgefundene Generalversammlung des lateinamerikanischen Episkopats, vor allem aber die Konferenz von Puebla im Jahre 1979 waren für Methol Wendepunkte: Die Kirche Lateinamerikas erwachte

19 A. Methol Ferré, Orientaciones, S. 28.
20 A. Methol Ferré, Risorgimento, S. 208.

aus ihrem Winterschlaf und brach aus einem hermetischen und rückwärtsgewandten klerikalen Rahmen aus.[21] Die Konferenz von Puebla »schuf eine Plattform, die dem Verhältnis der Kirche und der modernen Kultur eine Möglichkeit zum Dialog, zur Diskussion und zur Reifung gibt«.[22] Sie steht für eine reife Assimilation des Konzils auf lateinamerikanischem Boden und für die Bewältigung des katholischen Traditionalismus und der Theologie der Säkularisierung, die in der postkonziliaren Zeit auf der Grundlage einer unkritischen Annahme des Modells der Aufklärung entstanden war. In Wirklichkeit, so Methol, stelle die echte »Moderne« der katholischen Kirche »die bis dahin vorherrschende Auffassung von ›Moderne‹ in Frage«.[23] Von einer die Kirche ausschließenden Auffassung von Moderne gelangt man an einen Punkt, an dem die Moderne selbst in Frage gestellt wird. Diese Entwicklung bezeichnet Methol als »zweite postkonziliare Welle«:

> »Evangelii Nuntiandi« und die Konferenz von Puebla sind Teil einer zweiten, substantielleren postkonziliaren Welle. Die Bewegung des Integralismus in Richtung Aufklärung ging davon aus, dass das *aggiornamento* des Konzils eine einfache Anpassung an das »Moderne« sei. Es ging darum, das Moderne »von außen« zu betrachten. Die erste Welle hatte nur die »Modernisierung« der Kirche im Blick, und der einzige Weg dorthin verlief ganz anders als der des Integralismus. Es gab keine andere Möglichkeit. Es mag sein, dass dieser Übergang zur Aufklärung einen Akt der Verweigerung darstellt, der für den Bruch mit dem Integralismus und daher auch mit der Aufklärung unabdingbar war. Die zweite postkonziliare Welle verstand, dass es nicht darum geht, sich zu modernisieren, sondern (durch den anderen) tiefer in sich selbst zu schauen. Denn dies ermöglicht es uns, die Moderne der Kirche von innen heraus zu entfachen. Das in die Tiefen seiner selbst geführte Moderne trifft erneut auf die Kirche. Das Zweite Vatikanum, das neue Pfingsten der Kirche, nimmt die Reformation und die Aufklärung auf und wächst – durch die beiden konziliaren Pole »Lumen gentium« und »Gaudium et spes« – über sie hinaus, indem es die legitimen Forderungen der protestantischen Reform und die legitime Säkularität der Aufklärung wieder in seinem eigenen Wesen entdeckt. Diese Wiederentdeckung ist keine Verstümmelung, sondern eine Stärkung, kein Bruch mit Trient und der katholischen Reformation – was nichts

---

21 Zur Bedeutung der Konferenz von Puebla vgl. A. Methol Ferré, Evangelizzazione, S. 191–206; Ders., Rio.

22 A. Methol Ferré, Risorgimento, S. 210.

23 Ebd., S. 209.

anderes als ein Rückfall in den Protestantismus und in die Aufklärung wäre –, sondern eine Wiedergewinnung der Werte von Trient und der Reformation, also des Barock. Den Barock zurückzugewinnen bedeutet, die katholische Moderne zurückzugewinnen. Und so wird ein vertiefter Dialog mit dem Protestantismus und mit der Aufklärung möglich – nicht von außen, sondern von innen.[24]

Methol interpretierte hier das Verhältnis von Kirche und Moderne so, wie es in Lateinamerika bisher noch nie jemand getan hatte. Dem Autor zufolge ermöglichte es diese Herangehensweise »der Kirche, den Barock als unvollständige Moderne tatsächlich zu überwinden. Denn der Barock war so unvollständig, dass er der Hegemonie der protestantischen Aufklärung Platz machen musste, die heute am Ende ihrer Möglichkeiten angelangt ist. Daraus wiederum kann man nur dann siegreich hervorgehen, wenn man über die vermeintlich moderne Exklusivität des Protestantismus und der Aufklärung hinausgeht und die katholischen Fähigkeiten am Fundament der Moderne wiederentdeckt. Diese neue, vom Zweiten Vatikanum entfesselte historische Bewegung sickert meiner Meinung nach durch Puebla allmählich in das kollektive kirchliche Gewissen ein. Daraus folgt, dass die kirchliche und lateinamerikanische Geschichtsrevision ganz zu Ende geführt werden muss, wenn man die Bedürfnisse und das Potenzial des gegenwärtigen katholischen *Risorgimento* wirklich verstehen will. Durch dieses *Risorgimento* wird der Teufelskreis von Integralismus und Aufklärung durchbrochen. Die Moderne muss daher neu interpretiert werden.«[25]

Methol wandte hier die Kategorie des *Risorgimento*, der »Wiedererstehung«, auf die Kirche Lateinamerikas an und ging damit einen Schritt über die Dialektik von Revolution und Reaktion hinaus, die er im philosophischen Werk des Italieners Augusto Del Noce entdeckt hatte.[26] Dadurch ergab sich für die Kirche die Möglichkeit, der historischen Gegenwart zu begegnen und

24 Ebd., S. 261.

25 Ebd., S. 261–262.

26 Vgl. A. Del Noce, Rivoluzione. Im Umfeld der Zeitschrift *Incontri. Testimonianze dall' America Latina* verwendete ein italienischer Schüler Del Noces, Rocco Buttiglione, den Begriff »Risorgimento«: Buttiglione, Conservazione. In Ausgabe 8 (November–Dezember 1982) der Zeitschrift erschien ein Dossier mit dem Titel »Si può parlare di Risorgimento per l'America Latina?« (S. 12–41).

einen Neuanfang zu wagen, für den die Kirche Lateinamerikas nun erstmals der »Auslöser« werden konnte. Bereits 1973 hatte Methol festgehalten:

> Ich glaube, dass Lateinamerika gerade einen besonderen Moment in seiner Geschichte erlebt. Ich glaube es, weil es der Moment ist, in dem es seine Freiheit und seine Fähigkeit zum historischen Protagonismus auslebt. In den kommenden Jahrzehnten wird Lateinamerika entweder wachsen oder sterben, und damit auch die lateinamerikanische Kirche. Warum spielen die lateinamerikanischen Katholiken eine so wichtige Rolle? Weil Lateinamerika jenes große christliche Terrain der Dritten Welt ist, das »am meisten abhängig« ist vom Katholizismus und seinen Wurzeln; gleichzeitig verfügt es aber über immense materielle und kulturelle Ressourcen, die es zu einem »einzigartigen Mittler« zwischen den dominanten modernen Welten und der Dritten Welt machen. Das, was die Kirche in Lateinamerika tun wird, wird große Auswirkungen auf die gesamte Dritte Welt haben. Es wird der größte »Advent« der Kirche in der Dritten Welt sein, ihr entscheidendster Beitrag. Da Lateinamerika gewissermaßen weniger weit von der »Moderne« entfernt ist als der Rest der Dritten Welt, wird es zudem einen tiefgreifenden Einfluss auf das Schicksal der Kirche in Europa, in den Vereinigten Staaten und im sozialistischen Block Europas haben. Lateinamerika und seine Kirche haben eine große Chance, und ich glaube, dass diese unsere Chance bis zu einem gewissen Punkt auch eine Chance für die gesamte Weltkirche ist.[27]

Nach 1979, dem Jahr, in dem die Bischöfe in Puebla zusammenkamen, scheint dieser Wunsch zur Gewissheit geworden zu sein. Puebla befreite die Kirche Lateinamerikas aus der Dialektik von Progressivismus und Reaktionismus, sodass sie in einer kritischen Auseinandersetzung mit der Moderne zu einem validen Paradigma für die Weltkirche werden konnte. 1983 hielt Methol fest: »Ein echtes lateinamerikanisches katholisches *Risorgimento* ist für die ganze Weltkirche lebensnotwendig. Die Kirche ist in den Völkern Lateinamerikas stärker verwurzelt als in allen anderen Ländern der Dritten Welt. Europa – und sein altes lateinisches Christentum – sind unauslöschlich Teil unserer Entwicklung und unserer Geschichte. Wir sind nicht Europa, aber ja, vielleicht gehören wir zu den europäischsten Einheiten der Dritten Welt, nicht trotz, sondern wegen unserer Identität und unserer kulturellen

---

27 A. Methol Ferré, »La Chiesa latinoamericana nella dinamica mondiale« (1973), in Ders., Risorgimento, S. 137.

Wurzeln. Wir stellen bereits die Hälfte der katholischen Gläubigen auf der ganzen Welt. Und all dies gestattet es uns heute, an der Schwelle zum dritten Jahrtausend, auf die Bedeutung der lateinamerikanischen Kirche für die Evangelisierung hinzuweisen. Ein lateinamerikanisches katholisches *Risorgimento* betrifft nicht nur uns, sondern die ganze Kirche. Es hat Auswirkungen auf den globalen Weg der Geschichte, die heute in all ihren Bestandteilen universell ist. Es betrifft uns alle, wenn auch auf unterschiedliche Weise. Die lateinamerikanische Originalität kann sich nur durch ihre Universalität durchsetzen. Allem, was heute ohne die Berufung zur Universalität entsteht, und sei es historisch noch so klar definiert, mangelt es an Belang und Praktikabilität. Die Kraft der Originalität liegt in ihrer Fähigkeit, das Universelle zu leben und zu gestalten.«[28] Methol machte sich hier die Erkenntnisse Amelia Podettis zu eigen, auf die auch die Zeitschrift *Incontri* verwies, die in ihrer Ausgabe 7 von 1982 auf den ersten Seiten eine italienische Übersetzung von »La irrupción de América en la historia« abdruckte.

Für Methol war die alleinige Tatsache, dass der Kirche Lateinamerikas nun eine »universelle« Rolle zufiel, bereits ein Indiz dafür, dass sich das Verhältnis von »Zentrum« und »Peripherie« veränderte: »In der Geschichte der Kirche besteht eine besondere Dynamik zwischen (spirituellen, intellektuellen und künstlerischen) ›Zentren‹ und ›Peripherien‹. Die ›Zentren‹, die den Rest der Kirche anstrahlen und dadurch führen (wie etwa Alexandria und Antiochien in der Antike oder die Kirchen Deutschlands und Frankreichs während des Zweiten Vatikanischen Konzils), generieren wiederum neue Zentren in der Peripherie, die die alten einstmals ersetzen werden. Es besteht dabei eine spannungsgeladene Dialektik. Diese lässt eine einzigartige ›kirchliche Geopolitik‹ der Erneuerung erkennen, da kirchliche Zentren und Peripherien ihre Konkretheit stets im historischen ›Raum und Zeit‹ erzielen.«[29]

In dieser Dialektik erscheine das Zweite Vatikanische Konzil als »das letzte große Konzil, das vornehmlich von Westeuropa hervorgebracht wurde«.[30] Denn mit dem Pontifikat Johannes Pauls II. habe Osteuropa, mit Puebla Lateinamerika die Bühne betreten: In »Puebla trafen die beiden spannungsreichsten kirchlichen Grenzen unserer Zeit aufeinander: die polnische und

28 A. Methol Ferré, »Prologo per Europei«, Vorwort zu Ders., Risorgimento, S. 11–12.
29 Ebd., S. 12.
30 Ebd.

die lateinamerikanische. Die eine gehört zur Sphäre des nordamerikanischen, die andere zu der des sowjetischen Imperiums. Eine gigantische historische Verschiebung. Zwei Grenzen, aber keine neuen, klar definierten Zentren. Wir leben in einer Zeit des Übergangs, wartend, alles ist noch unklar, wie im Halbdunkel. Es gibt keine Zentren, sondern nur Grenzen, die nicht einfach Peripherien sind«.[31] Es sind »Peripherien«, die dazu bestimmt sind, einmal zu einem »Zentrum« zu werden.

Seit den frühen 1970er-Jahren verfolgte Methols »universalistischer« Blick dieses Novum, die »historische Aktualität« der lateinamerikanischen Kirche. In seinem Beitrag »La Chiesa, popolo tra i popoli« von 1975 unterschied der uruguayische Denker ebenso wie zuvor der brasilianische Jesuit Henrique de Lima Vaz zwischen einer »Quellkirche« und einer »Abglanzkirche«: »Lima Vaz unterscheidet zwischen ›Abglanzkirche‹ und ›Quellkirche‹. Abglanzkirchen sind mehr von anderen Kirchen als von sich selbst bestimmt. Die ›Quellkirchen‹ hingegen finden die Energie zur Erneuerung mehr in sich selbst. Diese Gegenüberstellung hat viele Ebenen. Bis zu einem gewissen Punkt sind alle Kirchen sowohl Quell als auch Abglanz, aber eine Eigenschaft überwiegt stets über die andere«.[32] Ebenso wie bei Romano Guardinis polarer Dialektik ist es der Rhythmus, der bestimmt, welcher Pol über den anderen überwiegt. Ein Pol, der sich selbst und gleichzeitig seinen Gegenpol trägt, ist einzigartig und universell zugleich. Die lateinamerikanische Kirche war nun »populär« – was die europäische Kirche nicht mehr ist – und gleichzeitig »modern«. Die Introjektion des Zweiten Vatikanums in Medellín und Puebla gestattete es der Kirche Lateinamerikas, über den für das Säkularisierungsparadigma zentralen Gegensatz zwischen der »Religion des Volkes« und »moderner Vernunft« hinauszugehen. Dadurch konnte sich die Kirche Lateinamerikas als »zeitgemäß« bezeichnen und zu einer »Quelle« werden, während die europäische Kirche mehr und mehr zu einer »Abglanzkirche« wurde:

> Im 14. Jahrhundert waren die Kirchen Spaniens, Italiens und Frankreichs die »Quell«-Kirchen; im 20. Jahrhundert waren es vor allem die Frankreichs, Belgiens und Deutschlands. Das Zweite Vatikanische Konzil war weitgehend ein deutsch-französisches Werk. Doch dies ist nun das letzte europäische Konzil.

---

31 Ebd., S. 12–13.
32 A. Methol Ferré, Chiesa, S. 155.

> Die Zeit, in der Europa der alleinige Protagonist und das Zentrum der Kirche war, geht gerade vorbei. Die nunmehr globalisierte katholische Kirche spürt allmählich die Präsenz anderer Ortskirchen, die zuvor »Abglanzkirchen« waren. Während die »Glut« Westeuropas noch brennt, versuchen andere, ihre eigenen Streichhölzer zu entfachen. Die Zeit wird es zeigen. Es scheint, als würden wir in Lateinamerika gerade den Übergang vom »Abglanz« zur »Quelle« miterleben. Das alles ist noch ganz neu. Medellín ist das erste klare Beispiel für diese neue Bewegung.[33]

Medellín sei der noch etwas uneindeutige Anfang gewesen, mit Puebla sei dann der Punkt der Reife gekommen:

> Ich glaube, Puebla bringt die Sorgen der großen nationalen und »kulturalistischen« Generation Lateinamerikas der 1930er- und 1960er-Jahre auf eine höhere Ebene. Medellín hat zwei Seiten: Einerseits reflektiert es jene Jahre, in denen die säkularisierenden Befreiungstheologien entstanden sind, die die marxistische Analyse vorziehen. Andererseits wurden die Grundlagen für die Wiederherstellung der lateinamerikanischen Volksreligiosität gelegt. Die historische Wiederentdeckung der lateinamerikanischen Kultur wurde in Gang gesetzt – unter Einbeziehung der theologischen Seite der Befreiung, die die Kultur als integralen Bestandteil einer nationalen und volkstümlichen lateinamerikanischen Linie sieht. Das Neue am Dokument von Puebla liegt in eben dieser Seite, die eine Verbindung mit der lateinamerikanischen Generation der 1920er- und 1930er-Jahre herstellt.[34]

Methol ging es darum, dem gemeinsamen Hintergrund der Generation von damals – der Generation von José Rodó, Manuel Ugarte, José Vasconcelos, Tristán de Athayde und Pedro Henríquez Ureña – auf die Spur zu kommen, um ihn mithilfe von Puebla zu einem national-katholisch-liberal-populären roten Faden zu verbinden. Puebla war für ihn das Endergebnis eines unterbrochenen Prozesses, der dank des Zweiten Vatikanischen Konzils wieder-

33 Ebd., S. 155–156. Methol Ferrés Sichtweise unterscheidet sich daher von der radikaler Kreise der Befreiungstheologie, die das westliche christliche Modell als ideologisch-imperialistisch ablehnten. Dass die Kirche begann, multipolar zu werden, und dass ihr Lebenszentrum anders gelagert war als in der Vergangenheit, bedeutete für ihn nicht, dass das europäische Paradigma als Synthese zwischen Christentum und Kultur abzulehnen war. Damit war Methol mit Lima Vaz auf einer Linie, für den das europäische Modell der Integration von Kultur und Glaube Beispielcharakter hatte (vgl. H. de Lima Vaz, Cristianesimo).

34 A. Methol Ferré, Risorgimento, S. 254.

aufgenommen wurde, jenem Ereignis, das den Katholizismus vom antimodernen Komplex befreit hatte: »Was sagt das Dokument von Puebla über die Geschichte Lateinamerikas? Wie äußert es sich zur Moderne? Seine historische Perspektive ist sehr klar und sehr kohärent formuliert. Wenn man die Bedeutung des Dokuments von Puebla kennt, ist es keinesfalls übertrieben zu sagen, dass es das gegenwärtige historische Selbstbewusstsein der Kirche Lateinamerikas abbildet.«[35] In »Il risorgimento cattolico latinoamericano« von 1981 analysierte Methol Ferré dieses »historische Selbstbewusstsein« im Lichte des Schlussdokuments von Puebla. Die Entwicklung dieses Selbstbewusstseins, in dessen Mittelpunkt die Begegnung der Kirche mit den Völkern steht, kann in drei Phasen gegliedert werden.

Die erste Phase ist im 16. Jahrhundert zu verorten. Sie war von einer Evangelisierung gekennzeichnet, die viele Schatten kannte, inmitten derer jedoch ein Licht erschien: »das Mestizenantlitz der Maria von Guadalupe, das am Beginn der Evangelisierung gestaltet wurde«.[36] Das Ergebnis dieser Evangelisierung war ein »Volkskatholizismus«,[37] dessen Werte bis in die Gegenwart reichen; ein Katholizismus, der seinen kulturellen Ausdruck im Barock fand, dem letzten großen kreativen Moment des modernen Katholizismus.

Die zweite Phase in der Beziehung zwischen der Kirche und Lateinamerika wurde durch die Krise des 19. und der ersten Hälfte des 20. Jahrhunderts eingeläutet. Die Kirche befand sich in der Defensive, sie litt unter dem Zusammenprall mit der urban-industriellen Zivilisation und wurde vom Liberalismus und vom Marxismus angegriffen. Es kam zum Bruch zwischen den Eliten und dem Volk, zwischen Tradition und Fortschritt. Obwohl, so Methol, Puebla diesen Konflikt zwischen der Kirche und der säkularistischen Moderne durchaus zur Kenntnis nehme, »drückt es sich nie in einer antimodernen Sprache aus, auch wenn es eine anti-aufklärerische Haltung hat. Implizit unterscheidet es zwischen Moderne und Aufklärung.«[38]

Die dritte Phase begann mit dem Zweiten Vatikanischen Konzil und dessen Rezeption auf den Konferenzen von Medellín und Puebla. Im Dokument

---

35 Ebd., S. 210.

36 »Dokument der III. Generalkonferenz des lateinamerikanischen Episkopats in Puebla, 13. Februar 1979. Deutsche Übersetzung der durch den hl. Vater am 23.3.1979 approbierten Fassung«, in: *Stimmen der Weltkirche* 8 (1979), § 446, S. 78.

37 Ebd., § 445, S, 78.

38 A. Methol Ferré, Risorgimento, S. 215.

von Puebla heißt es: »Insbesondere seit Medellín erforscht die Kirche im klaren Bewußtsein ihrer Sendung und bereit zum fairen Dialog die Zeichen der Zeit, und sie ist bereit zur Evangelisierung, um ihren Beitrag zum Aufbau einer neuen Gesellschaft zu leisten, einer Gesellschaft, die gerechter und brüderlicher ist, wie unsere Völker sie unüberhörbar fordern. So gehen Tradition und Fortschritt, die früher in Lateinamerika unvereinbar zu sein schienen und einander die Kraft raubten, heute zusammen bei der Suche nach einer neuen Synthese, die die Möglichkeiten in der Zukunft mit den Kräften verbindet, die aus unseren gemeinsamen Wurzeln herrühren.«[39] Methol kommentierte diese Passage wie folgt: »Und so beginnt Puebla, die neue Zeit zu charakterisieren: Puebla läutet das Ende der alten Antinomie ein, es schafft eine dynamische Einheit aus Tradition und Fortschritt, die ganz neue Fragestellungen aufwirft. Es geht wieder los, auf neuen Grundlagen.«[40] Dieser Neuanfang setzte voraus, dass die Theologien der Säkularisierung und gleichzeitig der Konflikt zwischen Volksreligiosität und Moderne (also das Paar aus Modernismus und Traditionalismus) überwunden wurden. In Lateinamerika »war es die Soziologie der Modernisierung, die der Theologie der Säkularisierung im katholischen Kontext Mitte der 1960er-Jahre den Weg ebnete«.[41] Harvey Cox griff in seinem 1965 veröffentlichten Werk *Stadt ohne Gott?* das von Auguste Comte, dem Begründer der positivistischen Soziologie, etablierte Dreistadiengesetz auf[42]: »Die Soziologie der Modernisierung und die Theologie der Säkularisierung sind die Vorder- und die Kehrseite ein und derselben Medaille.«[43] Diese Verbindung setzte sich in der Verbindung zwischen Theologie und modernisierendem Marxismus fort, die die Geschichte der 1970er Jahre prägte: »Im katholischen Kontext stehen Camillo Torres und Gustavo Gutiérrez symbolisch für diese Phase. Der Großteil der ›Christen für den Sozialismus‹ (Marxismus) bejahte die Soziologie der Modernisierung und radikalisierte sich. Es gibt nichts Logischeres als das. Im Grunde genommen ist die Perspektive der ›Moderne‹ (und damit ihre Beziehung

---

39 »Dokument der III. Generalkonferenz des lateinamerikanischen Episkopats in Puebla, 13. Februar 1979. Deutsche Übersetzung der durch den hl. Vater am 23.3.1979 approbierten Fassung«, in: *Stimmen der Weltkirche* 8 (1979), § 12, S. 13.

40 A. Methol Ferré, Risorgimento, S. 215.

41 Ebd., S. 232.

42 H. Cox, Stadt.

43 A. Methol Ferré, Risorgimento, S. 232.

zur Kirche und den lateinamerikanischen Völkern) dieselbe. Bei Gustavo Gutiérrez offenbart sich die von der Aufklärung und ihren Anhängern, von Althusser bis Gramsci, artikulierte Akzeptanz der Moderne am deutlichsten. Es geht hier um die zweite Phase der modernisierenden Säkularisierung der 1970er-Jahre, die auf die Aufklärung zurückgeht. Ihre eigene erste Phase hat sie jedoch in eine Krise gestürzt und als ›abhängig‹ verworfen.«[44] Die vom Marxismus beeinflusste Befreiungstheologie kritisierte die Soziologie der Modernisierung für ihren Reformismus, der auf dem »Desarrollismus« beruhte, also auf einem Fortschrittsmodell, das die kapitalistische industrielle Entwicklung in den Mittelpunkt stellt. Gegenüber dem Modernisierungsparadigma, das der nordamerikanisch geprägten Soziologie zugrunde liegt, zeigte sie sich jedoch unkritisch: »Die Befreiungstheologie nach Art von Gustavo Gutiérrez, die sich auf den ›Neomarxismus‹ beruft, nahm die der Aufklärung eigenen Perspektiven der ›Moderne‹ in sich auf und stand deswegen der Kirche, nicht aber modernisierenden Ideologien, kritisch gegenüber. Sie stand der Kirche, nicht aber der Interpretation der Modernisierung kritisch gegenüber. Da sie selbst semi-marxistisch war, beschränkte sie sich darauf, diese Interpretation dogmatisch von den Semi-Marxisten zu übernehmen. Infolgedessen war sie unfähig, kritisch zu denken und den Dingen auf den Grund zu gehen. Insofern geht die Befreiungstheologie nicht über einen Eklektizismus hinaus, über eine christlich-marxistische Gegenüberstellung, die kritisiert, was christlich und nicht marxistisch ist.«[45]

Ebenso wie die positivistische Soziologie der 1960er-Jahre fokussierte sich diese zweite Phase innerkirchlicher Säkularisierung auf das gläubige Volk, das sich durch seine Religiosität auszeichnete. Dies bekannte auch Gutiérrez in der 1988er-Ausgabe von *Die Theologie der Befreiung*. Methol schrieb dazu:

> So entstand in der Zeit direkt nach dem Konzil die größte ikonoklastische Welle, die die lateinamerikanische Kirche jemals gesehen hatte: eine Art »aufgeklärter Despotismus« – alles für das Volk, aber ohne das Volk – gegenüber dem lateinamerikanischen katholischen Volk, das in seiner barocken Symbolik als religiös, aber ohne Glauben erachtet wurde. In den Augen der Aufklärung war der Barock purer Aberglaube. Durch die katechetischen Institute aus Europa, im Wesentlichen aber durch den Einfluss Liégés, der die

44 Ebd., S. 234.
45 Ebd., S. 249.

protestantische Kontraposition zwischen »Religion« und »Glaube« übernahm, taten sich die modernisierende Soziologie und die Theologie der Säkularisierung mit der aktiven christlichen Militanz zusammen. Der Widerspruch zwischen Eliten und katholischen Massen erreichte einen Paroxysmus.[46]

Diese Position, die sich nach Medellín durchsetzen sollte, war jedoch nicht die einzige. Die von der bereits erwähnten Schule vom Río de la Plata betriebene *teología del pueblo* versuchte, die Bedürfnisse des Volkes zur Sprache zu bringen. Daneben etablierten sich auch die sogenannten nationalen Lehrstühle für Soziologie (Cátedras Nacionales de Sociología); eine der namhaftesten Lehrstuhlinhaberinnen war Amelia Podetti in Buenos Aires.[47]

> Die Krise der Soziologie der Modernisierung hatte jedoch, vor allem in Argentinien, noch eine weitere Folge: die sogenannten »nationalen Lehrstühle«. [...] Der von »Wissenschaftlern« kritisierte Weg der lateinamerikanischen Generation der 1930er-Jahre wurde auf anderen Ebenen fortgesetzt. Man kehrte zur Geschichte zurück. Auf diesem Wege gelangte man dazu, verstärkt Kritik an der Gleichsetzung von Aufklärung und Moderne zu äußern. Im Mittelpunkt dieser Strömung der Befreiungstheologie stand – anders als bei Gutiérrez – die Kritik an der Aufklärung, die sowohl den Marxismus als auch den Kapitalismus einschloss. Politisch gesehen ging es hier eher um einen lateinamerikanischen nationalen Sozialismus als um einen rein klassen-

---

46 Ebd., S. 233.

47 Zum politischen Kontext Argentiniens der 1960er- und 1970er-Jahren gehörte »die Militärregierung unter Onganía (eine Diktatur, die aber nicht so grausam war wie die unter Videla), die Ächtung des Peronismus seit Peróns Sturz im Jahr 1955, die Unterdrückung der peronistischen Arbeiterbewegung, die Entstehung des späteren Guerillakrieges sowie ein neues Phänomen, das vermutlich aufgrund der bereits genannten Umstände aufkam: Nicht wenige Intellektuelle, Lehrer und fortschrittliche Universitätsstudenten unterstützten den Peronismus als Volkswiderstand gegen das Militär und als soziale Protestbewegung, was während Peróns Präsidentschaften nicht vorgekommen war. So entstanden an den Universitäten von Buenos Aires die so genannten nationalen Lehrstühle für Soziologie, mit prominenten Persönlichkeiten wie u. a. Justino O'Farrell, Gonzalo Cárdenas, Alcira Argumedo, José Pablo Feinmann und der Philosophin Amelia Podetti. Justino O'Farrell war das Bindeglied zwischen den Lehrstuhlinhabern und der COEPAL, da er Mitglied beider Institutionen war und in beiden eine wichtige Rolle spielte. So fanden beide Institutionen, die sich sowohl vom Liberalismus als auch vom Marxismus distanzierten, in der lateinamerikanischen und argentinischen Geschichte ihre eigenen begrifflichen Definitionen (mündlich und schriftlich), durch Kategorien wie ›Volk‹ und ›Gegen-Volk‹, ›Völker‹ und Reiche‹, ›Volkskultur‹, ›Volksreligiosität‹ usw.« (J. C. Scannone, »Le radici di Papa Francesco«, in *L'Osservatore romano*, 28. März 2014).

> orientierten marxistischen Sozialismus. In der Zeitschrift *Vispera* kamen diese beiden Aspekte zusammen. [...] Die Befreiungstheologie, die bereit war, mit dem Marxismus in Dialog zu treten, stieß (wie schon vorherzusehen war) auf eine größere kosmopolitische Resonanz und verbreitete sich vor allem in den Metropolen. Die nationale und volkstümliche Tendenz, die die Frage der lateinamerikanischen Kultur aufgriff und die Wurzeln der Volksreligiosität wiederentdeckte, stieß zwar nicht auf die gleiche Resonanz; sie nahm jedoch einen Platz im Herzen von Puebla ein, wohingegen erstgenannte draußen blieb.[48]

In Puebla kam es also zur Legitimierung der »Theologie des Volkes« und des »historisch-kulturellen« Ansatzes, der von den *Cátedras nacionales* befürwortet wurde. So gelang es, die Antinomie zwischen Volksreligiosität und Moderne zu überwinden: »Tatsache ist, dass die Aufklärung bisher ihre Werte aufgedrängt hat; man hat sie mit der Moderne gleichgesetzt. Diese Gleichheit von Aufklärung und Moderne hat die gesamte zweite Phase der Kirchengeschichte beeinflusst. Unsere These ist jedoch nun, dass es diese Gleichheit überhaupt nicht gibt; dass die Aufklärung nur eine Variante der Moderne ist und dass diese sie nicht vollständig umfasst, nicht einmal zu einem großen Teil. Und aus dem Grund ist eine Einheit aus Barock und Moderne möglich«.[49]

4.3 Katholizismus und Moderne. Das Vermächtnis Augusto Del Noces

In seinem 1981 erschienenen Aufsatz »Il risorgimento cattolico latinoamericano« skizzierte Methol Ferré eine zweite Moderne, deren Wurzeln nicht in der Aufklärung, sondern im Barock lagen: »Die Infragestellung der Moderni-

---

48 A. Methol Ferré, Risorgimento, S. 234.

49 Ebd., S. 215–216. Mit anderen Worten formulierte Lucio Gera das Gleiche folgendermaßen: »Indem sie den religiösen – und auch anthropologischen – Geist des Barock und darüber hinaus das entwickelte Selbstbewusstsein des modernen Menschen zusammenfasst, versucht die Kirche mit ihrer vermittelnden Rolle, beide Phasen, die des alten Barock und die der aufgeklärten Moderne, zu überwinden und sich an der Gestaltung einer neuen Synthese und einer neuen Zivilisation zu orientieren« (L. Gera, Identità, S. 29).

sierung ist kein Integralismus. Der Integralist stellt die Moderne nicht in Frage, sondern sieht sie aus der gleichen Perspektive wie die Aufklärung – mit dem Unterschied, dass er dagegen, nicht dafür ist.«[50] Was der Integralist jedoch ebenso wie sein Gegenspieler, die Aufklärung, nicht verstehe, sei die *Verbindung zwischen Barock und Moderne*: Der »Barock hat aufgrund seines Drangs nach Kontinuität ursprünglich zwei Gesichter: das mittelalterliche und das moderne. Dies wird häufig missverstanden, sodass der Barock auf sein ›mittelalterliches‹ Gesicht reduziert wird. Aber mit dem Barock kam die Moderne. Ohne dieses Wissen können wir weder Lateinamerika noch Puebla verstehen.«[51]

Puebla, jene wunderschöne mexikanische Barockstadt, steht hier sinnbildlich für das Aufeinandertreffen von Volksreligion und moderner Welt, das für die Kirche Lateinamerikas von so großer Bedeutung ist. Hier kam es zu einer Vereinigung, die über die Dichotomie von Reaktion und Säkularisierung hinausging. Diese Vereinigung, die sich wie ein roter Faden durch das Gesamtwerk Alberto Methol Ferrés zieht, fand ihre philosophische Legitimierung im Werk von Augusto Del Noce (1910-1989), einem der berühmtesten katholischen Intellektuellen Italiens der zweiten Hälfte des 20. Jahrhunderts.[52] Im Vorwort zur italienischen Ausgabe seines Buches *Il risorgimento cattolico latinoamericano* von 1983 schrieb Methol bezugnehmend auf den letzten in diesem Band enthaltenen Aufsatz von 1981, der dem gesamten Buch den Titel gibt: »Ich habe das Gefühl, dass mein Denken dort auf seine Prinzipien trifft«.[53] Außerdem fügte er hinzu: »Ich möchte jedoch abermals daran erinnern, dass ich in diesem letzten Werk stark von Augusto Del Noce und seinen Ideen von Moderne und vom *Risorgimento* beeinflusst wurde.«[54] Somit bekannte er selbst, dass der toskanisch-piemontesische Philosoph ihn an einigen Punkten seines Denkens wesentlich geprägt hatte. Aber wie kam Methol in Kontakt mit der Philosophie Del Noces, der damals außerhalb der italienischen Landesgrenzen noch kaum bekannt war? Sein Vorwort von 1983 beschloss Methol mit einem Dank an zwei Personen: Francesco Ricci

---

50 A. Methol Ferré, S. 248.

51 Ebd.

52 Vgl. M. Borghesi, Del Noce.

53 A. Methol Ferré, »Prologo per Europei«, Vorwort zu Ders., Risorgimento, S. 16.

54 Ebd., S. 17.

und Guzmán Carriquiry. Ricci war ein weitsichtiger Priester aus Forlì, der Don Luigi Giussani auf seinem Bildungsabenteuer begleitet hatte; dieser wiederum war der Herausgeber der »Edizioni CSEO«, einer Art *trait d'union* zwischen dem Christentum Osteuropas und dem Lateinamerikas, wo Methols Werk veröffentlicht wurde. Carriquiry war ein geistiger Schüler Methols, der ihn 1982 mit der Figur und dem Werk Augusto Del Noces bekannt machte.

> Er hat ihn 1982 persönlich kennen gelernt. Der Hintergrund dieses Zusammentreffens war die 3. Generalversammlung des lateinamerikanischen Episkopats. In der schönen Stadt Puebla standen Konventikel zwischen den Teilnehmern auf der Tagesordnung. Irgendwann fragte [Methol] während der Arbeit einen lieben Freund, Dr. Guzmán Carriquiry, einen Landsmann von ihm, der seit vielen Jahren in Rom, im Vatikan war, welcher italienische katholische Philosoph denn beachtenswert sei. Die Antwort lautete: Del Noce. Kurz nachdem Dr. Carriquiry nach Italien zurückgekehrt war, schickte er ihm *Il suicidio della rivoluzione*.[55] Die schlüssig begründete Prophezeiung des Selbstmords von Revolutionen reichte aus, um Methol Ferrés Interesse zu entfachen. Ein Interesse, dem das Schicksal auf die Sprünge geholfen hatte: »Irgendwann«, so erinnerte sich [Methol] Jahre später, »war ich im Haus eines Priesters zu Besuch, eines uruguayischen Bibelwissenschaftlers, der kurz zuvor aus Italien zurückgekehrt war. Als ich einen Blick in seine Bibliothek warf, fiel mein Blick auf *Il problema dell'ateismo*.«[56] Er bat seinen Gastgeber darum, es ausleihen zu dürfen. »Es versetzte mir einen regelrechten intellektuellen Schock. Einen Monat lang las ich es immer und immer wieder, Tag und Nacht, und unterstrich Ausschnitte auf jeder Seite«. Methol Ferré schrieb Del Noce einen Brief und bat seinen Freund Carriquiry darum, ihn an Del Noce weiterzuleiten.[57]

Diesen Brief erhielt ich zusammen mit drei anderen – zwei von Methol und zwei von Del Noce –, die zwischen 1980 und 1982 verfasst wurden. In seinem ersten Brief schrieb Methol am 31. Oktober 1980:

---

55 A. Del Noce, Suicidio.
56 A. Del Noce, Problema.
57 A. Metalli, »Methol Ferré ci ha aiutati a pensare«, Nachwort zu A. Methol Ferré, A. Metalli, Papa, S. 225–226.

Bogotà, 31. Oktober 1980
Prof. Augusto Del Noce

Meine höchste Anerkennung:

Ich habe die große Ehre, mich direkt an Sie zu wenden, da mein Freund Guzmán Carriquiry so freundlich war, mir Ihre Adresse zu übermitteln. Sie wissen bereits vom intellektuellen und spirituellen Eindruck, den die Lektüre Ihres Werkes *Il problema dell'ateismo* im vergangenen Februar und März bei mir hinterlassen hat. Sie können sich nicht vorstellen, wie sehr es mich bewegt hat. Vorsehungsvoll hat es Aufschluss über ein Problem gegeben, das mich in den letzten Jahren schwer beschäftigt hat. Es ist, als fühlte ich mich auf einmal nach Jahren des Grübelns und Suchens, nach Jahren der Unsicherheit, gerettet und als hätte ich alles, was man im Wesentlichen braucht, erreicht. Ein überaus gehaltvolles Werk, mit dem ich noch nicht fertig bin und das mir deshalb ständig neue und fruchtbringende Perspektiven aufzeigt. Die Ausgabe, die mir jetzt vorliegt, muss für jeden außer mir unlesbar sein, denn sie ist voller Unterstreichungen.

Am schwierigsten war es, die Frage des »Ontologismus« zu begreifen. Ich habe das intellektuelle Klima in Italien selbst nicht miterlebt. Vor vielen Jahren ist mir eine Übersetzung Carabelleses in der Colección Esprit aufgefallen. Und dies führte mich dazu, in meiner Bibliothek, die nur sehr wenige italienische Werke enthält, nach einem von Filiasi Carcano verfassten Werk mit dem Titel *Problematica della filosofia moderna* zu suchen. Erst durch Sie habe ich Filiasi verstanden, und durch Filiasi habe ich Sie verstanden, was die Ontologie betrifft. Stellen Sie sich vor, ich kannte nichts als einen allgemeinen Einführungstext über Gioberti, der der Schlüssel zur Kontinuität [mit den modernen Texten vor der Französischen Revolution, d. h. Descartes, Pascal, Malebranche und Vico] zu sein scheint. Ich glaube, es ist sogar sicher, dass Bordas Demoulin, Tocqueville, Buchez und Gratry jenen Gioberti kannten und umgekehrt (mit Ausnahme von Gratry, der später kam). Zu Gioberti besitze ich nur das Werk des Franzosen Palhories und die Einführung in die Philosophie. Sonst nichts. Angesichts eines so wackeligen Fundaments war mir eine Reihe von Annahmen in seinem Denken bisher entgangen. Ich würde mich sehr freuen, wenn Sie mich auf die zeitgenössische ontologische Literatur italienischer Autoren hinweisen würden, die Sie für wertvoll halten.

Die entscheidende historische Kategorie war für mich die des *Risorgimento*. Ich habe sie bereits in einem Beitrag über Religion und Kultur in Lateinamerika angewandt. Wenn er fertig ist, werde ich Ihnen eine Kopie davon schicken. Es erübrigt sich zu sagen, dass ich sehnsüchtig darauf warte, dass Guzmán mir verspricht, mir Artikel und Bücher von Ihnen zu schicken. Ich habe nur [...][58]

Bitte entschuldigen Sie, dass ich Ihnen auf der Schreibmaschine schreibe und so fürchterlich getippt habe, doch ich hielt es für besser, weil meine Handschrift nicht klar genug ist, vor allem im Spanischen. Ich dachte, dass ein maschinenschriftlich verfasster Brief das Verständnis erleichtern könnte. Ich grüße Sie in tiefster Dankbarkeit und Bewunderung, und auch wenn ich dem Genre des Briefs nicht sehr zugeneigt bin, würde ich mir doch sehr wünschen, dass dies der Beginn eines Dialogs ist, der für mich sicherlich sehr fruchtbringend sein würde.

Herzlichst in unserem Herrn Jesus Christus
Alberto Methol Ferré

[Anm.: Mein Hauptziel ist die Veröffentlichung von *Il problema dell'ateismo*, aber vielleicht bedarf es eines früheren Werkes zu einem dringenderen und stärker verbreiteten Thema, wie z. B. *Il suicidio della rivoluzione*. Damit wäre der Weg frei für das andere, das Hauptwerk, das aber sehr umfangreich und teuer zu publizieren ist; daher wäre es angebracht, die Vorarbeit für dessen Rezeption zu leisten. Meine Adresse in Montevideo, Uruguay, lautet Brecha 557.][59]

Methols Brief dokumentiert den positiven Schock, den die Lektüre von *Il problema dell'ateismo*, jenes gehaltvollen Werks Del Noces von 1964, bei ihm hinterlassen hat. Darin demontierte der Autor den hegelschen Rahmen der modernen Philosophie ausgehend von der Idee einer doppelten Moderne: einer säkular-rationalistischen und einer ontologistischen Moderne, die in

58 Die Seite fehlt.

59 Unveröffentlichtes Schreiben, A. Methol Ferré an A. Del Noce, 31. Oktober 1980, Fondazione Centro Studi Augusto Del Noce, Savigliano (CN). Die Abschnitte in eckigen Klammern wurden im maschinenschriftlichen Text handschriftlich nachgetragen.

Antonio Rosminis liberalem Katholizismus kulminierte. Damit setzte sich Del Noce nicht nur über das säkulare, sondern auch das neuthomistische, von einer antimodernen Reaktion geprägte Bild der Moderne hinweg. In seinem Brief warf Methol die Frage nach dieser ontologistischen Tradition auf, die er als »Amateurthomist« argwöhnisch betrachtete. Als er dann *L'athéisme difficile*, das posthum erschienene Werk des Thomisten Étienne Gilson, las, der sowohl für ihn selbst als auch für Del Noce von großer Bedeutung war, löste sich das Dilemma.[60] Im Interview sagte er dazu gegenüber Metalli:

> Ich habe mich immer als Amateurthomisten gesehen, fern jeder Akademie und jeden Seminars. Für mich liegt das Epizentrum von allem in der ontologischen Argumentation: Die Intelligenz des Menschen ist mit der Pracht der Idee Gottes verbunden. In Gilsons letztem Buch über den Atheismus bin ich zu meiner großen Zufriedenheit und Überraschung auf eine Anmerkung zum Atheismus gestoßen, in der der Autor das ontologische Argument aufwarf, was für einen Thomisten als Exotismus galt. Aber diese Bezugnahme hat es mir ermöglicht, mich Del Noce anzuschließen und seine Sicht der Moderne zu verstehen. Diese darf nicht als Linie verstanden werden, die sich aus aufeinander folgenden Schritten zusammensetzt, die die Kirche gegen ihren Willen von der Vormoderne zur Postmoderne führen, sondern diese Linie besteht aus Abschnitten, die die Moderne auf moderne Weise durchquert haben. Wir sind also nicht nur die Väter der Moderne, sondern wir haben an ihrer Definition auch mitgewirkt [...] – mit dem Katholiken Descartes – ohne bis zum bitteren Ende antimodern, sondern gegen bestimmte Tendenzen der Moderne zu sein. Die klassischen Antimodernisten waren die Traditionalisten des 19. Jahrhunderts. Diese Spezies ist seit dem Zweiten Vatikanum ausgestorben.[61]

Del Noce eröffnete Methol also den Blick auf vollkommenes Neuland: den »modernen« Strang des postcartesianischen Augustinismus, der bei Rosmini kulminierte. Er war das fehlende Glied, das entscheidend dafür war, das Verhältnis von Katholizismus und Moderne auf eine nicht extrinsische, grundlegende Weise zu verstehen und den Barock auf eine nicht-reaktionäre Art

60 É. Gilson, Athéisme. In Ausgabe 1 des *Nexo* (September 1983, S. 42) rezensierte Methol zwei Werke, eins zu Gilson (R. Echaurí, Pensamiento), und eins von Gilson (É. Gilson, Ser). Dort betonte er die Relevanz eines Aufsatzes Del Noces zu Gilson (A. Del Noce, Riscoperta). Zum Verhältnis von Del Noce und Gilson vgl. M. Borghesi, Vorwort zu É. Gilson, Collega, S. 5–57.

61 A. Methol Ferré, A. Metalli, Papa, S. 154.

und Weise aufzuarbeiten. Die Lektüre des anderen großen historiographischen Werkes Del Noces, *Riforma cattolica e filosofia moderna*, genauer hin des ersten Bands zu Descartes, half Methol dabei, diese Sichtweise zu verstehen.[62] Methols Schreiben an Del Noce vom 5. Januar 1981 bezeugt, dass auch die Lektüre dieses Buches ein einschneidendes Erlebnis für ihn war.

Montevideo, 5. Januar 1981
Prof. Augusto Del Noce

Sehr geehrter Freund:

Ich habe Ihr freundliches Schreiben und auch Ihr Buch *Riforma cattolica e filosofia moderna – Cartesio* erhalten. Ich danke Ihnen von ganzem Herzen für Ihre Großzügigkeit und Aufmerksamkeit. Dies gibt mir die Gelegenheit, Ihnen erneut zu schreiben und Sie in einigen Punkten um Rat zu bitten.

Die Philosophie mag zwar meine größte intellektuelle Leidenschaft sein, aber hier in Lateinamerika (und vor allem in Uruguay) herrscht in dieser Hinsicht ein äußerst verarmtes und unselbstständiges Klima. Uns fehlt eine eigene philosophische Tradition. Wir sind die Kinder eines Spaniens, das bei Suárez und Juan de Santo Tomas stehen geblieben ist, das heißt, wir sind die Kinder eines vormodernen Spaniens. Nichtsdestotrotz spielte es in der Gestaltung der katholischen Reform eine entscheidende Rolle. Dies ist der ursprüngliche Stempel, der Lateinamerika aufgedrückt wurde. Trient ist unser kultureller Untergrund. Vielleicht kann Guzmán Carriquiry Ihnen einen meiner Artikel zum Thema Wissenschaft und Philosophie in Lateinamerika zukommen lassen; ich würde heute zwar nicht mehr alles, was darin steht, unterschreiben, der Artikel gibt aber meine Gedanken zum Verhältnis zwischen Lateinamerika und der Moderne gut wieder. In diese Richtung tendieren im Moment meine Überlegungen. Sie werden aber verstehen, dass diese erste Phase der Moderne (Descartes, Malebranche, Pascal, Vico) in unseren lateinamerikanischen Wurzeln nicht vorhanden ist. Das bedeutet, dass sie zwar notwendig und lebenswichtig ist, um Lateinamerika und die Kirche zu verstehen, aber kulturell weit von uns entfernt und für direkte und tiefgrün-

---

62 A. Del Noce, Riforma.

digere Auseinandersetzungen nur schwer zugänglich ist. In diesem Punkt sind die Europäer unersetzlich. Daher fesselt mich die Zeit nach der Französischen Revolution, das 19. Jahrhundert, mehr – nicht etwa, weil ich es für wichtiger halte, sondern weil es einen direkteren Bezug zu Lateinamerika hat. Aber natürlich ist diese Zeit die erste Phase der Moderne.

Ich denke, Ihr Werk macht mich mit den Grundlagen vertraut, die es mir ermöglichen, über diese zweite, moderne Phase nach der Französischen Revolution nachzudenken, die bereits eine zeitgenössische Angelegenheit ist.

Mein Hauptschwerpunkt ist die Geschichtsphilosophie. In einer Kritik Gutiérrez', des lateinamerikanischen Befreiungstheologen, habe ich die These vertreten, dass es zwingend notwendig ist, Augustinus und Vico auf die Höhe unserer Zeit zurückzubringen. Die Wahrheit ist, dass ich von Vico eine vage Ahnung habe, ihn aber nicht gut kenne. In meinem Umfeld ist er unbekannt und seine Bibliographie ist hier nicht zugänglich. Deswegen möchte ich Sie um Rat bitten. Ich habe in Ihrem Werk die Ankündigung eines dritten Bandes zu Vico gesehen. Wird er bald erscheinen? Haben Sie bereits andere Studien zu Vico veröffentlicht?

Ich habe meinerseits nicht die Zeit, mich mit Vico zu befassen. Aber ich muss es tun, so gut ich kann, da er der Vater der Philosophie der modernen Geschichte und daher ein wichtiger Ausgangspunkt ist. Welche grundlegenden Werke zu Vico würden Sie mir empfehlen, die ich unbedingt lesen sollte? Bücher und Artikel. Ich lese Ihren *Cartesio*, und ich bin voller Bewunderung dafür, wie jede Seite vor inhaltlichem Reichtum nur so strotzt. Hier nun eine ganz kurze, sehr oberflächliche Bemerkung. Sie sagen, der religiöse Cartesianismus sei ein Augustinismus ohne Geschichtstheologie. Wo würden Sie dann Bossuet verorten? Natürlich sollten seine *Abhandlung* und seine *Politik* zusammen gelesen werden (auch mit seiner Ekklesiologie). Und es scheint mir, dass ein paar Überlegungen hinsichtlich eines Vergleichs mit Vico notwendig wären. Vielleicht ist es Bossuet, der ein Ende bringt, das »alte Regime«, das das reaktionäre katholische Denken des 19. Jahrhunderts vor der »demokratischen« Rückgewinnung von Suárez und Thomas vergiftet, mit der jedenfalls Vico nicht unvereinbar ist. In Ihrem Buch fiel mir auf, dass Sie Bossuet gar nicht erwähnen. Ich weiß nicht, was das zu bedeuten hat oder was das für Folgen haben könnte. Ich glaube, dass der Bezugsrahmen für das katholische historische Denken nach der Französischen Revolution in erster Linie Bossuet und dann Vico war. Auf jeden Fall scheint es, dass Sie in Ihrem

Werk über die katholische Reformation und das moderne Denken Bossuet mitberücksichtigen sollten, auch wenn Vico wesentlich fruchtbringender und grundlegender ist. Denn zumindest für mich ist es heute viel dringender, die »Geschichte« zu betrachten und zu verstehen als sich mit der »Natur« auseinanderzusetzen (die »historisch« geworden ist).

Den gleichen Ratschlag, um den ich Sie hinsichtlich Vicos gebeten habe, erbitte ich auch in Bezug auf Gioberti und Rosmini. Auch hier grundlegende Werke, die man gelesen haben muss. Hier in Montevideo gibt es eine italienische Buchhandlung, und wenn Sie etwas Geduld haben und warten, können Sie alles bestellen.

Bei uns ist das italienische Denken eine große Unbekannte. Vorher erreichte uns nur Croce. In der Nachkriegszeit kam dann Sciacca, ich habe einige seiner Vorlesungen in Montevideo gehört. Er hat mich aber nicht besonders interessiert. Und sonst nichts. Aber durch eine einzigartige Verbindung aus Gelesenem und Einblicken (insbesondere durch Ihr Werk) interessiere ich mich nun sehr für das italienische Denken. Von den Thomisten hat mich Bontadini beeindruckt. Es scheint, dass die italienische »Wiederholung« Hegels durch Gentile dem italienischen Denken die Dynamik eines modernen Geschichtsverständnisses gegeben hat, wodurch es dem heutigen Denken in Frankreich und Deutschland überlegen geworden ist, das keinen Ausweg zu haben scheint. Vielleicht liegt das Drama Italiens in eben jener intellektuellen Kraft inmitten des förmlichen Sumpfs eines kleinen Landes, das sein Denken nicht allein verwirklichen kann: nur durch eine »europäische«, nicht mehr italienische Vision und Umsetzung. Aber man muss die nationalen philosophischen Traditionen zu einem einzigen intellektuellen Prozess vereinen und sie dadurch »europäisch« machen.

Vielleicht steht Italien in dieser Hinsicht besser da als Frankreich und Deutschland, die zu »national« aufgestellt sind. Italien hingegen hat genug von seiner eigenen Tradition, um »europäisch« werden zu können, ganz im Gegensatz zu Spanien, das philosophisch gesehen viel ärmer ist und vorerst nichts anderes zu tun hat als zu übersetzen. Ein europäischer Übersetzer, kein Schöpfer. Zu uns in Lateinamerika kommt der »Westen« (Kontinentaleuropa und die angelsächsische Welt) auf chaotische Weise.

Wie Sie sehen, hat mich Ihr Denken nicht nur angeregt, sondern es hat mir auch die »italienische Frage« eröffnet. Nun, ich denke, sie hilft dabei, die Lage in Lateinamerika zu beleuchten. Ich habe Ihre Kategorie des *Risorgi-*

mento vor kurzem in einer Studie angewandt, die ich Ihnen zusenden werde, sobald der CELAM sie veröffentlicht hat.

Ich halte Ihre Sicht der Moderne nicht nur für am angemessensten; ich glaube, dass sie auch die unvorhersehbarsten Entwicklungen und Schlussfolgerungen ermöglicht. Ich glaube, dass hier die Errungenschaften des Zweiten Vatikanischen Konzils philosophisch in Gang gesetzt worden sind. Ich meine hier die Errungenschaften, die das Zweite Vatikanische Konzil »bereits« und »noch nicht« vollzogen hat.

Seien Sie sich abermals meiner Anerkennung und intellektuellen Bewunderung gewiss.

Mit freundlichen Grüßen
Alberto Methol Ferré

Anm.: Ich weiß Ihre Unterstützung bezüglich *Il suicidio della rivoluzione* sehr zu schätzen. Wir werden uns an den Herausgeber wenden, sobald wir finanziell in der Lage sind, den Verlag zu gründen, was hoffentlich bald der Fall sein wird.[63]

Nachdem er Del Noces Band über Descartes erhalten hatte, las Methol zwischen Ende 1980 und Anfang 1981 begierig dieses von Jean Laportes meisterhafter Interpretation angeregte Werk, das mit der säkularen Lesart eines säkularen und rationalistischen Descartes Tabula rasa machte. Die »cartesianische Ambiguität« stelle Descartes, so Del Noce, an den Ursprung sowohl des rationalistischen als auch des katholischen Strangs der Moderne. Dies revolutioniere die gesamte moderne Philosophie. 1987 schrieb Methol in Ausgabe 12 der *Nexo*: »Die Sicht von der antagonistischen Bewegung der philosophischen Moderne veranlasst uns heute dazu, eine Relektüre vorzuschlagen, mithilfe Del Noces großem Werk *Riforma cattolica e filosofia moderna*«.[64] Dies bedeutete auch, dass die Rolle des Augustinus in der Moderne neu bewertet werden musste: »Notwendig sind dafür die Philosophien der mo-

63 Unveröffentlichtes Schreiben, A. Methol Ferré an A. Del Noce, 5. Januar 1981, Fondazione Centro Studi Augusto Del Noce«, Savigliano (CN).

64 A. Methol Ferré, Przywara, S. 31.

dernen Geschichte, in gegenseitiger Kritik und Läuterung. Die Ansätze von Theologen wie von Balthasar und Przywara sind hierbei unverzichtbar.«[65]

Die Entdeckung eines »anderen« Descartes, der Bedeutung Vicos und vieles mehr: All dies lief in der Kategorie des *Risorgimento* zusammen, die Methol in seinem 1981 erschienenen Aufsatz »Il risorgimento cattolico latinoamericano« anwandte. Dieser Artikel wurde auch im ersten Brief Del Noces an Methol vom 16. Mai 1982 erwähnt, der mir vorliegt. Darin geht es um den jüngst entbrannten Falkland-Krieg, in dem England gegen Argentinien kämpfte.

00197 ROM, viale Parioli 76
16. Mai

Lieber Methol Ferré,

Im *Sabato* habe ich einen wirklich großartigen Artikel von Ihnen über die Bedeutung des Konflikts zwischen Argentinien und England für Lateinamerika gelesen. Darin wird die Einheit in einem so tief schürfenden Sinn zementiert, wie ich ihn zuvor nie gesehen habe; und die Einheit Lateinamerikas bedeutet auch seine Loslösung vom Westen, der heute so sehr wie nie zuvor »das Land der untergehenden Sonne ist«. Dieser Konflikt hätte ein Zeichen für Kontinentaleuropa sein können, um das englische Joch abzuschütteln, das seit Jahrhunderten auf ihm lastet, ja man könnte sagen, seitdem es kein katholisch vereintes Europa mehr ist. Die Solidarität zwischen Europa und dem lateinamerikanischen Kontinent ist Europas einzige Chance, sich als moralische Instanz zu behaupten. Zumindest die Länder des lateinischen Europas hätten dies so empfinden sollen. Bisher war dies nicht der Fall: ich meine nicht von Seiten der italienischen Bevölkerung, die mehrheitlich für Argentinien ist, sondern von Seiten der Politiker. Und damit geht eine einmalige Chance verloren. Gott gebe, dass zumindest Italien sich nicht an der Erneuerung der Sanktionen gegen Argentinien beteiligt. Darüber wird in diesen Tagen diskutiert, und leider bin ich eher pessimistisch.

65 Ebd.

Ich habe Ihren Artikel »El Resurgimiento catolico latino-americano« mehrmals mit lebhaftester Zustimmung gelesen. Sehr gut ist unter anderem die Kritik am Konzept der Moderne, wie es der Soziologe Germani formuliert hat, dessen Werk nun leider auch in Italien erfolgreich ist.

In lebhaftester Freundschaft grüße ich Sie
Ihr Augusto Del Noce.[66]

Auf diesen Brief folgte ein weiterer vom 16. Juni, in dem es ebenfalls um den englisch-argentinischen Krieg sowie auch um eine Reise ging, die Johannes Paul II. vom 28. Mai bis 2. Juni 1982 nach England führte.

Viale Parioli 76
00197 ROM
Rom, 16. Juni

Lieber Methol Ferré,

Ich schreibe Ihnen in einem sehr traurigen Moment, noch trauriger für Sie, der Sie in Ihr Land zurückgekehrt sind. Das Schauspiel, das der Westen und Europa gerade bieten, ist jener Seuche, die diese in den Jahrzehnten nach dem Krieg moralisch zerstört hat, wirklich ebenbürtig; und tatsächlich müssen wir sagen, dass sich die Bourgeoisie im Endstadium befindet und gerade endgültig von der »Tugend« verabschiedet.

Nur schwer lässt sich das Entsetzen beschreiben, das einen ergreift, wenn man mit ansehen muss, wie England genau in dem Moment angreift, in dem der Papst gerade das Wort ergreifen will (und sicherlich war der Angriff zu diesem Zeitpunkt unvorhergesehen), und wie es einen Sieg erringt, in den sich Gotteslästerung mischt. Doch dieser Sieg wäre ohne die entscheidende Unterstützung der Vereinigten Staaten nicht zustande gekommen. Als wäre es wahr, dass es kein Europa gibt! Stattdessen hat sich in den letzten Jahr-

---

66 Unveröffentlichtes Schreiben, A. Del Noce an A. Methol Ferré, 16. Juni 1982, Archivo de Alberto Methol Ferré en el Centro de Documentación y Estudios de Iberoamérica (CEDEI) de la Universidad de Montevideo (Uruguay). Zum Falkland-Krieg vgl. A. Methol Ferré, Malvinas.

zehnten tatsächlich ein Europa mit einer nordamerikanischen Hegemonie (die die Köpfe und Herzen der Europäer in einer nie dagewesenen Weise korrumpiert hat) herangebildet, eine Macht zweiten Grades; und es ist Europa, das gleichgültig zuschaut, wie nicht nur Argentinien Unrecht widerfährt, sondern wie auch Palästina Opfer eines Völkermords durch die Israelis wird.

Nicht einmal die Situation der Kirche bereitet mir mehr Freude. Gegen den Strom zu schwimmen ist fürwahr schwierig. Die Vertreter der Theologie der Säkularisierung arbeiten weiter an der Marginalisierung der katholischen Kultur und der katholischen Bräuche. Die Absichten des Papstes sind sicherlich äußerst rechtschaffen, aber mir scheint, dass ihm in katholischen Kreisen nur wenige Gehör schenken. Es reicht, ich denke, wir verharren in diesem Zustand der Entmutigung. In diesem Moment erhalte ich Ihre Arbeit zu den Menschenrechten [?], die ich mit lebhaftem Interesse lesen werde.

Die besten und herzlichsten Grüße
Ihr Augusto Del Noce.[67]

Die überlieferte Korrespondenz endet hier. Die Beziehung zwischen den beiden fand damit natürlich aber noch kein Ende. Del Noce und Methol sprachen beide beim »Premier colloque international de la pensée chrétienne«, das vom ISTRA (Istituti di studi per la transizione) organisiert wurde und vom 23. bis 25. September 1983 in Rom stattfand. Das Thema war »Karol Wojtyła: philosophe, théologien, poète«. Gewiss ist, dass Methol bei Del Noce die notwendigen Kategorien fand, um die Kluft zwischen Katholizismus und Moderne zu schließen – nicht nur vom politischen Standpunkt aus, wie es Maritain tat, sondern auch vom philosophischen Standpunkt aus. Mithilfe dieser Kategorien erkannte er, dass Puebla tatsächlich den Beginn eines lateinamerikanischen *Risorgimento* eingeläutet hatte:

> Mit Puebla beginnt die Vertiefung des Zweiten Vatikanischen Konzils in Bezug auf die lateinamerikanische Geschichte. Dieser Befund erfordert eine weitreichende, universelle Untersuchung, die uns auch wieder mit der latein-

67 Unveröffentlichtes Schreiben, A. Del Noce an A. Methol Ferré, 16. Juni 1982, Archivo de Alberto Methol Ferré en el Centro de Documentación y Estudios de Iberoamérica (CEDEI) de la Universidad de Montevideo (Uruguay).

> amerikanischen nationalen Generation der 1920er und 1930er-Jahre zusammenbringt. Sie konfrontiert uns mit der Kritik an und der Übernahme der Moderne durch Waldo Frank, Northrop und Sorokin, aber vor allem mit Victor Frankl und Augusto Del Noce. Das heißt, sie bringt uns dazu, das Potential des amerikanischen und des kirchlichen Barock wiederzuentdecken, um die Zukunft zu gestalten. Das Zweite Vatikanum beginnt, uns mit seinen »Virtualitäten«, seinem Odem vertraut zu machen. Wir befinden uns keineswegs in der Phase der »Restauration«, sondern in der des *Risorgimento*.[68]

Dadurch eröffnete sich – neben der Revolution und der von rechten klerikalen Regimes proponierten Restauration– eine dritte Möglichkeit. Methol befand sich hier auf der gleichen Wellenlänge, die Jorge Mario Bergoglio 1974 dazu veranlasst hatte, die Gesellschaft Jesu als übergeordnete Synthese von Gegensätzen zu konzipieren: »Das *Risorgimento* ist das Durchbrechen des Teufelskreises von Integralismus und Aufklärung, und dies bedeutet, dass die Moderne neu interpretiert werden muss. Diese Moderne, die gebrochen und neu geschaffen werden muss, impliziert, dass ihr gegenwärtiges Interpretationsschema, das bei Hegel am vollkommensten formuliert ist, in eine Krise versetzt wird. Eine große Generation, von Marx bis Weber, beruft sich auf diesen höchsten geistigen Vertreter der Moderne. Es ist eine Moderne, die sich von der katholischen Kirche distanziert, weil sie sich als einen historischen Prozess versteht, der irreversibel auf Immanenz, Säkularisierung, Entmythologisierung, die Beseitigung des Übernatürlichen und den Tod Gottes ausgerichtet ist. Eine Moderne, die als Prozess der Immanentierung transzendenter christlicher Bedürfnisse zu verstehen ist, der im zeitgenössischen Atheismus und Nihilismus mündet und Formen annimmt, die mal tragisch, mal gleichgültig, mal politisch sind. Diese Vorstellung von Moderne führte 1864 zu einer harschen Reaktion wie dem *Syllabus*, in dem die These ›Der Papst kann und muss sich mit dem Fortschritt, dem Liberalismus und der heutigen Zivilisation versöhnen und vereinigen‹ als irrig gegeißelt wurde; ein Syllabus, der damals als ›höchste Herausforderung galt, die das sterbende Papsttum der modernen Welt stellte‹. Heute werden wir jedoch Zeugen des Scheiterns dieser Idee-Macht.«[69]

---

68 A. Methol Ferré, Risorgimento, S. 263.
69 Ebd., S. 262.

Das Verdienst, den hegelschen Rahmen dekonstruiert zu haben, dem der *Syllabus* selbst in der Entgegensetzung unterworfen sei, gebühre Augusto Del Noce.

> Ausgelöst wird die intellektuelle Zerstörung des Modernisierungskonzepts in *Il problema dell'ateismo* durch den Übergang einer Gesellschaft, die durch eine transzendente Religion geeint ist, zu einer Gesellschaft, die durch ein immanentistisches Lebenskonzept geeint wird. Del Noces Philosophie verläuft durch die Geschichte der Philosophie; daher kann sie der Zerreißpunkt des hegelschen Entwurfs der Moderne sein, der alles hegelianische Denken durchdringt, und sie überwindet es, indem sie es in eine breitere und umfassendere historische Sicht integriert. Möglicherweise konnte Del Noce diesen Schritt wagen, weil in Italien der historizistische Idealismus Gentiles und der Marxismus Gramscis, beides Extrempunkte der hegelschen Philosophie, außerordentlich intensiv zum Tragen kamen. Eben durch diese Extreme ist Del Noce davon abgewichen. Indem er dieser Version von Moderne die letzte Ölung spendete, fand Del Noce eine komplexere und wahrhaftigere Moderne wieder, einen neuen Ausgangspunkt.[70]

Ebenso wie die Konferenz von Puebla stellt Del Noces Denken für Methol *einen neuen Ausgangspunkt* dar. Es gestattet jene Synthese vom Barock und den modernen Freiheiten, die Puebla vorschlug, ohne sie jedoch thematisieren zu können: »Für Del Noce ist das Problem des Begriffs der ›modernen Philosophie‹ (der im Begriff der ›modernen Welt‹ vorausgesetzt wird) untrennbar mit der Revision des Begriffs der katholischen Reformation (Trient) verbunden. ›Die in der modernen Philosophie bestehende Idee des Prozesses hin zur Immanenz korreliert mit der in der Gegenreformation bestehenden Idee der geistigen Sterilität.‹ Del Noces Werk wird durch *Riforma cattolica e filosofia moderna* vollendet, dessen meisterhafter erster Band sich mit Descartes befasst, der unbestreitbar der Begründer der modernen Philosophie als solcher war. Dort erkennt der Autor den problematischen Ursprung der Moderne und ihre in ihrem Wesen konfliktreiche Verzweigung, aus der sich die beiden modernen Traditionen, die ›katholische‹ und die ›immanentistische‹, ergeben. Die katholische Tradition ist aus dem Barock mit seinem klassischen Höhepunkt bei Descartes, Malebranche, Pascal und Vico hervor-

70 Ebd.

gegangen. In ihrer ersten Welle kam es zur Gestaltung von Trient, zur Bekräftigung der radikalen Freiheit des Menschen – ein Spiegelbild von Gottes eigener Freiheit –, die in der außerordentlichen ›thomistisch carmelitischen‹ (Báñez, Hl. Teresa, Hl. Johannes vom Kreuz) und ›jesuitischen‹ (Molina, Suárez) Spannung zum Ausdruck kommt: der erste Barock, der die Geburt Lateinamerikas begünstigte. Dadurch wurde der Frankl-Del Noce-Kurzschluss ausgelöst, wodurch der zweite sich gegen den ersten durchsetzte, was heute aufgrund der Rückgewinnung der Volksreligiosität des lateinamerikanischen Substrats möglich ist, des Barocks unseres Volks und unserer Armen. Puebla verwirklicht dies durch seine Forderungen.«[71]

In Methols Denksystem, einer wahrlich außergewöhnlichen intellektuellen Schmiede, hatte die Begegnung mit Del Noce einen besonderen Stellenwert. Del Noces Neubewertung der Vorstellung des barocken Zeitalters als *modern* gestattet auch eine Neubewertung der religiösen Tradition Lateinamerikas. Diese entbindet sie von jener Hypothek der Reaktion, die sie der Erpressung der Säkularisierung aussetzt.

> In diese Linie der »katholischen Moderne«, von der Del Noce sprach, reihen sich Tocqueville, Bordas Demoulin, Buchez, Gratry, Cournot und Blondel ein sowie alles, was letztlich im Zweiten Vatikanum gipfelte. Jenes »Risorgimento« scheiterte möglicherweise daran, dass seine Bedürfnisse nur durch das Zweite Vatikanum erfüllt werden konnten. Semantisch gesehen ist das *Risorgimento* das Gegenteil von Restauration. Das *Risorgimento* ist eine Neuentwicklung ewiger Werte, ihre Purifikation; es verlangt nach Erneuerung und historischen Schöpfungen.[72]

Innerhalb Methols Überlegungen zur Natur Lateinamerikas ist Del Noce der Schlüssel, um die Begegnung von Christentum und Moderne zu verstehen.[73]

> Während man vulgo glaubt, dass sich die Moderne gegen die Kirche entfaltet, zeigt Del Noce, dass der Begründer des modernen Denkens ein Katholik ist, nämlich Descartes. Andere Vaterschaften gestattet er nicht und er lässt nicht zu, dass andere davon Besitz ergreifen. Es gibt eine *empiristische* moderne Tradition und eine *pantheistische* moderne Tradition, die sich dann im Materialismus fortsetzt, aber es gibt auch eine *katholische* moderne Tradition.

71 Ebd., S. 262–263.
72 Ebd., S. 265.
73 Vgl. B. Díaz Kayel, Methol.

Während die von Zeitgenossen geschriebene Geschichte der Philosophie das katholische Denken zur Moderne ausschließt und als vormodern einstuft, ist es bei Del Noce legitim, zu dem Schluss zu kommen, dass die Kirche nicht nur am Ursprung der Moderne steht, sondern dass sie die moderne Dimension nie ganz verloren hat, auch damals nicht, als angesichts der Verfolgung durch die Französische Revolution in ihrer Mitte eine antimodernistische Reaktion entstand; diese hat, und das muss man betonen, unter anderem den Traditionalismus gestärkt. Del Noce war es, der die Reflexion über die dritte moderne Strömung, die katholische, angestoßen hat; ausgehend davon gelang es ihm, die beste philosophische Interpretation unserer Zeit vorzulegen: Und so umriss er den Selbstmord der Revolution und den Aufstieg des freigeistigen Atheismus in der heutigen Gesellschaft. Daher ist es ahistorisch, eine Überwindung der Moderne außerhalb der Moderne zu entwerfen.[74]

4.4 Freigeistiger Atheismus und die Kritik an der Gesellschaft im Überfluss

Auch in den frühen 1980er-Jahren befasste sich Methol mit Del Noce.[75] Denn dessen Denken half ihm nicht nur dabei, sich mit der Vergangenheit – einem neuen Verständnis von Moderne – auseinanderzusetzen, sondern auch mit der Gegenwart, die vom »Selbstmord der Revolution« und dem »Aufkommen des freigeistigen Atheismus« gekennzeichnet war. Diese Phänomene hatte Del Noce bereits vor 1989, dem Jahr des Berliner Mauerfalls, und vor

---

74 A. Methol Ferré, A. Metalli, Papa, S. 153. Rodrigo Guerra López zufolge beeinflusste diese antimanichäische Auffassung der Beziehung von Kirche und Moderne über Methol Ferré auch Bergoglio: »Das heißt, für Papst Franziskus ist die Moderne kein zu besiegender Feind, sondern ein zu eroberndes Territorium. Ich glaube, er hat dies auf der konzeptionellen Ebene in hohem Maße von Methol übernommen. Methol wiederum hat es von Augusto Del Noce übernommen, der im Gegensatz zu Cornelio Fabro und Étienne Gilson zu dem Schluss kommt, dass die Moderne kein unfehlbarer, mehr oder weniger deterministischer Weg zur Dekadenz, zum Immanentismus ist, sondern dass es mehrere Wege gibt. [...] Im Fall von Franziskus ist dies grundlegend, denn es ist offensichtlich, dass er nach der Prämisse lebt, eine Grundsympathie für alle Menschen, für alle Haltungen, für alle Ideen zu haben« (J. Antúnez, P. Maillet, »La modernidad no es un enemigo a vencer, sino un territorio a conquistar«, Interview mit Rodrigo Guerra López, in *Humanitas. Revista de antropología y cultura cristianas* 84, 2017, S. 31).

75 1984 rezensierte Methol Del Noce, Cattolico, in *Nexo*, 4 (1984), S. 48–49.

der vollen Entfaltung des Zeitalters der Globalisierung vorausgesagt. Mit dem Verschwinden des sowjetischen Kommunismus änderte sich die historische Szenerie und für die Kirche nahm der »Feind« eine andere Gestalt an. Dies erforderte ein Geschichtsbewusstsein, das der Herausforderung des Augenblicks gewachsen war: »Gewiss. Eine ›Mission‹ ohne Geschichtsbewusstsein hat immer etwas Zerbrechliches. Nur eine gute Einordnung der Merkmale des Feindes – des Primärfeindes – bestimmt den Charakter einer Epoche, und in den Merkmalen einer Epoche liegt die Antwort der Kirche auf diesen konkreten Feind. Verschwindet ein Feind, taucht ein anderer auf: Im Laufe der Geschichte erscheint nacheinander eine ganze Reihe von Primärfeinden. Die Geschichte kann man nicht ohne die Gegenwart des Bösen und seines Gegenteils, der Liebe, die dem Bösen überlegen ist, verstehen. Es gibt nichts Intelligenteres als die Liebe. Wenn man nicht versteht, wer zu einem bestimmten Zeitpunkt in der Geschichte der Primärfeind ist, liegt das nicht an einem Mangel an Arglist, sondern an einem Mangel an Liebe. Intelligenz und Liebe sind letztlich untrennbar miteinander verbunden.«[76] Es ist die Liebe, die es uns Methol zufolge ermöglicht, die Freund-Feind-Dialektik zu überwinden, indem man »den Feind als Freund wiedergewinnt«.[77] Es geht hier um die zweite Form von Fessards Dialektik (die der Liebe zwischen Mann und Frau), die ihre Überlegenheit über die erste (die zwischen Herr und Knecht) demonstriert. Dadurch wird die *dia-bolische* Haltung *dia-logisch.*

Wer aber war nach dem Niedergang des Kommunismus der neue Widersacher? *Der freigeistige Atheismus.* »Das Paradoxe ist, dass der Tod Gottes den messianischen Atheismus an sich zerstört. Tatsächlich hat sich die Gestalt des Atheismus radikal verändert. Er ist nicht länger messianisch, sondern freigeistig; er ist nicht revolutionär im sozialen Sinne, sondern Komplize des Status quo; er ist nicht an Gerechtigkeit interessiert, sondern an all dem, was es uns ermöglicht, einen radikalen Hedonismus zu kultivieren«.[78] Die Beschreibung dieses Umschwungs vom messianischen zum freigeistigen Atheismus hatte Methol bei drei amerikanischen Politikwissenschaftlern und beim italienischen Philosophen Augusto Del Noce entdeckt: »Drei Amerikaner haben versucht, die Probleme der Zeit nach 1989 ganzheitlich zu unter-

---

76 A. Methol Ferré, A. Metalli, Pap, S. 55–56.
77 Ebd., S. 56.
78 Ebd., S. 53.

suchen: Fukuyama im Jahre 1992, Brzezinski 1993 und Huntington 1995. Interessant ist dabei: Es geht hier um ein Trio von Intellektuellen aus den Vereinigten Staaten, wohingegen die Überlegungen zu einer globalisierenden Synthese nach dem Zweiten Weltkrieg überwiegend europäisch geprägt gewesen waren; man denke etwa an Pitirin Sorokin, Arnold Toynbee, Karl Jaspers und den Franzosen René Grousset«.[79] Von den drei Politikwissenschaftlern »hat Zbigniew Brzezinski das Profil dessen, was im Entstehen begriffen ist, am besten nachgezeichnet. Er bezeichnet die Konsumgesellschaft der kapitalistischen Welt als Füllhorn unendlicher Sehnsüchte«.[80] Für Brzezinski »steht der Begriff des ›permissiven Füllhorns‹ im Wesentlichen für eine Gesellschaft, in der der progressive Rückgang der Zentralisierung moralischer Kriterien Hand in Hand geht mit der steigenden Sorge um materielle und sinnliche Selbstbelohnung. Im Gegensatz zu einer erzwungenen Utopie postuliert das permissive Füllhorn nicht einen unendlichen Zustand gesellschaftlichen Glücks für die Erlösten; sein Ziel ist vor allem die unmittelbare Befriedigung individueller Wünsche in einem System, in dem das Individuum und der kollektive Hedonismus zum dominierenden Verhaltensmotiv werden. Egoismus ist ›gut‹ – so lautete der Kampfruf der nordamerikanischen Yuppies der späten 1980er-Jahre. Dies ist auch ein treffendes Motto für das permissive Füllhorn«.[81]

Als »permissives Füllhorn« bezeichnet Brzezinski all das, was Del Noce 1963 in einem Aufsatz mit dem Titel »Appunti sull'irreligione occidentale«, der in *Il problema dell'ateismo* erschien, unter dem Begriff der »Gesellschaft im Überfluss« gefasst hatte.[82] Darin beschrieb er das Aufkommen eines neuen Atheismus, der nicht messianisch, sondern agnostisch ist; ein empirischer Atheismus, der den Sieg Comtes über Marx bestätigt. Daher, so Methol, »sind Brzezinski und Del Noce auf verschiedenen Wegen unterwegs, kommen aber am selben Punkt an. Der zeitgenössische Atheismus unterscheidet sich vom vorherigen Atheismus, dessen Ziel die Auslöschung des religiösen Phäno-

---

79 Ebd., S. 39. Bei den drei Werken amerikanischer Intellektueller zur Globalisierung handelt es sichum F. Fukuyama, End; Z.K. Brzezinski, Control (it. Übersetzung: Z.K. Brzezinski, Mondo); S. Huntington, Kampf.

80 A. Methol Ferré, A. Metalli, Papa, S. 52. Vgl. Z.K. Brzezinski, Mondo, S. 232ff.

81 Brzezinski, Mondo, S. 73.

82 A. Del Noce, Problema, S. 293–333. Zur »Gesellschaft im Überfluss« bei Del Noce vgl. M. Borghesi, Del Noce, S. 269–309.

mens war und der auf dieses Ziel hin organisiert war. Allem Augenschein nach schafft er keine auf dieses Ziel ausgerichtete Institutionalität, sondern er sorgt für eine weit verbreitete Präsenz, die die Gesamtheit jeder Gesellschaft mit einem Minimum an etablierten Gesellschaftsformen durchdringt. Tatsache ist, dass in einer wertelosen Welt am Ende nur der Wert des Stärksten bleibt. Wo alles einen identischen Wert hat, obsiegt nur ein Wert: Macht. Freigeistiger Agnostizismus wird zum Hauptkomplizen einer etablierten Macht.«[83] Der freigeistige Atheismus ist dem Anschein nach rebellisch und nonkonformistisch. In Wirklichkeit ist er jedoch ein wesentlicher Aspekt des Neo-Kapitalismus der 1980er- und 1990er-Jahre: »Der messianische Atheismus litt unter einer jüdisch-christlichen ›Kontaminierung‹ der Welt. Dieses Erbe kennt der freigeistige Atheismus nicht oder nur minimal. Der messianische Atheismus wollte die Welt verändern; der freigeistige Atheismus ist ein organischer Bestandteil der Macht.«[84]

Durch Del Noce und Brzezinski erfasste Methol Ferrés kirchliche Geopolitik die neue historische Welt und fing den Geist der Globalisierung nach 1989 ein. Um den neuen Widersacher des Glaubens zu verstehen, bedurfte es eines universellen historischen Blicks. Im März 2004 schrieb Methol in einem Brief:

Montevideo, 10. März 2004

Sehr geehrter Massimo Borghesi,

Ich grüße Dich! Es freut mich sehr, Dich grüßen zu dürfen und ich danke Dir dafür, dass Du so aufmerksam warst, mir ein paar Artikel zu schicken (vor ein paar Jahren schon, es ging um eine Studie zu Erich Przywara einer Freundin von Dir, Maria Teresa Tosetto. Was ist aus ihr geworden?)

Ich fand sie alle wertvoll, aber am meisten hat mich »Cristianismo y cultura« gefesselt – mitsamt dem Interview über das Gemeinwohl. Voller Enthusiasmus schaue ich auf dieses beginnende 21. Jahrhundert, in dem es ein Höchstmaß an Klärung geben werden muss, um das Volk Gottes inmitten

83 A. Methol Ferré, A. Metalli, Papa, S. 54.

84 Ebd., S. 158.

der Globalisierung seelsorgerisch begleiten zu können. Ich glaube, ein paar Überlegungen dazu von Deiner Seite wären sehr gut, ein Buch, in dem Du Deine globalen historischen Ansichten zusammenfasst, aus der Sicht der Europäischen Union (und natürlich aus der Sicht der katholischen Kirche). In der Zeit nach 1989 sind zwei oder drei wichtige Bücher erschienen, allesamt von amerikanischen Autoren, die auf der ganzen Welt gelesen wurden (Fukuyama, Huntington, Brzezinski). Anders als nach dem Ersten und dem Zweiten Weltkrieg, als alle Werke aus Europa kamen, gab es nun keine europäischen Werke mehr. Es ist also notwendiger denn je. Entschuldige, aber ich glaube, Du gehörst zu den Fähigsten, und wirst es schaffen. Nur damit wir uns richtig verstehen: ein synthetisches, universelles Werk, ein bisschen wie *Brzezinskis: Out of Control* (1993), der, wenn ich mich recht entsinne, mit Dir und Del Noce einer Meinung ist, ohne dass Ihr Euch kennt. Heute spüre ich, dass die Kirche stark gelähmt ist, zumindest in Lateinamerika, wo sie jedoch Gott sei Dank bereit ist, sich für eine lateinamerikanische Bischofskonferenz zu mobilisieren. Synthetische katholische Werke, aus einem regionalen und weltumfassenden Blickwinkel, sind heute unentbehrlich, und vor allem in Zeiten, in denen ein Pontifikat seinem Ende zugeht. Eine globale Deutung der Zeichen der neuen Zeit ist dringend erforderlich. Und ohne... [ein Wort unlesbar] glaube ich, dass Du einer dieser Autoren sein kannst. Du kannst einfach, synoptisch und umfassend sein. Nutz Deine Begabung!

Eine herzliche Umarmung, und vielen Dank!
Herzlichst
Methol.[85]

---

85 A. Methol Ferré an M. Borghesi, 10. März 2004. Methol bezog sich hier auf die Abschlussarbeit von Maria Teresa Tosetto, *L'antropologia di Erich Przywara* (Università di Torino, akad. Jahr 1983/84), die ich ihm geschickt hatte, da ich wusste, dass er sich für Przywara interessierte. Ferner schickte ich ihm M. Borghesi, Cristianismo; Ders., Bene. Wir hatten uns 1992 in Lima persönlich kennengelernt, anlässlich des IV. Congreso Mundial de Filosofía cristiana. Wir standen daraufhin in regelmäßigem Austausch, vor allem dank unseres gemeinsamen Freundes Alver Metalli, der von 1981 bis 1982 Herausgeber der Zeitschrift *Incontri. Testimonianze dall'America Latina* war und seit 1983 Chefredakteur der internationalen Monatsschrift *30 Giorni* ist. Metalli ist derzeit Chefredakteur des Blogs *Terre d'America. News & Analisi dall'America Latina* (http://www.terredamerica.com/) sowie der spanischen Ausgabe *Tierras de America*. Er machte in der *villa miseria* »La Carcova« am Stadtrand von Buenos Aires ähnliche Erfahrungen wie P. Pepe di Paola und die von

Die Kirche muss mit der Geschichte auf Augenhöhe sein. Ihre missionarische Dimension verlangt es. Andernfalls hinkt sie hinterher und kämpft gegen Feinde, die es nicht mehr gibt, gegen Gespenster der Vergangenheit, und wird so zur Komplizin der wirklichen Gegner der Stunde. Hier sah Methol eine wichtige Verbindung zwischen Nietzsche und Comte. »*De facto* ist Nietzsche heute eher der Postmoderne, Sade und der Gesellschaft im Überfluss verbunden als Marx. Doch während Nietzsches Atheismus, jener tragische Atheismus des Willens zur Macht, am Ende lebensunfähig war, eben weil er konsequent war, begnügte sich sein postmoderner Nachfahr mit einem Haufen Kram. Der Libertinismus der Konsumgesellschaften – ein Nihilismus der Konsumenten – konnte nie mehr als eine Pseudo-Alternative sein, da er intrinsisch parasitär und qua Definition nicht konstruktiv ist. Positivistischer Agnostizismus blieb die einzig konstruktive Alternative, die noch im Angebot war. Kurzum: Der eigentliche Sieg war der Sieg Comtes über Marx. Dieser positivistische, szientistische Agnostizismus, der zwischen dem früheren parasitären Nihilismus und einer vage deistischen, humanitären Religiosität oszilliert, die in ihrem Eklektizismus ökumenisch ist, konnte zu einer ›universellen‹ Alternative für die Mittel- und Oberschichten der führenden Industriegesellschaften werden. Diese vage Religiosität entsprach dem dominierenden praktischen Materialismus und bot Schutz angesichts der Bedrohung durch den Nihilismus und die Leere des Mythos der Revolution.«[86]

Die Gesellschaft im Überfluss, die globalisierte Welt, entsteht also aus der Verbindung von Comte und Sade, von Positivismus und Libertinismus: »In diesem Sinne geht der freigeistige Atheismus Hand in Hand mit einer konservativen Macht und verhält sich gegenüber dem Status quo parasitär, den er tendentiell bestätigt. Augusto Del Noce prophezeite dies bereits vor einem Vierteljahrhundert, als er behauptete, dass die Konsum- und Technologiegesellschaft den Marxismus »verdaut« habe, indem sie ihn seines messianischen Inhalts entleert habe. So sah er, wie der Marxismus – paradoxerweise – zu einer Stütze des Konstrukts der technologischen Gesellschaft und der Gesellschaft im Überfluss verkam. Eine Art Heterogenese der Ziele«.[87]

Bergoglio unterstützten Villeros-Priester. (vgl. E. Piqué, Francisco, it. Übersetzung Piqué, Francesco, Kap. XI: »Le bidonville di Cristo«, S. 181–195).

86 A. Methol Ferré, A. Metalli, Papa, S. 38.

87 Ebd., S. 150.

Der »Selbstmord der Revolution« erzeugt die Gesellschaft im Überfluss: »Der messianische und der freigeistige Atheismus sind zwei antithetische Pole des Atheismus: Sie stoßen einander ab und ziehen sich an«.[88] Sie verursachen eine Polarität, die Brzezinski nicht aufgreift; dieser konzentriert sich auf den einfachen Gegensatz zwischen Marxismus und bürgerlichem Libertinismus.

> Augusto Del Noce ist noch weiter gegangen. Er zeigte die andere Seite der von Brzezinski skizzierten Krise: dass sich nämlich die Dekadenz des messianischen Atheismus – in dem Moment, in dem dieser sein Ziel erreicht – gleichzeitig in eine erzwungene Utopie verwandelt und als Gesellschaft im Überfluss, als vulgärer Materialismus, fortbesteht. Marx war der Meinung, dass die natürliche Ideologie der Bourgeoisie der vulgäre Materialismus sei; Del Noce erkannte jedoch, dass die Krise des Marxismus zwei Zweige hervorgebracht habe: den dialektischen Materialismus auf der einen Seite, der revolutionär und messianisch ist, und den vulgären Materialismus der siegreichen Gesellschaft auf der anderen Seite, der die Areligiosität zu einem Höchstmaß anhebt. Del Noces Überlegungen zum Atheismus in der Postmoderne gaben dem nahezu ausschließlich politischen Ansatz Brzezinskis eine systematische und philosophische Grundlage; Brzezinski war der Meinung, dass die Grundlage, die die Menschenrechte trägt, in dem Moment, in dem die liberale Demokratie obsiegt, anfängt zu bröckeln.[89]

Der Vorzug von Del Noces Ausarbeitungen gegenüber denen Brzezinskis besteht darin, dass er die Zeitgeschichte »dialektisch« versteht; ferner in seiner an Vico angelehnten Kategorie der »Heterogenese der Ziele«, die sowohl die Verwirklichung bzw. die Auflösung des Marxismus als auch die Entstehung einer Gesellschaft im Überfluss erklärt. Del Noces Denken ist also durchaus in der Lage, die »historische Gegenwart« zu interpretieren, die Zeuge des Vorrangs Sades, Comtes und Nietzsches über Marx wird, des Vorrangs einer Melange aus Libertinismus, Nihilismus und technokratischem Positivismus über politischen Messianismus. Interessant ist unter diesem Gesichtspunkt das Urteil, das Methol in seinem Interview mit Metalli über die Pontifikate Johannes Pauls II. und Benedikts XVI. fällte. Seiner Meinung nach ging die

---

88 Ebd., S. 151.
89 Ebd., S. 151–152.

Relevanz Wojtyłas nach 1989 zurück, wohingegen Ratzingers Relevanz jeweils im gegenwärtigen Augenblick lag: »Ratzinger wuchs in Kontakt mit zwei Formen von Totalitarismus auf: dem von Marx symbolisierten messianischen Totalitarismus und dem von Nietzsche symbolisierten Wille-zur-Macht-Totalitarismus. Man kann sagen, dass er der Sohn eines Volkes ist, das sowohl den kommunistischen Messianismus als auch den von Chamberlain und Nietzsche abgeleiteten rassistischen Messianismus zu seinen äußersten Konsequenzen geführt hat. Letzterer stellt eins der Endergebnisse jener Moderne dar, die Zeuge der Agonie des Christentums und christlicher Variationen (als die sie Nietzsche bezeichnete) wie der Französischen Revolution und dem Sozialismus wurde. Nietzsches Atheismus fand seinen stärksten Ausdruck in Ratzingers Nazi-Deutschland, wohingegen der messianische Atheismus in Wojtyłas Polen verwirklicht wurde«.[90] Daraus folgt, dass »Ratzinger – mehr als sein Vorgänger in dem Moment, in dem er Papst wurde – in der Lage war, das traurige Schicksal der Moderne voll und ganz zu verstehen. Johannes Paul II. war der Sohn eines Landes, das unter der Moderne litt, ohne sie selbst geschaffen zu haben. Ratzinger gehört zu jener Zeit und jenem Ort, die die tiefste Krise der Moderne erlebt haben; er konnte daher die vermeintlich vormoderne Tradition, die von denjenigen, die sich modern fühlten, zurückgewiesen wurde, die aber im Grunde genommen die Moderne hervorgebracht hat, nehmen und sie neu bewerten. Wojtyła kannte das katholisch-kommunistische Christentum aus nächster Nähe, in dem Gläubige und Ungläubige Seite an Seite miteinander lebten und miteinander rangen, während Ratzinger die Ausprägungen der größten Krise der Moderne miterlebte – die letzten Gedanken, die in der germanischen Kultur zusammengefasst wurden, von der Reformation an über Hegel, Marx und Nietzsche«.[91]

---

90 Ebd., S. 205–206.

91 Ebd., S. 206. »In Ratzingers kluger Vision ist der Relativismus die Dogmatik der Stunde. Er versucht, das Wahrheitsbedürfnis aus den Erwartungen des Menschen zu vertreiben. Ich bin fest davon überzeugt, dass er dem freigeistigen Atheismus Tür und Tor öffnet, dem siamesischen Zwilling des ethischen Relativismus, auch in Lateinamerika. In der heutigen globalisierten Welt ist ein solches Schicksal für unsere armen und abhängigen Länder besorgniserregend, eine furchtbare Umstürzung der von der Kirche verkündeten bevorzugten Option für die Armen und der damit verbundenen Forderungen nach Verzicht und Freundschaft dem Nächsten zuliebe« (ebd., S. 163–165).

Diese beiden Perspektiven hatten auch Auswirkungen darauf, wie die Kirche Lateinamerikas mit der Gegenwart umging: »Vom Beginn seines Pontifikats an begegnete Johannes Paul II. dem mexikanischen Katholizismus, der gleichsam ein Bruder des polnischen Katholizismus ist, da beide von einer großen traditionellen Vitalität geprägt sind. Ratzinger hingegen begegnete der Zersetzung der Moderne in all ihrer Hässlichkeit. Wie Habermas hatte er in seiner Jugend von jenem dramatischen und zwanghaften Bemühen der Intellektuellen im Nachkriegsdeutschland gezehrt, die Rationalität als geistige Grundhaltung zurückzugewinnen. Deshalb sage ich, dass in Ratzingers Denken Neues und Tradition Hand in Hand gehen.«[92] Diese für Lateinamerika sehr wichtige Synthese legt nahe, dass »sich durch Ratzinger eine neue katholische Moderne entfalten konnte, gleichsam als Entwicklung jener Moderne, die auf dem Zweiten Vatikanischen Konzil ihre umfassendste Ausprägung fand«.[93]

Mithilfe von Brzezinski und Del Noce gelang es Methol, den Widersacher des Glaubens im Zeitalter der Globalisierung klar zu identifizieren. Dies bedeutet jedoch nicht, dass er die Kirche in einen bloß dialektischen Konflikt mit dem neuen Gegner stellen wollte. Es dürfe nicht dem Feind überlassen werden, zu bestimmen, wer der Gegenspieler des Glaubens sei; denn dieser Gegensatz gehe über die Freund-Feind-Dialektik hinaus und wiege den Standpunkt des Gegners auf: »Die Wahrheit hinter dem freigeistigen Atheismus ist die Erkenntnis, dass der Genuss eine tief in der Existenz verwurzelte Bestimmung ist und dass das Leben an sich zur Befriedigung da ist. Ohne diese existentielle Grundlage könnte niemand das Leid des Lebens ertragen, es sei denn, er wäre schrecklichen und extremen Zwängen ausgesetzt. Mit anderen Worten: Tief im Kern des freigeistigen Atheismus liegt ein verborgenes Bedürfnis nach Schönheit. Das Leben selbst ist Genuss: Eine Prostituierte, ein Verrückter, ein Freigeist und ein Mörder leben alle für das, was schön ist im Leben.«[94] Diese Wahrheit werde jedoch vom freigeistigen Atheismus pervertiert, »weil er das Schöne von der Wahrheit und vom Guten (von der Gerechtigkeit) trennt; er zerstört die Einheit aus Schönheit, Wahrheit und

92 Ebd., S. 206.
93 Ebd., S. 207.
94 Ebd., S. 155–156.

Gutem. Und dadurch pervertiert er die Schönheit«.[95] Der Atheismus zerstört die Einheit der Transzendentalien, die, wie wir sehen werden, auch für Bergoglio einen grundlegenden Wert hat: »Das Schöne behält eine ursprüngliche Verbindung mit der Wahrheit und dem Guten; es ist untrennbar mit beiden verbunden. Wenn es aus dieser Einheit herausgerissen wird, zerfällt es zu einem Ästhetizismus für Intellektuelle oder verursacht einen Vitalismus, der um jeden Preis dem Vergnügen nachjagt. In beiden Fällen wird es am Ende zum Komplizen der Ungerechtigkeit«.[96]

Wie sollte sich die Kirche angesichts dieses Phänomens verhalten? Wie sollte sie dieser Dimension begegnen, die im Zuge einer auf dem Verlangen basierenden Wirtschaft ein globales Ausmaß annahm? Methol Ferré zufolge ist »die Kirche historisch gesehen auf der heutigen Weltbühne die einzige, die mit dem freigeistigen Atheismus umgehen kann. Ich sage nicht, dass das absolut ist, also dass dies immer und überall so ist, aber wenn ich mir unsere Zeit anschaue, dann veranlasst mich das zu sagen, dass es heute der Fall ist. Für mich ist nur die Kirche wirklich postmodern. Tatsache ist, dass es menschlich unmöglich ist, den Wahrheitsgehalt des freigeistigen Atheismus in vollem Umfang aufzuwiegen – weder indem man argumentativ noch indem man dialektisch vorgeht, schon gar nicht durch Verbote, Alarmglocken oder abstrakte Regeln«.[97] Denn »der freigeistige Atheismus ist keine Ideologie, sondern eine Praxis. Einer Praxis muss eine andere Praxis entgegengesetzt werden; natürlich eine selbstbewusste und damit intellektuell gewappnete Praxis. Man muss sich auf der Ebene der Erfahrung bzw. der Moral mit dem freigeistigen Atheismus auseinandersetzen«.[98] Das dafür geeignete Modell fand Methol bei Franz von Assisi: »Der heilige Franziskus ist eines der außergewöhnlichsten Beispiele für eine Schönheit, die in einer historischen menschlichen Figur eingefangen und widergespiegelt wird. Im heiligen Franziskus leuchtet die Kraft der Schönheit des Seins. Calvin vermochte es nicht, den freigeistigen Atheismus zu überwinden, weil er ihn einfach leugnete, ablehnte und sich daher dem, was ihn in seinem Kern bewegt, nicht stellte. Der protestantische Asketizismus, so großzügig er auch sein mag, findet keine

95 Ebd., S. 156.
96 Ebd., S. 157.
97 Ebd., S. 159.
98 Ebd., S. 159–160.

Antwort darauf, der Katholizismus hingegen schon. Die größte Schönheit ist die Liebe. Und Liebe ist die vollkommene Einheit aus Wahrheit, Güte und Schönheit. Sie hat eine unendliche Anziehungskraft, die unaufhörlich von ihrem Gegenteil bedroht hat. So ist das Leben.«[99] Nur die »Anziehungskraft«, die »christliche Anziehungskraft« eines Christentums, das als sichtbarer Ausdruck der Einheit der Transzendentalien (dem Schönen, dem Guten, dem Wahren) gelebt wird, kann das vom libertären Hedonismus verzerrte Schönheitsideal nehmen und es zu seiner Wahrheit zurückführen. Hier, im Zeugnis, fand Methol den Weg, den das Christentum in der heutigen Welt einschlagen musste; einem Weg, dem Jorge Mario Bergoglio in seinem Denken Empfinden voll und ganz folgen konnte.

99 Ebd., S. 158–159.

5 Eine Welt ohne Bindungen. Der Primat der Wirtschaft im Zeitalter der Globalisierung.

5.1 Die Globalisierung und die lateinamerikanische *patria grande* bei Methol Ferré und Bergoglio

Dem Urteil, das Methol Ferré auf der Grundlage der Erkenntnisse Del Noces und Brzezinskis über die Gesellschaft im Überfluss und den freigeistigen Atheismus gefällt hatte, konnte Bergoglio, der 1992 Weihbischof von Buenos Aires wurde, vollumfassend zustimmen. Ebenso wie Methol hatte er den Traum von einer lateinamerikanischen *patria grande*, die der christlichen Volkstradition die Bedeutung beimessen konnte, die sie verdiente, und die in der Lage war, sich im Kontext der Globalisierung der 1980er- und 1990er Jahre mit einer eigenen Stimme zu positionieren.

> Methol Ferré und die katholischen Intellektuellen der Gruppe um Gera stellten es sich so vor, dass die Kirche Lateinamerikas in einer globalisierten, auf Staaten und Kontinente fokussierten Zukunft zum Katalysator für ein gemeinsames lateinamerikanisches Schicksal – der *patria grande* – werden konnte. Nach dem Scheitern des nordatlantischen Modells des Wirtschaftswachstums sowie des Sozialismus kubanischer Prägung waren sie zu der Überzeugung gelangt, dass für das Volk Gottes nun der Moment gekommen sei. In den 1980er-Jahren war die von Methol Ferré herausgegebene Zeitschrift *Nexo* der Quell dieser Überlegungen, und Bergoglio, der sie regelmäßig las, trank begierig daraus.[1]

Die beiden Aspekte – die Kritik am technokratisch-hedonistischen Modell und die Errichtung einer lateinamerikanischen Einheit auf der Grundlage eines Christentums des Volkes – sind eng miteinander verbunden. Beiden

1 A. Ivereigh, Reformer, S. 234.

stand Jorge Mario Bergoglio befürwortend gegenüber.[2] Austen Ivereigh erinnert daran, dass

> sich etwa ab Mitte/Ende der 1990er-Jahre der Kontakt zwischen Bergoglio und einem Mentor intensivierte, den er Ende der 1970er-Jahre zum ersten Mal getroffen hatte: dem Uruguayer Alberto Methol Ferré, einem katholischen Intellektuellen, der für die theologische Kommission des CELAM gearbeitet und die Ausarbeitung des Dokuments von Puebla nachhaltig beeinflusst hatte. Methol Ferré darf wohl als der bedeutendste und originellste lateinamerikanische katholische Intellektuelle des ausgehenden 20. Jahrhunderts bezeichnet werden. Die Schriften G.K. Chestertons hatten den Schriftsteller, Historiker, Journalisten und autodidaktischen Theologen Methol (er selbst bezeichnete sich als »ungezähmten Thomisten, ohne Ausbildung am Seminar oder der Universiät«), der damals gerade für die Hafenbehörde von Montevideo arbeitete, dazu bewegt, sich dem Katholizismus zuzuwenden. Als Anhänger Étienne Gilsons und Peróns waren Ferrés Hauptleidenschaften die Kirche und die lateinamerikanische kontinentale Integration. In den zwanzig Jahren, in denen er für den CELAM (1972–1992) arbeitete, konnte er diese beiden Leidenschaften miteinander verknüpfen. Dass Ferré und Bergoglio schließlich zu Verbündeten wurden, liegt auf der Hand: Beide glaubten an die nationale und volksnahe Tradition des Peronismus, waren begeistert von den Entwicklungen in Medellín, standen dem revolutionären Marxismus ablehnend gegenüber und setzten sich aktiv für die Einheit des Kontinents ein.[3]

In den Jahren nach der Konferenz von Puebla näherte sich Bergoglio also Methol nach und nach an, gerade als dieser 1992, dem Jahr der 4. Generalversammlung des lateinamerikanischen Episkopats in Santo Domingo, seine zwanzigjährige Zusammenarbeit mit dem CELAM beendete. Daraufhin kehrte er nach Montevideo in Uruguay zurück, um dort seine akademische Tätigkeit und die Kurse für Diplomaten, die er am Instituto Artigas gab, wieder aufzunehmen. Er traf sich jedoch weiterhin regelmäßig mit Bergoglio, der 2001 zum Kardinal erhoben wurde. Alver Metalli zufolge »benutzte er bei

---

2 Das Ideal der *patria grande* teilte auch der frühere Präsident Uruguays, José Alberto Mujica: »Daher war Methol Ferré mein Freund. Mein Denken hat einen metholianischen Schlüssel, das des Papstes auch. Methol war ein unorthodoxer Charakter mit einer phänomenalen Gedankenfreiheit, einer ungeheuren intellektuellen Kühnheit, die im Klima des zeitgenössischen intellektuellen Dogmatismus nur schwer zu finden ist« (»Orizzonte Mujica«, Interview von A. Metalli, in *Terre d'America*, 14. März 2017).

3 A. Ivereigh, Reformer, S. 234.

seinen Besuchen in Buenos Aires häufig den Eingang an der Viale Rivadavia Nr. 415 und stieg dann in den zweiten Stock hinauf. Diese Besuche lagen ihm sehr am Herzen. Die protokollarisch festgelegte Dauer wurde dabei regelmäßig um Längen überschritten, zumal sich auch Methols Gesprächspartner nur wenig darum scherte. Der Schreibende durfte mehr als nur einmal bezeugen, wie ernsthaft diese Besuche waren, wieviel Freude sie Methol bereiten und wie zufrieden er danach das Haus des Kardinals verließ«.[4] Aus diesen Besuchen und Begegnungen entstand eine Freundschaft, die über den bloßen Austausch von Ideen und Absichten hinausging. 2011 erinnerte Bergoglio, wie schon gesagt, an seinen »lieben verstorbenen Freund, Alberto Methol Ferré«.[5] Jener große Intellektuelle hatte in dem Kardinal einen Bewunderer gefunden, der die Profundität seiner Ideen und die Leidenschaft seiner Gefühle zu erfassen vermochte. Über die individualistisch geprägte Welt der Zeit nach 1989 dachten sie ähnlich. Methol, so Bergoglio, »sagte, es handle sich um einen freigeistigen, hedonistischen, konsumorientierten Individualismus, dem jeder ethische oder moralische Horizont fehle. Er glaubte, er sei die neue Herausforderung für die Gesellschaft und die Kirche in Lateinamerika. Dieser asoziale und unmoralische Individualismus erstreckt sich häufig auf das Verhalten ganzer Bereiche oder Teile unserer Gesellschaft, die sich selbst nicht in einem breiteren Horizont, als Teil eines Ganzen sehen. *Daher* müssen wir uns angesichts der gegenwärtigen sozio-politischen *Herausforderungen darum bemühen, die individuelle, persönliche Dimension – die in unserer Denktradition sehr wichtig ist – zurückzugewinnen, um sie mit der sozialen, kollektiven und strukturellen Dimension des gemeinschaftlichen Lebens interagieren zu lassen*«.[6]

Ähnlich äußerte sich Bergoglio 2011 im Vorwort zu Guzmán Carriquiry Lecours Buch *Il Bicentenario dell'Indipendenza dei Paesi latino-americani. Ieri e oggi*. Besonders wichtig war seiner Meinung nach ein »auf Seite 113 zu findendes Zitat [Carriquirys] aus einem Werk Methol Ferrés, wo der brillante Denker vom Río de la Plata auf den historischen Verfall jener Ideologien verweist, auf denen die vielgestaltigen Hermeneutiken zur Unabhängigkeit der lateinamerikanischen Länder fußen: Auf die offensichtlich limitierten

---

4 A. Metalli, Bergoglio, S. 21.
5 J.M. Bergoglio, Cittadini, S. 35.
6 Ebd., S. 35–36.

Argumente der Liberalen folgte eine Fülle von Deutungen, die von messianischen Atheismen und ihren ›heilsgeschichtlichen‹ Utopien geprägt waren (deren ideologisches Fundament der Marxismus war und die im Realsozialismus die ersten offiziell atheistischen Staaten der Geschichte hervorbrachten). Heute sind diese Hermeneutiken an jene Strömung des nihilistischen Hedonismus angelehnt, in der die Krisen ideologischer Überzeugungen zusammenlaufen. Der hedonistische Atheismus und seine neognostischen ›Zusätze für die Seele‹ haben sich zu einer dominanten Kultur entwickelt, die auf der ganzen Welt verbreitet ist und überall Anklang findet: Sie prägen die Atmosphäre der Zeit, in der wir leben. Sie sind das neue ›Opium des Volkes‹«.[7] Der damalige Kardinal Bergoglio befand: »Heute können wir beobachten, wie diese ideologischen Hermeneutiken sich am Ende kurioserweise zu einem ›einheitlichen Denken‹ verbinden, das auf der Trennung von *Intelligenz* und *Ratio* begründet ist. Die Intelligenz ist grundsätzlich historisch. Die *Ratio* ist für die Intelligenz entscheidend, doch wird sie unabhängig, sucht sie Halt bei der Ideologie oder den Sozialwissenschaften als autonomen Säulen. Dieses ›einheitliche Denken‹ ist nicht nur sozial und politisch gesehen totalitär, sondern es besitzt auch gnostische Strukturen: Es ist nicht menschlich und nimmt die verschiedenen Formen des absolutistischen Rationalismus wieder auf, in denen sich der von Methol Ferré beschriebene nihilistische Hedonismus ausdrückt. Was bleibt, ist ein ›vernebelter Theismus‹, ein verbreiteter Theismus ohne historische Inkarnation«.[8] Und so »erleben wir in unserer Zeit den Aufstieg verschiedenster Ideologien, die letztlich auf jenen theistischen Gnostizismus zurückzuführen sind, den wir mit unserem kirchlichen Vokabular als ›Gott ohne Kirche, Kirche ohne Christus, Christus ohne Volk‹ bezeichnen könnten. Wenn wir uns dieser Hermeneutik bedienen, sorgen wir für eine wahre Desinkarnation der Geschichte«.[9]

Die Alternative zu diesem abstrakten Universalismus sei die Heimat, die *patria*, ein Konzept, das sich sowohl von dem des »Landes« als auch von dem der »Nation« unterscheide: »Das Land ist der geographische Raum, die Nation das institutionelle Gerüst. Die Heimat hingegen ist das, was wir von

7 J. M. Bergoglio, Vorwort zu G. Carriquiry Lecour, Bicentenario, S. VI. Die frühere Ausgabe (2011) enthielt das Vorwort Bergoglios nicht.

8 Ebd., S. VI–VII.

9 Ebd., S. VII.

unseren Eltern empfangen haben und an unsere Kinder weitergeben müssen. Ein Land kann verstümmelt werden, eine Nation sich verändern (wie es nach dem Ersten und dem Zweiten Weltkrieg so zahlreich geschehen ist), die Heimat aber behält entweder ihr konstitutives Wesen bei oder aber sie stirbt. Heimat ist Erbe, also das, was wir erhalten haben und gemehrt, aber unverfälscht weitergeben müssen. Heimat ist Vaterschaft und Nachkommenschaft. Heimat erinnert an jene tragische und doch hoffnungsvolle Szene, als Äneas am Abend der Zerstörung Trojas seinen Vater auf den Schultern aus der Stadt trug. Ja, Heimat geht davon aus, dass wir das, was wir erhalten haben, pflegen, nicht indem wir es in einem Vakuum konservieren, sondern indem wir es in seinem Wesen intakt, aber durch die Geschichte gewachsen weiterzugeben. Heimat impliziert notwendigerweise eine Spannung zwischen der Erinnerung an die Vergangenheit, dem Einsatz für die gegenwärtige Wirklichkeit und der Utopie, die in die Zukunft blickt. Und diese Spannung ist konkret, sie unterliegt keinen seltsamen Eingriffen und sie darf in den Marasmen der gegenwärtigen Wirklichkeit weder mit der Erinnerung noch mit der Utopie verwechselt werden. Denn dadurch entstehen ideologische Abfälle, die nutzlos sind«.[10] Das Vorwort zum 2013 erschienenen Band Carriquiry Lecours macht deutlich, dass die Heimat für Bergoglio ein Ort des Widerstands gegen die Ideologie ist, ein Ort des Lebens gegen die Entwurzelung einer geschichtslosen Geographie. Denn Heimat bedeutet »Zuhause«. Ein Volk ist an eine Landschaft gebunden, die nicht nur »touristisch« relevant, sondern vor allem historisch und existentiell ist.

> Vielleicht können wir dieser Dimension mitten in der Großstadt wieder einen Sinn abgewinnen, indem wir das Stadtviertel als Ort der Verwurzelung und des Alltagslebens neu entdecken. Obwohl das Wachstum der Stadt und der Rhythmus des Lebens dem Viertel manches von seiner einstigen Schwerkraft genommen haben, sind doch viele seiner Elemente – wenn auch im Strudel der Zersplitterung – nach wie vor wirksam. Denn als gemeinsamer Raum beinhaltet das Viertel (oder das Land) eine Vielfalt von Farben, Geschmäckern, Bildern, Erinnerungen und Klängen, die das Gewebe des Alltags bilden: etwas Kleines und beinahe Unsichtbares, das gerade deswegen so unentbehrlich ist. Die Menschen aus dem Viertel, die Farben des Fußballvereins, der Platz mit seinen Veränderungen, mit den Geschichten von Spiel, Liebe und Kamerad-

---

10 Ebd., S. VIII–IX.

> schaft, die sich hier zugetragen haben, die Straßenecken und Treffpunkte, die Erinnerungen der Großeltern, der Lärm der Straße, die Musik, das besondere Licht in diesem Häuserblock oder in jenem Winkel – aus alledem entsteht Identität. Eine persönliche und eine gemeinsame Identität, oder besser: eine gemeinsame und ebendeshalb persönliche Identität. Wird die Logik des hemmungslosen und merkantilistischen Wachstums mit ihrer Funktionalisierung aller Räume die Dimension der Verwurzelung zum Tode verurteilen? Werden wir schon bald nur noch auf Bildschirmen und Autobahnen durch virtuelle oder virtualisierte Räume reisen? Oder werden wir neue Wege finden, in unserer Umgebung Symbole zu definieren, dem Raum eine Bedeutung zu geben, ihn zu bewohnen?[11]

Die Verwurzelung des Wohnens ist für Bergoglio von grundlegender Bedeutung: »Es gibt keine soziale Bindung ohne diese erste, alltägliche, beinahe mikroskopische Dimension: das nachbarschaftliche Miteinander, die Begegnung zu verschiedenen Zeiten des Tages, die Sorge um das, was uns alle betrifft, und die gegenseitige Hilfe in den Kleinigkeiten des Alltags«.[12]

Nähe ist die Grundvoraussetzung dafür, dass wir in einer Beziehung zueinander stehen. Ein Volk zu sein bedeutet daher, *gemeinsam einen Raum zu bewohnen*. Seinem antinomischen Denken entsprechend bedeutet dies für Bergoglio jedoch keinesfalls, sich kämpferisch nach außen zu verschließen. Denn es gibt nicht nur eine »schlechte« Globalisierung, sondern auch einen »schlechten« Lokalismus. Der Begriff Heimat hat – der polaren Dialektik zwischen Universalität und Lokalisierung folgend – keine nationalistische oder ausschließende Konnotation. Die Heimat muss sich in der globalisierten Welt einem größeren Horizont öffnen; und so muss Argentinien seinen Blick auf die lateinamerikanische *patria grande* richten. Darauf, dass dies der Wunsch Methol Ferrés gewesen war, verwies Bergoglio im Vorwort zu einem anderen Werk Carriquiry Lecours, *Una apuesta por America Latina*, das 2005 erschien. Nachdem er auf den »Zusammenbruch des totalitären Regimes des ›Realsozialismus‹« verwiesen hatte, hob der spätere Papst hervor, dass »wenig später auch die wieder zum Leben erwachten neoliberalen Bauanleitungen

---

11 »Unser Volk ist zur Größe berufen« (2006), in J. M. Bergoglio-Papst Franziskus, Macht, S. 128–129.

12 Ebd., S. 129.

für den Triumph des Kapitalismus, die im Wesentlichen von den Utopien des selbstregulierenden Marktes befeuert wurden, all ihre Widersprüche und Grenzen aufzeigen sollten«.[13] Angesichts des durch einen arroganten und grenzenlosen Kapitalismus geprägten Homologationsprozesses »geht es nun darum, die Wege der Integration zur Gestaltung einer südamerikanischen Gemeinschaft und einer lateinamerikanischen *patria grande* zu beschreiten. Allein und voneinander getrennt zählen wir nur wenig und werden nirgendwo hinkommen. Wir würden in eine Sackgasse geraten, die uns zu Randerscheinungen machen würde, die verarmt und von den großen Weltmächten abhängig sind. In seiner Eröffnungsansprache auf der 4. Generalversammlung des lateinamerikanischen Episkopats in Santo Domingo betonte Papst Johannes Paul II. am 12. Oktober 1992: ›Die Regierungen sind ernstlich dafür verantwortlich, den bereits begonnenen Prozess der Integration einzelner Völker zu fördern, die der gleiche geographische Raum, der christliche Glaube, die Sprache und Kultur ein für allemal auf dem Weg der Geschichte vereint haben.‹ Auch weil es im ›äußersten Westen‹ liegt und da es eine aufstrebende katholische Region und in der Weltordnung unter den Nationen eine Art ›Mittelklasse‹ darstellt, kann und muss sich Lateinamerika auf diesem Königsweg den Bedürfnissen und Herausforderungen der Globalisierung und den neuen Umständen eines dramatischen Zusammenlebens in der Welt stellen – stets ausgehend von seinen eigenen Interessen und Idealen«.[14] Diesen Aspekt unterstrich Papst Franziskus auch 2016 in seinem Brief anlässlich des »Bicentenario«, des 200. Jahrestags der Unabhängigkeit Argentiniens: »Wir feiern heute den zweihundert Jahre alten Weg eines Heimatlandes, das in seinem Wunsch und seiner Sehnsucht nach Brüderlichkeit über die Grenzen des Landes hinausschaut: auf die *patria grande*, von der San Martín und Bolivar träumten. Diese Wirklichkeit eint uns zu einer Familie mit weiten Horizonten und einer Loyalität zwischen den Brüdern und Schwestern. Heute beten wir bei unserer Feier auch für die *patria grande*: dass der Herr sie

---

13 J. M. Bergoglio, Vorwort zu G. Carriquiry Lecour, Apuesta, it. Übersetzung des Vorworts: J. M. Bergoglio, »L'America Latina del Cardinal Bergoglio. Tra imperialismo della globalizzazione e progressismo adolescenziale«, in *Terre d'America*, 28. April 2013, online zugänglich unter http://www.terredamerica.com/2013/04/28/lamerica-latina-del-cardinal-bergoglio-tra-imperialismo-della-globalizzazione-e-progressismo-adolescenziale/America (letzter Zugriff 12. Juni 2020).

14 Ebd.

beschütze, sie stark mache, sie schwesterlicher mache und vor jeder Art von Kolonialisierung beschütze«.[15]

Weder 2005 noch 2016 theoretisierte Bergoglio also den Ausstieg aus der globalisierten Welt oder die frontale Opposition ihr gegenüber, da derlei Aussichten fürwahr wirklichkeitsfern gewesen wären. Stattdessen lud er dazu ein, die Form der Globalisierung zu überdenken. So heißt es im Vorwort von 2005:

> Es befremdet mit anzusehen, wie die Solidität der Kultur der amerikanischen Völker von zwei schwachen Denkströmungen in ihren Grundfesten bedroht und geschwächt wird. Die eine wollen wir als imperialistische Form der Globalisierung bezeichnen: Man könnte sie sich vorstellen als vollkommene, glatte Kugel. Alle Völker verschmelzen zu einer Gleichförmigkeit, die die Spannung zwischen den Unterschieden aufhebt. Benson hat dies in seinem berühmten Roman *Der Herr der Welt* gleichsam vorausgesehen. Diese Globalisierung ist der gefährlichste Totalitarismus der Postmoderne. Die Globalisierung darf nicht als Kugel, sondern sie muss als Polyeder konzipiert sein: Alle Facetten (die Idiosynkrasie der Völker) behalten ihre Identität und ihre Besonderheit bei, vereinen sich aber im Streben nach dem Gemeinwohl in einer harmonischen Spannung. Die andere Strömung, die sich bedrohlich abzeichnet, ist das, was wir umgangssprachlich als »jugendlichen Progressivismus« bezeichnen, eine Art Fortschrittsbegeisterung, die stets bei Mittelwegen endet und die Möglichkeit einer vernünftigen und grundlegenden Entwicklung in enger Beziehung zu den Wurzeln der Völker unterbindet. Dieser »jugendliche Progressivismus« prägt den kulturellen Kolonialismus und ist eng mit einem zu militantem Säkularismus tendierenden Staatsverständnis verbunden. Diese beiden Haltungen sind volksfeindliche, antinationale und anti-lateinamerikanische Fallen.[16]

Das Urteil, das Bergoglio in den Vorworten zu den beiden Bänden Guzmán Carriquirys, des geistigen Schülers Methol Ferrés, fällte, stimmt mit dem des

---

15 »Lettera del Santo Padre Francesco per il bicentenario dell'indipendenza della Repubblica argentina«, in *L'Osservatore romano*, 9. Juli 2016.

16 J. M. Bergoglio, »L' America Latina del Cardinal Bergoglio. Tra imperialismo della globalizzazione e progressismo adolescenziale«, in *Terre d'America*, 28. April 2013, online zugänglich unter http://www.terredamerica.com/2013/04/28/lamerica-latina-del-cardinal-bergoglio-tra-imperialismo-della-globalizzazione-e-progressismo-adolescenziale/America (letzter Zugriff 12. Juni 2020).

uruguayischen Denkers überein. Die Kritik am freigeistigen Atheismus nach 1989 und der Traum von der lateinamerikanischen *patria grande* verbinden sich bei Methol zu einem einzigen Modell. Sie sind daher die kritische und die konstruktive Seite einer Sichtweise, deren Ziel die zukunfts- und nicht vergangenheitsorientierte Zusammenführung Lateinamerikas und des Volkskatholizismus ist; die Zusammenführung von Barock und Moderne, die sich der Dialektiker Ferré nach der historiographischen Revolution Del Noces erhoffte. Der Traum von der *patria grande* war jedoch wesentlich älter als Methols Überlegungen. Bereits 1968 hatte dieser betont: »Auf dem Höhepunkt des europäischen Imperialismus und nach der Entstehung des amerikanischen Imperialismus begann in ganz Lateinamerika eine neue gemeinsame Zeit: die Zeit, in der die intellektuellen und akademischen Eliten, darunter Rodó, Rubén Darío und viele andere, erwachten und das Ideal der *patria grande* erkannten. Es war die Zeit der großen Bewegung der lateinamerikanischen Universitätsreform von 1918. Dabei spielten ein paar Katholiken eine wichtige Rolle: So sollte sich der argentinische Sozialist Manuel Ugarte als unermüdlicher Verfechter der *patria grande* erweisen; der Mexikaner José Vasconcelos stellte sich gegen den ›Bolivarismus‹ und den ›Monroeismus‹ und begründete dadurch die erste eigene Philosophie des lateinamerikanischen Katholizismus«.[17] Methol sah sich stets als geistigen Sohn dieser Generation von Ugarte und Vasconcelos, »einer Generation, ja *der* Generation des 20. Jahrhunderts, die den Übergang von einer nationalistischen zu einer lateinamerikanischen Vision vollzogen hatte«.[18] Der große mexikanische Intellektuelle José Vasconcelos, der Uruguayer José Rodó, der Argentinier Manuel Ugarte, der Venezolaner Blanco Fombona, der Peruaner García Calderón und der Mexikaner Carlos Pereira: Sie alle hatten »verstanden, dass Lateinamerika etwas Ähnliches erreichen muss wie die Vereinigten Staaten von Amerika, wenn es überleben möchte«.[19] Auch wenn nicht alle von ihnen Katholiken waren, erkannten sie, welche Bedeutung Religiosität und die katholische Kultur Lateinamerikas für die Gestaltung eines Integrationsprojekts zwischen den verschiedenen Staaten hatten. »Sie prägen die Idee der *patria grande* als Gegensatz zu den einzelnen kleinen Heimatländern, deren unabwendbares

---

17 A. Methol Ferré, Periodi, S. 40.
18 A. Methol Ferré, A. Metalli, Papa, S. 71.
19 Ebd.

Schicksal darin liegt, immer kleiner zu werden«.[20] Gegenwärtig, so Methol, »braucht das Integrationsprojekt, um durchführbar zu sein, zwei gleichwertige Partner; nur so kann es zu einer echten Fusion kommen. Im argentinisch-brasilianischen Bündnis sind einerseits das wichtigste spanischsprachige Land und andererseits das einzige portugiesischsprachige Land des Kontinents vertreten. Argentinien braucht – noch viel mehr als Brasilien – in der Beziehung zu seinem Hauptpartner nicht nur eine gute Strategie, sondern auch eine kluge und realistische Taktik, um die Einheit mit den anderen acht spanischsprachigen Ländern zu gestalten. Denn nur so kann Argentinien Brasilien als Macht ebenbürtig sein. Ohne eine wirkliche Gleichheit wäre es schwierig, zu einer Integration zu gelangen, die von Dauer ist. Die Länder Südamerikas müssen sich bewusst machen, dass ihr Schicksal mit der Ebenbürtigkeit in der argentinisch-brasilianischen Machtkonstellation verbunden ist«.[21]

In seiner »Utopie« stand Methol Ferrés mit beiden Beinen fest auf dem Boden. Das Integrationsmodell war realistisch und ging von einer polaren Dialektik aus, bei der das Gewicht des spanischen Pols dem des portugiesischen entsprach, damit nicht eine Seite der anderen überlegen war.[22] Zu den Folgen dieser Integration gehörten zum einen die Möglichkeit, sich der wirtschaftlichen und kulturellen Hegemonie Nordamerikas zu entziehen, und zum anderen die neue Bedeutung der Kirche in der Welt. »Carriquiry stellt in seiner Studie über das heutige Lateinamerika auf überzeugende und nicht extrinsische Weise eine Verbindung zwischen katholischer Kultur und Integration her. Allein statistisch gesehen lebt in Lateinamerika der Großteil des über die ganze Welt verteilten katholischen Volkes«.[23] Die Idee der *patria grande* ist die politische Konsequenz der Hoffnungen der 1970er- und 1980er Jahre auf ein lateinamerikanisches katholisches *Risorgimento*. Lateinamerika, das (wie Amelia Podetti es sich gewünscht hatte) vollberechtigt dazu war, an

---

20 Ebd., S. 123.

21 Ebd., S. 123–124.

22 Bei Carriquiry wird der bipolare Rahmen Methols (Brasilien–Argentinien + spanischsprachige Länder) tripolar: Brasilien–Argentinien–Mexiko. Vgl. Carriquiry Lecour, Apuesta, S. 59; Ders., Bicentenario, S. 109–110. Methol hingegen schloss Mexiko wegen der NAFTA, des 1994 zwischen Nordamerika, Kanada und Mexiko abgeschlossenen nordamerikanischen Freihandelsabkommens, explizit aus. Vgl. A. Methol Ferré, A. Metalli, Papa, S. 126, 130.

23 Ebd., S. 131.

der Weltgeschichte teilzunehmen, konnte dabei nicht von einer bloßen Ansammlung von Staaten repräsentiert werden, die dazu verurteilt waren, subaltern und irrelevant zu sein. Lateinamerikas Ziel musste eine Konföderation sein, die im Zeitalter der Globalisierung eine Rolle spielen konnte.

5.2 Die Enzyklika »Caritas in veritate« Benedikts XVI.

Das Ideal der *patria grande* kam also von weit her; es war das Ideal Methol Ferrés, Bergoglios – und der Kirche ganz Lateinamerikas. So entdecken wir es auch im Schlussdokument der 3. Generalversammlung des lateinamerikanischen Episkopats in Puebla (1979). Die versammelten Bischöfe betonten in diesem Zusammenhang, die Kirche verfolge »mit Befriedigung den Impuls der Menschheit in Richtung auf die Integration und die universale Gemeinschaft«:

> Sie stellt jedoch, wie es natürlich ist, jene »Universalität« in Frage, die ein Synonym für Nivellierung und Einförmigkeit ist, die nicht die verschiedenen Kulturen achtet, sondern sie schwächt, absorbiert oder ausschaltet. Mit noch größerer Berechtigung wendet sich die Kirche gegen eine Instrumentalisierung der Universalität, die der Vereinheitlichung der Menschheit durch eine ungerechte und verletzende Beherrschung und Vorherrschaft einiger Völker oder gesellschaftlicher Schichten über andere Völker und Schichten gleichkommt. Die Kirche Lateinamerikas will mit neuer Kraft die Evangelisierung der Kultur unserer Völker und der verschiedenen ethnischen Gruppen wieder aufnehmen, damit der Glaube an das Evangelium ausgesät oder neu belebt werde, und damit dieser als Grundlage der Gemeinschaft in Formen einer gerechten Integration in den Rahmen der jeweiligen Nationalität, in das große lateinamerikanische Vaterland und in einer universalen Integration zum Ausdruck kommt, die unseren Völkern die Entwicklung ihrer eigenen Kultur erlaubt, die wiederum auf eigene Weise die wissenschaftlichen und technischen Errungenschaften assimilieren kann.[24]

---

24 »Dokument der III. Generalkonferenz des lateinamerikanischen Episkopats in Puebla, 13. Februar 1979. Deutsche Übersetzung der durch den hl. Vater am 23.3.1979 approbierten Fassung«, in: *Stimmen der Weltkirche* 8 (1979), § 427, § 428, S. 75.

Dieser Standpunkt wurde von der 5. Generalversammlung des lateinamerikanischen Episkopats, die vom 13. bis 31. Mai 2007 in Aparecida (Brasilien) stattfand, bestätigt.[25] Doch auch wenn das Schlussdokument von Aparecida das, was in Puebla festgehalten worden war, auf den ersten Blick bloß zu wiederholen scheint, gilt es zu bedenken, dass sich der Zustand der Welt in der Zeit von 1979 bis 2007 eklatant verändert hatte. Die gleichen Worte trugen daher eine ganz neue Bedeutung. Im Jahr 1979 war diese uniformierende und homogenisierende »Universalität« für Lateinamerika nichts anderes als der nordamerikanische kommerzielle Imperialismus mit seinen Konsumidealen und seiner individualistischen Lebensauffassung. Im Jahr 2007, lange nach dem Ende des Kommunismus, war eben dieses Ideal universell geworden, ihm standen keine Hindernisse mehr im Weg. Das Zeitalter der Globalisierung überrollte Staaten, Nationen, Parteien, Gewerkschaften, Verbände, Volksethos, gemeinsame Werte und Bräuche. Sie nivellierte und sah einzig im Geld einen »Wert«, wenn auch in der immateriellen und ätherischen Form von Finanztransaktionen. Die neue Universalität war nicht die von Bergoglio und Methol Ferré herbeigewünschte »konkrete Universalität«, nicht der Polyeder, sondern die Kugel, die homogenisiert, ohne die Unterschiede beizubehalten. Der Ausweg aus dieser Situation lag nicht in einer Rückkehr zu den kleinen Heimatländern, zu Lokalismen oder Provinzialismen, sondern in einer anderen Form der Globalisierung: Es ging – gemäß dem dritten Gegensatzpaar – um eine multipolare Globalisierung. In seiner Ansprache an den Europarat in Straßburg sagte Franziskus 2014:

> Die Geschichte Europas kann uns nahelegen, sie naiver Weise als eine Bipolarität zu begreifen, oder höchstens als eine Tripolarität (denken wir an die historische Konzeption: Rom – Byzanz – Moskau), und uns bei der Interpretation der Gegenwart und der Projektion auf die Utopie der Zukunft hin innerhalb dieses Schemas bewegen, das ein Ergebnis geopolitisch-hegemonischer Reduktionismen ist.
>
> Heute liegen die Dinge anders, und wir können zu Recht von einem multipolaren Europa sprechen. Die Spannungen – die aufbauenden wie die zersetzenden – treten zwischen vielfältigen kulturellen, religiösen und politischen Polen auf. Europa steht heute vor der Herausforderung, diese Multipolarität

25 Hinsichtlich der *patria grande* vgl. »Aparecida 2007. Schlussdokument der 5. Generalversammlung des Episkopats von Lateinamerika und der Karibik. 13.–31. Mai 2007«, in *Stimmen der Weltkirche*, 41 (2007), S. 285–286.

zu »globalisieren«, dies aber auf ursprünglich-schöpferische Weise. Die Kulturen sind nicht unbedingt deckungsgleich mit den Ländern: Einige Länder beherbergen verschiedene Kulturen, und einige Kulturen drücken sich in mehreren Ländern aus. Das gleiche gilt für politische, religiöse und gemeinschaftliche Ausdrucksformen.
Die Multipolarität auf ursprüngliche Weise zu globalisieren – ich betone: auf ursprüngliche Weise – schließt die Bemühung um eine konstruktive Harmonie ein, die frei ist von Vormachtstellungen, die unter pragmatischem Gesichtspunkt den Weg zwar zu vereinfachen scheinen, aber letztlich die kulturelle und religiöse Ursprünglichkeit der Völker zerstören.
Von der europäischen Multipolarität zu sprechen bedeutet, von Völkern zu sprechen, die entstehen, wachsen und sich auf die Zukunft hin orientieren. Die Aufgabe, die Multipolarität Europas zu globalisieren, können wir uns nicht mit dem Bild der Kugel vorstellen – in der alles gleich und geordnet ist, die sich aber als einschränkend erweist, denn alle Punkte sind gleich weit vom Zentrum entfernt –, sondern vielmehr mit dem des Polyeders, wo die harmonische Einheit des Ganzen die Besonderheit jedes einzelnen Teils bewahrt. Europa ist heute multipolar in seinen Beziehungen und seinen Bestrebungen; Europa ist weder denkbar noch konstruierbar, ohne diese multipolare Wirklichkeit von Grund auf anzunehmen.[26]

Wie wir bereits festgestellt haben, hatte Bergoglio dieses Modell aus der Gegensatzlehre abgeleitet. Ob es nun darum geht, die Spannungen innerhalb der Gesellschaft Jesu, innerhalb der Kirche, zwischen der *patria grande* und den kleinen Heimatländern, zwischen Europa und seinen Nationen zu regeln – der entscheidende Punkt ist immer derselbe: Es geht darum, das richtige Gleichgewicht zwischen dem Ganzen und dem Teil, zwischen dem Allgemeinen und dem Besonderen zu finden. Das Gesetz der Polarität sorgt für Frieden und Gerechtigkeit und garantiert das Gemeinwohl, das die Globalisierung zwar verspricht, aber nicht verwirklichen kann. In ihrer technisch-wirtschaftlichen Eindimensionalität erkennt sie die Pluriformität nicht an, die nur politisches Handeln garantieren kann. Daher stellen die wirtschaftlichen Prozesse der Globalisierung, für die der politische Faktor

---

26 Papst Franziskus, Ansprache an den Europarat, Straßburg, 25. November 2014, online zugänglich unter http://www.vatican.va/content/francesco/de/speeches/2014/november/documents/papa-francesco_20141125_strasburgo-consiglio-europa.html (letzter Zugriff 25. Mai 2020).

lediglich die Märkte behindert, eine ernsthafte Bedrohung für das demokratische Modell dar. In seiner Ansprache an das Europäische Parlament mahnte Franziskus daher:

> Man muss sich immer an die besondere Struktur der Europäischen Union erinnern, die auf den Prinzipien der Solidarität und der Subsidiarität gründet, so dass die gegenseitige Hilfe vorherrscht und man, beseelt von gegenseitigem Vertrauen, vorangehen kann.
> In dieser Dynamik von Einheit und Eigenart ist Ihnen, meine Damen und Herren Europaabgeordnete, auch die Verantwortung übertragen, die Demokratie lebendig zu erhalten, die Demokratie der Völker Europas. Es ist kein Geheimnis, dass eine vereinheitlichende Auffassung der Globalität der Vitalität des demokratischen Systems schadet, indem es dem reichen fruchtbaren und konstruktiven Gegensatz der Organisationen und der politischen Parteien untereinander seine Kraft nimmt. So läuft man Gefahr, im Reich der Idee, des bloßen Wortes, des Bildes, des Sophismus zu leben… und schließlich die Wirklichkeit der Demokratie mit einem neuen politischen Nominalismus zu verwechseln. Die Demokratie in Europa lebendig zu erhalten erfordert, viele »Globalisierungsarten« zu vermeiden, die die Wirklichkeit verwässern. […] Die Wirklichkeit der Demokratien lebendig zu erhalten ist eine Herausforderung dieses geschichtlichen Momentes: zu vermeiden, dass ihre reale Kraft – die politische Ausdruckskraft der Völker – verdrängt wird angesichts des Drucks multinationaler nicht universaler Interessen, die sie schwächen und in vereinheitlichende Systeme finanzieller Macht im Dienst von unbekannten Imperien verwandeln.[27]

Der »Polyeder« entspricht hier der Verteidigung der Demokratie, dem Allgemeinen und dem Besonderen, der *vox populi*, die von »nicht-universellen« multinationalen Unternehmen nicht zerschlagen werden kann und darf. Der Papst positionierte sich hier – wie auch in seinem apostolischen Schreiben »Evangelii gaudium« – nicht gegen die Globalisierung an sich, sondern gegen ihre aktuelle Form. Auch sein Vorgänger Benedikt XVI. hatte mit seiner 2009 veröffentlichten Enzyklika »Caritas in veritate« Stellung zur Globalisierung bezogen. Während Johannes Paul II. in »Centesimus annus« das Ende des

---

27 Papst Franziskus, Ansprache an das Europaparlament, Straßburg, 25. November 2014, online zugänglich unter http://w2.vatican.va/content/francesco/de/speeches/2014/november/documents/papa-francesco_20141125_strasburgo-parlamento-europeo.html (letzter Zugriff 25. Mai 2020).

Kommunismus zur Kenntnis genommen und versucht hatte, die neuen Herausforderungen für die Kirche zu umreißen, setzte sich Benedikt in »Caritas in veritate« gewissermaßen mit der neuen wirtschaftlichen Vereinigung der Welt auseinander. Er tat dies im Bewusstsein, dass nicht alles an den neuen Prozessen der wirtschaftlichen Entwicklung schlecht war, sondern dass diese auch ihre guten Seiten hatte; so etwa einen höheren Wohlstand weltweit, die Befreiung ganzer Teile der Weltbevölkerung aus der Armut, den globalen Fortschritt der Kommunikationssysteme und vieles mehr. Und dennoch erkannte er tiefe Grauzonen: »Die zunehmend globalisierte Gesellschaft macht uns zu Nachbarn, aber nicht zu Geschwistern. Die Vernunft für sich allein ist imstande, die Gleichheit unter den Menschen zu begreifen und ein bürgerliches Zusammenleben herzustellen, aber es gelingt ihr nicht, Brüderlichkeit zu schaffen.«[28] Und nicht nur das: Zwar habe die globale wirtschaftliche Entwicklung in vielen Ländern zu Fortschritten geführt, man müsse, so Benedikt XVI. »jedoch zugeben, daß ebendiese wirtschaftliche Entwicklung *durch Verzerrungen und dramatische Probleme* belastet war und weiterhin ist, die durch die augenblickliche Krisensituation noch mehr in den Vordergrund treten. [...] Die auf dem Plan befindlichen technischen Kräfte, die weltweiten Wechselbeziehungen, die schädlichen Auswirkungen einer schlecht eingesetzten und darüber hinaus spekulativen Finanzaktivität auf die Realwirtschaft, die stattlichen, oft nur ausgelösten und dann nicht angemessen geleiteten Migrationsströme, die unkontrollierte Ausbeutung der Erdressourcen – all das veranlaßt uns heute, über die notwendigen Maßnahmen zur Lösung von Problemen nachzudenken, die [...] einen entscheidenden Einfluß auf das gegenwärtige und zukünftige Wohl der Menschheit haben.«[29] In seiner Enzyklika hielt Benedikt XVI. fest, dass die Trennlinie zwischen armen und reichen Ländern nicht mehr so klar zu ziehen sei wie in der Vergangenheit. »*Absolut gesehen, nimmt der weltweite Reichtum zu, doch die Ungleichheiten vergrößern sich.* In den reichen Ländern verarmen neue Gesellschaftsklassen, und es entstehen neue Formen der Armut. In ärmeren Regionen erfreuen sich einige Gruppen einer Art verschwenderischer und konsumorientierter Überentwicklung, die in unannehmbarem Kontrast zu anhaltenden Situatio-

---

28 Benedikt XVI., »Caritas in veritate«, § 19.

29 Ebd., § 21.

nen entmenschlichenden Elends steht. ›Der Skandal schreiender Ungerechtigkeit‹ hält an.«[30]

So erläuterte Benedikt XVI. seine »kritische« – positive wie negative – Sicht der Globalisierung. Er äußerte sich dabei nicht scharf, aber offenbar scharf genug, um die Vorbehalte einiger illustrer Kritiker aus Nordamerika, darunter Michael Novak und George Weigel, zu wecken.[31] Benedikts Kritik an der Globalisierung richtete sich im Wesentlichen gegen den weltweiten Primat der Wirtschaft. Der Papst hielt es für zwingend geboten, den einzelnen Staaten auf der ganzen Welt durch die *Logik der Subsidiarität* Kontrolle und Vitalität wiederzugeben. »Caritas in veritate« wurde anlässlich des 40. Jahrestags der Enzyklika »Populorum progressio« Pauls VI. vom 26. März 1967 promulgiert und brachte die dort getroffenen Aussagen auf den neuesten Stand. Während nämlich Paul VI. zufolge der Staat die Prioritäten der Wirtschaft diktierte und diese sich zumeist innerhalb der nationalen Grenzen eines Landes aufhielt, stellte Benedikt fest: »In unserer Zeit sieht sich der Staat mit der Situation konfrontiert, sich mit den Beschränkungen auseinandersetzen zu müssen, die der neue internationale ökonomisch-kommerzielle und finanzielle Kontext seiner Souveränität in den Weg legt«.[32] Im Hinblick auf diese Herabsetzung der Instanz des Staates proponierte »Caritas in veritate« eine gegenläufige Tendenz: »Heute – auch unter dem Eindruck der Lektion, die uns die augenblickliche Wirtschaftskrise erteilt, in der die *staatliche Gewalt* unmittelbar damit beschäftigt ist, Irrtümer und Mißwirtschaft zu korrigieren – scheint eine neue Wertbestimmung der Rolle und der Macht der Staaten realistischer; beides muß klug neu bedacht und abgeschätzt werden, so daß die Staaten wieder imstande sind – auch durch neue Modalitäten der Ausübung –, sich den Herausforderungen der heutigen Welt zu stellen.«[33] Angesichts der Globalisierung und der Internationalisierung der Finanzmärkte, die bewirken, dass die Arbeit der Regierungen und die Rolle der lokalen Wirtschaften an Bedeutung verlieren, kam Benedikt XVI. zu dem Schluss: »Die zusammengewachsene Wirtschaft unserer Zeit eliminiert die Rolle der Staaten nicht, sie verpflichtet die Regierungen vielmehr zu einer

---

30 Ebd., § 22.

31 Vgl. A Tornielli, G. Galeazzi, Papa, v.a. Kap. 7, S. 119–127.

32 Benedikt XVI., »Caritas in veritate«, § 24.

33 Ebd.

engeren Zusammenarbeit untereinander. Gründe der Weisheit und der Klugheit raten davon ab, vorschnell das Ende des Staates auszurufen. Hinsichtlich der Lösung der derzeitigen Krise zeichnet sich ein Wachstum seiner Rolle ab, indem er viele seiner Kompetenzen wiedererlangt.«[34]

»Caritas in veritate« schlug also eine *signifikante Neubewertung der Rolle des Staates* vor. Die Globalisierung und die daraus resultierende Auslagerung und Deregulierung der Arbeit führe, so Benedikt XVI., zu einer beachtlichen Reduzierung der sozialen Sicherheitsnetze.[35] All dies sei eine ernsthafte Gefahr für die Rechte der Arbeitnehmer und für all jene Formen von Solidarität, die in den traditionellen Ausdrucksformen des Sozialstaates umgesetzt werden.

Angesichts dieses Prozesses erinnerte die Enzyklika an die Bedeutung »eines Systems mit drei Subjekten [...]: dem *Markt*, dem *Staat* und der *Zivilgesellschaft*«,[36] die Johannes Paul II. bereits in »Centesimus annus« hervorgehoben hatte. »Das *Wirtschaftsleben* braucht ohne Zweifel *Verträge*, um den Tausch von einander entsprechenden Werten zu regeln. Ebenso sind jedoch *gerechte* Gesetze, von der Politik geleitete *Mechanismen zur Umverteilung* und darüber hinaus Werke, die vom *Geist des Schenkens* geprägt sind, nötig. Die globalisierte Wirtschaft scheint die erste Logik, jene des vertraglich vereinbarten Gütertausches, zu bevorzugen, aber direkt und indirekt zeigt sie, daß sie auch die anderen beiden Formen braucht, die Logik der Politik und

---

34 Ebd., § 41.

35 »Vom sozialen Gesichtspunkt aus haben die Schutz- und Fürsorgeeinrichtungen, die es schon zur Zeit Papst Pauls VI. in vielen Ländern gab, Mühe – und in Zukunft könnte es noch schwieriger werden –, ihre Ziele wirklicher sozialer Gerechtigkeit in einem zutiefst veränderten Kräftespiel zu verfolgen. Der global gewordene Markt hat vor allem bei den reichen Ländern die Suche nach Zonen angetrieben, in die die Produktion zu Niedrigpreisen verlagert werden kann, mit dem Ziel, die Preise vieler Waren zu senken, die Kaufkraft zu steigern und somit die auf vermehrtem Konsum basierenden Wachstumsraten für den eigenen internen Markt zu erhöhen. Folglich hat der Markt neue Formen des Wettstreits unter den Staaten angeregt, die darauf abzielen, mit verschiedenen Mitteln – darunter günstige Steuersätze und die Deregulierung der Arbeitswelt – Produktionszentren ausländischer Unternehmen anzuziehen. Diese Prozesse haben dazu geführt, daß die Suche nach größeren Wettbewerbsvorteilen auf dem Weltmarkt mit einer Reduzierung der Netze der sozialen Sicherheit bezahlt wurde, was die Rechte der Arbeiter, die fundamentalen Menschenrechte und die in den traditionellen Formen des Sozialstaates verwirklichte Solidarität in ernste Gefahr bringt« (ebd., § 25).

36 Ebd., § 38.

die Logik des Geschenks ohne Gegenleistung.«[37] Dabei gehe es nicht nur um die weite und edle Welt der Freiwilligenarbeit. »Darüber hinaus ist es nötig, daß Räume für wirtschaftliche Tätigkeiten geschaffen werden, die von Trägern durchgeführt werden, die ihr Handeln aus freiem Entschluß nach Prinzipien ausrichten, die sich vom reinen Profitstreben unterscheiden, die aber dennoch weiter wirtschaftliche Werte hervorbringen wollen.«[38] »Caritas in veritate« sprach somit ein heikles Thema an: das der »Unentgeltlichkeit«, das jenem Geist der »Solidarität« entspricht, dessen Dynamik durch die Säkularisierungsprozesse beständig untergraben wird:

> In der Zeit der Globalisierung kann die Wirtschaftstätigkeit nicht auf die Unentgeltlichkeit verzichten, die die Solidarität und das Verantwortungsbewußtsein für die Gerechtigkeit und das Gemeinwohl in seinen verschiedenen Subjekten und Akteuren verbreitet und nährt. Es handelt sich dabei schließlich um eine konkrete und tiefgründige Form wirtschaftlicher Demokratie. Solidarität bedeutet vor allem, daß sich alle für alle verantwortlich fühlen, und daher kann sie nicht allein dem Staat übertragen werden. Während man früher der Ansicht sein konnte, daß man zuerst für Gerechtigkeit sorgen müsse und daß die Unentgeltlichkeit danach als ein Zusatz hinzukäme, muß man heute festhalten, daß ohne die Unentgeltlichkeit auch die Gerechtigkeit nicht erreicht werden kann. Es bedarf daher eines Marktes, auf dem Unternehmen mit unterschiedlichen Betriebszielen frei und unter gleichen Bedingungen tätig sein können. Neben den gewinnorientierten Privatunternehmen und den verschiedenen Arten von staatlichen Unternehmen sollen auch die nach wechselseitigen und sozialen Zielen strebenden Produktionsverbände einen Platz finden und tätig sein können. Aus ihrem Zusammentreffen auf dem Markt kann man sich erhoffen, daß es zu einer Art Kreuzung und Vermischung der unternehmerischen Verhaltensweisen kommt und daß in der Folge spürbar auf eine *Zivilisierung der Wirtschaft* geachtet wird.[39]

Es geht hier nicht nur darum, das Schema für eine Wirtschaft vorzugeben, die einen Mittelweg zwischen Markt und Sozialstaat beschreitet, sondern es geht *grundlegend um die Gestaltung der Bedingungen, die für die Prozesse der Sozialisierung notwendig sind.* Denn nicht nur der Markt und das von ihm entwickelte kompetitive System untergraben soziale Bindungen. Auch die

---

37 Ebd., § 37.
38 Ebd.
39 Ebd., §. 38.

Sozialsysteme tragen, wenn sie als Grundlage jeder solidarischen Praxis verstanden werden, dazu bei, den Sinn für persönliche Solidarität eher auszulöschen als zu fördern: »Wenn die Logik des Marktes und die Logik des Staates mit gegenseitigem Einverständnis auf dem Monopol ihrer jeweiligen Einflußbereiche beharren, gehen langfristig die Solidarität in den Beziehungen zwischen den Bürgern, die Anteilnahme und die Beteiligung sowie die unentgeltliche Tätigkeit verloren. Diese unterscheiden sich vom ›Geben, um zu haben‹, das die Logik des Tausches ausmacht, und vom ›Geben aus Pflicht‹, das für die öffentlichen Verhaltensweisen gilt, die durch staatliche Gesetze auferlegt werden. Die Überwindung der Unterentwicklung erfordert ein Eingreifen nicht nur zur Verbesserung der auf Gütertausch beruhenden Transaktionen, nicht nur im Bereich der Leistungen der öffentlichen Hilfseinrichtungen, sondern vor allem eine *fortschreitende Offenheit auf weltweiter Ebene für wirtschaftliche Tätigkeiten, die sich durch einen Anteil von Unentgeltlichkeit und Gemeinschaft* auszeichnen. Die exklusive Kombination Markt-Staat zersetzt den Gemeinschaftssinn. Die Formen solidarischen Wirtschaftslebens hingegen, die ihren fruchtbarsten Boden im Bereich der Zivilgesellschaft finden, ohne sich auf diese zu beschränken, schaffen Solidarität.«[40] Benedikt XVI. forderte daher ein Modell, das über die üblichen *non-profit*-Formen hinausgeht.

> Betrachtet man die mit der Beziehung zwischen Unternehmen und Ethik befaßten Themenbereiche sowie die Entwicklung, die das Produktionssystem durchmacht, so scheint es, daß die bisher allgemein verbreitete Unterscheidung zwischen gewinnorientierten (*profit*) Unternehmen und nicht gewinnorientierten (*non profit*) Organisationen nicht mehr imstande ist, über die tatsächliche Situation vollständig Rechenschaft zu geben oder zukünftige Entwicklungen effektiv zu gestalten. In diesen letzten Jahrzehnten ist ein großer Zwischenbereich zwischen den beiden Unternehmenstypologien entstanden. Er besteht aus traditionellen Unternehmen, die allerdings Hilfsabkommen für rückständige Länder unterzeichneten; aus Unternehmensgruppen, die Ziele mit sozialem Nutzen verfolgen; aus der bunten Welt der Vertreter der sogenannten öffentlichen und Gemeinschaftswirtschaft. Es handelt sich nicht nur um einen »dritten Sektor«, sondern um eine neue umfangreiche zusammengesetzte Wirklichkeit, die das Private und das Öffentliche einbezieht und den

40 Ebd., §. 39.

> Gewinn nicht ausschließt, ihn aber als Mittel für die Verwirklichung humaner und sozialer Ziele betrachtet.[41]

Im Kontext dieser sozialen Umgestaltung des Konzepts der Arbeit kam die Enzyklika auf das Thema *Subsidiarität* zu sprechen. Wenn diese bei der Eindämmung und Gestaltung der Globalisierungsprozesse von unersetzlichem Wert sei,[42] dann gelte auch: »*Das Prinzip der Subsidiarität muß in enger Verbindung mit dem Prinzip der Solidarität gewahrt werden und umgekehrt.* Denn wenn die Subsidiarität ohne die Solidarität in einen sozialen Partikularismus abrutscht, so ist ebenfalls wahr, daß die Solidarität ohne die Subsidiarität in ein Sozialsystem abrutscht, das den Bedürftigen erniedrigt.«[43] Die Enzyklika verknüpfte somit Subsidiarität und Solidarität in einem einzigen Binom. Ihre Vereinigung veranlasst Menschen und Gesellschaften dazu, sich zu engagieren und an der »Verwirklichung des Gemeinwohls« mitzuarbeiten.[44]

5.3 Die Kritik an der Ungleichheit in »Evangelii gaudium«

Benedikt XVI. befasste sich in »Caritas in veritate« mit der katholischen Soziallehre in punkto Subsidiarität innerhalb der neuen historischen Gegebenheiten. Darin unterscheidet sich sein Schreiben von der Enzyklika »Quadragesimo anno« Papst Pius' XI., der 1931 im Subsidiaritätsprinzip ein »liberales« Bollwerk gegen die Übermacht der totalitären Staaten der 1930er-Jahre gesehen hatte. Heute wird der Westen nicht länger vom totalitären Staat, sondern vom Totalitarismus einer Globalisierung ohne Regeln bedroht, der soziale und ethische Bindungen und Zugehörigkeiten zerstört und alles auf eine funktionale Vernunft reduziert. Benedikt XVI. übte in seiner Enzyklika konstruktive Kritik an diesem neuen Widersacher, indem er Alternativen

---

41 Ebd., § 46.
42 Vgl. ebd., § 57 und 67.
43 Ebd., §. 58.
44 Ebd., § 67.

vorschlug (einen Geist des Schenkens), die den Einfluss der ehernen Gesetze der Marktwirtschaft mindern sollten. Im Vergleich dazu erscheint die Gesellschaftskritik, die Papst Franziskus in seinem 2013 veröffentlichten apostolischen Schreiben »Evangelii gaudium« äußerte, wesentlich direkter. Die Probleme der seit den 1980er-Jahren dominierenden neokapitalistischen Globalisierung konnten nach der Pleite von Lehman Brothers im Jahr 2008 und dem darauf drohenden weltweiten Bankrott nicht länger totgeschwiegen werden. Denn man hatte es nicht mit zufälligen, sondern mit strukturellen Problemen zu tun. Das gesamte Modell musste neu durchdacht werden.[45] Benedikt XVI. hatte bereits in »Caritas in veritate« beobachtet: »Die Senkung des Rechtsschutzniveaus für die Arbeiter oder der Verzicht auf Mechanismen der Umverteilung des Gewinns, damit das Land eine größere internationale Wettbewerbsfähigkeit erlangt, verhindern, daß sich eine langfristige Entwicklung durchsetzen kann. So sollten die Konsequenzen, welche die aktuellen Tendenzen zu einer kurzfristig, bisweilen extrem kurzfristig angelegten Wirtschaft für die Menschen haben, aufmerksam abgewogen werden. *Das verlangt ›eine neue und vertiefte Reflexion über den Sinn der Wirtschaft und ihrer Ziele‹* sowie eine tiefgreifende und weitblickende Revision des Entwicklungsmodells, um seine Mißstände und Verzerrungen zu korrigieren«.[46] Er war der Ansicht: »Nach dem Zusammenbruch der wirtschaftlichen und politischen Systeme der kommunistischen Länder Osteuropas und dem Ende der sogenannten ›gegnerischen Blöcke‹ wäre ein umfassendes Überdenken der Entwicklung nötig gewesen.«[47]

Doch ein solches Überdenken hatte es nicht gegeben. Stattdessen wurde der Welt ein einziges Entwicklungsmodell, einem Dogma ähnlich, aufgezwungen. Weil ihm nach dem Zerfall des sowjetischen Ostblocks keine Feinde mehr im Weg standen, musste es sich nicht einmal legitimieren, indem es vorgab, sozial zu sein oder etwas zur Bekämpfung der Armut zu unternehmen. Begünstigt durch die digitale Revolution einerseits und die Öffnung für die asiatischen Märkte andererseits wurden Einsparungen und Effizienz zu absoluten Werten. Die Folgen davon waren der Abbau von Arbeitsplätzen, ein merkbarer Anstieg der Arbeitslosigkeit, vor allem unter jungen

---

45 Zu Franziskus' Urteil über die Globalisierung vgl. A. Riccardi, Franziskus, S. 155–198.

46 Benedikt XVI., »Caritas in veritate«, § 32.

47 Ebd., § 23.

Menschen, ein eklatantes Lohngefälle zwischen der Elite und dem Rest der Bevölkerung, die Proletarisierung der Mittelschicht, die Ausbreitung neuer Formen von Armut und eine drastische Reduzierung der vom Sozialstaat gebotenen Leistungen. Diesen Prozess, der die hobbessianisch-darwinistische Anthropologie zum Paradigma erhebt, prangerte »Evangelii gaudium« an. Papst Franziskus zufolge müssen wir heute

> »Nein zu einer Wirtschaft der Ausschließung und der Disparität der Einkommen« sagen. Diese Wirtschaft tötet. Es ist unglaublich, dass es kein Aufsehen erregt, wenn ein alter Mann, der gezwungen ist, auf der Straße zu leben, erfriert, während eine Baisse um zwei Punkte in der Börse Schlagzeilen macht. Das ist Ausschließung. Es ist nicht mehr zu tolerieren, dass Nahrungsmittel weggeworfen werden, während es Menschen gibt, die Hunger leiden. Das ist soziale Ungleichheit. Heute spielt sich alles nach den Kriterien der Konkurrenzfähigkeit und nach dem Gesetz des Stärkeren ab, wo der Mächtigere den Schwächeren zunichte macht. Als Folge dieser Situation sehen sich große Massen der Bevölkerung ausgeschlossen und an den Rand gedrängt: ohne Arbeit, ohne Aussichten, ohne Ausweg. Der Mensch an sich wird wie ein Konsumgut betrachtet, das man gebrauchen und dann wegwerfen kann. Wir haben die »Wegwerfkultur« eingeführt, die sogar gefördert wird. Es geht nicht mehr einfach um das Phänomen der Ausbeutung und der Unterdrückung, sondern um etwas Neues: Mit der Ausschließung ist die Zugehörigkeit zu der Gesellschaft, in der man lebt, an ihrer Wurzel getroffen, denn durch sie befindet man sich nicht in der Unterschicht, am Rande oder gehört zu den Machtlosen, sondern man steht draußen. Die Ausgeschlossenen sind nicht »Ausgebeutete«, sondern Müll, »Abfall«.[48]

Die Ergebnisse, die im Schlussdokument von Aparecida (an dessen Abfassung Bergoglio entscheidend mitgewirkt hatte) zusammengefasst wurden, nahm Franziskus in »Evangelii gaudium« teils wörtlich, teils synthetisierend auf. Dort heißt es etwa:

> In dieser Art Globalisierung verabsolutiert die Dynamik des Marktes leichtfertig Effizienz und Produktivität als Werte, die alle menschlichen Beziehungen regeln sollen. Dieser spezifische Charakter macht die Globalisierung zu einem Prozess, der vielfältige Ungleichheiten und Ungerechtigkeiten hervorruft. […] Eine Globalisierung ohne Solidarität wirkt sich negativ auf die ärms-

48 Papst Franziskus, »Evangelii gaudium«; § 53. Zur »weltweiten sozialen Ungerechtigkeit« der heutigen Wirtschaft vgl. § 48–52 von »Laudato sì«.

> ten Schichten aus. Dabei geht es nicht allein um Unterdrückung und Ausbeutung, sondern um etwas Neues, um den gesellschaftlichen Ausschluss. Durch ihn wird die Zugehörigkeit zur Gesellschaft, in der man lebt, untergraben, denn man lebt nicht nur unten, oder am Rande bzw. ohne Einfluss, sondern man steht draußen. Die Ausgeschlossenen sind nicht nur »Ausgebeutete«, sondern »Überflüssige« und »menschlicher Abfall«.[49]

Anknüpfend an Aparecida fällte Franziskus ein hartes Urteil über diese »Wirtschaft, die tötet«. Anders als von manch einem liberalen Papstkritiker vermutet, ging diese Kritik jedoch nicht auf eine ideologische, »peronistische« Haltung zurück, sondern auf die Erfahrungen, die Bergoglio selbst in Argentinien gemacht hatte: die Erfahrung der schweren Wirtschaftskrise, die seit den späten 1990er-Jahren und bis in die 2000er-Jahre die gesamte Gesellschaft destabilisiert und Millionen von Menschen in die Armut gestürzt hatte. Verantwortlich dafür war die Regierung Carlos Menems, der von 1989 bis 1999 in zwei aufeinanderfolgenden Amtsperioden Präsident von Argentinien war. Menem war der erste Peronist, der seit den Zeiten des Generals und Isabelitas an der Spitze einer Regierung stand. Ihm gelang es, »ein unvermutetes Bündnis mit eben jenem Teil der argentinischen Gesellschaft einzugehen, der stets mit dem Peronismus gehadert hatte: der Finanzwelt und dem Agrarexportsektor. Fähige Spitzenkräfte aus diesen Bereichen fanden Zutritt zur Regierung Menems. Sie gestalteten deren Wirtschaftspolitik und führten Reformen durch, in der festen Überzeugung, dass nur eine peronistische Regierung politisch dazu berechtigt war, Argentiniens aufgeblähte und vom Staat abhängige Wirtschaft einer Schocktherapie zu unterziehen. Dieser Schock kam in Form eines Massenverkaufs staatlicher Unternehmen und des sogenannten ›Konvertibilitätsgesetzes‹, das den Wert der neuen nationalen Währung, des Peso, im Verhältnis 1:1 an den Dollar der Vereinigten Staaten koppelte«.[50] Das Ergebnis dieser Maßnahmen war ein Zufluss von ausländischem Kapital und die Beseitigung der Inflation. »Da es der Regierung jedoch nicht gelungen war, neben dem freien Markt ein soziales Sicherheitsnetz aufzubauen, standen die Armen vollkommen schutzlos da. Trotz wirtschaftlicher Stabilität und Wachstum ließen Statistiken einen alarmierenden Anstieg

---

49 »Aparecida. 2007 Schlussdokument der 5. Generalversammlung des Episkopats von Lateinamerika und der Karibik. 13.–31. Mai 2007«, in *Stimmen der Weltkirche*, 41 (2007), S. 56.

50 A. Ivereigh, Reformer, S. 218.

von Armut und Arbeitslosigkeit erkennen. Die politischen Entscheidungsträger mit Wirtschaftsminister Domingo Cavallo an der Spitze vertrauten auf den Markt. Denn sie waren davon überzeugt, dass sich Investitionen und Wachstum positiv auf die Armen auswirken würden. Am Ende des Jahrzehnts und von Menems zweiter Amtszeit warteten die Armen jedoch immer noch.«[51] 1998 eskalierte die Lage – mit schwerwiegenden Folgen. Im Oktober 1999 kam unter der Leitung des radikal-konservativen Fernando de la Rúa eine neue Regierung aus Radikalen und dissidenten Peronisten an die Macht. Rúa setzte die neoliberale Wirtschaftspolitik seines Vorgängers im Amt fort. Am Höhepunkt der Krise sah sich der neue Präsident im Dezember 2001 gezwungen, die Casa Rosada in Buenos Aires mit dem Hubschrauber zu verlassen, um dem Zorn der Massen zu entfliehen. Nicht die peronistische Ideologie, sondern eben diese Erfahrungen und die Erinnerung an den Anblick von Millionen von Menschen auf der Straße erklären das in »Evangelii gaudium« gefällte klare Urteil von Papst Franziskus. Ein Urteil, mit dem der Papst Kritik von Seiten der Ideologen des Kapitalismus auf sich zog.[52]

Angesichts seiner Erfahrungen in Argentinien und der Wirtschaftskrise, die nach 2008 die ganze Welt zu übermannen drohte, war dem Papst klar:

> Die Notwendigkeit, die strukturellen Ursachen der Armut zu beheben, kann nicht warten, nicht nur wegen eines pragmatischen Erfordernisses, Ergebnisse

---

51 Ebd.

52 Exemplarisch für die Reaktion des amerikanischen liberal-kapitalistischen rechten Flügels sei hier das Urteil Edward Luttwaks angeführt: »Niemand denkt über etwas Objektives nach. Die Vorstellungen von Papst Franziskus sind *typisch für eine ganze Klasse argentinischer Intellektueller*, die Buenos Aires innerhalb eines Jahrhunderts von der Spitze der reichsten Länder der Welt – um die 1920er-Jahre des 20. Jahrhunderts herum – auf etwa den 60. Platz in der aktuellen Rangliste nach Pro-Kopf-Einkommen geführt haben. Es sind die Vorstellungen jener Argentinier, die gegen den freien Markt, gegen die Modernisierung und gegen den Fortschritt sind. Teilweise waren dies die Vorstellungen der peronistischen Kultur« (http://www.liberoquotidiano.it/news/italia/11830155/Edward-Luttwak-contro-Papa-Francesco-.html, letzter Zugriff 13. Juli 2017). Luttwak vergisst jedoch offenbar festzuhalten, dass eben die Aufzwingung eines »freien Marktes« ohne korrigierende Maßnahmen die Ursache für den Zusammenbruch der argentinischen Wirtschaft in den späten 1990ern und den frühen 2000ern war. Hinsichtlich Bergoglios Bildung zeigt sich Luttwak zutiefst ignorant und behauptet gar, »dass Papst Bergoglio aus den pseudointellektuellen Kreisen von Buenos Aires stammt, denjenigen, die damals die Befreiungstheologie Pater Torres'« bzw. »den Guerillakrieg zur Beseitigung sozialer Ungerechtigkeit unterstützten« (http://www.liberoquotidiano.it/news/personaggi/11936665/luttwakpapa-francesco-marxista-isis.html, letzter Zugriff 13. Juli 2017).

> zu erzielen und die Gesellschaft zu ordnen, sondern um sie von einer Krankheit zu heilen, die sie anfällig und unwürdig werden lässt und sie nur in neue Krisen führen kann. Die Hilfsprojekte, die einigen dringlichen Erfordernissen begegnen, sollten nur als provisorische Maßnahmen angesehen werden. Solange die Probleme der Armen nicht von der Wurzel her gelöst werden, indem man auf die absolute Autonomie der Märkte und der Finanzspekulation verzichtet und die strukturellen Ursachen der Ungleichverteilung der Einkünfte in Angriff nimmt, werden sich die Probleme der Welt nicht lösen und kann letztlich überhaupt kein Problem gelöst werden. Die Ungleichverteilung der Einkünfte ist die Wurzel der sozialen Übel.[53]

Er glaubte ferner: »Wir dürfen nicht mehr auf die blinden Kräfte und die unsichtbare Hand des Marktes vertrauen. Das Wachstum in Gerechtigkeit erfordert etwas, das mehr ist als Wirtschaftswachstum, auch wenn es dieses voraussetzt; es verlangt Entscheidungen, Programme, Mechanismen und Prozesse, die ganz spezifisch ausgerichtet sind auf eine bessere Verteilung der Einkünfte, auf die Schaffung von Arbeitsmöglichkeiten und auf eine ganzheitliche Förderung der Armen, die mehr ist als das bloße Sozialhilfesystem.«[54] Dieses »Wachstum in Gerechtigkeit« erfordere Entscheidungen, die ein Paradigma in Frage stellen, das auf zwei Säulen gründet: dem technokratischen Modell und einer individualistisch-hedonistisch-relativistischen Grundhaltung. Auch in dieser Hinsicht war Kardinal Bergoglio mit seinem Freund Methol Ferré einer Meinung. Ivereigh erinnert daran, dass »Methol Ferré nach dem Abschluss der Konferenz [von Santo Domingo, 1992] den CELAM verließ und nach Montevideo zurückkehrte, von wo aus er regelmäßig nach Buenos Aires fuhr, um Bergoglio zu besuchen. Dann diskutierten sie über die Lage der Welt und welchen Platz Lateinamerika in dieser Welt einnahm. Sie sorgten sich darum, dass der Niedergang der Befreiungstheologie und der Aufstieg des Neoliberalismus den Einsatz der Kirche für die Armen behinderten und bremsten. Methol Ferré glaubte fest, dass der Relativismus und der Konsumismus nun der Primärfeind der Kirche und ihres Wirkens seien und dass die lateinamerikanische Kirche ihre Entscheidung zugunsten der Armen behaupten müsse, indem sie die für eine echte Solidarität notwen-

53 Papst Franziskus, »Evangelii gaudium«, § 202.
54 Ebd., § 204.

digen Opfer brachte«.[55] Die Ethik der Solidarität war das Bollwerk gegen die Verbreitung des technokratischen, funktionalistischen Modells, das die Wirtschaft beherrschte. In »Laudato sì« heißt es diesbezüglich:

> Das technokratische Paradigma tendiert auch dazu, die Wirtschaft und die Politik zu beherrschen. Die Wirtschaft nimmt jede technologische Entwicklung im Hinblick auf den Ertrag an, ohne auf mögliche negative Auswirkungen für den Menschen zu achten. Die Finanzen ersticken die Realwirtschaft. Man hat die Lektionen der weltweiten Finanzkrise nicht gelernt, und nur sehr langsam lernt man die Lektionen der Umweltschädigung. In manchen Kreisen meint man, dass die jetzige Wirtschaft und die Technologie alle Umweltprobleme lösen werden, ebenso wie man in nicht akademischer Ausdrucksweise behauptet, dass die Probleme des Hungers und das Elend in der Welt sich einfach mit dem Wachstum des Marktes lösen werden. Es handelt sich nicht um eine Frage von Wirtschaftstheorien, die vielleicht heute keiner zu verteidigen wagt, sondern um deren Einbindung in die tatsächliche Entwicklung der Wirtschaft. Auch wer sie zwar nicht in Worte fasst, unterstützt sie aber doch mit seinen Taten, wenn ein rechtes Ausmaß der Produktion, eine bessere Verteilung des Reichtums, ein verantwortungsvoller Umgang mit der Natur oder die Rechte der zukünftigen Generationen ihn nicht zu kümmern scheinen. Mit seinem Verhalten bringt er zum Ausdruck, dass für ihn das Ziel der Gewinnmaximierung ausreicht. Der Markt von sich aus gewährleistet aber nicht die ganzheitliche Entwicklung des Menschen und die soziale Inklusion.[56]

Das *technokratische Paradigma* ist das Ergebnis des »Übergangs von Marx zu Comte«, vom Marxismus zum Positivismus, der in der Zeit nach 1989 im

---

55 A. Ivereigh, Reformer, S. 236–237. Der Niedergang der Befreiungstheologie, der mit dem Ende des Kommunismus einherging, nahm der Theologie zwar jegliche Faszination für den Marxismus, führte aber gleichzeitig dazu, dass die Verbindung zwischen der Evangelisierung und der Zuwendung zum Menschen allmählich in Vergessenheit geriet. Die Krise der Befreiungstheologie fiel in Lateinamerika mit der Abkehr von der Soziallehre der Kirche zusammen. Methol sagte gegenüber Metalli: »In gewisser Weise hat die ›Verdunstung‹ der Befreiungstheologie der gesamten lateinamerikanischen Kirche den Ansporn genommen, sich mutig der Armen anzunehmen. Ich glaube, dass die Kirche den Preis dafür bezahlt, dass sie sich zu leicht von der Befreiungstheologie getrennt hat. *Die Befreiungstheologie hätte nach dem Ende des Kommunismus ihren größten Beitrag leisten müssen* und nicht mit dem Marxismus aussterben dürfen. Ihr Fehlen muss heute dringend wettgemacht werden« (A. Methol Ferré, A. Metalli, Papa, S. 114. Hervorhebung durch den Verfasser).

56 Papst Franziskus, »Laudato sì«, § 109.

Westen vollzogen wurde. Diesen Übergang hatte Augusto Del Noce in seinem 1964 erschienenen Werk *Il problema dell'ateismo* vorausgesehen. Alberto Methol Ferré und indirekt auch Jorge Mario Bergoglio teilten Del Noces Erkenntnisse. Vor dem Europäischen Parlament sagte Franziskus:

> Mit Bedauern ist festzustellen, dass im Mittelpunkt der politischen Debatte technische und wirtschaftliche Fragen vorherrschen auf Kosten einer authentischen anthropologischen Orientierung. Der Mensch ist in Gefahr, zu einem bloßen Räderwerk in einem Mechanismus herabgewürdigt zu werden, der ihn nach dem Maß eines zu gebrauchenden Konsumgutes behandelt, so dass er – wie wir leider oft beobachten – wenn das Leben diesem Mechanismus nicht mehr zweckdienlich ist, ohne viel Bedenken ausgesondert wird, wie im Fall der Kranken, der Kranken im Endstadium, der verlassenen Alten ohne Pflege oder der Kinder, die vor der Geburt getötet werden. Es ist das große Missverständnis, das geschieht, »wenn sich die Verabsolutierung der Technik durchsetzt«, die schließlich zu einer »Verwechslung von Zielen und Mitteln« führt. Das ist ein unvermeidliches Ergebnis der »*Wegwerf-Kultur*« und des »*hemmungslosen Konsumismus*«. Dagegen bedeutet die Menschenwürde zu behaupten, die Kostbarkeit des menschlichen Lebens zu erkennen, das uns unentgeltlich geschenkt ist und deshalb nicht Gegenstand von Tausch oder Verkauf sein kann.[57]

Das technokratische Modell, das für die heutige Wirtschaft maßgeblich ist, verbindet sich im Zeitalter der Globalisierung mit einer *individualistischen und relativistischen Philosophie*. Im positivistischen Neo-Empirismus, der die Kultur der Zeit nach 1989 prägt, *treffen sich Technokratie und Relativismus.*

> Daher dürfte es nicht verwundern, dass sich mit der Allgegenwart des technokratischen Paradigmas und der Verherrlichung der grenzenlosen menschlichen Macht in den Menschen dieser Relativismus entwickelt, bei dem alles irrelevant wird, wenn es nicht den unmittelbaren eigenen Interessen dient. Darin liegt eine Logik, die uns verstehen lässt, wie sich verschiedene Haltungen gegenseitig bekräftigen, die zugleich die Schädigung der Umwelt und die der Gesellschaft verursachen.

57 Papst Franziskus, Ansprache an das Europaparlament, Straßburg, 25. November 2014, online zugänglich unter http://w2.vatican.va/content/francesco/de/speeches/2014/november/documents/papa-francesco_20141125_strasburgo-parlamento-europeo.html (letzter Zugriff 25. Mai 2020).

> Die Kultur des Relativismus ist die gleiche Krankheit, die einen Menschen dazu treibt, einen anderen auszunutzen und ihn als ein bloßes Objekt zu behandeln, indem er ihn zu Zwangsarbeit nötigt oder wegen Schulden zu einem Sklaven macht. Es ist die gleiche Denkweise, die dazu führt, Kinder sexuell auszubeuten oder alte Menschen, die den eigenen Interessen nicht dienen, sich selbst zu überlassen. Es ist auch die innere Logik dessen, der sagt: Lassen wir die unsichtbare Hand des Marktes die Wirtschaft regulieren, da ihre Auswirkungen auf die Gesellschaft und auf die Natur ein unvermeidbarer Schaden sind. Wenn es weder objektive Wahrheiten noch feste Grundsätze gibt außer der Befriedigung der eigenen Pläne und der eigenen unmittelbaren Bedürfnisse – welche Grenzen können dann der Menschenhandel, die organisierte Kriminalität, der Rauschgifthandel, der Handel mit Blutdiamanten und Fellen von Tieren, die vom Aussterben bedroht sind, haben? Ist es nicht dieselbe relativistische Denkweise, die den Erwerb von Organen von Armen rechtfertigt, um sie zu verkaufen oder für Versuche zu verwenden, oder das »Wegwerfen« von Kindern, weil sie nicht den Wünschen ihrer Eltern entsprechen?[58]

Angesichts dieser doppelten Herausforderung durch die wirtschaftliche Technokratie und den ethischen Relativismus schlug »Evangelii gaudium« einen *Primat der Politik* vor – einer Politik, die innerhalb eines nicht-immanentistischen Horizonts wieder das »Gemeinwohl« des Volkes in den Blick nimmt. Die Politik, so Franziskus, könne die Wirtschaft heute nur dann »transzendieren«, wenn sie sich in der polaren Spannung zwischen Immanenz und Transzendenz bewege: »Ich bin überzeugt, dass sich von einer Öffnung für die Transzendenz her eine neue politische und wirtschaftliche Mentalität bilden könnte, die helfen würde, die absolute Dichotomie zwischen Wirtschaft und Gemeinwohl zu überwinden.«[59] Die Politik müsse Wirtschaft und Gemeinwohl aufeinander »abstimmen«, sie müsse all das in Einklang bringen, was sich heute in einer vom Individualismus dominierten Wirtschaft als dröhnende Dissonanz manifestiert. Denn erst dann werde ein sozialer Friede möglich, der nicht den Gegensatz, sondern die Einheit von »Schwachen« und »Starken« voraussetze. Angesichts einer Wirtschaft der »Ungleichheit«, die spalte und unproduktive »Reste«abstoße, sei die Politik

---

58 Papst Franziskus, »Laudato sì«, §§ 122–123.

59 Papst Franziskus, »Evangelii gaudium«, § 205.

dazu aufgerufen, das Angesicht von Wirtschaft und Gesellschaft neu zu gestalten und sich »der Gebrechlichkeit anzunehmen, der Gebrechlichkeit der Völker und der einzelnen Menschen. Sich der Gebrechlichkeit anzunehmen bedeutet Kraft und Zärtlichkeit, bedeutet Kampf und Fruchtbarkeit inmitten eines funktionellen und privatistischen Modells, das unweigerlich zur ›Wegwerf-Kultur‹ führt. Sich der Gebrechlichkeit der Menschen und der Völker anzunehmen bedeutet, das Gedächtnis und die Hoffnung zu bewahren; es bedeutet, die Gegenwart in ihrer nebensächlichsten und am meisten beängstigenden Situation auf sich zu nehmen und fähig zu sein, sie mit Würde zu salben«.[60] *Politik als Schutz der Schwachen vor den Starken wird zum Heilmittel gegen die »Zerbrechlichkeit«*. Zu diesen »Zerbrechlichen« gehören für Franziskus auch die ungeborenen Kinder.

> Unter diesen Schwachen, deren sich die Kirche mit Vorliebe annehmen will, sind auch die ungeborenen Kinder. Sie sind die Schutzlosesten und Unschuldigsten von allen, denen man heute die Menschenwürde absprechen will, um mit ihnen machen zu können, was man will, indem man ihnen das Leben nimmt und Gesetzgebungen fördert, die erreichen, dass niemand das verbieten kann. Um die Verteidigung des Lebens der Ungeborenen, die die Kirche unternimmt, leichthin ins Lächerliche zu ziehen, stellt man ihre Position häufig als etwas Ideologisches, Rückschrittliches, Konservatives dar. Und doch ist diese Verteidigung des ungeborenen Lebens eng mit der Verteidigung jedes beliebigen Menschenrechtes verbunden. Sie setzt die Überzeugung voraus, dass ein menschliches Wesen immer etwas Heiliges und Unantastbares ist, in jeder Situation und jeder Phase seiner Entwicklung. Es trägt seine Daseinsberechtigung in sich selbst und ist nie ein Mittel, um andere Schwierigkeiten zu lösen. Wenn diese Überzeugung hinfällig wird, bleiben keine festen und dauerhaften Grundlagen für die Verteidigung der Menschenrechte; diese wären dann immer den zufälligen Nützlichkeiten der jeweiligen Machthaber unterworfen. […] Dies ist kein Argument, das mutmaßlichen Reformen oder »Modernisierungen« unterworfen ist. Es ist nicht fortschrittlich, sich einzubilden, die Probleme zu lösen, indem man ein menschliches Leben vernichtet.[61]

---

60 Papst Franziskus, Ansprache an das Europaparlament, Straßburg, 25. November 2014, online zugänglich unter http://w2.vatican.va/content/francesco/de/speeches/2014/november/documents/papa-francesco_20141125_strasburgo-parlamento-europeo.html (letzter Zugriff 25. Mai 2020).

61 Papst Franziskus, »Evangelii gaudium«, §§ 213 und 214.

Als Modell für diese Politik schlug Franziskus in »Evangelii gaudium« dieselben Leitkriterien vor, die er bereits 1974 in seiner Ansprache an die Jesuiten[62] und 2011 in seinem Aufsatz anlässlich des zweihundertjährigen Bestehens Argentiniens vorgestellt hatte.[63] Es geht um die bereits bekannten vier Prinzipien, die die polaren Spannungen modulieren: Die Zeit ist mehr wert als der Raum; die Einheit wiegt mehr als der Konflikt; die Wirklichkeit ist wichtiger als die Idee; das Ganze ist dem Teil übergeordnet.[64] Das zweite und das vierte Prinzip (vor allem aber das vierte) dürften dem liberalen Flügel der Befürworter der Globalisierung und der katholischen Rechten nicht gefallen haben.[65] In Bergoglios »polarer« Vision verweisen sie auf den Punkt, an dem die Gegensätze in Harmonie zusammenkommen, auf die Bedingungen für einen sozialen Frieden, den die Politik verwirklichen muss. Es geht hier um ein Prinzip, das der christlichen Soziallehre sehr wichtig ist: dass Solidarität zwischen den sozialen Klassen bei der Verteilung der Güter grundsätzlich *Gerechtigkeit* voraussetzt. »Die Solidarität«, so heißt es in »Evangelii gaudium«, »ist eine spontane Reaktion dessen, der die soziale Funktion des Eigentums und die universale Bestimmung der Güter als Wirklichkeiten erkennt, die älter sind als der Privatbesitz. Der private Besitz von Gütern rechtfertigt sich dadurch, dass man sie so hütet und mehrt, dass sie dem Gemeinwohl besser dienen; deshalb muss die Solidarität als die Entscheidung gelebt wer-

---

62 J. M. Bergoglio, »Una istituzione che vive il suo carisma«, Eröffnungsansprache auf der Provinzialversammlung in San Miguel (Buenos Aires), 18. Februar 1974, in Ders., Pastorale.

63 J. M. Bergoglio, Cittadini.

64 Papst Franziskus, »Evangelii gaudium«, §§ 221–237.

65 »Hier überrascht nicht, dass Franziskus eines seiner liebsten Mantras wiederholt: Das Ganze ist dem Teil übergeordnet. Es ist seine Art zu sagen, dass das *pueblo*, eine mythische und göttliche Einheit, das Individuum transzendiert« (L. Zanatta, Papa, S. 245). »Das Problem ist, dass das Prinzip, so wie es formuliert ist, dieses Gleichgewicht zwischen dem Ganzen und den Teilen nicht zum Ausdruck bringt; es spricht offen von einer Überlegenheit gegenüber den Teilen. Und dies steht im Gegensatz zur Soziallehre der Kirche, für die zwar die Person ein konstitutionelles soziales Wesen ist, die aber gleichzeitig ihren Vorrang und ihre Irreduzibilität gegenüber dem sozialen Organismus unterstreicht [...]. Es besteht die Gefahr, dass durch die bloße Wiederholung des vierten Prinzips ohne weitere Klarstellungen dieses vierte Prinzip im marxistischen Sinne verstanden wird und somit zur Rechtfertigung der Annullierung des Individuums in der Gesellschaft herangezogen wird« (G. Scalese, »I postulati di Papa Francesco«, in S. Magister, »I quattro chiodi a cui Bergoglio appende il suo pensiero«, in *Settimo Cielo Blog*, 19. Mai 2016, online zugänglich unter http://chiesa.espresso.repubblica.it/articolo/1351301.html, letzter Zugriff 12. Juni 2020).

den, dem Armen das zurückzugeben, was ihm zusteht.«[66] Dies ist auch im Katechismus der katholischen Kirche festgeschrieben: »Das *Recht auf das Privateigentum*, das man sich selbst erarbeitet oder von andern geerbt oder geschenkt bekommen hat, hebt die Tatsache nicht auf, daß die Erde ursprünglich der ganzen Menschheit übergeben worden ist. *Daß die Güter für alle bestimmt sind*, bleibt vorrangig, selbst wenn das Gemeinwohl erfordert, das Recht auf und den Gebrauch von Privateigentum zu achten.«[67]

All der in »Evangelii gaudium« enthaltenen Erläuterungen zum Trotz wurden Vorbehalte und Einwände gegen das päpstliche Dokument geäußert. Franziskus' Schlussfolgerung, dass das kapitalistische Modell des Zeitalters der Globalisierung Demokratie und Wohlfahrt untergrabe, wurde von Seiten liberaler Rechter heftig kritisiert.[68] Vor allem in den USA missfiel es vielen,

---

66 Papst Franziskus, »Evangelii gaudium«, § 189.

67 Katechismus der katholischen Kirche, § 2403, online zugänglich unter unter http://www.vatican.va/archive/DEU0035/_INDEX.HTM (letzter Zugriff 25. Mai 2020).

68 Für einen Überblick der Kritik an Franziskus von Seiten des liberalen Wirtschaftslagers vgl. A. Tornielli, G. Galeazzi, Papa; N. Scavo, Nemici, S. 15–35. Hinsichtlich der Behauptungen, Bergoglio sei ein südamerikanischer Populist und Peronist vgl. neben den Beiträgen von Sandro Magister auch L. Zanatta, Papa, S. 240–249; M. Blondet, »Ritratto di Bergoglio come ideologo. Paleo-marxista«, in *Blondet & Friends*, 27. November 2016, online zugänglich unter https://www.maurizioblondet.it/ritratto-bergoglio-paleo-marxista/ (letzter Zugriff 12. Juni 2020). Kritisiert wird Franziskus auch in F. Cuniberto, Madonna; dort heißt es: »(Globale) Armut nimmt ab, Ungleichheit nimmt zu. Dieses scheinbare Paradoxon, das aber konstitutiv für den späten globalisierten Kapitalismus ist, fehlt in der Analyse des vatikanischen Dokuments scheinbar gänzlich und ist aufgrunddessen vermutlich die Hauptursache für dessen Fehldiagnose« (ebd., S. 41). Cuniberto zufolge steht Franziskus' Position für eine pauperistische Ideologie, ein Relikt des *terzo-mondismo*, den die Geschichte längst überwunden hat. Tatsächlich geht die Position des Papstes auf die 1970er-Jahre zurück, erfasst das heutige Problem aber vollumfassend. In der oben erwähnten Passage schreibt der Papst: »Es geht nicht mehr einfach um das Phänomen der Ausbeutung und der Unterdrückung, sondern um etwas Neues: Mit der Ausschließung ist die Zugehörigkeit zu der Gesellschaft, in der man lebt, an ihrer Wurzel getroffen, denn durch sie befindet man sich nicht in der Unterschicht, am Rande oder gehört zu den Machtlosen, sondern man steht draußen. Die Ausgeschlossenen sind nicht ›Ausgebeutete‹, sondern Müll, ›Abfall‹« (»Evangelii gaudium«, § 53). Zur Steigerung des allgemeinen Wohlstands kommt es nur wegen der gleichzeitigen Zunahme von *Ungleichheit* und der sozialen Ausgrenzung von Jung und Alt, die vom Sozialsystem abgelehnt werden. Cunibertos Kritik am Papst, die manchmal fälschlicherweise für typisch katholisch-konservativ gehalten wird, geht in Wirklichkeit auf einen esoterischen, antimodernen Traditionalismus zurück, den Cuniberto von Jacob Böhme, zu dessen Werken er gearbeitet hat, und von René Guenon entlehnt hat. Vgl. diesbezüglich F. Cuniberto, Cedro.

dass ein Papst mit der gegenwärtigen Wirtschaftsform so hart ins Gericht ging.[69] Nachdem zunächst im labournahen britischen *Guardian* und in der *Washington Post* positiv über »Evangelii gaudium« berichtet worden war, widmete das amerikanische Wirtschafts- und Finanzmagazin *Forbes* dem Schreiben eine Reihe äußerst kritischer Artikel.[70] *Forbes* zufolge lasteten auf dem Papst die Bürde seiner peronistischen Vergangenheit, seines Strebens nach einem »dritten Weg« zwischen Kapitalismus und Sozialismus, die Eindrücke der Befreiungstheologie und die Parallelen zwischen seiner Analyse und der des Nobelpreisträgers Joseph Stiglitz (den Mons. Marcelo Sanchez Sorondo, der argentinische Kanzler der Päpstlichen Akademie der Sozialwissenschaften, im Übrigen sehr schätzt). Gleichsam die Krönung all dieser Kritiken ist eine Stellungnahme Michael Novaks, des vielleicht berühmtesten Vertreters des amerikanischen Katho-Kapitalismus. Dessen Werk *The Spirit of Democratic Capitalism* (New York 1982, dt. Übersetzung: *Der Geist des demokratischen Kapitalismus*, Frankfurt a. M. 1992) war in der von Präsident Reagan geförderten großen politisch-religiösen Allianz gegen den Weltkommunismus der 1980er-Jahre eine Art Konvergenzpunkt zwischen Katholiken und Republikanern gewesen. Novak erschienen einige Aussagen des Papstes »parteiisch und empirisch unbegründet«: »Einige der scharfen Bemerkungen sind so leidenschaftlich und voreingenommen, dass sie über den Rahmen der Gelassenheit und der geistigen Großzügigkeit hinauszugehen scheinen, die wir von Papst Franziskus sonst gewohnt sind. Und auf eben diese Aussagen haben sich Medien wie *Reuters* und der *Guardian* natürlich gestürzt. Etwa auf die Kritik an der ›Trickle-down-Theorie‹, der ›unsichtbaren Tyrannei‹, der ›Vergötterung des Geldes‹, der ›Ungleichheit‹ und an der Hervorhebung der Notwendigkeit einer ›Rückkehr von Wirtschaft und Finanzleben zu einer Ethik zugunsten des Menschen‹«.[71] Solche Bemerkungen zum kapitalistischen System hielt Novak für schlichtweg inakzeptabel: »Seit Max Weber wird dem katholischen Sozialdenken vorgeworfen, die Ursache für die Armut in vielen

---

69 P. MASTROLILLI, »›Ipocrita e marxista‹. L'America del Tea Party contro Papa Francesco«, in *La Stampa*, 4. Dezember 2013.

70 F. PELOSO, »Papa Francesco anticapitalista. Gran dibattito in Usa«, in *Linkiesta*, 20. Dezember 2013.

71 M. NOVAK, »Per *Time* è Francesco Persona dell'anno: ›Ha cambiato la percezione della Chiesa‹«, in *Corriere della Sera*, 12. Dezember 2013.

katholischen Ländern zu sein. Und Papst Franziskus legt nun unbeabsichtigterweise Beweise für Webers These vor«.[72]

Die Verstimmung Novaks, der von manchen als der »katholische Weber« bezeichnet wird, ist aus seiner Warte durchaus verständlich. Denn Novak, für den nicht Webers *protestantische Ethik*, sondern die »katholische« Ethik die wahre Grundlage eines »demokratischen Kapitalismus« ist, sah sich nun mit einem Pontifikat konfrontiert, das eben jenem System misstraute, an dessen Legitimierung und Verteidigung er lange Zeit unter Vorwürfen von allen Seiten mitgewirkt hatte. Vor allem Franziskus' »oberflächliche Anspielung auf die ›Überlauf-Theorien‹«, auf die für das Freihandelsmodell zentralen »Trickle-down-Theorien« war für ihn unhaltbar. In »Evangelii gaudium« heißt es: »In diesem Zusammenhang verteidigen einige noch die ›Überlauf‹-Theorien (trickle-down theories), die davon ausgehen, dass jedes vom freien Markt begünstigte Wirtschaftswachstum von sich aus eine größere Gleichheit und soziale Einbindung in der Welt hervorzurufen vermag. Diese Ansicht, die nie von den Fakten bestätigt wurde, drückt ein undifferenziertes, naives Vertrauen auf die Güte derer aus, die die wirtschaftliche Macht in Händen halten, wie auch auf die sakralisierten Mechanismen des herrschenden Wirtschaftssystems. Inzwischen warten die Ausgeschlossenen weiter. Um einen Lebensstil vertreten zu können, der die anderen ausschließt, oder um sich für dieses egoistische Ideal begeistern zu können, hat sich eine Globalisierung der Gleichgültigkeit entwickelt.«[73] Diese Kritik und vor allem die Behauptung, dass aufgrund von Fakten nicht eindeutig belegt werden könne, dass das kapitalistische Modell ein allgemeiner Quell des Reichtums sei, störten Novak. Darauf entgegnete er – und angesichts der Nationalität des Papstes ist seine Bemerkung durchaus spitz – dass »ein solcher Kommentar in Argentinien und anderen statischen Systemen ohne Aufstiegsmobilität sicher verständlich wäre. Dort, wo wie in Amerika ganze Generationen die Verlässlichkeit der Aufstiegsmobilität jeden Tag unter Beweis stellen, entspricht die Aussage des Papstes jedoch keinesfalls der Wahrheit. Die von einigen kapitalistischen Systemen geförderte Aufstiegsmobilität ist die von

---

72 Ebd.

73 Papst Franziskus, »Evangelii gaudium«, § 54.

einem Großteil der amerikanischen Bevölkerung gelebte und erlebte Realität und kein ›undifferenziertes, naives Vertrauen‹«.[74]

Die nervöse Kritik des berühmtesten Katho-Kapitalisten der USA zeigt, dass Papst Franziskus mit »Evangelii gaudium« mitten ins Schwarze getroffen hat. Der Pontifex selbst kam sogar in einem Interview, das Andrea Tornielli mit ihm für *La Stampa* führte, auf den von Novak angesprochenen kontroversen Punkt zu sprechen: »In dem Schreiben steht nichts, was nicht auch in der Soziallehre der Kirche zu finden wäre. Ich habe nicht aus technischer Sicht gesprochen, sondern versucht, das festzuhalten, was tatsächlich passiert. Das einzige konkrete Zitat betraf die ›Überlauf-Theorien‹, wonach jedes Wirtschaftswachstum, das durch den freien Markt begünstigt wird, an sich schon zu mehr Gerechtigkeit und sozialer Integration in der Welt führt. Man hatte das Versprechen gegeben, dass das Glas, wenn es voll ist, überlaufen würde und die Armen davon profitieren würden. Stattdessen ist es nun so, dass das Glas, wenn es voll ist, auf magische Weise größer wird, so dass für die Armen nie etwas herauskommt. Dies war der einzige Verweis auf eine bestimmte Theorie. Ich wiederhole, ich habe nicht als Techniker gesprochen, sondern nach der Soziallehre der Kirche – und das bedeutet keinesfalls, Marxist zu sein.«[75] Die abschließende Klarstellung ist besonders interessant. In der Zeit nach 1989 war man allgemein an eine bedingungslose Legitimierung der kapitalistischen Globalisierung gewöhnt, die als »Ende der Geschichte« und als Allheilmittel gegen alle Übel gefeiert wurde, sodass jede Kritik an ihr als krypto-kommunistisch galt. »Evangelii gaudium« durchbrach nun diese Mauer des Schweigens und warf einen gewaltigen Stein in das Becken der Ideen. Diesen Versuch hatte bereits Benedikt XVI. unternommen, der in seiner Enzyklika »Caritas in veritate« viel Neues und hervorragende kritische Ideen vorgelegt hatte. Im Vergleich dazu erscheint Franziskus' apostolisches Schreiben jedoch wesentlich entschlossener: Es nimmt den Stier bei den Hörnern und scheut sich nicht davor, der Welt die nach dem Finanzdebakel

---

74 M. Novak, »Per *Time* è Francesco Persona dell'anno: ›Ha cambiato la percezione della Chiesa‹«, in *Corriere della Sera*, 12. Dezember 2013. Vgl. auch Novaks Kritik an »Evangelii gaudium« in »Le parole che l'America non ha capito«, in *Il Regno Documentazione*, 1158, 1 (2014), S. 8–12, sowie die dort abgedruckte Entgegnung von E. Benvenuto, »Sulla ›teologia‹ del capitalismo«, S. 13–22.

75 Papst Franziskus, »Mai avere paura della tenerezza«, Interview von A. Tornielli, in *La Stampa*, 15. Dezember 2013.

von 2008 offensichtlichen Grenzen eines Wirtschaftsmodells vor Augen zu führen, das Gefahr läuft, die ganze Welt zu überrollen, wenn es sich selbst überlassen wird. Diese Grenzen sind *strukturelle* Grenzen, keine peripheren Grenzen. Auch Novak räumt ein, dass die für das Christentum so charakteristischen karitativen und wohltätigen Aktivitäten die potentiell entmenschlichenden Auswirkungen des Kapitalismus an den Rändern des Systems mildern können. Was er jedoch nicht einsieht, ist, dass die Nächstenliebe in die Politik übersetzt werden kann, um jene »strukturellen« Ursachen in Angriff zu nehmen, die in unserer Zeit die innere und äußere Harmonie der Völker und den Frieden bedrohen. Die Kritik am kapitalistischen Finanzsystem, das sich nach 1989 durchgesetzt hat, ist die Kritik an einem »asozialen«, auf Ausgrenzung beruhenden System: einer Ausgrenzung der Arbeitslosen, der Jungen, der Armen, der Unsichtbaren; einer Ausgrenzung der Ethik und der Politik. »Wie viele Worte sind diesem System unbequem geworden! Es ist lästig, wenn man von Ethik spricht, es ist lästig, dass man von weltweiter Solidarität spricht, es ist lästig, wenn man von einer Verteilung der Güter spricht, es ist lästig, wenn man davon spricht, die Arbeitsplätze zu verteidigen, es ist lästig, wenn man von der Würde der Schwachen spricht, es ist lästig, wenn man von einem Gott spricht, der einen Einsatz für die Gerechtigkeit fordert.«[76] Für Franziskus ist ganz klar: »Wir dürfen nicht mehr auf die blinden Kräfte und die unsichtbare Hand des Marktes vertrauen.«[77] Stattdessen müssten wir aktiv eingreifen und für eine Gleichheit eintreten, die nicht dem bloßen Wirtschaftswachstum entspreche. »Es liegt mir völlig fern, einen unverantwortlichen Populismus vorzuschlagen, aber die Wirtschaft darf nicht mehr auf ›Heilmittel‹ zurückgreifen, die ein neues Gift sind, wie wenn man sich einbildet, die Ertragsfähigkeit zu steigern, indem man den Arbeitsmarkt einschränkt und auf diese Weise neue Ausgeschlossene schafft.«[78] Der Wirtschaftssektor könne und dürfe für sich keine absolute Autonomie beanspruchen, geschweige denn Vorrang vor politischer Autonomie. Eine Rückkehr zum Primat der Politik sei unerlässlich – einer Politik aber, deren Ziel das Gemeinwohl ist: »Die so in Misskredit gebrachte Politik ist eine sehr hohe Berufung, ist eine der wertvollsten Formen der Nächstenliebe, weil sie das

76 Papst Franziskus, »Evangelii gaudium«, § 203.
77 Ebd., § 204.
78 Ebd.

Gemeinwohl anstrebt. Wir müssen uns davon überzeugen, dass die Liebe ›das Prinzip nicht nur der Mikro-Beziehungen – in Freundschaft, Familie und kleinen Gruppen – [ist], sondern auch der Makro-Beziehungen – in gesellschaftlichen, wirtschaftlichen und politischen Zusammenhängen‹. Ich bete zum Herrn, dass er uns mehr Politiker schenke, denen die Gesellschaft, das Volk, das Leben der Armen wirklich am Herzen liegt!«[79]

Eins ist gewiss: Selten hat ein Text des sozialen Lehramts der Kirche eindringlichere Worte gefunden. Was in Franziskus' Schreiben auffällt, ist der Ton, der Übergang von der deskriptiven Analyse zur ersten Person, die direkte Betroffenheit des Pontifex, die Empörung angesichts einer Welt, die alle Mittel hätte, um das Leiden und die Marginalisierung von Millionen von Menschen zu lindern, es aber nicht tut. »Der Papst liebt alle, Reiche und Arme, doch im Namen Christi hat er die Pflicht daran zu erinnern, dass die Reichen den Armen helfen, sie achten und fördern müssen.«[80] Eine Erinnerung, von der sich sowohl *Forbes* als auch Michael Novak provoziert gefühlt haben dürften.

---

79 Ebd., § 205.
80 Ebd., § 58.

6 In der Schule des heiligen Ignatius von Loyola. Das Leben als Zeugnis

6.1 Die erzählerische Form des Denkens und die *theologia crucis*: eine ignatianische Spannung

Das von Methol Ferré und Bergoglio in der Zeit nach 1989 erdachte Integrationsmodell ist multipolar und vielschichtig: Es besteht aus dem »kleinen« Heimatland, der *patria grande* und der globalisierten Welt. Jede Schicht ist ein Pol, der mit den beiden anderen in Spannung steht. Jede von ihnen kann nur bestehen, wenn das Gleichgewicht zwischen den Teilen gewahrt wird. Diese Sichtweise entdecken wir auch in »Caritas in veritate«, der Enzyklika Benedikts XVI.:

> Um nicht eine gefährliche universale Macht monokratischer Art ins Leben zu rufen, muß die Steuerung der Globalisierung von subsidiärer Art sein, und zwar in mehrere Stufen und verschiedene Ebenen gegliedert, da sie die Frage nach einem globalen Gemeingut aufwirft, das zu verfolgen ist; eine solche Autorität muß aber auf subsidiäre und polyarchische Art und Weise organisiert sein, um die Freiheit nicht zu verletzen und sich konkret wirksam zu erweisen.[1]

Dieses »katholische« Modell bevorrechtet das Allgemein-Besondere, das konkrete Allgemeine, das im Mittelpunkt von Methol Ferrés und Bergoglios Denken steht. Es konstituiert das thomistische Paradigma als Alternative zu den platonisierenden, abstrakt universalisierenden Idealismen und den partikularistischen Nominalismen. Das konkrete Allgemeine ist ein *spürbares* Denken, bei dem der imaginative Raum-Zeit-Faktor essentiell ist, oder wie

---

1 Benedikt XVI., »Caritas in veritate«, § 57.

Bergoglio selbst es formulierte: »Für den heiligen Ignatius müssen die großen Prinzipien in den Umständen von Raum, Zeit und Personen verkörpert sein.«[2] Daraus ergibt sich ein »konkretes« Denken, das Bergoglio bei verschiedenen Gelegenheiten als »erzählerisch« bezeichnete,[3] vor allem dann, wenn er von der Gesellschaft Jesu und den Protagonisten, die ihre Geschichte geprägt hatten, sprach: »Die Gesellschaft Jesu kann man nur in erzählerischer Form darstellen. Nur in der Erzählung kann man die Unterscheidung anstellen, nicht aber in der philosophischen oder theologischen Darlegung, wo man wiederum diskutieren kann«.[4]

Mit der Vielfalt der verschiedenen »Denkstile« ist der aus der Schule der Jesuiten hervorgegangene Bergoglio bestens vertraut. Wohlbekannt ist ihm daher der Unterschied zwischen einem Lehrvortrag und einer Predigt, die sich niemals aus der »dialogischen« Dimension zwischen Prediger und Gemeinde und von der Existenz desjenigen lösen kann, der spricht und in dem, was er sagt, mit seinem Leben und seinen persönlichen Empfindungen zugegen ist. Daher ist er der erste Zeuge der Wahrheit des Wortes. Antonio Spadaro zufolge ist Franziskus' Sprache »nicht spekulativ, sondern missionarisch. Sie achtet auf den Gesprächspartner ebenso wie auf die Botschaft. Und diese Botschaft wird verkündet, nicht damit sie ›analysiert‹, sondern damit sie ›gehört‹ wird. Sie erreicht sofort alle, die sie hören. Es kommt sofort zu einer Reaktion. Eigentlich ›kommuniziert‹ er nicht nur, sondern er schafft ›kommunikative Ereignisse‹, an denen die Empfänger seiner Botschaft aktiv teilnehmen. Insofern kommt es zu einer Umgestaltung von Sprache, die andere Akzente und neue Prioritäten setzt«.[5] Und das passiert ganz bewusst.

---

2 A. Spadaro, Interview, S. 28.

3 Gian Enrico Rusconi missversteht Bergoglios Position. Für ihn ist »narrative Theologie eine semantische Neuerfindung und eine emotionale Expressivität bei gleichzeitiger begrifflicher Flexibilität, was zu einer metaphernreichen, mit den evangelischen Gleichnissen kongruenten Sprache führt« (G.E. Rusconi, Teologia, S. 4). Ihm zufolge ist bei Bergoglio eine Spannung zwischen absoluter Treue zur Tradition und einer phantasievollen, literarischen Sprache festzustellen: »Bergoglio möchte rein gar nichts an den ›Grundlagen‹ der Lehre verändern [...]. Tatsächlich aber kodiert er die traditionelle Lehre um, mit semantischen, rhetorischen und metaphorischen bzw. ›mythischen‹ Codes« (ebd., S. 147). Tatsächlich hat Bergoglios »erzählerische« Methode nichts »Mythisches«. Im Gegenteil: Sie reagiert auf das Bedürfnis, unser Verständnis der Wirklichkeit in die doppelte Form des Allgemeinen und des Besonderen zurückzuführen, übertragen auf Raum und Zeit.

4 A. Spadaro, Interview, S. 36–37.

5 A. Spadaro, Disegno, S. 31. Zu Franziskus' Sprache vgl. A. Gisotti, Perfil, S. 15–32.

Die Einfachheit von Franziskus' Sprache ist nicht etwa auf ein schwaches akademisches Gerüst zurückzuführen. Ganz im Gegenteil: Hinter der ganz spezifischen Einfachheit seiner Sprache – einer evangelischen und keiner theologischen oder philosophischen Einfachheit – steht die Komplexität eines tiefgründigen und ganz eigenen Denkens. Es überrascht immer wieder, wie reichhaltig und vielfältig Franziskus' kreative Sprache ist. »Sowohl seine literarische als auch seine theologische Ausbildung nehmen sicherlich Einfluss auf das Ausdrucksvermögen des Papstes. Doch entscheidend sind vor allem seine persönliche Sensibilität und eine gewisse missionarische Triebkraft. Bergoglio ›wohnt‹ in den Worten, die er ausspricht. Ebenso wie er nicht allein leben kann, sondern eine Gemeinschaft braucht, haben seine Worte das Bedürfnis, für diejenigen, die vor ihm stehen, Platz zu schaffen. Seine Worte werden nie wegen ihrer Schönheit ausgesprochen, sondern weil sie eine evangelische Beziehung herstellen. Bergoglios Worte sind die Töchter des *sermo humilis* des heiligen Augustinus, denn sie wollen ein schönes, zugängliches, klares und ›sanftes‹ ›Heimatwort‹ sein. Deshalb sind sie immer und in jedem Fall von Mündlichkeit und vom Dialog geprägt, auch wenn sie geschrieben sind. Die Worte nehmen einen ›Körper‹ an«.[6] Und daher kommen sie dort an, wo sie aus christlicher Sicht ankommen müssen: im Herzen.[7] In »Evangelii gaudium« heißt es: »Ein Dialog ist weit mehr als die Mitteilung einer Wahrheit. Er kommt zustande aus Freude am Reden und um des konkreten Gutes willen, das unter denen, die einander lieben, mit Hilfe von Worten mitgeteilt wird. Es ist ein Gut, das nicht in Dingen besteht, sondern in den Personen selbst, die sich im Dialog einander schenken. Eine rein moralistische oder unterweisende Verkündigung und auch jene, die zu einer Exegese-Vorlesung wird, schränkt diese Kommunikation zwischen den Herzen ein, die in der Homilie gegeben ist und die einen geradezu sakramentalen Charakter haben muss: ›So gründet der Glaube in der Botschaft, die Botschaft im Wort Christi‹ (Röm 10,17). In der Homilie geht die Wahrheit mit der Schönheit und dem Guten einher.«[8]

---

6 A. Spadaro, Disegno, S. 31–32.

7 Die von der Reformation vernachlässigte Versöhnung von Herz und Verstand ist für Bergoglio die Grundlage der ignatianischen Vision. Vgl. J. M. Bergoglio-Papst Franziskus, »Che cosa sono i gesuiti?« (1985), in Ders., Gesuiti, S. 24.

8 Papst Franziskus, »Evangelii gaudium«, § 142.

Diese Synergie der Transzendentalien (des Wahren, des Guten und des Schönen), von der später noch die Rede sein wird, findet ihren Stil in einer Erzählweise, die uns – jenseits der formalen Logik – das Lebendig-Konkrete zurückgibt. So sagte Bergoglio etwa 1977 in einem Vortrag, die Geschichte der Gesellschaft Jesu in Argentinien sei im Grunde genommen »genauso einfach wie *Don Quijote*, so dass selbst Kinder sie verstehen könnten«.[9] Dies ist aber nur dann möglich, wenn sie »von einem erzählerischen Standpunkt aus« angegangen wird, »der aufgrund seiner Implikationen einen symbolischen Wert hat«.[10] Dieses *erzählerische* Denken ist ein *symbolisches* Denken, bei dem einzelne Individuen einen universellen Wert annehmen. Sie sind Zeugen der Synthese zwischen dem Ideal und der Geschichte, der Kirche und der Wirklichkeit, der Offenbarung und den Völkern. Bergoglio schlug eine »konkrete«, symbolisch-erzählerische Denkweise vor, die uns auf guardinische Weise zur »Anschauung« führt und uns die Kategorie des »Zeugen« verständlich machen will. Der Zeuge ist das Allgemein-Besondere, und der Zeuge steht auch für den Zeugen par excellence: Jesus Christus, der Sohn, der die Liebe des Vaters offenbart. Der Zeuge symbolisiert das Allgemeine und das Besondere eines Volkes. Er ist der Punkt der Synthese, der die gegensätzlichen Pole zusammenführt, und der Faktor, der Schönheit und Wahrheit miteinander verbindet, die im freigeistigen Atheismus getrennt sind und zueinander im Widerspruch stehen.

In seiner Ansprache vor dem Kongress der Vereinigten Staaten sagte Papst Franziskus: »Drei Söhne und eine Tochter dieses Landes, vier Einzelpersonen und vier Träume: Lincoln – Freiheit; Martin Luther King – Freiheit in der Vielfalt und Nicht-Ausschließung; Dorothy Day – soziale Gerechtigkeit und Menschenrechte; Thomas Merton – Fähigkeit zum Dialog und Öffnung auf Gott hin.«[11] Diese vier Vertreter des amerikanischen Volkes sind Symbole, die für versuchte »Synthese« stehen. Dies gilt auch für die Helden, Heiligen und Märtyrer der Gesellschaft Jesu. 1976 schrieb Bergoglio: »Ich

---

9 J. M. Bergoglio-Papst Franziskus, »Storia e presenza della Compagnia di Gesù in Argentina« (1977), in Ders., Gesuiti, S. 45.

10 Ebd., S. 55.

11 Papst Franziskus, Ansprache vor dem Kongress der Vereinigten Staaten von Amerika, Washington D.C., 24. September 2015, online zugänglich unter http://www.vatican.va/content/francesco/de/speeches/2015/september/documents/papa-francesco_20150924_usa-us-congress.html (letzter Zugriff 28. Mai 2020).

ziehe es vor, den Symbolen ein Gesicht zu geben, durch die die Gesellschaft ihre Mission, ihre Sicht der Realität und ihre Handlungsmöglichkeiten verwirklicht hat. Symbole, die ihre Menschen geformt haben; Symbole der Leidenschaft und der bedingungslosen Treue, so wie der selige Roque; Symbole der Geduld wie Florian Paucke; Symbole eines wissenschaftlichen Ansatzes und der Wertschätzung für das Neue aus Amerika wie Sánchez Labrador und Dobrizhoffer; Symbole eines ursprünglichen philosophischen Denkens wie Domingo Muriel; Symbole einer fruchtbaren Kontinuität – auch nach der Aufhebung der Gesellschaft – bei den Indianern, die am Ende ihre Abwesenheit beklagten, in den Ideen, die die Grundlage patriotischer Revolutionen waren, und auch im Mut jener Frau, die trotz allem niemals aufhörte, die *Übungen* zu verbreiten, jene Frau, die bei uns als Mutter Antula bekannt ist«.[12] Diese Männer und Frauen sind Symbole der Gesellschaft, der Kirche und Christi. Sie *repräsentieren* einen anderen, den Anderen. Bergoglios symbolisches und erzählerisches Denken ist ein »repräsentatives« Denken. Die menschliche Wirklichkeit, die Wirklichkeit der Völker, ist der verbindende Strang zwischen dem Besonderem und dem Allgemeinem, zwischen dem Menschlichem und dem Göttlichem. Die Wirklichkeit »repräsentiert« etwas, das jenseits von ihr selbst ist: Sie ist sie selbst und gleichzeitig mehr als sie selbst. Dies spiegelt sich auch in Bergoglios ignatianischer Spiritualität wider. Der Jesuit ist gleichzeitig ein kontemplativer Mensch und ein Mann der Tat. Er ist ein Mann Gottes *in* der Welt. Er ist der »Repräsentant«. Hans Urs von Balthasar schrieb:

> Der dem Herrn Nachfolgende, der sich in voller Indifferenz dem Willen und Auftrag des Meisters zur Verfügung stellt, ohne deswegen aufzuhören, ein spontanes und freies menschliches Subjekt zu sein, ist für sich und für die andern nur noch Auftragsträger, Repräsentant seines Herrn, so wie ein Vizekönig desto vollkommener den König vertritt, je restloser er seine persönlichen, geistigen und gestaltenden Kräfte in den Dienst des Denkens und Wollens seines Souveräns stellt. Er bleibt Person, aber diese wird als ganze durchsichtig auf die sendende Person. Die Selbstvernichtung ist bei Ignatius nicht weniger radikal als bei Franz oder Eckhart, dennoch übernimmt sie die thomanische Metaphysik der Zweitursachen, letztlich der ernstgenommenen

---

12 J. M. Bergoglio-Papst Franziskus, »Fede e giustizia nell'apostolato dei gesuiti« (1976), it. Übersetzung in Ders., Pastorale, S. 247–248.

> analogia entis, wodurch die innere Synthese der beiden im Mittelalter nebeneinanderlaufenden Hauptströmungen – »Scholastik« und »Mystik« – gelingt. Auf der Idee der Repräsentation baut sich die barocke Kultur in ihren, christlich gesehen, positivsten Momenten auf. Die Idee trägt nicht nur ein Apostolat wie das Franz Xavers und der ganzen Jesuitenmission bis zum Versuch von Paraguay, sie trägt ebenso das weltliche und geistliche Theater, auf dem der Mensch – Calderon! – eine ihm anvertraute »Rolle« in der ihm geliehenen »Kostümierung« spielt, somit ein Stück des ewigen Wissens vergegenwärtigt, re-präsentiert; sie verwirklicht damit ein neues Bewußtsein vom Erscheinen göttlicher Herrlichkeit in der Welt: Denn jetzt findet diese Herrlichkeit ein Gefäß, worin und woran sie sich kundtut, das sie nicht wie bei Eckhart, Ockham und Luther zerschlagen muß, um sich als das Einzige zu offenbaren, sondern in dem sie als echte Herrlichkeit, als Manifestation absoluter Souveränität hervortreten kann.[13]

Das »repräsentative« Denken fängt die Herrlichkeit Gottes in der Welt ein – und zwar auf eine ganz barocke Weise: indem es *spürt*. Bergoglio hat eine *physische* Auffassung vom christlichen Zeugnis, die die dialogische Verkündigung des Wortes mit einer realen, empirischen Nähe begleitet. Es geht ihm ums *Sehen* und *Berühren*: »Wenn ich grüße, ist da die Masse. Aber ich sehe sie nicht als Masse: Ich versuche wenigstens eine Person, ein bestimmtes Gesicht anzusehen. Manchmal ist das wegen der Entfernung tatsächlich nicht möglich. Es ist nicht schön, wenn ich so weit weg bin. Manchmal versuche ich es vergeblich, aber ich versuche es. Wenn es mir gelingt, dann sehe ich, dass da etwas ist, dass etwas überspringt. Wenn ich einen ansehe, dann fühlen sich vielleicht auch die anderen angesehen. Nicht als ›Masse‹, sondern als Einzelne, als Personen. Ich sehe Einzelne an, und alle fühlen sich angesehen«.[14] Dieses »Ansehen« erfordert eine Berührung. Gegenüber Spadaro sagte Franziskus: »Man braucht den Kontakt. Ja, man muss die Leute sogar berühren, sie streicheln. Der Tastsinn ist der religiöseste der fünf Sinne. Es tut gut, den Kindern, den Kranken die Hand zu geben: ihnen die Hand zu drücken, sie zu streicheln… Oder ihnen schweigend in die Augen zu sehen. Auch das ist Kontakt.«[15] *Der Tastsinn ist der religiöseste der fünf Sinne*: eine fürwahr

---

13 H. U. von Balthasar, Herrlichkeit, III/1, S. 459–460.

14 Papst Franziskus, Angesicht, I, S. 10.

15 Ebd., S. 23.

überraschende, aristotelisch-christliche Aussage. Sie schwemmt jeden Ansatz eines gnostischen Idealismus' von Grund auf fort und zeigt, auf welcher Ebene Bergoglio zufolge die Inkarnation des Christen in der Welt, seine Teilhabe an der Wirklichkeit und seine Beziehung zum Nächsten stattfinden. Unübersehbar ist hier sein Misstrauen gegenüber solchen *Mittelwegen*, die, indem sie sich versteifen und verabsolutieren, die Verbindung zum *Unmittelbaren*, zur direkten Beziehung auslöschen. Dieser »Empirismus«, der deutliche Anklänge an den Ersten Brief des Johannes (1 Joh 1–3) enthält, ist Bergoglios *evangelischer Ton*. »Diese physische Dimension ist für Papst Franziskus nicht bloß Beiwerk, nicht nur eine Frage des ›Stils‹, sondern sie ist Teil der Verbreitung der großen Botschaft der Menschwerdung. Paradigmatisch für diese kommunikative Fähigkeit steht das Gleichnis vom barmherzigen Samariter (Lk 10,29–35), das Bergoglio beim Besuch eines Krankenhauses in São Francisco de Assis erzählte. Das Dokument von Aparecida hat sogar von einer ›samaritanischen Kirche‹ gesprochen«.[16] Dahinter verbirgt sich abermals die Spiritualität des Ignatius, insbesondere die der *Übungen*. In ihr leben die Worte des deutschen Kartäusers Ludolf von Sachsen fort, der Ignatius unmittelbar inspiriert hatte: »Mache dir mit dem Gemüte des Herzens liebend und besinnlich alles, was der Herr Jesus gesagt und getan hat, so gegenwärtig, als wenn du es mit deinen eigenen Ohren hörtest und mit deinen Augen schautest. Dann wird das alles süss, weil du es mit Sehnsucht bedenkst und noch vielmehr kostest. Und wenn es auch in der Form der Vergangenheit erzählt wird, so betrachte du alles wie heute gegenwärtig… Geh ins Heilige Land, küsse mit brenndem Geist die Erde, auf der der gute Jesus stand. Mache dir gegenwärtig, wie er sprach und umging mit seinen Jüngern, mit den Sündern; wie er spricht und predigt, wie er geht und ruht, schläft und wacht, isst und Wunder wirkt. Umschreibe dir in deinem Herzen sein Verhalten und sein Tun«.[17] Diesem Aufruf zu einer gleichsam »filmischen« Betrachtungsweise, die das Evangelium mithilfe der Vorstellungskraft vor den Augen des Christen real und *aktuell* werden lässt, folgte auch Ignatius. Er forderte: »Diese Sinnlichkeit hat sich umfangsgemäss zu erstrecken von der Konkretheit der schlichten evangelischen Geschehnisse bis zur Konkretwer-

16 A. Spadaro, Disegno, S. 29.

17 Ludolphus de Saxonia, *Vita Jesu Christi*, Nr. 11–12, Paris: Rigollot 1870, S. 9 zit. nach H. U. von Balthasar, Herrlichkeit, I, S. 364–365.

dung der erfahrenen Gottheit«.[18] Man bedenke zudem, dass Ignatius in Bezug auf das Ende des ersten Tages der zweiten Woche der Übungen, an dem es um die Menschwerdung Christi geht, schrieb: »Man schaue mit den Augen der Einbildungskraft die Personen. Man vernehme mit dem Gehör, was sie reden oder reden können. Man rieche und koste mit dem Geruchssinn und dem Geschmackssinn die unendliche Süssigkeit und Lieblichkeit der Gottheit. Man berühre mit dem Tastsinn umfangend und küssend den Ort, wo diese Personen ihren Fuss hinsetzen und wo sie ruhen (122–125)«.[19]

Der *mystische Empirismus*, den wir hier sehen, bietet eine Erklärung dafür, warum Papst Franziskus in seinen Predigten einen erzählerischen, realistischen und direkten Sprachstil pflegt: nicht nur, weil er in seinem Gesprächspartner das *pueblo fiel* und keine Akademie von Gelehrten sieht, sondern auch, weil sein erzählerisches Denken das Konkrete in die Gegenwart bringen und damit seine reale Dimension als zeitlich präsent wiedergeben möchte. Man kann nicht von der Gegenwart Christi sprechen, wenn man sie sich nicht optisch und zeitlich als »gegenwärtig«, lebendig, real und aktuell vorstellt. Für Franziskus geht es dabei nicht um Theater oder um dekadenten Barock, sondern um eine *Hineinversetzung*. In einer Audioaufnahme erläuterte er:

> Der heilige Ignatius zum Beispiel sagt dem Übenden in der Kontemplation der Exerzitien, er solle sich die Szene aus dem Evangelium so vorstellen, *als nehme er selbst daran teil*.[20]

Ein erzählerisches Denken *erfordert die Hineinversetzung des Subjekts in das Objekt*. Es ist ein *»gespanntes« Denken*, eine gedachte und gelebte *Polarität*. Der Erzählende wird Teil der Szene, er ist Zuschauer und Schauspieler zugleich und nimmt am Geschehen teil. Dieses Festhalten an der »Wirklichkeit«, nach dem das dritte Gegensatzpaar verlangt (»Die Wirklichkeit ist wichtiger als die Idee«), steht in einer einzigartigen Spannung zu jenem Prozess der Loslösung von der Welt, nach der gewissermaßen das erste Gegensatzpaar verlangt (»Die Zeit ist mehr wert als der Raum). Diese Spannung zwischen (physischem und metaphysischem) Realismus und Loslösung ist

---

18 H. U. von Balthasar, Herrlichkeit, I, S. 363.
19 Zit. nach H. U. von Balthasar, Herrlichkeit, I, S. 363.
20 Papst Franziskus, Audioaufnahme vom 29. Januar 2017.

auch charakteristisch für Ignatius. Bei Bergoglio offenbart sie sich einerseits in einem starken Festhalten an der konkreten Wirklichkeit, in der Ablehnung von Ideologien, in der »physischen« Umarmung des Nächsten und im individuellen »Du«; andererseits in absoluter Einfachheit, in »Indifferenz« gegenüber den Dingen, wegen denen der Mensch sich an die Welt »klammert«: Reichtum, Luxus und Macht. Diese »Polarität« zwischen Realismus und Indifferenz leitet sich direkt von Ignatius ab, der zwar der deutsch-niederländischen Spiritualität anhing, aber hinsichtlich der Auffassung von »Indifferenz« von ihr abwich. Er sah sie nicht als Negation des eigenen Ichs oder der materiellen Wirklichkeit der Welt, sondern als absolute Bereitschaft zum Werk Gottes. Von Balthasar erläuterte dies folgendermaßen:

> Völlig entscheidend aber ist, daß Ignatius, den Gelassenheitsgedanken in seiner ganzen christlichen Radikalität fortsetzend, dessen metaphysische Formulierung durch die Deutschen, durch Eckhart zumal, nicht mitübernommen hat. Christliche Gelassenheit impliziert, auch wo sie abstrichlos gedacht und gelebt wird, nicht die antike hylemorphistische Schematik von Form (Gott) und Materie (Geschöpf). So braucht Indifferenz nicht in Richtung auf Vernichtigung des Eigenseins und Eigenwillens der Kreatur hin geübt zu werden, eine Richtung, die die Spiritualität von Eckhart bis Fénelon stärker oder schwächer unter ein verborgenes monotheletisches – um nicht zu sagen – orientalisch-pantheistisches – Vorzeichen gestellt hat. Das wahre Mysterium der christlichen Offenbarung ist vielmehr, daß die Vollendung des Gottesreiches, das »Gott alles in allen«, das »Ich lebe, aber nicht ich, Christus lebt in mir«, als das Allwirken Gottes im aktiven Mit-Wirken des Geschöpfs – in Gelassenheit, Hingabe, Dienst – gesucht werden darf. Sofern dieses Mit-Wirken nicht mehr bei der Indifferenz als *bloßem* Geschehenlassen stehenbleiben kann, vielmehr der besondere Wille Gottes, der aktiv ergriffen und durchgeführt werden soll, auch aktiv gesucht werden muß, rückt die Gelassenheit, die bei den Rheinischen am Ende steht, bei Ignatius an den Anfang.[21]

Weiter heißt es bei von Balthasar:

> Dieses Fallenlassen der metaphysischen (hylemorphistischen) Schale und Übernahme ihres theologischen Kerns bei Ignatius hat es der Spiritualität der Neuzeit erlaubt, das abrupte Ende der sogenannten »Mystik« mit der Diskreditierung Fénelons anders zu überleben als mit einem platten und aufge-

21 H. U. von Balthasar, Herrlichkeit, III/1, S. 457–458.

> klärten stoischen Moralismus. Der Vorgang hat außerdem den Weg gewiesen, wie die evangelische Grundhaltung empfangender Kontemplation sich innerlich und echt, ohne die Konsequenz reinen Mönchtums, auch in einem aktiven kirchlich-weltlichen Apostolat durchhalten konnte. Dafür hatten nicht nur Franziskus und Dominikus, sondern so prägende Gestalten wie Ramon Lull, Caterina von Siena, Brigitta, Angela von Merici und Jeanne d'Arc schon Vorbilder geliefert. Hier war nicht nur der kontemplative Akt selber als das fruchtbarste Werk für die Welt und die Kirche verstanden – ein Gedanke, der von den Rheinischen über Teresa von Avila zu Therese von Lisieux sich durchhält – dieser Grundakt, dieses Grundwerk konnte sich, ohne christlich Schaden zu leiden, nun auch in apostolische aktive Einzelakte der Zuwendung zum Nächsten ausmünzen.[22]

Das Zentrum des Bogens, der hier zwischen Aktion und Kontemplation gespannt wird, liegt in der ignatianischen *theologia crucis*. Die »erste Exerzitienwoche [wird] zu jener ausräumend vorbereitenden ›Hölle der Selbsterkenntnis‹ (Theologia Deutsch), die den Sünder angesichts des Kreuzes Jesu des Bewußtseins jedes eigenen Guten entkleidet, damit er bar jeder Eigenform in die Nachfolge eintrete, in die ihn die zweite bis vierte Exerzitienwoche durch Leben-Jesu-Beschauung einführt«.[23] Diese »Entkleidung«, diese *Indifferenz*, entsteht durch die Kontemplation des Geheimnisses des Kreuzes, die dem *Eintauchen* in die Welt vorausgeht. Der Blick auf den gedemütigten, durchbohrten und aller Majestät beraubten Christus ist der Punkt der Reinigung von allem Ehrgeiz und die Bedingung dafür, das Drama der Geschichte frei zu betreten. Wenn wir uns diese Schule des Ignatius anschauen, in der Bergoglios Spiritualität tief verwurzelt ist, dann erkennen wir, wo der Ursprung seiner zärtlichen Hinwendung zu den Armen, Leidenden und Gedemütigten liegt: im harten Holz des Kreuzes. Kreuz und *Realismus* sind die beiden Pole eines agonischen, spannungsgeladenen Denkens, das die vergängliche und besondere Wirklichkeit der Welt heiß und innig liebt, sie aber gleichzeitig nicht besitzen will. Daran, dass der gekreuzigte Christus seit jeher im Mittelpunkt von Bergoglios Glauben gestanden hat, erinnerte sich auch Jorge Milia, einer seiner Schüler am Colegio Inmaculada Concepción

22 Ebd., S. 458–459.

23 Ebd., S. 456.

in Santa Fe (Argentinien). An Ostern 1964 schilderte Bergoglio seinen Schülern folgendermaßen den Tod des Mannes, den man gekreuzigt hatte:

> So hörten sie vom *flagrum* oder *flagellum*, mit dem sie sein Fleisch gehäutet hatten, um ihn für die Kreuzigung fertigzumachen. Bergoglio las ihnen vor: vom mit Myrrhe vermischten Wein, vom *patibulum*, mit dem sie seine Hände festgenagelt hatten, vom Ersticken und von der Lanze. [...] »Ich habe beschlossen, euch diese Art von medizinischem Bericht vorzulesen, um euch bewusst zu machen, was eine Kreuzigung wirklich ist. [...] Der Mann, den man an dieses Kreuz genagelt hat, ist keine Marionette, sondern der Sohn Gottes. Die Kunst hat mit der Zeit dieses Folterinstrument so stereotypisiert, dass es mittlerweile zum Modeschmuck gehört. Würdet ihr euch das Bild eines Gehängten um den Hals hängen? [...] Denkt darüber nach: Im ersten Jahrhundert dürfte es nicht anders gewesen sein als sich ein Kreuz um den Hals zu hängen. Betrachtet es nicht mit den Augen von heute, sondern mit denen der damaligen Zeit. Denkt darüber nach. Überlegt mal. Würdet ihr euch eine Guillotine um den Hals hängen, oder einen elektrischen Stuhl? ... Schwierig, oder? Dann kam die Kunst. Kreuze wurden zu einem ästhetischen Motiv. Man hat das Material verändert. Man produzierte sie sogar aus Gold... Man setzte Edelsteine anstelle von Nägeln ein, denn sie sahen schöner aus... Was für ein Fehler! Heute denkt niemand mehr darüber nach, dass echte Kreuze aus Holz waren, dass sie mit dem Urin gekreuzigter Menschen getränkt und mit Blut und Schlamm beschmiert waren. Heute ist alles schön und sauber. Und um es noch sauberer zu machen, ging man manchmal sogar so weit, dass man Christus von diesen Kreuzen entfernte, der blutete und so schmutzig, voller Rotz und Spucke war... also wirklich nicht vorzeigbar. Man verkauft uns dieses Produkt und wir kaufen es: aus Silber oder Gold, oft von renommierten Marken. Aber dieses Kreuz, das so teuer ist, dass man es verkauft und kauft, ist nichts als Plunder und keinen Taler wert. Ein Kreuz ohne Christus ist bedeutungslos, es ist nur ein Folterinstrument, denn es fehlen darin die Barmherzigkeit und die Auferstehung.[24]

Bergoglio verfolgte mit dieser Schilderung keinen »pauperistischen« Ansatz, sondern es ging ihm darum, die Kreuzigung realistisch nachzuzeichnen. Gold und Silber waren für ihn dabei fehl am Platz, weil sie nicht das abbildeten, was auf Golgatha wirklich geschehen war. Gold und Silber verzerrten das historische Gedächtnis an das blutige und unmenschliche Opfer Christi.

---

24 J. Milia, Maestro, S. 33–34.

Dem jungen Professor Bergoglio ging es mit seiner rohen Beschreibung nicht darum, wie in einer kunstvollen barocken Rede Emotionen zu erwecken, sondern er wollte – wie von Ignatius gefordert – den Blick wieder auf das tatsächlich Geschehene richten. Ein *erzählerisches*, einfallsreiches Denken ist das Gegenteil eines phantastischen Denkens. Ausgehend von den Sinnen will es eine Tatsache in Erinnerung zu rufen, die kein Begriff »darstellen« kann. Nur ein »repräsentatives« Denken kann etwas – im wahrsten Sinne des Wortes – provozieren, eine Entscheidung oder Veränderung hervorrufen: nicht durch eine besondere Rhetorik oder mithilfe von Überzeugungstechniken, sondern indem man *mit beiden Beinen fest auf dem Boden der Tatsachen steht* und die Vergangenheit in die Gegenwart bringt, sodass sie heute wie vor 2000 Jahren wieder vor unseren Augen präsent ist. Dann ist das Kreuz nicht länger nur ein Schmuckstück, das man sich um den Hals hängt, sondern es ist der Gekreuzigte selbst, der sich den Menschen zeigt und die Macht der Welt herausfordert.

Es ist kein Zufall, dass sich Milia ausgerechnet an Bergoglios Beschreibung des gekreuzigten Christus erinnerte. Der gekreuzigte Christus ist ein integraler Bestandteil von Bergoglios ignatianischer Spiritualität. Diese *theologia crucis* richtet sich nicht gegen die *theologia gloriae*, sondern gegen den Triumphalismus. 1985 griff Bergoglio in einem Vortrag zum Thema »Wer sind die Jesuiten?« ein Zitat aus dem sogenannten »geistlichen Testament« des Ignatius aus dem Jahr 1556 auf: »Es fängt so an: ›Meine Liebe, Jesus, ist gekreuzigt worden.‹ Dies sind die Worte des Ignatius von Antiochien. Der gekreuzigte Jesus: Er ist seine große Liebe. Er will den königlichen Mantel des gekreuzigten Christus tragen, was nichts anderes als Erniedrigung bedeutet«.[25] Dieses von den Jesuiten häufig vernachlässigte Vermächtnis teilt Ignatius mit dem heiligen Franziskus. Ein falsch verstandener Realismus und die opportunistische Suche nach Kompromissen haben dieses Erbe zunichtegemacht. »Wenn, wie wir bereits sagten, der Kern des jesuitischen Daseins – wie auch der heilige Ignatius sagt – im Festhalten am Kreuz liegt (durch Armut und Erniedrigung), im Kreuz als wahrem *Triumph*, dann ist die schlimmste Sünde, die ein Jesuit begehen kann, das Zerrbild eben dieses

---

25 J. M. Bergoglio-Papst Franziskus, »Che cosa sono i gesuiti?« (1985), in Ders., Gesuiti, S. 38.

Triumphes des Kreuzes: der *Triumphalismus* als Mittelpunkt all seines Handelns; der ›Mythos des Erfolgs‹, die Suche nach sich selbst, nach den eigenen Dingen, der eigenen Meinung, die Bevorzugung von Personen, die Macht. Dieser Triumphalismus ist in jeder Form von Sünde enthalten, denn jede Sünde ist letztlich ein Schritt in die falsche Richtung und die Anmaßung, den eschatologischen Triumph vorwegzunehmen. Dieser Triumphalismus beraubt die Gesellschaft ihrer *besten Eigenschaft*: jener Eigenschaft, die der heilige Ignatius selbst ihr verliehen hat, nämlich die, ›*ganz klein*‹ zu sein. Er beraubt den Jesuiten der *höchsten Ehre*, die ihm zuteilwerden kann: der Ehre, ein *einfacher, angesehener Soldat* zu sein«.[26] Ein Jesuit, der auf die *Macht als Antizipation des Reiches Gottes* vertraut, gibt der Welt die Ehre. Er durchbricht die Spannung zwischen Himmel und Erde, zwischen Mensch und Gott, die am harten Holz des Kreuzes ihren Höhepunkt erreicht. Er zerstört die polare Dialektik, für die »das Geheimnis des Kreuzes der Gipfel aller polaren Spannungen« ist.[27] Treu gegenüber dem Kreuz zu sein bedeutet frei von Macht zu sein: »In Spanien«, so Bergoglio, »hat die Mystik der spirituellen Eroberung ein Symbol [...]: die heilige Teresa, die ›große Teresa‹. Dort entbrannte ein regelrechter Streit darum, wer denn nun Patron des Landes werden sollte: der Apostel Jakobus, der der Legende nach der wunderbare oberste Befehlshaber im Kampf gegen die Mauren war, oder – da nunmehr Frieden eingekehrt war – besser die heilige Teresa, die Frau des starken inneren Kampfes. Ich glaube, der heilige Ignatius verstand diese beiden konkurrierenden spanischen Tendenzen und kam zu einer Synthese: Er war zwar der Herr des inneren Kampfs, aber gleichzeitig der oberste Befehlshaber der großen Strategien des Reiches Gottes«.[28] Ignatius machte den äußeren Kampf – den Kampf des Jakobus gegen die Mauren, die *Reconquista* – zu einem inneren Kampf, der die Ereignisse der Geschichte mit einschloss und nicht auslöschte. Das Banner des Kreuzes ist die Standarte, die im Kampf gegen die Sünde hochgehalten wird. In den *Übungen* beendet Ignatius sein »Gespräch der Barmherzigkeit« vor dem Herrn, der für uns Menschen am Kreuz stirbt,

---

26 Ebd., S. 41.

27 J. M. Bergoglio-Papst Franziskus, »Servizio della fede e promozione della giustizia« (1988), in Ders., Pastorale, S. 89.

28 J. M. Bergoglio-Papst Franziskus, »Che cosa sono i gesuiti?« (1985), in Ders., Gesuiti, S. 53.

und dort ist nicht mehr von Barmherzigkeit, sondern von *Erbarmen*, von *Pietà*, die Rede: »Im 15. Jahrhundert wurde die Pietà durch die Mutter mit den vielen Kindern dargestellt. Auch Raffael griff dieses Motiv auf, um die Eucharistie in der Kirche darzustellen. Doch in den Wirren des 16. Jahrhunderts wurde die Pietà zur Mutter mit dem gepeinigten, toten Sohn auf dem Schoß, die aber voller Hoffnung ist, dass in dieser Pein die Auferstehung liegt. Diese Hoffnung, der Höhepunkt der ignatianischen Theologie der Sünde (und auch der Sünde der Jesuiten) fehlt in der lutherschen Auffassung von Pein – und sie wird dort immer fehlen. Die Pietà steht für die *Revolution der Zuneigung*, mit der Gott den Menschen gerettet hat«.[29]

6.2 Michel de Certeaus Biographie von Peter Faber

Wenn es für Bergoglio einen Autor gibt, der das Ideal des jesuitischen Lebens verkörpert, dann ist es Peter Faber (1506–1546). Der Weggefährte des Ignatius, der sich während der gemeinsamen Studienzeit an der Sorbonne mit ihm ein Zimmer teilte, verfasste ein geistliches Tagebuch, das *Memoriale*, das zu Bergoglios Lieblingswerken gehört. Faber stand in engem Dialog mit den Protestanten und nahm an den Religionsgesprächen in Worms und Regensburg (1540–1541) teil. Papst Paul III. berief ihn als Peritus auf das Konzil von Trient.[30] Was Franziskus an diesem Mann schätzt, schilderte er gegenüber Antonio Spadaro: »Der Dialog mit allen, auch mit den Fernstehenderen und Gegnern, die schlichte Frömmigkeit, vielleicht eine gewisse Naivität, die unmittelbare Verfügbarkeit, seine aufmerksame innere Unterscheidung, die Tatsache, dass er ein Mann großer und starker Entscheidungen und zugleich fähig war, so sanftmütig, so sanftmütig zu sein…«[31] Fast könnte man meinen, es handle sich bei dieser Beschreibung um ein Selbstbildnis des Papstes, der sich in dem Jesuiten aus den Savoyen offensichtlich vollumfänglich wiederfindet. Faber lag ihm aus einem besonderen Grund am Herzen: Er war wie

29 Ebd., S. 42–43.

30 Zu Peter Faber vgl. G. Guitton, Favre. Zu seinen Werken vgl. M. de Certeau, Texte; Ders., Einleitung zu P. Favre, Mémorial, S. 7–95, it. Übersetzung: »Un prete riformato: Pierre Favre (1506–1546)«, in M. de Certeau, Politica, S. 25–102; A. Spadaro, Favre. Eine dt. Übersetzung des *Memoriale* wurde hg. von P. Henrici (P. Faber, Memoriale).

31 A. Spadaro, Interview, S. 39.

Ignatius »ein Mystiker«.[32] In einem Interview mit *La Croix* sagte Franziskus im Mai 2016:

> Frankreich ist auch ein Land großer Heiliger und großer Denker; man denke nur an Jean Guitton, Maurice Blondel, Emmanuel Lévinas (der zwar nicht katholisch war) oder Jacques Maritain. Ich denke aber auch an die Literatur. Wie sehr die französische Kultur die jesuitische Spiritualität durchdrungen hat (im Vergleich zur eher asketischen spanischen Strömung), schätze ich auch sehr. Die mit Peter Faber begonnene französische Strömung besteht zwar immer auf der Unterscheidung der Geister, gibt der Gesellschaft aber eine andere Note. Louis Lallement, Jean-Pierre de Caussade, jene großen spirituellen Väter aus Frankreich, und die großen französischen Theologen, die der Gesellschaft Jesu so viel Gutes getan haben: Henri de Lubac und Michel de Certeau. Die beiden letztgenannten gefallen mir sehr gut; zwei wirklich kreative Jesuiten.[33]

Diese Aussagen helfen uns dabei zu verstehen, warum Bergoglio die »französische« Form des Jesuitendaseins der »spanischen« vorzieht: Diese »mystische« Form ist zugleich affektiv und aktiv und nicht einseitig asketisch. Gegenüber Spadaro bekannte der Papst: »Es hat in der Gesellschaft Zeiten gegeben, in denen ein strenges, geschlossenes, eher instruktiv-asketisches als ein mystisches Denken gelebt wurde; diese Entstellung hat die *Epitome Instituti* hervorgebracht.«[34] Hinsichtlich dieser Tendenz hielt von Balthasar fest:

> Die Verdächtigungen und Verurteilungen der »mystischen« Tendenz durch die Ordensleitung gab dem entgegengesetzten Extrem Auftrieb, das mit relativem Recht die Spontaneität des menschlichen Handelns in der Analogie der Freiheit und Erwählung hervorhob, damit der aktiven Aszese (repräsentiert durch den »Vollkommenheitsführer« des *P. Rodriguez*) das Wort gab und in unvermuteter, aber notwendiger Folge die ignatianische Indifferenz als »Leistung«, somit stoisch-buddhistisch mißverstand. Erkennbar wird diese Verbildung an der eingeübten Distanz zur Welt als Schöpfung, an der sich daraus ergebenden pseudo-ethischen Erhebung über die als scheinhaft, unerheblich,

---

32 Ebd.

33 Papst Franziskus, »Quale cristianesimo per l'Europa«, Interview in *La Croix*, 19. Mai 2016.

34 A. Spadaro, Interview, S. 37. Die im 20. Jahrhundert neu formulierte *Epitome Instituti* von 1689 war eine Synthese, die die *Konstitutionen*, den eigentlichen Gründungstext der Gesellschaft Jesu, ersetzen sollte.

> vielleicht gefährlich gewertete Mitmenschheit, was die echte christlich-exponierte Begegnung von Ich und Du gefährdet.[35]

Dass Bergoglio sich für den »mystischen« Zweig der Gesellschaft Jesu entschied, erklärt auch, warum Faber für ihn so wichtig ist. Faber steht für eine polare Mystik, die sich dem aktiven Leben nicht entgegenstellt. Aktion und Kontemplation sind die beiden untrennbar miteinander verbundenen Pole des christlichen Lebens, und Faber verkörpert diese auf eine vollkommene Weise. Als Provinzial der argentinischen Jesuiten ließ Bergoglio Miguel Á. Fiorito und Jaime H. Amadeo eine Ausgabe des *Memoriale* erstellen. Doch »eine Ausgabe, die dem Papst besonders gefällt, ist die von Michel de Certeau«.[36] Diese war 1960 bei Desclée de Brouwer in Paris erschienen und enthält eine umfangreiche Einleitung des Herausgebers (S. 7–95), die im Grunde genommen einen Band für sich darstellt. Dieser de Certeau, den Franziskus neben de Lubac im Interview mit *La Croix* erwähnte, ist in der Welt der Jesuiten eine fürwahr ungewöhnliche Figur.[37]

Zwar nannte der Papst die beiden Jesuiten in einem Atemzug, doch de Lubac hatte mit de Certeau gebrochen, nachdem dieser 1971 in *Esprit* einen Artikel mit dem Titel »La ropture instauratrice« veröffentlicht hatte.[38] Franziskus jedoch interessierte sich insgesamt eher für de Certeaus Wirken in der Zeit vor 1971, in der sich dieser mit Surin, Faber und der jesuitischen Mystik

---

35 H. U. von Balthasar, Herrlichkeit, III/1, S. 465–466.

36 A. Spadaro, Interview, S. 38.

37 Michel de Certeau (1925–1986), Jesuit und Gründungsmitglied der »École freudienne« Jacques Lacans, lehrte Anthropologie an der Universität Paris VII und Theologie am Institut catholique in Paris. Er war *directeur d'études* an der École des Hautes Études en Sciences Sociales. Zu seinem Denken vgl. G. Riggio, de Certeau.

38 Erschienen war dieser Text im Band M. de Certeau, Faiblesse, S. 187–226 (sp. Übersetzung »La roptura instauradora«, in Ders., Debilidad, S. 191–230; dt. Übersetzung »Der gründende Bruch«, in Ders., GlaubensSchwachheit, S. 155–187). Papst Franziskus zitierte in seiner Videobotschaft zum 100. Jahrestag der Theologischen Fakultät der katholischen Universität von Argentinien (Buenos Aires, 1.–3. September 2015) aus der spanischen Ausgabe des Werkes: »Eine Theologie ›antwortet auf die Fragen einer Zeit, und sie tut es nie anders als in deren eigenen Worten, denn diese werden von den Menschen einer Gesellschaft gelebt und gesprochen‹ (Michel de Certeau, *La debilidad del creer*, 51 [dt.: *Glaubens-Schwachheit*])« (online zugänglich unter http://www.vatican.va/content/francesco/de/messages/pont-messages/2015/documents/papa-francesco_20150903_videomessaggio-teologia-buenos-aires.html, letzter Zugriff 28. Mai 2020).

befasst hatte. Als Leser der Zeitschrift *Christus*, an der de Certeau bis 1973 mitarbeitete, war Bergoglio über die Arbeit des Franzosen stets informiert,[39] schätzte ihn jedoch vermutlich in erster Linie wegen der Ausgabe des *Memoriale* von 1960 inklusive der darin enthaltenen langen Einleitung. In der dort umrissenen Biographie dieses Weggefährten des Ignatius konnte sich Bergoglio unschwer selbst wiedererkennen. Gewissermaßen lehrt Fabers Vita paradigmatisch, wie ein Jesuit *heute sein sollte*.

Dieses Leben fasste de Certeau etwas lapidar folgendermaßen zusammen: »Dreißig Jahre der Vorbereitungen und Mühen, ein paar Jahre als umherreisender Priester: Das war sein Leben«.[40] Der junge Peter, den Zeitgenossen als einen großgewachsenen und blonden, attraktiven und liebenswürdigen Mann beschrieben, hatte die Empfindsamkeit eines Künstlers. Bei ihm »fanden die Verlockung des ›Besonderen‹ und das Streben nach dem ›Allgemeinen‹ nach und nach ihre Balance«.[41] Aufgewachsen in einem kleinen Tal in den Savoyen, »blieb er dem Land ein Leben lang treu. Um die Bedürfnisse eines Landwirts wissend sollte er nie vergessen, wie wichtig gutes Wetter war und was Elend auf dem Land bedeutete. Sein Leben lang blieb er den einfachen Seiten der Religion verbunden – nicht etwa aus Nachsicht, sondern weil sein Herz daran hing: So schätzte er die Litaneien, den ›Katechismus der Kinder‹ und die schönen Zeremonien und Prozessionen zu Mariä Himmelfahrt und Fronleichnam. Diese Formen wählte er nicht nur für andere aus, sondern weil er selbst gern auf diese Weise betete; er genoss diese universellen und einfachen Gebetsformen.«[42] Ein ähnliches Empfinden wie das Peter Fabers sollte Jahrhunderte später die Schule vom Río de la Plata dazu bewegen, die *teología del pueblo* verstärkt in den Blick zu nehmen: »Auch als Gelehrter, als Berater großer Männer, ja sogar von Diplomaten, verlor er seine Einfachheit und seinen einfachen Geschmack nicht. Seine bäuerliche und provinzi-

---

39 Zu Surin vgl. M. DE CERTEAU, Vorwort zu J.-J. SURIN, Guide, S. 7-61. Die Ausgabe 4 (2016) der *Humanitas* widmet sich dem Wirken Michel de Certeaus und Jean-Joseph Surins. Darin enthalten sind M. DE CERTEAU, J. KRISTEVA, J.-M. RIBETTES, »Follia del nome e mistica del soggetto«; A.-G. FREIJOMIL, »Il ›primo‹ Surin e le pratiche di lettura in Michel de Certeau«; D. NAPOLI, »Sulla soglia. Surin e la modernità«. Zu de Certeaus mystischen Auffassungen vgl. C. OSSOLA, »›Historien d'un silence‹: Michel de Certeau«, Vorwort zu M. DE CERTEAU, Fabula, S. 9–34.

40 M. DE CERTEAU, Prete, S. 26–27.

41 Ebd., S. 27.

42 Ebd., S. 30–31.

elle Herkunft verleugnete er ein Leben lang nicht. [...] Dieser Mann, der die größten Persönlichkeiten seiner Zeit kannte und dessen Adressbuch voller berühmter Namen war, bevorzugte also das vertraute Gespräch mit einfachen Leuten, denen er in seinem *Memoriale* einen besonderen Platz einräumte: dem Landstreicher, dem geschädigten Bauern, einem frechen Bengel, einem ruppigen Pförtner und vielen mehr.«[43] Dies schlug sich auch auf die im *Memoriale* verwendete Sprache nieder, die einfach blieb, obwohl Faber elf Jahre literarischer und philosophischer Ausbildung in Paris hinter sich hatte. »Diese volksnahe Ader taucht – dem lateinisch-spanischen Einband zum Trotz – bereits im *Memoriale* auf: So stoßen wir dort auf unerwartete Ideen oder Wortschöpfungen, eine offene Sensibilität und eine ganz bescheidene Weisheit. Viele Begriffe aus dem Bereich des Ländlichen bezeugen, dass sein Tagebuch auf dem Land verwurzelt ist: vom Baum ist die Rede, von den Trauben, den Zweigen, dem Obst, der Ernte usw., von den ›Händen‹ des Arbeiters, den Händen Gottes, die Gutes schaffen und verbreiten, den Händen des Geistes, die formen, von den emsigen und unermüdlichen Händen eines Menschen, von Händen, die die Ernte einholen und ohne Unterlass arbeiten«.[44]

Während seines Studiums in Paris strebte er nach *eruditio* und *pietas* und zeigte sich überglücklich, als er »endlich ›Lehrer für das affektive Leben‹ (*magistri in affectus*) emporkommen sah«.[45] Ignatianische und franziskanische Spiritualität kamen bei ihm in einem fruchtbaren Austausch zusammen. Faber ist ein Mystiker, der für die Autoren aus dem Rheinland durchaus empfänglich war. Dennoch »nahm auch er die Gefahr der Aufklärung wahr, der deutschen Aufklärung. So stellte er fest, dass sich gefährliche ›mystische‹ Vorstellungen entwickelten, die mit dem Glauben unvereinbar waren: dass dem Spirituellen alles erlaubt sei (Nr. 107–108); dass alles von Gott komme und Askese folglich nutzlos, ja sogar ein Sakrileg sei (Nr. 174); dass jemand, der zu Gott zurückkehre, nichts mehr zu befürchten habe (Nr. 202); dass Belohnung und Bestrafung, Verdienst und Verwerfung mit der göttlichen Allmacht unvereinbar seien (Nr. 290)«.[46] Aus Misstrauen gegenüber solchen

---

43 Ebd., S. 31.
44 Ebd.
45 Ebd., S. 42.
46 Ebd., S. 53.

Ideen zog er es vor, der katholischen Tradition treu zu bleiben und die Fehleinschätzungen der Rheinisch-Flämischen zu meiden. Sein Apostolat fand unterwegs, zu Fuß oder auf dem Rücken eines Maultiers statt: »Seine missionarischen Pilgerreisen zeigten ihm die mehr oder weniger offenkundige Spannung zwischen dem katholischen Spanien einerseits und dem vom Protestantismus belagerten Rheinland. Diese Spannung spürte er auch in sich selbst: Aufgrund seiner Sympathien hatte er zwar mehr Übereinstimmungen mit Spanien, dessen traditionellen Glauben er teilte, dessen Sprache er beherrschte und wo er seit der Zeit am Collège Sainte-Barbe zahlreiche Freunde hatte; doch sein apostolischer Eifer führte ihn immer wieder ins Rheinland, um das er sich in allen Briefen, die er aus Spanien schrieb, große Sorgen machte«.[47] In einem so zerrissenen Europa stellte er sich selbst in den Dienst der Wiedervereinigung: »Als versöhnungsstiftender Vermittler und Beauftragter päpstlicher Missionen in den verfeindeten Ländern ging er bei diesem aus menschlicher Sicht schier hoffnungslosen Unterfangen bedacht vor. Es war eine Zeit, in der das Christentum aus den Angeln gehoben wurde, die aber gleichzeitig die Geburt des modernen Europas erlebte. Sein ›universeller Geist‹ führte ihn auf den Pfad des Ökumenismus; so betete er in einem einzigen Gebet für die Vertreter des geteilten Europas: für den Papst, den Kaiser, den König von Frankreich, den Sultan, Luther und Calvin. Tief in seinem Herzen versöhnte er die alten und neuen Hauptstädte dieser mächtigen Feinde miteinander: Wittenberg, Genf, Konstantinopel, Jerusalem, Moskau, Alexandria und Antiochien«.[48] Seine Aufgabe erledigte er in Diskretion, Zuneigung und großzügiger Freundschaft. Ein Zeitgenosse erinnerte sich daran, dass »sein Umgang von einer seltenen und entzückenden Milde war, die ich in diesem Ausmaß bisher bei niemandem empfunden habe«.[49] Hier sehen wir den »sanftmütigen« Faber, von dem Papst Franziskus gegenüber Pater Spadaro sprach. Bei den Gesprächen mit den Lutheranern in Worms und Regensburg stand er, der mit Contarini auf einer Linie war, im Mittelpunkt des Kampfes, der die extremen Flügel spaltete. Er wollte aber um jeden Preis vermeiden, »mit den Protestanten in eine antagonistische Diskussion einzu-

---

47 Ebd., S. 57.
48 Ebd., S. 59.
49 Ebd., S. 67.

steigen; er wollte sie weder verärgern noch die Früchte, die man bei ihnen zu ernten hoffte, ein für alle mal aufs Spiel setzen«.[50] Denn er war der festen Überzeugung, dass die unaufhaltsame Ausbreitung der Reformation in den katholischen Ländern nur durch eine spirituelle Erneuerung der Kirche gestoppt werden konnte. Was man brauchte, waren Heilige: »Wir brauchen«, so schrieb er, »Argumente aus Werken und aus Blut... Worte nützen nichts mehr. [...] Mehr als einmal hat man festgestellt, dass Gespräche keine Abhilfe schaffen.«[51] Es blieben zwei Lösungsansätze: entweder das Schwert oder die Bildung einer christlichen Elite. Er persönlich hatte keinen Zweifel: Man durfte die Protestanten nicht zermalmen, sondern man musste die Katholiken zu einem inbrünstigen Glaubensleben hinführen und für alle beten.

> Es betrübt mich zu sehen, dass die Mächte und Gewalten der Erde, die Cherubim und Seraphim, nichts anderes tun, sich um nichts anderes scheren, an nichts anderes denken, als notorische Ketzer auszurotten; wie ich schon häufig in der Öffentlichkeit gesagt habe, sind so die beiden Hände derer, die die Stadt aufbauen, damit beschäftigt, das Schwert gegen die Feinde zu erheben. Warum also, guter Gott, bauen wir nicht mit der anderen Hand? Warum tut man nichts für eine Reform – ich meine keine Reform des Glaubens oder eine Reform der Lehre in Bezug auf Werke (denn da fehlt uns nichts), sondern eine Reform des Lebens und der Umstände, in denen alle Christen leben? Warum also kehren wir mithilfe der Lehre von gestern und heute nicht zum Verhalten der ersten Christen und der heiligen Väter zurück?[52]

Fabers Ideal war eine »Rückkehr zum Leben der Urkirche«.[53] Nur so, glaubte er, konnte die moralische und religiöse Krise der zutiefst verweltlichten Kirche der damaligen Zeit überwunden werden. Seiner Meinung nach musste man mit einer Veränderung des Lebens, mit einem authentischen Zeugnis des Glaubens und der Nächstenliebe beginnen, da das Böse nicht in erster Linie im Intellekt, sondern in der Seele wohnte: »Dem Savoyarden zufolge war der Bruch außerhalb der Moral und des Intellekts entstanden: im Herzen. Und daher musste dort auch die Wiedervereinigung beginnen«.[54] Es war

50 Ebd., S. 76.
51 Ebd.
52 Ebd., S. 77.
53 Ebd., S. 78.
54 Ebd., S. 81.

also das Herz, das geheilt werden musste: Diese Absicht verfolgte auch Ignatius mit seinen *Übungen*, der durch eine persönliche Reform des Einzelnen letztlich die Kirche reformieren wollte. Unweigerlich werden wir hier an den jungen Provinzial Bergoglio erinnert, denn auch er wollte diese ignatianische Grundidee in den 1970er-Jahren in der Kirche Argentiniens umsetzen.

In seinem *Memoriale* beschrieb Faber das apostolische Leben folgendermaßen: »Der Leib Christi, das Leben der Kirche, die kleinen Aufgaben des täglichen Lebens, die Armen und die Kinder, alles, was Faber mit dieser Welt verbindet, lässt ihn auch das unergründliche und unsichtbare Wirken berühren, das sich selbst in der Form des Sichtbaren und des Besonderen in alltäglicher Treue zeigt«.[55] Präzise bemerkte er »eine Abfolge ›neuer‹ und ›besonderer‹ Überraschungen. Sein Leben ist eine Abfolge von Überraschungen, es ist die Geschichte dessen, ›was ihm widerfährt‹: nicht nur die Missionen und unerwarteten Begegnungen, die es prägen, sondern mehr noch die Inspirationen, die es lenken, und die Ziele, die ihn immer wieder anziehen. Die Erfahrung der Gnade ist zuallererst die Erfahrung eines Ereignisses. [...] Die Leidenschaft, die bei Faber nie ruht und die nach und nach zu einem ›Hunger und Durst wird, Christus zu dienen und es ihm zum Heil der Seelen nachzutun‹, entbrennt beim geringsten Zeichen; sie wird durch die ›sich zeigenden‹ Gelegenheiten abrupt aufgewirbelt, so etwa durch die Begegnung mit den großen Persönlichkeiten seiner Zeit oder den Armen aus Mainz«.[56]

So nimmt das Leben eines Mannes, der Christus liebt, ein mystisches Antlitz an. »Hier wird das Geheimnis Gottes nur durch Sein Handeln erfasst, und dieses Handeln in der Bewegung des persönlichen Tuns, das zugleich Anteilhabe am göttlichen Wirken und der Offenbarung Gottes in dem ist, was er tut. Eine Mystik des Handelns, wenn man so will«.[57]

Die Frage, warum Bergoglio de Certeau und Peter Faber so verbunden ist, lässt sich anhand der meisterhaften Faber-Biografie des französischen Jesuiten hervorragend beantworten: Unschwer erkennt man dort das von Bergoglio hochgehaltene christliche Paradigma. Die Vorliebe für die Volksreligiosität, die Einfachheit der Sprache, die affektive Theologie, die Sanftmütigkeit und der brüderliche Sinn für Beziehungen, der absolute Glaube

55 Ebd., S. 99–100.
56 Ebd., S. 91.
57 Ebd., S. 102.

an die wirkende Gnade, der Vorrang von Gesten und dem Zeugnis vor intellektuellen Kontroversen, die Leidenschaft für die Einheit der Kirche und die Ökumene, die Geduld in Spaltungen, das offene Auge für die Armen, die Überzeugung, dass die *Übungen* zur Erneuerung der Kirche beitragen können und vieles mehr: All dies weist auf einen starken Konsens zwischen Bergoglio und Faber hin. Peter Faber, der Freund des Ignatius, ist der Jesuit, den Jorge Mario Bergoglio in der Gegenwart wiederaufleben lassen möchte.

6.3 Das Wesen und die Einheit des Schönen, des Guten und des Wahren. Bergoglio und Hans Urs von Balthasar

Wir haben bereits festgestellt, dass das Ziel von Bergoglios Gnoseologie des Konkreten ebenso wie bei Guardini die Überwindung eines »abstrakten« Denkens ist. Das »repräsentative«, erzählerische, syneidetische Denken verbindet Bild und Konzept, Allgemeines und Besonderes. Es geht über den modernen Gegensatz zwischen Rationalismus und Empirismus hinaus, der dadurch, dass er die Wahrheit von der Schönheit und die Logik von der Ästhetik und der Ethik trennt, die Kategorie des Zeugen, also desjenigen, der die Wahrheit *spürbar* »vertritt«, unmöglich macht. Beim Versuch, diesen Riss wieder zuzunähen tritt *Bergoglios Ontologie* zum Vorschein, eine klassische, aus der thomistischen Perspektive hervorgegangene Auffassung des Seins als *Einheit der Transzendentalien*. In »Die Herausforderung, Bürger zu sein«, einem Text von 2007, schrieb Bergoglio in einem Absatz, den er Jahre später in »Wir als Bürger, wir als Volk« wiederaufnehmen sollte:

> Abstraktes Denken läuft Gefahr, sich auf abstrakte oder abstrahierende Gegenstände zu beschränken, sich von einer aseptischen Suche nach der Wahrheit blenden zu lassen und dabei zu vergessen, dass der Zweck allen menschlichen Denkens das wirkliche Sein als solches und daher ein einziges Denken ist, von dem die drei grundlegenden Elemente des Seins, die die Philosophie als Transzendentalien bezeichnet, nicht zu trennen sind: die Wahrheit, die Güte und die Schönheit. Sie müssen zusammenbleiben. Beim Bürger muss sich eine Dynamik der Wahrheit, der Güte und der Schönheit heranbilden.

> Fehlt ein Element, bricht das Wesen auseinander, es wird idealisiert, d.h. es wird zu einer Idee: Es ist nicht real.[58]

Dieser Ausschnitt hilft uns entscheidend dabei, den metaphysischen Horizont von Bergoglios Überlegungen zu verstehen. Die *Metamorphose* des Seins, sein Übergang zu einer abstrakten Idee (Ideologie), hängt davon ab, ob es zu einem »Bruch« kommt, zu einem Riss, der es von den Transzendentalien trennt, mit denen es organisch verbunden ist. Bergoglios Realismus hängt von seiner Ontologie ab, von der Lehre des *Einsseins* mit den Transzendentalien. Der »Bruch«, die Trennung des Seins vom Wahren, Guten und Schönen, ist die Ursache für Abweichungen wie Formalismus, Moralismus und Ästhetizismus. Jede Abweichung ist eine Entgleisung, eine Flucht aus der als Totalität verstandenen Wirklichkeit, eine Partialisierung des Seins. Daher rührt der vom dritten Gegensatzpaar angenommene korrigierende Wert – die Wirklichkeit ist wichtiger als die Idee – gegenüber den Nominalismen und Ethizismen, auf die Bergoglio immer wieder kritisch verweist. Der Bruch der Transzendentalien hat theoretische, soziale und sogar politische Konsequenzen.

> In der metaphysischen Trennung wurzelt jede Deformierung des Konzepts, Bürger zu sein: Das Gemeinwohl wird auf das Wohl des Einzelnen reduziert, man strebt nach einer Güte, die, weil sie nicht mit der Wahrheit und der Schönheit verbunden ist, am Ende nur für mich oder für meine Gruppe, aber nicht universell gut, also kein Gemeinwohl ist – was mein Ziel als Bürger sein muss. Eine der Herausforderungen des Bürgers liegt darin, Güte, Wahrheit und Schönheit wieder zu einer Einheit zu verbinden, ohne dass diese sich voneinander lösen.[59]

Die hier umrissene Perspektive offenbart die metaphysischen Prämissen der bergoglianischen Soziologie, seine Vorstellung vom Verhältnis von Einheit und Abgrenzung und seine Auffassung des Gemeinwohls als Synthese der Transzendentalien.

---

58 J. M. Bergoglio-Papst Franziskus, »La sfida di essere cittadino« (2007), in Ders., Pastorale, S. 348. Übersetzung des Titels: EMR. Die Passage wurde aufgenommen in J. M. Bergoglio-Papst Franziskus, Cittadini, S. 49.

59 J. M. Bergoglio-Papst Franziskus, »La sfida di essere cittadino« (2007), in Ders., Pastorale, S. 349; vgl. Ders., Cittadini, S. 50.

Ähnlich wie im zitierten Absatz von 2007 hatte sich Bergoglio – bezugnehmend auf den Horizont, der den Bildungsprozess junger Menschen anleiten muss – bereits 1999 geäußert: »Es gibt das Wahre, das Schöne und das Gute. Es gibt das Absolute«.[60] 2002 wiederum betonte Bergoglio vor Medienschaffenden: »Gutheit, Schönheit und Wahrheit sind, wenn es um unsere Kommunikation geht, untrennbar miteinander verbunden. Sie sind untrennbar in ihrer Anwesenheit und untrennbar in ihrer Abwesenheit, denn wo nur eine der beiden anderen fehlt, ist die Gutheit keine Gutheit, die Wahrheit keine Wahrheit und die Schönheit keine Schönheit mehr«.[61] Zusammengenommen legen diese Ausschnitte nahe, dass Bergoglios Überlegungen zur Einheit der Transzendentalien *ein distinktives Merkmal seines Denkens aus* jüngster Zeit sind. Auch im Aufsatz »Mit unruhigem Herzen« von 2008, in dem er sich dem Thema Erziehung widmete, spielt die Lehre von den Transzendentalien eine zentrale Rolle: »Vergessen wir nicht, dass man der Wahrheit nie allein begegnet. An ihrer Seite gehen immer die Gutheit und die Schönheit. Besser gesagt, die Wahrheit ist gut und schön. ›Hinter einer Wahrheit, die nicht gut ist, verbirgt sich in Wahrheit nichts Gutes‹, hat ein argentinischer Denker einmal gesagt. Noch einmal: Die drei gehören zusammen, und es ist nicht möglich, eine ohne die beiden anderen anzutreffen oder zu suchen. Das ist etwas ganz anderes als der ›Besitz der Wahrheit‹, den die Fundamentalisten sich anmaßen: Was sie behaupten, das gilt, obwohl es weder gut noch schön ist, ja mehr noch: Es wird den anderen sogar auf aggressive, gewaltsame Weise aufgedrängt, konspiriert gegen das Leben selbst und fügt ihm Schaden zu. Wie können wir unseren Schülern helfen, die Wahrheit im Guten und Schönen zu suchen und zu finden? Wie können wir – mit dem Wissen, dass manche Wahrheiten den ganzen Menschen und nicht nur seinen Intellekt ansprechen – aus dem Guten, das aus der Kenntnis der Wahrheit erwächst, Hoffnung entstehen lassen? Wie können wir die Schüler lehren, die Schönheit wahrzunehmen und authentische ästhetische Erfahrungen zu machen, die am Rand unseres Lebensweges Meilensteine der Sinnhaftigkeit setzen? Wie können wir die Schüler lehren, das Gute anzunehmen, mit

60 J. M. Bergoglio-Papst Franziskus, »Educare alla cultura dell'incontro« (1999), in Ders., Occhi, S. 29.

61 J. M. Bergoglio-Papst Franziskus, »Wer ist dein Nächster?« (2002), in Ders., Macht S. 325.

dem uns das Sein so verschwenderisch segnet, und die Liebe als ein Geschenk zu entdecken?«[62] Die Antwort liege jedoch nicht darin, die Ausbildung auf Informationsvermittlung, auf eine enzyklopädische, vom Leben des Schülers abgekoppelte Anhäufung von Wissen zu reduzieren: »Wie das Wahre, Gute und Schöne immer zusammen auftreten und unsere Begegnung mit ihnen immer unzureichend und anfänglich sein wird, so verhält es sich auch mit dem Erziehungsprozess: Inhalte allein genügen nicht, vielmehr braucht es auch Wertungen und Gewohnheiten und auch das Staunen angesichts gewisser Erfahrungen. Im Dialog mit dem Lernenden strahlt der Inhalt auf, bewirkt oder vermittelt einen Wert und erzeugt schließlich eine Gewohnheit. Deshalb erfordert die Suche nach der Wahrheit eine harmonische Beziehung zwischen Inhalten, Gewohnheiten, Wertungen und Wahrnehmungen und beschränkt sich eben nicht darauf, ›Informationen anzuhäufen‹.«[63] Dies setze eine Harmonie voraus, die in erster Linie den Lehrenden betreffe, der sich nicht darauf beschränken dürfe, der aseptische Vermittler von Informationen zu sein. Denn wenn er das tue, verrate er seine Berufung als »Erzieher«, eine fürwahr anspruchsvolle Berufung, die das Engagement desjenigen voraussetze, der erzieht, mit *dem*, was er erzieht und *wen* er erzieht. Denn der Dozent bzw. Pädagoge *bezeuge* das, was er sagt. »Diese gewissermaßen ästhetische Dimension der Weitergabe der Wahrheit – ich spreche von Ästhetik und nicht von oberflächlichem Ästhetizismus – verwandelt den Lehrer in eine lebendige Ikone der Wahrheit, die er lehrt. Hier fallen Schönheit und Wahrheit in eins. Alles wird interessant, attraktiv, und am Ende läutet jene Glocke, welche die gesunde ›Unruhe‹ im Herzen der Kinder weckt.«[64]

»Das beste Beispiel für einen solchen Meister und Zeugen«, so Bergoglio, »gibt uns Jesus selbst«.[65] »Es ist bemerkenswert und wunderbar zu entdecken, dass die gesamte Lehre Jesu die Inhalte nie von den Wahrnehmungen, den Wertungen und den Gewohnheiten trennt. Als ein guter Lehrmeister spricht Jesus zum ganzen Menschen, und seine Worte sind nie ausschließend erklärend. Er kommt nicht, um eine neue Version oder eine innovative Auslegung

62 J. M. Bergoglio-Papst Franziskus, »Mit unruhigem Herzen« (2008), in Ders., Erziehen, S. 174–175.
63 Ebd., S. 176.
64 Ebd., S. 178.
65 Ebd.

des Gesetzes zu bringen, so genial sie auch immer sein mag, nein: Das absolut Innovative ist der Anspruch Jesu, selbst das Wort zu sein, der Logos des Vaters, wie Johannes es in seinem Prolog bezeugt. Jesus Christus ist der Weg, die Wahrheit und das Leben«.[66] Die Gestalt Jesu Christi, des Meisters des Lehrens und des Lebens, wird hier zum Paradigma eines jeden Erziehers: »Wie Jesus muss auch er, ganz gleich, in welchem Bereich er sich bewegt, die Wahrheit, die er weitergibt, das Wissen, das er lehrt, und das Zeugnis, das er vorlebt, zu einer untrennbaren Einheit werden lassen.«[67] In dieser Verbindung von Wissensvermittlung und Zeugnis entsteht Wissen – das Wahre wird mit Faszination und Positivität aufgeladen. Dies ist vor allem so, weil es zunächst einmal für den Erziehenden so ist: »Nur wer selbst über die Schönheit staunt, kann seine Schüler das Hinsehen lehren. Nur wer an die Wahrheit dessen glaubt, was er lehrt, kann wahrheitsgemäße Deutungen verlangen. Nur wer im Guten lebt [...], kann hoffen, das Herz der Menschen zu formen, die ihm anvertraut worden sind. Die Begegnung mit der Schönheit, dem Guten und der Wahrheit bringt an sich schon eine gewisse Erfüllung und Ekstase. Was uns fasziniert, reißt uns heraus aus dem Eigenen. Die so gefundene, oder besser: die uns so begegnende Wahrheit macht uns frei.«[68]

In seinem Beitrag von 2008 erläuterte Bergoglio die Kategorie des Zeugnisses auf der Grundlage der Lehre von der Einheit zwischen dem Ästhetischen, dem Ethischen und dem Logischen, auf die die Lehre von den Transzendentalien des Seins verweist. Paradigmatisch für diese Synthese stehe, so Franziskus, das Leben Peter Fabers. Diese Erkenntnis verdankt Bergoglio einem Autor, dessen Einfluss besonders für sein späteres Denken von großer Bedeutung ist: Hans Urs von Balthasar. Der große Schweizer Theologe, ein Exzentriker, der aus dem Orden austrat und mit de Lubac befreundet war, ist der Autor des monumentalen Werkes *Herrlichkeit. Eine theologische Ästhetik*, das die Theologie des 20. Jahrhunderts revolutionieren sollte. In »Mit unruhigem Herzen« erwähnte Bergoglio von Balthasar zwar nicht explizit, aber es gibt eine Passage, in der der Schweizer sehr präsent ist. Dort heißt es: »Die Schönheit – nicht das bloß Hübsche oder Attraktive, sondern das, was uns durch seine sichtbare Erscheinung an einem tiefen und wunderbaren Ge-

66 Ebd., S. 178–179.
67 Ebd., S. 181.
68 Ebd., S. 185.

heimnis teilhaben lässt – leistet hier einen unvergleichlichen Dienst. Die Wahrheit, die in der Schönheit aufstrahlt, leuchtet uns in ihrer logischen Klarheit unmittelbar ein. Das Gute, das schön erscheint, bringt ganz selbstverständlich die Einsicht mit sich, dass es verwirklicht werden muss. Wie viele abstrakte Rationalismen und äußerliche Moralismen könnten geheilt werden, wenn ihre Vertreter bereit wären, die Wirklichkeit zuerst als schön und erst dann als gut und wahr zu denken!«[69] Fast wortwörtlich wird hier folgende Passage aus dem ersten Band von Balthasars *Herrlichkeit* wiedergegeben:

> In einer Welt ohne Schönheit [...] hat auch das Gute seine Anziehungskraft, die Evidenz seines Getan-werden-müssens eingebüsst; der Mensch steht davor und fragt sich, warum er es tun soll, und nicht lieber das andere, das Böse. Es ist ja auch eine Möglichkeit, die erregendere sogar; warum nicht einmal die Tiefen Satans erforschen. In einer Welt, die es sich nicht mehr zutraut, das Schöne zu bejahen, haben die Beweise für die Wahrheit ihre Schlüssigkeit eingebüsst, das heisst, die Syllogismen klappern zwar pflichtschuldig wie die Rotationsmaschinen oder die Rechen-Roboter, die pro Minute eine genau wissbare Anzahl Ergebnisse fehlerlos ausspeien, aber das Schliessen selbst ist ein Mechanismus, der niemanden mehr fesselt, der Schluss selbst schliesst nicht mehr. Und wenn es den Transzendentalien so ergeht (weil man eines von ihnen fahrengelassen hat), wie soll es dann dem Sein selbst ergehen?[70]

Die Übereinstimmungen zwischen dem Text Bergoglios und dem von Balthasars sind klar erkennbar. Seit den späten 1990er-Jahren leitete Bergoglio seine Lehre von den Transzendentalien aus Balthasars theologischer Ästhetik ab.[71] Dies bestätigte er selbst in einem wichtigen Text von 2009, der den Titel »Zur Bedeutung der akademischen Bildung« trägt. Darin sprach der spätere

69 Ebd., S. 176–177.

70 H. U. von Balthasar, Herrlichkeit, I, S. 17.

71 Der Autor war ihm auch zuvor nicht unbekannt gewesen. 1984 hatte Bergoglio von Balthasars *Die Wahrheit ist symphonisch* (H. U. von Balthasar, Wahrheit, span. Übersetzung: H. U. von Balthasar, Verdad) in seinem Aufsatz »Sobre pluralismo teológico y eclesiología latinoamericana« kommentiert, der später auch unter dem Titel »El pluralismo teológico« erschien. Zu Balthasar vgl. J. M. Bergoglio–Papst Franziskus., Pluralismo, S. 461–466. Wie bereits angemerkt, hatte Bergoglio Diego Fares nahegelegt, sich mit von Balthasar zu befassen: »Bergoglio eröffnete ihm auch seinen intellektuellen Weg, indem er ihn dazu anregte, sich mit Romano Guardini und Hans Urs von Balthasar zu befassen; mit der Phänomenologie der Wahrheit des letzteren befasste sich Fares in seiner Doktorarbeit«

Papst die »existenziellen Peripherien« an[72] und verwies auf die beiden Pole, die für die Inkulturation des Evangeliums wichtig sind: das Eintauchen in die Kultur des *pueblo fiel* und ein solides philosophisches Fundament.

> Damit die Wissenschaften die Ausbildung bereichern und ihr spezifisches Wissen – das heutzutage so weit entwickelt und spezialisiert ist – einbringen können, bedarf es gleichzeitig einer soliden philosophischen Bildung, die den Geist für das Geheimnis des Seins und seine transzendentalen Eigenschaften öffnet. *Eine philosophische Festigkeit eröffnet uns das Geheimnis des Seins.* So wie das Geheimnis Christi, das uns das Geheimnis des Dreieinigen Gottes eröffnet, der Gegenstand der Offenheit gegenüber der Offenbarung ist, so ist das Geheimnis des Seins und jeder seiner transzendentalen Eigenschaften Gegenstand der philosophischen Offenheit. Deshalb ist philosophische Bildung notwendig, die dem Lernenden die transzendentalen Eigenschaften seines Seins eröffnet, wo Wahrheit, Güte und Schönheit in ihrer Einheit stets offen sind für die göttliche Güte, Wahrheit und Schönheit.[73]

Deshalb »ist es notwendig, das transzendente Fundament der Wirklichkeit zu suchen, wo die letzten Fragen des Menschen nicht mit jenen kategorialen Systemen kollidieren, die immer miteinander im Kampf stehen. Stattdessen muss ein fruchtbarer Dialog mit all jenen Gedanken ermöglicht werden, die tatsächlich auf der Suche nach der Wahrheit sind«.[74] Als Beleg dafür zitierte Bergoglio eine Passage aus von Balthasars Aufsatz »Von den Aufgaben der Katholischen Philosophie in der Zeit« (1946), in der dieser Kritik an der Soziologie und dem theologischen Positivismus übte.[75] Zuvor hatte Bergoglio von der Fähigkeit einer soliden Wahrheit gesprochen, sich für mehr Wahrheit und für die transzendente Wahrheit zu »öffnen«. Dabei hatte er fest-

---

(A. Spadaro, L'amicizia è questione di un momento«, Vorwort zu D. Fares Papa, S. 8). Fares seinerseits hielt fest: »Hans Urs von Balthasar, einer von Franziskus' Lieblingsautoren verortet die Ästhetik und die theologische Dramatik vor der Logik« (ebd., S. 12). In Ausgabe 14 (1987) der *Nexo* hatte Alberto Methol Ferré die spanische Übersetzung von Balthasars Werk *Klarstellungen. Zur Prüfung der Geister* (H. U. von Balthasar, Klarstellungen, span. Übersetzung Ders., Puntos) rezensiert (S. 40–43).

72 J. M. Bergoglio-Papst Franziskus, »Significato e importanza della formazione accademica« (2009), in Ders., Occhi, S. 686. Übersetzung des Titels: EMR.

73 Ebd., S. 686–687.

74 Ebd., S. 687.

75 H. U. von Balthasar, Aufgaben.

gehalten: »Hier folgen wir von Balthasar, der von der Kunst spricht, alle menschlichen Wahrheiten für die Einheit der Wahrheit des Geheimnisses Christi zu ›öffnen‹, und zeigt, dass alle Worte letztlich ein einziges Wort sind. Und er spricht auch von der Kunst der ›klärenden Transposition‹, die das eine Wort in viele übersetzt und dadurch horizontale Verbindungen zwischen Denksystemen und menschlichen Wahrheiten herstellt. Diese ›Reduktion‹ aller Wahrheiten auf das Geheimnis Christi ist keineswegs als dekadenter Synkretismus zu verstehen, sondern es geht hier vielmehr um einen wahrhaft zusammenschauenden Blick, der am Werk Christi teilhat, der alles in sich zusammenfasst«.[76] Aus von Balthasars Text zog Bergoglio zwei wichtige Schlüsse: Der erste betraf die von ihm ausdrücklich genannte Inkulturation des Glaubens. Im Zusammenhang mit der Gesamtschau jeder menschlichen Wahrheit in Christus sprach von Balthasar von einem einzigen Wort, das sich in allen menschlichen Worten ausdrücken kann.

> Der Jünger Christi hat ja nicht nur mit der Beute der ganzen Vielheit zur Einheit zurückzukehren, er hat ebensosehr, wenn nicht noch mehr, die Einheit in die ganze Vielheit hinauszutragen. Der Pfingstgeist gibt ihm dazu die grundsätzliche Befähigung, die ihn aber nicht der eigenen Bemühung enthebt, nun auch seinerseits die verschiedensten Begriffe und Denkformen der Menschheit sich anzueignen, um die Botschaft der ewigen Wahrheit darin auszudrücken. Im Gebot der Verkündigung liegt eingeschlossen das Gebot, sich jeder Zeit und jedem Volke verständlich zu machen. So ist Paulus den Griechen ein Grieche geworden, indem er auf dem Areopag nicht nur griechische Dichter zitiert, sondern auch seine Gedanken in griechischen Denkformen einhergehen läßt, während er im Hebräerbrief den Juden ein Jude zu sein versteht, ja sich nicht scheut, in seinen Verteidigungsreden den Glauben an Christus als die wahre Form des Pharisäismus darzustellen (Apg 22,3; 23,6). Von einem innersten Punkt, der nicht erschütterlich ist, nimmt er die Kraft zu einer solchen Beweglichkeit her, daß die Ausdrucksformen sich gelegentlich konträr, aber nie kontradiktorisch gegenüberstehen. Doch auch die konträrsten Äußerungen – etwa über das Gesetz – sind nicht Ergebnis synkretistischer Zusammenlesung getrennter Aspekte, sondern Darstellung des überschwenglichen Reichtums einer letztlich göttlichen – und darum den Sprechenden selbst überragenden – Gesamtschau. Geist vom Geiste Pauli ist im Verlaufe der

---

76 J. M. Bergoglio-Papst Franziskus, »Significato e importanza della formazione accademica« (2009), in Ders., Occhi, S. 971, Anm. 9.

> christlichen Geschichte jede Denkleistung, die es fertig gebracht hat, der Philosophia perennis nicht nur von außen, sondern innerlich ganz neue Weltbilder einzuverleiben, aber dadurch auch die Philosophia perennis selbst in immer neue Sprachen, die gerade lebendig sind und verstanden werden, zu übersetzen.[77]

Balthasar verwies hier auf das Modell der Inkulturation, das vom »polaren« Verhältnis zwischen Einheit und Vielheit in Spannung gehalten wird. Dies hatte auch Bergoglio in seinem 1984 erschienenen, ebenfalls von Balthasar beeinflussten Aufsatz »Zum theologischen Pluralismus und zur lateinamerikanischen Ekklesiologie« erläutert. [78] In seinem Beitrag von 2009 nahm er nun diesen Aspekt ebenso wie den Aspekt der Transzendentalien auf. In »Von den Aufgaben der Katholischen Philosophie in der Zeit« schrieb von Balthasar: »Als Organe dieser ahnenden Erkenntnis nimmt alexandrinisch-symbolisches Denken ausdrücklich die bewegte Einheit der Transzendentalien zu Hilfe: eine Erkenntnis, die sich von den Möglichkeiten des Guten und Schönen nicht aus Gründen methodischer Sauberkeit trennt, sondern sie zu seiner Verstärkung und Intensivierung eigens einbezieht. Es versteht die gegenseitige Voraussetzung und Einschließung dieser Eigenschaften des Seins. Wo das Agathon und das Kalon als der Wahrheit selbst immanent verstanden werden, mit der circumincessio der Transzendentalien ernst gemacht wird, ergeben sich ganz neue Möglichkeiten der Begegnung«.[79]

Die von Balthasar hier umrissene metaphysische Position sollte später den strukturellen Rahmen seiner theologischen Trilogie *Herrlichkeit-Theodramatik-Theologie* bilden. Bergoglio war ganz offensichtlich beeindruckt vom Ansatz von Balthasars, der die Transzendentalien mit der Einheit des Seins verband. Dies brachte der Schweizer Theologe im Übrigen elegant im Titel eines Werkes auf den Punkt, das 1984 erschien: *Die Wahrheit ist symphonisch.* Guardinis Gegensatzpaar der Einheit und Vielheit ist grundlegend, um die Unterscheidung bzw. Einheit der Transzendentalien und des Seins zu verstehen. Dieses Verhältnis leitet das Zeugnis, das die Wahrheit in Form von

---

77 H. U. von Balthasar, Aufgaben, S. 30–31.
78 Übersetzung des Titels: EMR.
79 Ebd., S. 69–70.

Schönheit und Güte »repräsentiert«. Entfällt eine der Transzendentalien, zerfällt dieses Zeugnis in eine steife, unanziehende, moralistische Position. In »Evangelii gaudium« formulierte Franziskus dies folgendermaßen:

> Es ist gut, dass jede Katechese dem »Weg der Schönheit« (via pulchritudinis) besondere Aufmerksamkeit schenkt. Christus zu verkündigen, bedeutet zu zeigen, dass an ihn glauben und ihm nachfolgen nicht nur etwas Wahres und Gerechtes, sondern etwas Schönes ist, das sogar inmitten von Prüfungen das Leben mit neuem Glanz und tiefem Glück erfüllen kann. In diesem Sinn können alle Ausdrucksformen wahrer Schönheit als Weg anerkannt werden, der hilft, dem Herrn Jesus zu begegnen. Es geht nicht darum, einen ästhetischen Relativismus zu fördern, der das unlösbare Band verdunkeln könnte, das zwischen Wahrheit, Güte und Schönheit besteht, sondern darum, die Wertschätzung der Schönheit wiederzugewinnen, um das menschliche Herz zu erreichen und in ihm die Wahrheit und Güte des Auferstandenen erstrahlen zu lassen. Wenn wir, wie Augustinus sagt, nur das lieben, was schön ist, dann ist der Mensch gewordene Sohn, die Offenbarung der unendlichen Schönheit, in höchstem Maß liebenswert und zieht uns mit Banden der Liebe an sich. Dann wird es notwendig, dass die Bildung in der via pulchritudinis sich in die Weitergabe des Glaubens einfügt.[80]

Die Wahrheit ist der Glanz des Wahren: von Balthasars Erkenntnisse sind bei Bergoglio auf fruchtbaren Boden gefallen.[81]

---

80 Papst Franziskus, »Evangelii gaudium«, § 167.

81 Die ästhetischen Implikationen von Franziskus' Überlegungen werden hervorgehoben in R. Papa, Papa.

7 Das Christentum und die Welt von heute

7.1 Barmherzigkeit und Wahrheit. »Amoris laetitia« und der Blick der »Morenita«

Die Überlegungen zur ästhetischen Dimension der Wahrheit, die Bergoglio seit den späten 1990er-Jahren vor dem Hintergrund der Erkenntnisse von Balthasars beschäftigten, sind eng mit der Kategorie des Zeugnisses verbunden. Damit *Wahres* vermittelt und *Gutes* getan werden kann, müssen Wahres und Gutes sich im *Schönen* offenbaren. Ganz balthasarianisch heißt es in einer Predigt Bergoglios von 2011:

> Es reicht nicht, dass unsere Wahrheit rechtgläubig und unser pastorales Wirken effizient ist. Ohne die Freude an der Schönheit wird die Wahrheit kalt, ja sogar unbarmherzig und hochmütig, wie wir der Diskurs vieler verbitterter Fundamentalisten beweist. Man möchte meinen, sie äßen Asche, statt die köstliche Herrlichkeit der Wahrheit Christi zu schmecken, die die ganze Wirklichkeit in ihrem sanftem Licht erhellt und sie Tag für Tag annimmt, wie sie ist.
>
> Ohne die Freude an der Schönheit wird die Arbeit für das Gute zu einem düsteren, verbissenen Leistungsdenken, wie wir es am Verhalten vieler überforderter Aktivisten sehen können. Man möchte meinen, sie wollten die Welt in statistische Trauer kleiden, statt sie mit dem inneren Öl des Jubels zu salben, das die Herzen eines nach dem anderen von innen heraus verwandelt.[1]

Wahrheit und Gutes brauchen den »dritten Bereich«, den »der Herrlichkeit, die Schönheit Gottes ist«.[2] Bergoglio verwendete hier ausdrücklich den von

1 J. M. Bergoglio-Papst Franziskus, »Die Wahrheit, die am hellsten strahlt, ist die Wahrheit von der Barmherzigkeit« (2011), in Ders., Angesicht, III, S. 83–84.

2 Ebd., S. 82.

Balthasar zur Bezeichnung seiner theologischen Ästhetik gewählten Begriff »Herrlichkeit«. Herrlichkeit ist die *Erscheinungsform* des wahren und gerechten Gottes. Analog dazu ist das Zeugnis die konkrete Erscheinungsform der Einheit der Transzendentalien. Zeugnis kann man nur geben, wenn das Wahre, das Gute und das Schöne miteinander vereint sind. Wahrheit und Güte können nicht abstrakt bleiben. Die Begrenztheit von intellektualistischen Positionen, die behaupten, dies sei möglich, bezeichnet Bergoglio kritisch als Doktrinarismus und Ethizismus. Das bedeutet: Die *essentielle* Wahrheit muss in der existentiellen Wahrheit und das essentielle Gute im existentiellen Guten gefunden werden, da die thomistische Distinktion von Essenz und Existenz, von Sein und Wesen, auf eine »polare«, antinomische Spannung verweist. In »Von den Aufgaben der Katholischen Philosophie in der Zeit« bemerkte von Balthasar:

> [Die Scholastik] braucht [...] nur die Konsequenzen aus der Realdistinktion als der durchgehenden Grundverfassung des endlichen Seins für dessen transzendentale Eigenschaften zu ziehen, um zur Einsicht zu kommen, daß damit auch diese, die Eigenschaften der Wahrheit, Gutheit und Schönheit, von der Distinktion zwischen Essenz und Existenz keinesfalls unberührt bleiben können. Im Gegenteil: die Spannung, der Riß geht mitten durch diese transzendentalen Eigenschaften hindurch. Wie man also endliches Sein je nur in der Spannung von Wesen und Dasein erfassen kann, und die beiden Pole einander immer gegenseitig erklären, beleuchten, stützen, aufeinander verweisen, so wird auch die Wahrheit – um nur von ihr zu reden – stets in eine essentielle und existentielle auseinander gespannt sein, deren Pole einander fordern und erklären.[3]

Die unter einer polaren Spannung stehende Einheit von Sein und Wesen, die sinnbildlich für die menschliche Endlichkeit steht, *durchzieht* alle drei Transzendentalien. Jede einzelne von ihnen läuft Gefahr, auf der geistigen Ebene der Wesen zu verbleiben, sich nicht im Fleisch, im Leben, im konkreten Besonderen zu offenbaren. Die Einheit der Transzendentalien setzt eine polare Einheit von Sein und Wesen voraus. Diese doppelte Einheit der Realdistinktion und der Transzendentalien begründet die Form des »Zeugnisses«. Diese Schlüsselkategorie ermöglicht es, sich über die Trennung von Herz und Ver-

---

3 H. U. von Balthasar, Aufgaben, S.73.

nunft hinwegzusetzen, die die Moderne so stark durchdrungen hat und auch der Grund für ihren »Mangel an Affektivität« ist. Auch für die Reformation (in erster Linie für den Calvinismus) und die Aufklärung ist sie kennzeichnend. »Der Calvinismus verursachte im *Menschen* eine *Trennung von Vernunft und Gefühl*. Er trennte die Vernunft vom Herzen«.[4] Eine ähnliche Trennung verursachte auch die Aufklärung. In einem Beitrag von 1988, der den Titel »Kulturelle Projektion und die Evangelisierung der Märtyrer vom Río de la Plata« trägt, sprach Bergoglio von den »Plänen des Herzens«, die die Jesuiten hegten, als sie den Völkern der Neuen Welt begegneten. Diese wurden jäh vereitelt, als Karl III. den Thron Spaniens bestieg: »An die Stelle einer fruchtbaren Universalität, die Unterschiede und Eigenheiten ergänzt und achtet, trat eine metropolitane Hegemonie, die sich alles aneignete und unterwarf. Diese Länder, die zuvor ›Provinzen‹ des Königreichs gewesen waren, wurden zu ›Kolonien‹. Und für die Pläne des Herzens gab es keinen Platz mehr: Es war die Zeit der Aufklärung des Verstands«.[5]

Verstand gegen Herz, Wahrheit gegen das Gute und das Schöne: Der Rationalismus zertrennt die Einheit der Transzendentalien. Im Gegensatz dazu ist »die ignatianische Vision niemals nur theoretisch, sondern sie setzt stets eine Dimension des Pathos voraus«.[6] Ein konkretes Denken ist gezeichnet von Pathos, es erträgt die Auswirkungen dessen, tief eingetaucht zu sein in das eigene Fleisch sowie in das Fleisch, das jenem Volk eigen ist, zu dem man gehört. Diese zwei Dimensionen sind für Bergoglio voneinander untrennbar. Konkretes Denken entsteht in der polaren Beziehung zwischen dem Ich und dem Du, in der Beziehung zum anderen, zum Nächsten. *In diesem Denken ist die Wirklichkeit wichtiger als die Idee.* Der Christ als Zeuge wird zu jemandem, der »sich voller Zärtlichkeit in den kleinen Gesten der Nähe verbirgt, in denen das ganze Wort Fleisch wird: ein Fleisch, das sich dem Menschen nähert und ihn umarmt, Hände, die ihn berühren und pflegen, die ihn mit Öl salben und seine Wunden mit Wein lindern; Fleisch, das sich dem Menschen

---

4 J. M. Bergoglio-Papst Franziskus, »Che cosa sono i gesuiti?«, in Ders., Gesuiti S. 23.

5 J. M. Bergoglio-Papst Franziskus, »Proiezione culturale ed evangelizzazione dei martiri rioplatesi (1988)«, in Ders., Pastorale, S. 106. Übersetzung des Titels: EMR.

6 J. M. Bergoglio-Papst Franziskus, »Servizio della fede e promozione della giustizia« (1988), in Ders., Pastorale, S. 87.

nähert, ihn begleitet und ihm zuhört; Hände, die Brot brechen«.[7] Oder wie Franziskus es im Gespräch mit Antonio Spadaro ausdrückte: »Das Bild, das mir in den Sinn kommt, ist das der Krankenschwester oder des Krankenpflegers, die in einem Krankenhaus eine Wunde nach der anderen heilen, mit ihren Händen. Gott mischt sich in unser Elend, er nähert sich unseren Wunden und heilt sie mit seinen Händen. Um Hände zu haben, ist er Mensch geworden. Und das Werk Jesu ist eine persönlich vollbrachte Arbeit: ein Mensch hat die Sünde begangen, ein Mensch kommt, um sie zu heilen. Denn Gott rettet uns nicht nur durch ein Dekret, durch ein Gesetz. Er rettet uns mit Zärtlichkeit, mit Liebkosungen, er rettet uns mit seinem Leben für uns.«[8] *Um Hände zu haben, ist Gott Mensch geworden*: Mit einem eindrucksvollen Bild veranschaulichte Bergoglio hier seine Vorstellung vom Zeugnis als einem Eintauchen in die Wirklichkeit. Die Hände stehen für den *Tastsinn*, die Berührung, die Umarmung, das Streicheln und die Arbeit. Das Christentum erscheint hier als etwas *Physisches*, als Inkarnation von Anfang bis Ende. »Grundlegend ist für mich die Nähe der Kirche. Die Kirche ist eine Mutter, und weder Sie noch ich kennen eine Mutter, mit der man ›auf dem Korrespondenzweg‹ kommuniziert. Eine Mutter schenkt Zuneigung, sie berührt, küsst und liebt. Wenn die Kirche, die mit tausend Dingen beschäftigt ist, die Nähe vernachlässigt, sie vergisst und nur über Dokumente kommuniziert, dann ist sie wie eine Mutter, die mit ihrem Sohn per Brief in Kontakt steht«.[9] Bergoglios *christlicher Empirismus* mag keine Mittelwege, er ist gegen jene »vermittelnden Instanzen« einer bürokratischen Kirche, in der Menschen allein aufgrund ihrer »Rolle« definiert werden. Eine Mutter »berührt, küsst und liebt«: Dieses mütterliche Bild der Kirche bestätigt den Vorrang des *Ästhetischen* und des Spürbaren vor allem anderen. In einer »samaritischen« Kirche erstrahlt die »Herrlichkeit« Gottes durch die *Barmherzigkeit*. In unserer heutigen Welt, die die Unentgeltlichkeit der wahren Liebe nicht mehr kennt und zwischen mangelnder Affektivität und Eros gespalten ist, vereint die Barmherzigkeit Schönheit und Güte in der Vermittlung der Wahrheit.

---

7 J.M. Bergoglio-Papst Franziskus, »Omelia pronunciata durante la messa di chiusura del Congresso nazionale di dottrina sociale della Chiesa«, in Ders., Pastorale, S. 151.

8 Papst Franziskus, Porta, S. 76, dt. Übersetzung in Papst Franziskus, Frühmesse im Vatikanischen Gästehaus »Domus Sanctae Martae«, 22. Oktober 2013, in *L'Osservatore Romano*, Wochenausgabe in deutscher Sprache, Nr. 44, 1. November 2013.

9 Papst Franziskus, Porta, S. 73.

Diese unentgeltliche Liebe kann das Bedürfnis nach Schönheit erfüllen, die der freigeistige Atheismus so sehr begehrt und doch brutal vergewaltigt. Methol Ferré hatte auf diesen für die Auseinandersetzung des Christentums mit der zeitgenössischen Welt so wesentlichen Faktor bereits hingewiesen: Nur ein Zeugnis, das auf einer lebendigen Glaubenserfahrung beruht, konnte seiner Ansicht nach dem freigeistigen Atheismus die Stirn bieten, der zwar aus einem Bedürfnis nach Schönheit entsteht, dann aber »das Schöne von der Wahrheit und dem Guten (von der Gerechtigkeit) trennt; er zerstört die Einheit von Schönheit, Wahrheit und Gutem. Und eben dadurch pervertiert er die Schönheit«.[10] Auch Bergoglio glaubte, dass nur die Barmherzigkeit – ein Zeugnis, das aus dem Herzen Gottes emporsteigt – eine erstarrte Menschheit wiederbeleben konnte. Der Vorrang der Barmherzigkeit geht einher mit einer Beurteilung der jeweiligen historischen Zeit; er entspricht also den »Zeichen der Zeit«: »Ja, ich glaube, dass diese Zeit die Zeit der Barmherzigkeit ist. Die Kirche zeigt der verletzten Menschheit ihr mütterliches Antlitz, ihr Mama-Gesicht. Sie wartet nicht, bis die Verwundeten an ihre Tür klopfen, sondern geht hinaus auf die Straße, um sie zu suchen, aufzusammeln, zu umarmen, zu heilen und dafür zu sorgen, dass sie sich geliebt fühlen. Ich habe damals [im Juli 2013, während der Rückreise aus Rio de Janeiro] gesagt – und ich bin heute noch überzeugter davon –, dass dies ein *kairós* ist, ein günstiger Zeitpunkt. Unsere Epoche ist ein *kairós* für die Barmherzigkeit, eine dafür passende Zeit«.[11]

Franziskus verwies hier auf eine Art des Christseins, die mit der jeweiligen historischen Zeit verbunden ist. Der Barmherzigkeit den Vorrang zu geben bedeutet keinesfalls, dem Glauben eine irenische Eigenschaft zu geben und damit einen Gegensatz zwischen Wahrheit und Barmherzigkeit herzustellen. *Barmherzigkeit richtet sich nicht »gegen« die Wahrheit, sondern sie selbst ist eine Erscheinungsform der Wahrheit.* Sie ist der typische Fall einer antinomischen und polaren, nicht disjunktiven Form von Wahrheit. Diesen eminent wichtigen Aspekt begriffen viele Kritiker nicht, die Franziskus nach der Veröffentlichung des apostolischen Schreibens »Amoris laetitia« im Jahr 2016 vorwarfen, der pastoralen Dimension Vorrang vor der Lehre zu geben und den objektiven Wert der Wahrheit zugunsten der Praxis geringer zu schät-

10 A. Methol Ferré, A. Metalli, Papa, S. 156.
11 Papst Franziskus, Name, S. 26.

zen. In ihren Augen brach er mit der 2000 Jahre alten Tradition der Kirche in punkto Ehe und Sakramente. Zu diesen Kritikern gehörte in erster Linie eine Reihe von Moralphilosophen, die mehr oder weniger direkt mit den Vorgängerpontifikaten in Verbindung gestanden hatten, darunter Robert Spaemann, Josef Seifert, Stanisław Grygiel und John Finnis.[12] Sie störten sich vor allem an einer in § 305 von »Amoris laetitia« angeführten Anmerkung (Nr. 351), in der es in Bezug auf den kirchlichen Beistand für wiederverheiratete oder zusammenlebende Geschiedene heißt: »In gewissen Fällen könnte es auch die Hilfe der Sakramente sein.«[13] Diese Aussage weicht teilweise von dem ab, was Johannes Paul II. in seinem apostolischen Schreiben »Familiaris consortio« festgehalten hatte, der nämlich zusammenlebende oder wiederverheiratete geschiedene Personen dazu aufgefordert hatte, ihre Beziehungen aufzulösen oder »als Bruder und Schwester« zu leben, um an der Eucharistie teilnehmen zu können.[14] Ich sage explizit, dass sie *teilweise* davon abweicht, weil »Amoris laetitia« diese Forderung nicht zurücknimmt, sondern nur unter gewissen Bedingungen mögliche *einzelne* Ausnahmen zulässt. Einigen kritischen »Moralphilosophen« reichte diese Aussage jedoch, um Franziskus zu beschuldigen, er würde *Wahrheit und Barmherzigkeit voneinander trennen*, der Liebe und der Toleranz Vorrang vor der Lehre geben und damit in eine

---

12 R. Spaemann, »Ein Bruch mit der Lehrtradition – Robert Spaemann über ›Amoris laetitia‹«, Interview mit Catholic News Agency, Rom/Stuttgart, 28. April 2016, online zugänglich unter https://de.catholicnewsagency.com/story/exklusiv-ein-bruch-mit-der-lehrtradition-robert-spaemann-uber-amoris-laetitia-0730 (letzter Zugriff 29. Mai 2020); Ders., »Die Kirche ist nicht grenzenlos belastbar«, in *Die Tagespost*, 17. Juni 2016; J. Seifert, »Freuden, Betrübnisse und Hoffnungen – Josef Seiferts umfassende Analyse zu Amoris Laetitia«, in *Katholisches.info*, 3. August 2016, online zugänglich unter https://katholisches.info/2016/08/03/freuden-betruebnisse-und-honungen-josef-seiferts-umfassende-analyse-zu-amoris-laetitia/ (letzter Zugriff 29. Mai 2020); S. Grygiel, »Il dramma di Papa Francesco. Amoris laetitia svela l'impossibilità di coniugare il discernimento nei casi concreti con il compito della chiesa di predicare la Verità. Troppa casistica, servirebbe Pascal«, in *Il Foglio*, 26. Mai 2016; Ders., »Verità, non compassione. È questo che i cardinali chiedono al Papa«, in *Il Foglio*, 2. Dezember 2016; J. Finnis, G. Grisez, »An open Letter to pope Francis«, 12. September 2016, online zugänglich unter https://www.firstthings.com/web-exclusives/2016/12/an-open-letter-to-pope-francis (letzter Zugriff 13. Juli 2017).

13 Papst Franziskus, »Amoris Laetitia«, § 305. Der Papst verwies diesbezüglich auf »Evangelii gaudium«, wo es heißt, die Eucharistie sei »nicht eine Belohnung für die Vollkommenen, sondern ein großzügiges Heilmittel und eine Nahrung für die Schwachen« (»Evangelii gaudium«, § 47).

14 Johannes Paul II., »Familiaris consortio«, § 84.

pastorale Schiene abgleiten, die nur in dogmatischem Relativismus enden könne. So schrieb etwa der Vatikan-Korrespondent Aldo Maria Valli: »Wenn sich nun, wie zuweilen in ›Amoris laetitia‹, die Tendenz abzeichnet, dass nicht Gott und seine objektive Wahrheit im Mittelpunkt stehen, sondern der Mensch mit seinen Bedürfnissen und all den Konditionierungen, denen er unterworfen ist, dann hilft man dem Menschen nicht dabei, freier zu sein: Man täuscht ihm vielmehr vor, er sei es. Wenn nun, wie zuweilen in ›Amoris laetitia‹, erklärt wird, dass es nicht so sehr auf den Inhalt der Norm ankommt, sondern auf die Art und Weise, wie ein Individuum eine bestimmte Situation in seinem Gewissen erlebt, dann laufen wir Gefahr, der Ausbreitung von Subjektivismus und Relativismus Tür und Tor zu öffnen. Dann ist es nicht mehr der Mensch, der auf Gott hört, weil er sich bewusst ist, dass Gott die Wahrheit ist und dass diese Wahrheit objektiv gut ist, sondern dann passt sich Gott an die menschliche Subjektivität an. Dann sprechen wir nicht länger von den Rechten Gottes und den Pflichten des Menschen, sondern von den Rechten des Menschen und den Pflichten Gottes«.[15]

Doch wie zwei der besten Kenner des Denkens und der Morallehre Johannes Pauls II., die Philosophen Rocco Buttiglione und Rodrigo Guerra López, herausgearbeitet haben, besteht kein Anlass, in »Amoris Laetitia« eine Tendenz in Richtung eines moralischen Relativismus oder Praxismus erkennen zu wollen.[16] An der Lehre von der Unauflösbarkeit der Ehe wird in ihrer Absolutheit festhalten, ohne dass z. B. die Möglichkeit einer zweiten Ehe eingeräumt wird, wie es sie etwa in der orthodoxen Kirche gibt. Das Neue, das

---

15 A. M. Valli, »›Amoris laetitia‹, la legge, la libertà. Risposta al padre Sorge«, 10. November 2016, online zugänglich unter http://www.aldomariavalli.it/2016/11/10/amoris-laetitia-la-legge-la-liberta-risposta-al-padre-sorge/ (letzter Zugriff 13. Juli 2017). Vgl. auch A. M. Valli, 266. Hinsichtlich Vallis Haltung vgl. L. Accattoli, »Bergoglio visto prima da sinistra e poi da destra. Lettera ad Aldo Maria Valli«, in *Il blog di Luigi Accattoli*, online zugänglich unter http://www.luigiaccattoli.it/blog/collaborazione-a-riviste/bergoglio-visto-prima-da-sinistra-e-poi-da-destra-lettera-ad-aldo-mariavalli/ (letzter Zugriff 13. Juli 2017).

16 R. Buttiglione, »Amoris laetitia fa un passo nella direzione segnata da Wojtyła«, Interview von A. Tornielli, in *Vatican Insider*, 30. Mai 2016; Ders., »La gioia dell'amore e lo sconcerto dei teologi«, in *L'Osservatore romano*, 20. Juli 2016; Ders., »Buttiglione: ›Così risponderei a quei dubbi su Amoris laetitia‹«, in *Vatican insider*, 22. November 2016; R. Guerra López, »Fedeltà creativa. Dalla riflessione di Karol Wojtyła all'esortazione ›Amoris laetitia‹«, in *L'Osservatore romano*, 23. Juli 2016; Ders., »›Cari cardinali…‹«, in *Vatican Insider*, 24. November 2016.

»Amoris laetitia« in die traditionelle Lehre einbringt, ist die Möglichkeit, dass der Beichtvater in bestimmten und besonderen Fällen nach sorgfältiger Beurteilung der Motive, des Gewissens und der konkreten Situation der neu Verheirateten den Zugang zur Eucharistie gewähren kann. Daher haben wir es nicht mit einem Nachgeben gegenüber der »Ethik der jeweiligen Situation« zu tun, wie manch ein Kritiker meinte,[17] sondern, wie Buttiglione feststellte, mit einer »pastoralen Entscheidung, die die Sakramentenordnung betrifft und die sich in einen Weg einfügt, dessen Grundlagen von Johannes Paul II. gelegt wurden. [...] Einstmals exkommunizierte die Kirche wiederverheiratete Geschiedene. [...] Johannes Paul II. gab zu bedenken, man könne wiederverheiratete Geschiedene nicht exkommunizieren, da jede Sünde objektive und subjektive Faktoren habe. Es gibt Menschen, die etwas Falsches tun, etwas, das sündhaft bleibt, ohne aber dafür voll verantwortlich zu sein. Und so machte der Wojtyła-Papst den Anfang, er lud wiederverheiratete Geschiedene zum Eintritt in die Kirche ein, er nahm sie auf, taufte ihre Kinder und führte sie wieder in die christliche Gemeinschaft ein, ohne sie aber wieder zur Kommunion zuzulassen – wie in § 84 von ›Familiaris consortio‹ festgehalten – es sei denn, sie kehrten mit ihrem rechtmäßigen Ehepartner zurück, trennten sich von ihrem neuen Ehepartner oder lebten die zweite Vereinigung als Bruder und Schwester, indem sie auf sexuelle Beziehungen verzichteten«.[18] Hinsichtlich des letztgenannten Punkts bringt Franziskus' Schreiben ein Novum, da der Papst auf die Möglichkeit verwies, dass unter bestimmten Bedingungen Zugang zur Eucharistie gewährt werden könne: »Aber weder an der Moral noch an der Lehre zur Unauflösbarkeit der Ehe hat sich etwas geändert. Was sich verändert hat, ist die pastorale Disziplin der Kirche. Bis gestern noch vermutete man bei der durch wiederverheiratete Geschiedene begangenen Sünde eine Gesamtschuld. Nun wird auch bei dieser Sünde der subjektive Aspekt bewertet, wie beim Mord, beim Nichtzahlen von Steuern, bei der Ausbeutung von Arbeitern, bei all den anderen Sünden, die ein Mensch begeht. Der Pfarrer hört zu und wägt auch die mildernden Umstände ab. Verändern diese Umstände die Natur der Situation? Nein, die

---

17 Zu einer Antwort auf die Kritiker vgl. »Conversazione con il cardinal Schönborn sull'›Amoris laetitia‹«, Interview von A. Spadaro, in *La Civiltà Cattolica*, 3986 (2016), S. 130–152; F. Coccopalmerio, Capitolo; E. Antonelli, R. Buttiglione, Terapia.

18 R. Buttiglione, Amoris laetitia.

Scheidung und die neue Vereinigung bleiben objektiv gesehen sündhaft. Verändern diese Umstände die Verantwortung der betroffenen Person? Möglicherweise. Man muss differenzieren«.[19]

Der Vorwurf, Franziskus stelle Barmherzigkeit und Wahrheit einander gegenüber, ist daher ebenso grundlos wie unbegründet. Eine solche Gegenüberstellung widerspricht den beiden Grundpfeilern von Bergoglios Denken: der Theorie der Polarität und der Lehre von der Einheit der Transzendentalien. Im Verhältnis zwischen Wahrheit und Barmherzigkeit haben wir es mit zwei miteinander in Spannung stehenden Polen zu tun, die miteinander vereint und voneinander untrennbar sind.[20] Es besteht eine Spannung zwischen dem universellen Wert des Wahren und der praktischen Umsetzung von Barmherzigkeit, die immer etwas Besonderes ist. Die beiden Pole setzen sich gegenseitig so weit voraus, dass keine situationsbedingte Moral das Wahre relativieren kann, so wie auch kein abstrakter Doktrinarismus die von der Wahrheit geforderte spezifische Art der Nächstenliebe schmälern kann. Daher bietet »Amoris laetitia« keine »auf alle Fälle anzuwendende generelle gesetzliche Regelung kanonischer Art […]. Es ist nur möglich, eine neue Ermutigung auszudrücken zu einer verantwortungsvollen persönlichen und pastoralen Unterscheidung der je spezifischen Fälle. Und da ›der Grad der Verantwortung […] nicht in allen Fällen gleich [ist]‹, müsste diese Unterscheidung anerkennen, dass die Konsequenzen oder Wirkungen einer Norm nicht notwendig immer dieselben sein müssen«.[21] In diesem Zusammenhang zitierte Franziskus Thomas von Aquin: »Obgleich es im Bereich des Allgemeinen eine gewisse Notwendigkeit gibt, unterläuft desto eher ein Fehler, je mehr man in den Bereich des Spezifischen absteigt […] Im Bereich des Handelns […] liegt hinsichtlich des Spezifischen nicht für alle dieselbe praktische Wahrheit oder Richtigkeit vor, sondern nur hinsichtlich des Allgemeinen; und bei denen, für die hinsichtlich des Spezifischen dieselbe Richtigkeit vorliegt, ist sie nicht allen in gleicher Weise bekannt […] Es kommt also umso

---

19 Ebd. Vgl. auch Ders., »L'approccio antropologico di San Giovanni Paolo II e quello pastorale di Papa Francesco«, in Ders., »Approfondendo Wojtyła si capisce Amoris laetitia«, in *Vatican Insider*, 3. Februar 2017.

20 Vgl. G. Cottier, C. Schönborn, J.-M. Garrigues, Verità. Zur Polarität zwischen Seelsorge und Lehre bei Franziskus vgl. G. Marengo, Papa, S. 49–116.

21 Papst Franziskus, »Amoris laetitia«, § 300.

häufiger zu Fehlern, je mehr man in die spezifischen Einzelheiten absteigt.«[22] Auf Thomas bezugnehmend schrieb der Papst: »Es ist wahr, dass die allgemeinen Normen ein Gut darstellen, das man niemals außer Acht lassen oder vernachlässigen darf, doch in ihren Formulierungen können sie unmöglich alle Sondersituationen umfassen. Zugleich muss gesagt werden, dass genau aus diesem Grund das, was Teil einer praktischen Unterscheidung angesichts einer Sondersituation ist, nicht in den Rang einer Norm erhoben werden kann.«[23] Was bleibt, ist die Kluft zwischen Allgemeinem und Besonderem, die durch keine Relativierung der Norm geschlossen werden kann. Die polare Spannung ist unangreifbar. Diese Kluft kann jedoch durch ein Urteilsvermögen geschlossen werden, dessen Ziel es ist, niemandem den Weg zu Gott zu verschließen: *durch ein Urteil, das das Allgemeine (das Kirchenrecht) und den besonderen Fall, Wahrheit und Barmherzigkeit, miteinander vereint.* Dadurch wird eine »abstrakte« Verallgemeinerung verhindert, die mit der ermittelten Wirklichkeit nicht umzugehen weiß:

> Die Geschiedenen in einer neuen Verbindung, zum Beispiel, können sich in sehr unterschiedlichen Situationen befinden, die nicht katalogisiert oder in allzu starre Aussagen eingeschlossen werden dürfen, ohne einer angemessenen persönlichen und pastoralen Unterscheidung Raum zu geben. Es gibt den

---

22 Ebd., § 304. Das Thomas-Zitat stammt aus *Summa Theologiae I–II*, Q. 94, Art. 4. In Bezug auf die »scholastischen« Kritiker des Franziskus bemerkt Guerra López zu Recht: »Zunächst einmal hapert es bei ihnen an der Interpretation des heiligen Thomas von Aquin. Dieser verstand es, das Einzigartige leidenschaftlich zu verstehen und zu lieben. Je konkreter die von ihm verwendeten universellen Kategorien, auch die zur moralischen Ordnung, in der Wirklichkeit werden, desto mehr nehmen sie in ihrer Notwendigkeit ab und in ihrer Kontingenz zu. Dass einige Thomisten gerade diese falsch verstehen, kann auf unterschiedliche Weise gezeigt werden. Ich möchte nur eine Möglichkeit nennen: die mehr oder weniger verbreitete Tendenz, die Vernunft als eine Fähigkeit zu interpretieren, die das Universelle betrifft, und die wichtigen Beiträge des Thomas von Aquin zur Anerkennung der *ratio particularis* und ihrer Rolle im theoretischen und praktischen Wissen zu vernachlässigen. Der Weg der Erkenntnis beginnt im Singular und führt durch das Universelle, kehrt aber am Ende zum Konkreten zurück. Die methodologische Vernachlässigung dieses elementaren Bestandteils hat bei einem großen Teil der zeitgenössischen Thomisten zu einer Art Ahistorizität geführt und Probleme dabei bereitet, die Ebene zu verstehen, auf der sich die pastoralen Anliegen der Kirche und die vielen Kommentare, Hinweise und Bewertungen, die Papst Franziskus in seinem Apostolischen Schreiben abgibt, abspielen« (R. Guerra López, »Fedeltà creativa. Dalla riflessione di Karol Wojtyła all'esortazione ›Amoris laetitia‹«, in *L'Osservatore romano*, 23. Juli 2016).

23 Papst Franziskus, »Amoris laetitia«, § 304.

> Fall einer zweiten, im Laufe der Zeit gefestigten Verbindung, mit neuen Kindern, mit erwiesener Treue, großherziger Hingabe, christlichem Engagement, mit dem Bewusstsein der Irregularität der eigenen Situation und großer Schwierigkeit, diese zurückzudrehen, ohne im Gewissen zu spüren, dass man in neue Schuld fällt. Die Kirche weiß um Situationen, in denen »die beiden Partner aus ernsthaften Gründen – zum Beispiel wegen der Erziehung der Kinder – der Verpflichtung zur Trennung nicht nachkommen können«. Es gibt auch den Fall derer, die große Anstrengungen unternommen haben, um die erste Ehe zu retten, und darunter gelitten haben, zu Unrecht verlassen worden zu sein, oder den Fall derer, die »eine neue Verbindung eingegangen [sind] im Hinblick auf die Erziehung der Kinder und [...] manchmal die subjektive Gewissensüberzeugung [haben], dass die frühere, unheilbar zerstörte Ehe niemals gültig war«. Etwas anderes ist jedoch eine neue Verbindung, die kurz nach einer Scheidung eingegangen wird, mit allen Folgen an Leiden und Verwirrung, welche die Kinder und ganze Familien in Mitleidenschaft ziehen, oder die Situation von jemandem, der wiederholt seinen familiären Verpflichtungen gegenüber versagt hat. Es muss ganz klar sein, dass dies nicht das Ideal ist, welches das Evangelium für Ehe und Familie vor Augen stellt.[24]

Daher könne die Wahrheit, deren Wert als Norm nicht im Geringsten geschmälert wird, unter Berücksichtigung besonderer Fälle als Barmherzigkeit erscheinen, weil »die Barmherzigkeit die Gerechtigkeit und die Wahrheit nicht ausschließt, vor allem aber müssen wir erklären, dass die Barmherzigkeit die Fülle der Gerechtigkeit und die leuchtendste Bekundung der Wahrheit Gottes ist. Darum sollte man immer bedenken, ›dass alle theologischen Begriffe unangemessen sind, die letztlich Gottes Allmacht selbst und insbesondere seine Barmherzigkeit infrage stellen‹«.[25]

Und so sehen wir, was die Grundlage von Bergoglios Denken und von seinem Lehramt ist. Die christliche Wahrheit ist – ohne jedes praxistische Nachgeben – eins mit dem Antlitz Gottes, d. h. mit der Barmherzigkeit. Dieser Punkt hat nicht nur immerwährende Auswirkungen auf den Glauben, sondern er koinzidiert auch mit dem *kairós*, mit den Anforderungen des jeweiligen historischen Moments. Franziskus' *spirituelle Sicht koinzidiert diesbezüglich vollumfänglich mit der des Papa emeritus Benedikt XVI.* Im Interview mit dem Jesuiten und Theologen Jacques Servais sagte dieser:

---

24 Ebd., § 298.
25 Ebd., § 311.

Es ist für mich ein »Zeichen der Zeit«, dass die Idee der Barmherzigkeit Gottes immer beherrschender in den Mittelpunkt rückt [...] Papst Johannes Paul II. war von diesem Impuls zutiefst erfüllt, auch wenn er nicht immer ganz offen zutage liegt. Aber es ist doch wohl kein Zufall, dass sein letztes Buch, das unmittelbar vor seinem Tod erschien, von der Barmherzigkeit Gottes handelt. [...] Papst Franziskus steht ganz in dieser Linie. Seine pastorale Erfahrung drückt sich gerade darin aus, dass er uns immerfort von Gottes Barmherzigkeit spricht. Es ist die Barmherzigkeit, die uns zu Gott hinzieht, während die Gerechtigkeit uns vor ihm erschrecken lässt. Dies zeigt nach meinem Dafürhalten, dass unter der Oberfläche der Selbstsicherheit und der Selbstgerechtigkeit des heutigen Menschen sich doch ein tiefes Wissen um seine Verwundung, um seine Unwürdigkeit Gott gegenüber verbirgt. Er wartet auf Barmherzigkeit. Es ist gewiss kein Zufall, dass das Gleichnis vom barmherzigen Samariter die Menschen von heute besonders anspricht – nicht nur weil dort die soziale Seite des Christseins stark betont ist und nicht nur weil dort der Samariter, der nicht religiöse Mensch, gegenüber den Religionsdienern sozusagen als der wirklich gottgemäss handelnde Mensch erscheint, während die amtlichen Diener der Religion sich gleichsam gegen Gott immunisiert haben. Beides ist natürlich dem modernen Menschen sympathisch. Aber ebenso wichtig scheint mir, dass im Stillen doch die Menschen für sich selbst den Samariter erwarten, der sich zu ihnen niederbeugt, Öl in die Wunden giesst, sie umsorgt und in die Herberge bringt. Sie wissen im Letzten doch, dass sie der Barmherzigkeit Gottes, seiner Zärtlichkeit bedürfen. In der Härte der technischen Welt, in der die Gefühle nicht mehr zählen, wächst dann doch die Erwartung nach einer heilenden Liebe, die umsonst geschenkt wird. Mir scheint, dass so im Thema der Barmherzigkeit Gottes auf eine neue Weise ausgedrückt ist, was Rechtfertigung durch Glauben heisst. Von der Barmherzigkeit Gottes her, nach der alle Ausschau halten, lässt sich der wesentliche Kern der Rechtfertigungslehre auch heute neu verstehen und erscheint wieder in seiner ganzen Bedeutung.[26]

Die Worte Benedikts XVI. dienen als wichtige Bestätigung der Vision von Papst Franziskus.[27] Sie verweisen auf einen roten Faden, der sich durch die

---

26 »Fragen an Benedikt XVI. über die Rechtfertigung durch den Glauben. Jacques Servais SJ im Gespräch mit Benedikt XVI.«, *Schweizer Kirchenzeitung*, 14–15, 16. März 2016, online zugänglich unter https://www.kirchenzeitung.ch/article/fragen-an-benedikt-xvi-ueber-die-rechtfertigung-durch-den-glauben-9955 (letzter Zugriff 29. Mai 2020).

27 Dies erkennt auch Gian Enrico Rusconi; er sieht »Papst Franziskus berechtigterweise in einer Reihe mit seinen Vorgängern«, insbesondere mit Johannes Paul II. (Rusconi, Teologia,

letzten drei Pontifikate zieht. Ebenso wie Benedikt hebt auch Franziskus die Barmherzigkeit hervor, die einerseits das Wesen des Christentums selbst darstellt und andererseits die richtige Antwort auf die Herausforderungen und Fragen ist, die die heutige Welt dem Glauben und der Kirche stellt. Angesichts des in der westlichen Welt um sich greifenden Nihilismus und der Erschütterung des Rests der Welt durch fundamentalistische »Rückfälle« ist der Weg der Liebe – jener dritte Weg, den von Balthasar in *Glaubhaft ist nur Liebe* neben dem kosmologischen Weg der Antike und dem anthropologischen Weg der Moderne hervorhob – der richtige. Einen anderen Ausweg aus der tiefen, existentiellen und metaphysischen Skepsis, die die heutige Zeit dominiert, gibt es nicht. Diese Skepsis rührt Franziskus zufolge daher, dass

> die Menschheit verletzt ist, ja tiefe Wunden trägt. Sie weiß nicht, wie sie diese heilen soll, oder glaubt, dass das das nicht möglich sei. Und dabei geht es nicht nur um soziale Krankheiten und Menschen, die von der Armut verwundet sind, von der sozialen Ausgrenzung, von den zahllosen Formen der Sklaverei im 3. Jahrtausend. Auch der Relativismus verwundet die Menschen: Alles scheint gleich, alles scheint dasselbe zu sein. Diese Menschheit braucht Barmherzigkeit. Pius XII. hat vor mehr als einem halben Jahrhundert gesagt, das Drama unserer Zeit sei, dass wir das Gefühl für die Sünde verloren hätten, das Bewusstsein der Sünde. Heute kommt noch ein weiteres Drama hinzu, nämlich dass wir unser Übel, unsere Sünde als unheilbar betrachten, als etwas, das weder geheilt noch vergeben werden kann. Es fehlt die konkrete Erfahrung der Barmherzigkeit. Die Verwundbarkeit unserer Zeit ist auch das: der mangelnde Glaube daran, dass es Erlösung gibt, eine Hand, die uns aufhebt, eine

---

S. 57). Diese Einschätzung ist keinesfalls unwichtig, weil Rusconi in seinem Band bei Franziskus eine grundlegende Antinomie zu erkennen meint zwischen seiner klaren Treue gegenüber der Tradition und dem Vorrang, den er der Barmherzigkeit einräumt, was seiner Meinung nach letztlich dazu führt, dass er der göttlichen Bestrafung der Erbsünde eine geringere Bedeutung beimisst. Anders als manche katholische Kritiker Bergoglios gerne behaupten, unterscheidet sich Franziskus in dieser Antinomie jedoch nicht von Benedikt. Rusconi zufolge »stellt auch Ratzinger die Erbsünde als Ursache des Bösen nicht direkt, wenn überhaupt, dann durch eine Anspielung, in Frage und entzieht sich damit (wie Bergoglio) der Frage, warum sich Gottes Barmherzigkeit seinen Vorfahren nicht direkt offenbart hat. Darüber hinaus geht Ratzinger so weit, die Position des Anselm von Canterbury zu kritisieren, der in einer tadellosen Logik die von den Vorfahren erlittene furchtbare Bestrafung als die einzig angemessene Reaktion auf die Kränkung der unendlichen Natur Gottes rechtfertigt. [...] Ratzinger betont, dass Anselms Begrifflichkeit für uns unverständlich geworden ist, und lädt daher dazu ein, ›die Wahrheit, die sich in einer solchen Ausdrucksweise verbirgt, auf neue Weise zu verstehen‹« (ebd, S. 58–59).

Umarmung, die uns rettet, uns vergibt, uns aufnimmt, uns mit unendlicher Liebe überschwemmt, geduldig und nachsichtig. Die uns wieder in die Spur setzt.[28]

Die Menschheit von heute glaubt nicht an diese Möglichkeit, denn sie ist geprägt von einer Welt ohne Bindungen und von einer Gesellschaft, in der ein allumfassender Individualismus regiert, die aber zutiefst einsam ist.[29] In eben dieser Einsamkeit sieht Franziskus den Grund für die Traurigkeit der westlichen Welt. So sagte er in seiner Ansprache vor dem Europäischen Parlament: »Eine der Krankheiten, die ich heute in Europa am meisten verbreitet sehe, ist die besondere *Einsamkeit* dessen, der keine Bindungen hat. Das wird speziell sichtbar bei den alten Menschen, die oft ihrem Schicksal überlassen sind, wie auch bei den Jugendlichen, die keine Bezugspunkte und keine Zukunftschancen haben; es wird sichtbar bei den vielen Armen, die unsere Städte bevölkern; es wird sichtbar in dem verlorenen Blick der Migranten, die hierhergekommen sind, auf der Suche nach einer besseren Zukunft.«[30] Diese Einsamkeit ist das Ergebnis der Aufhebung von Bindungen, von Nähe, von dauerhafter Zuneigung. In der »monadischen« Welt gibt es keinen Vater und keine Mutter mehr, keinen Ehemann und keine Ehefrau, keine Kinder oder Brüder. Diese Welt ist, so Franziskus, ein *geistiges Waisenhaus.*[31]

Der für unsere zersplitterte und gespaltene Kultur typische Verlust der Bande, die uns vereinen, lässt dieses Gefühl der Verwaisung und folglich der großen Leere und Einsamkeit zunehmen. Der Mangel an physischem (und nicht nur virtuellem) Kontakt »kauterisiert« allmählich unsere Herzen, indem er sie die Fähigkeit zu Zärtlichkeit und Staunen, zu Erbarmen und Mitgefühl verlieren lässt. Die spirituelle Verwaisung lässt uns die Erinnerung daran verlieren, was es bedeutet, Kinder zu sein, Enkel zu sein, Eltern zu sein, Großeltern zu sein,

---

28 Papst Franziskus, Name, S. 36–37.

29 Vgl. M. Borghesi, Legami.

30 Papst Franziskus, Ansprache an das Europaparlament, Straßburg, 25. November 2014, online zugänglich unter http://w2.vatican.va/content/francesco/de/speeches/2014/november/documents/papa-francesco_20141125_strasburgo-parlamento-europeo.html (letzter Zugriff 25. Mai 2020).

31 Papst Franziskus, Homilie am Hochfest der Gottesmutter Maria, Rom, 1. Januar 2017, online zugänglich unter http://www.vatican.va/content/francesco/de/homilies/2017/documents/papa-francesco_20170101_omelia-giornata-mondiale-pace.html (letzter Zugriff 29. Mai 2020).

> Freunde zu sein, Gläubige zu sein. Sie lässt uns die Erinnerung an den Wert des Spieles, des Gesangs, des Lachens, der Erholung und der Unentgeltlichkeit verlieren.[32]

Angesichts dieser »Verwaisung« in einer Welt ohne Vater und Mutter *kann Gott nur dann wieder Vater sein, wenn die Kirche sich als Mutter erweist.* Das »barmherzige« Gesicht der Kirche ist »mütterlich«; Mütterlichkeit ist die Antwort auf die gegenwärtige Leere der Welt.

Der Papst gab hier fast wörtlich das Urteil wieder, das Romano Guardini im letzten Kapitel von *Das Ende der Neuzeit* gefällt hatte. Schon 1950 hatte dieser sowohl den Niedergang der kulturellen Tradition der Kirche als auch eine Krise der Säkularisierung nunmehr obsoleter und zerronnener christlicher Werte erkannt. Die einzige Möglichkeit, um diesen allgemeinen Niedergang der Kirche und der Kultur zu stoppen, sah er in einer grundlegenden Erneuerung des Glaubens, deren Ziel es sein müsse, »im Dogma neben dem Theoretischen das praktisch-existentielle Moment hervortreten« zu lassen.[33] Die formale Wiederholung des Dogmas allein sei ebenso unzureichend wie seine existenzielle Beugung, das freie Zeugnis der Wahrheit. Nur eine verantwortungsbewusste und selbstsichere christliche Persönlichkeit könne wiederbeleben, was im Untergang begriffen zu sein schien. »Die Einsamkeit im Glauben wird furchtbar sein. Die Liebe wird aus der allgemeinen Welthaltung verschwinden (Mt 24,12). Sie wird nicht mehr verstanden noch gekonnt sein. Um so kostbarer wird sie werden, wenn sie vom Einsamen zum Einsamen geht; Tapferkeit des Herzens aus der Unmittelbarkeit zur Liebe Gottes, wie sie in Christus kund geworden ist. Vielleicht wird man diese Liebe ganz neu erfahren: die Souveränität ihrer Ursprünglichkeit von der Welt, das Geheimnis ihres letzten warum. Vielleicht wird die Liebe eine Innigkeit des Einvernehmens gewinnen, die noch nicht wahr«[34]

Guardinis apokalyptische Prophezeiung stimmt jedoch nicht ganz mit Franziskus' Prognose überein. Denn das »lateinamerikanische katholische *Risorgimento*« ließ Bergoglio auf das *pueblo fiel* hoffen, jenes »Volk«, das in Europa dem »solitären« Glauben seinen Platz überlassen hatte. Franziskus'

---

32 Ebd.
33 R. Guardini, Ende, S. 122.
34 Ebd., S. 124–125.

Urteil hinsichtlich des einzigartigen Werts der Nächstenliebe und der Barmherzigkeit in einer von Nihilismus und Einsamkeit geprägten Welt entspricht jedoch vollumfänglich dem Guardinis. In einer Welt der Sünde ohne Gnade und in einer Gesellschaft, die kein Gespür mehr für die Sünde hat, kann nur der Blick der Barmherzigkeit wieder ein Gefühl von *Scham* angesichts begangener Sünden hervorrufen: »Die Scham ist eine der Gnaden, die der heilige Ignatius im Bekenntnis der Sünden vor dem gekreuzigten Christus erbitten lässt.«[35] Diese »Scham« könne nur aufgrund eines »Blickes« entstehen, aufgrund der Beobachtung durch eine unentgeltliche Liebe, die nicht verurteilt und nichts verlangt; ein »Blick«, der uns aus der »Verwaisung« befreie, wie der Blick Marias: »Wir wollen ihrem mütterlichen Blick begegnen. Dieser Blick, der uns von der Verwaisung befreit; dieser Blick, der uns daran erinnert, dass wir Brüder und Schwestern sind: dass ich zu dir gehöre, dass du zu mir gehörst, dass wir ›ein Fleisch und Blut‹ sind. Dieser Blick, der uns lehrt, dass wir lernen müssen, das Leben auf die gleiche Weise und mit derselben Zärtlichkeit zu umsorgen, mit der sie es umsorgt hat: indem wir Hoffnung säen, Zugehörigkeit säen, und Brüderlichkeit säen.«[36]

Diesen »Blick« thematisierte Franziskus ausführlich am 13. Februar 2016 in seiner Ansprache an die Bischöfe in der Kathedrale von Mexiko-Stadt. Das Verb »sehen« in der aktiven und in der passiven Form zieht sich wie ein roter Faden durch diesen Text. Dieser ist für Franziskus' pastorales Lehramt von zentraler Bedeutung, da er darin eine Perspektive umriss, die er bereits zuvor angedeutet hatte. So etwa gegenüber Antonio Spadaro. Im Gespräch mit dem Jesuiten erinnerte der Papst an seine Besuche in der Kirche San Luigi dei Francesi in Rom und den Eindruck, den das dort beheimatete Gemälde Caravaggios der Berufung des heiligen Matthäus bei ihm hinterlassen hatte: »Dieser Finger Jesu, der auf Matthäus weist – so bin ich, so fühle ich mich, wie Matthäus. [...] Es ist die Geste des Matthäus, die mich betroffen macht: Er packt sein Geld, als wollte er sagen: ›Nein, nicht mich! Dieses Geld gehört mir nicht! Siehe, das bin ich: ein Sünder, den der Herr angeschaut hat.‹ Und

---

35 Papst Franziskus, Name, S. 31.

36 Papst Franziskus, Homilie am Hochfest der Gottesmutter Maria, Rom, 1. Januar 2017, online zugänglich unter http://www.vatican.va/content/francesco/de/homilies/2017/documents/papa-francesco_20170101_omelia-giornata-mondiale-pace.html (letzter Zugriff 29. Mai 2020).

das habe ich gesagt, als sie mich fragten, ob ich meine Wahl zum Papst annehme... Ich bin ein Sünder.«[37]

Der Blick Christi ist hier eng mit dem Bewusstsein von Sünde verbunden, das nur durch die Barmherzigkeit bzw. durch die Konfrontation mit einem geliebten Gesicht erweckt wird. Im Interview mit Andrea Tornielli erklärte Franziskus, warum er den Ausdruck »miserando atque eligendo« als Motto für sein Episkopat gewählt hatte: »Ich persönlich übersetze das Gerund ›miserando‹ gerne mit einem selbst erfundenen Gerund ins Italienische bzw. Spanische: ›misericordiando‹. Er gab ihm also Barmherzigkeit. ›Barmherzigkeit schenkend und ihn erwählend‹ – so wird der Blick Jesu beschrieben, der anderen sein Erbarmen zuteilwerden lässt und sie dadurch mit sich nimmt«.[38] Barmherzigkeit erfährt man durch einen »Blick«, sie »hängt« an einem Blick, am Gesicht des anderen. Diese *Nähe* ist die *transzendentale* Bedingung, durch die das Christentum *historisch* und fähig wird, sich selbst mitzuteilen. Die Phänomenologie von Franziskus' Wahrnehmung entspricht – ganz wie die von Balthasars – voll und ganz dem »Spürbarwerden« der herrlichen »Gestalt« des Mysteriums. Will man den Glauben verstehen, muss man sich in die Dynamik hineinversetzen, mit der sich Jesus, das Wort Gottes, in der Welt geoffenbart hat. In seiner Ansprache vor den Vertretern der 5. Nationalkonferenz der italienischen Kirche in der Kathedrale Santa Maria del Fiore in Florenz am 10. November 2015 sagte Franziskus: »Und betrachten wir noch einmal die Züge des Gesichtes Jesu und seine Gesten. Sehen wir, wie Jesus mit den Sündern isst und trinkt (vgl. Mk 2,16; Mt 11,19); betrachten wir ihn im Gespräch mit der Samariterin (vgl. Joh 4,7–26); beobachten wir ihn heimlich, wie er bei Nacht Nikodemus begegnet (vgl. Joh 3,1–21); genießen wir liebevoll die Szene, wo er sich von einer Prostituierten die Füße salben lässt (vgl. Lk 7,36–50)«[39] Der Papst nahm hier eine gleichsam »filmende« Perspektive

---

37 Papst Franziskus, Porta, S. 25, dt. Übersetzung in »Das Lieblings-Gemälde von Papst Franziskus«, 31. Mai 2018, in *Vatican News*, online zugänglich unter https://www.vaticannews.va/de/papst/news/2018-05/caravaggio-berufung-matthaeus-gemaelde-papst-franziskus.html (letzter Zugriff 1. Juni 2020).

38 Papst Franziskus, Name, S. 32.

39 Papst Franziskus, Ansprache bei der Begegnung mit den Vertretern des 5. Nationalen Kongresses der Kirche in Italien, Florenz, 20. November 2015, online zugänglich unter http://www.vatican.va/content/francesco/de/speeches/2015/november/documents/papa-francesco_20151110_firenze-convegno-chiesa-italiana.html (letzter Zugriff 29. Mai 2020).

ein. Es ging ihm auch in dieser Katechese darum, zu Christus in seiner *Wirklichkeit* zurückzukehren, ihn arbeiten und durch die Straßen gehen zu sehen, zu sehen, wie er die Kranken heilte, die Betrübten tröstete, die Kinder in den Arm nahm. Das Christentum darf in seiner Wahrnehmung und in seiner Kommunikation die *optischen*, *auditiven* und *taktilen* Elemente nicht vernachlässigen. Dies betonte Franziskus auch in seiner Ansprache vor den Bischöfen Mexikos. Zur Veranschaulichung wählte er dabei ein besonderes Beispiel. In dieser Ansprache ist der Blick, von dem alles ausgeht, der Blick Unserer Lieben Frau von Guadalupe, das Herzstück der Frömmigkeit des mexikanischen Volkes: »Könnte der Nachfolger des Petrus, der aus dem entfernten Süden Lateinamerikas gerufen wurde, darauf verzichten, die *Jungfrau Morenita* mit eigenen Augen anschauen zu dürfen? […] Ich weiß, dass ich, *wenn ich in die Augen der Jungfrau schaue, den Blick ihres Volkes erreiche*, das gelernt hat, sich in ihr auszudrücken.«[40] Daher, so Franziskus weiter,

> hat auch der Papst seit langem *den Wunsch gehegt, sie anzuschauen*. Mehr noch, ich selbst wollte *von ihrem mütterlichen Blick* erreicht werden. Ich habe viel über *das Geheimnis dieses Blickes* nachgedacht, und ich bitte euch anzunehmen, was in diesem Moment aus meinem Hirtenherzen hervorsprudelt. Vor allem lehrt uns die »*Virgen Morenita*«, dass die einzige Kraft, die fähig ist, das Herz der Menschen zu gewinnen, die Zärtlichkeit Gottes ist. Das, was begeistert und anzieht, was nachgiebig macht und überwältigt, was öffnet und Fesseln löst, ist nicht die Kraft der Mittel oder die Härte des Gesetzes, sondern die allmächtige Schwachheit der göttlichen Liebe, das heißt die unwiderstehliche Kraft seiner Sanftmut und die unwiderrufliche Verheißung seiner Barmherzigkeit.[41]

Damit sich die Kraft dieser Sanftmut und Barmherzigkeit entfalten kann, sei »*ein Blick notwendig, der fähig ist, die Zärtlichkeit Gottes widerzuspiegeln.* Seid also Bischöfe mit einem *lauteren Blick*, einer transparenten Seele, einem

---

40 Papst Franziskus, Ansprache an die Bischöfe Mexikos anlässlich seiner Apostolischen Reise nach Mexiko (12.–18. Februar 2016), Mexiko-Stadt, 13. Februar 2016, online zugänglich unter https://w2.vatican.va/content/francesco/de/speeches/2016/february/documents/papa-francesco_20160213_messico-vescovi.html (letzter Zugriff 29. Mai 2020). Hervorhebung durch den Verfasser.

41 Ebd. Hervorhebung durch den Verfasser.

leuchtenden Gesicht!«[42] Der Blick des Hirten müsse in der Lage sein, die Angst seiner Herde wahrzunehmen:

> Und gerade in dieser so gearteten Welt bittet Gott euch, einen *Blick zu haben, der fähig ist, die Frage aufzufangen, die im Herzen eures Volkes aufschreit*, des einzigen Volkes, das in seinen Kalender ein »Fest des Schreis« aufnahm. Auf diesen Schrei muss man antworten, dass Gott existiert und dass er durch Jesus nahe ist. Dass allein Gott die Wirklichkeit ist, auf die man bauen kann, denn »Gott ist die grundlegende Wirklichkeit, nicht ein nur gedachter oder hypothetischer Gott, sondern der Gott mit dem menschlichen Antlitz«. *Das mexikanische Volk hat das Recht, in eurem Blick den Spuren derer zu begegnen, die »den Herrn gesehen« (Joh 20,25) haben*, die bei Gott verweilt haben. Das ist wesentlich.[43]

Was heute wie gestern zählt, ist der Blick derer, die »den Herrn gesehen haben«. Das Christentum kann nicht durch Techniken oder die Zurschaustellung von Macht verbreitet werden, sondern durch die Einfachheit von Menschen, die mit ihren eigenen Händen das Wirken Gottes in der Geschichte berührt haben. »*Wenn unser Blick nicht bezeugt, dass wir Jesus gesehen haben*, dann wirken die Worte, mit denen wir von ihm sprechen, wie leere rhetorische Phrasen. Vielleicht drücken sie die Nostalgie derer aus, die den Herrn nicht vergessen können, doch in jedem Fall sind sie nur das Stammeln der Waisen am Grab. Worte, die letztlich unfähig sind zu verhindern, dass die Welt der eigenen hoffnungslosen Macht überlassen und auf sie beschränkt bleibt.«[44] Daher forderte Franziskus die Bischöfe auf, dem Volk, den einfachen Menschen und den jungen Menschen nahezustehen: »Ich denke an die Notwendigkeit, den jungen Menschen einen mütterlichen Schoß anzubieten. *Möge euer Blick fähig sein, sich mit dem ihren zu kreuzen*, sie zu lieben und das zu erfassen, was sie mit jener Kraft suchen, dank derer viele von ihnen Boote und Netze am anderen Ufer des Sees zurückgelassen (vgl. Mk 1,17–18) oder ihre Finanzgeschäfte aufgegeben haben, nur um dem Herrn des wahren Reichtums zu folgen (vgl. Mt 9,9). *Mögen eure Blicke – immer und einzig auf Christus gerichtet – fähig sein, zur Einheit eures Volkes beizutragen*; die Versöhnung seiner Unterschiede und die Integration seiner Vielfalt zu begüns-

42 Ebd. Hervorhebung durch den Verfasser.
43 Ebd. Hervorhebung durch den Verfasser.
44 Ebd. Hervorhebung durch den Verfasser.

tigen.«[45] Der Papst bedeutete hier, wo man seiner Ansicht nach anfangen musste, um wieder Kraft, Einheit und Hoffnung zu finden. Es ging ihm weder um eine Lehre noch um eine kulturelle Position; in Florenz sagte er: »Ich möchte hier nicht in abstrakter Form einen ›*neuen Humanismus*‹, eine bestimmte Idee vom Menschen entwerfen, sondern ganz einfach einige Züge des christlichen Humanismus aufzeigen, der der Gesinnung Christi Jesu entspricht (vgl. *Phil* 2,5).«[46] Die christliche Menschheit kann nicht als neue Theorie, sondern als ein neues *Wesen* erstrahlen, das vor allem im Bereich des körperlichen und geistigen »Fühlens« erfahrbar wird. Glaube ohne Leben verkommt zu einer Ideologie, zu einem vermessenen Fundamentalismus oder zu einem elitären Puritanismus, der von der Geschichte losgelöst ist. Deshalb betonte der Papst in Mexiko-Stadt:

> Darum tut es uns Hirten not, die Versuchung der Distanz zu überwinden – und ich überlasse es jedem von euch, den Katalog der Distanzen aufzustellen, die in dieser Bischofskonferenz bestehen können; ich kenne sie nicht, doch es ist nötig, die Versuchung der Distanz zu überwinden – wie auch die des Klerikalismus, der Kälte und der Gleichgültigkeit, des triumphalistischen Verhaltens und der Selbstbezogenheit. Guadalupe lehrt uns, dass Gott zwanglos-vertraut und nah ist, in seinem Gesicht, dass die Nähe und das Entgegenkommen – dieses sich bücken und sich annähern – mehr vermögen, als die Stärke, als jede Art von Stärke.
>
> Wie die schöne Überlieferung von Guadalupe lehrt, *bewahrt die »Morenita« die Blicke derer, die sie betrachten, spiegelt das Gesicht derer wider, die ihr begegnen*. Es ist notwendig zu lernen, *dass es in jedem von denen, die uns auf der Suche nach Gott anschauen, etwas Unwiederholbares gibt*. Unsere Aufgabe ist es, für diese Blicke nicht undurchdringlich zu werden. Jeden von ihnen in uns zu hüten, in unserem Herzen zu bewahren und zu schützen.
>
> Nur eine Kirche, die fähig ist, das Gesicht der Menschen, die an ihre Tür klopfen, zu hüten und zu schützen, ist fähig, ihnen von Gott zu sprechen. Wenn wir nicht ihre Leiden enträtseln, wenn wir ihre Bedürfnisse nicht bemerken, können wir ihnen nichts bieten. Der Reichtum, den wir besitzen, fließt nur,

45 Ebd. Hervorhebung durch den Verfasser.

46 Papst Franziskus, Ansprache bei der Begegnung mit den Vertretern des 5. Nationalen Kongresses der Kirche in Italien, Florenz, 20. November 2015, online zugänglich unter http://www.vatican.va/content/francesco/de/speeches/2015/november/documents/papa-francesco_20151110_firenze-convegno-chiesa-italiana.html (letzter Zugriff 29. Mai 2020).

> wenn wir der Zaghaftigkeit derer, die betteln, entgegengehen und ebendiese Begegnung sich in unserem Hirtenherzen vollzieht.[47]

In den Augen Unserer Lieben Frau von Guadalupe sind – auch physisch – all diejenigen zugegen, die sie »angesehen hat«, als der mit Blumen gefüllte Mantel des Indio Juan Diego zu Boden fiel. Das gläubige Volk schaut auf die Frau aus Guadalupe, weil sie als erste ihren Blick auf dieses Volk richtete. Und in gleicher Weise dürfen auch die kirchlichen Oberhirten nicht darauf warten, dass das einfache Volk seinen Blick ehrfürchtig und Respekt bezeugend auf sie richtet, sondern sie müssen es sein, die zuerst auf das Volk schauen und es mit ihren Blicken »umarmen«. Gegenüber Spadaro bekannte Franziskus zu Beginn seines Pontifikats, dass er es nicht gewohnt sei, zu großen Menschenmassen zu sprechen: »Es gelingt mir, die einzelnen Personen, eine nach der anderen, anzuschauen, in persönlichen Blickkontakt mit denen zu treten, die ich vor mir habe. An die Massen habe ich mich noch nicht gewöhnt.«[48] Die christliche Begegnung ist nur in Form einer persönlichen Beziehung möglich, als eine Beziehung zwischen dem Ich und dem Du. Man kann »alle« nur ansehen, weil man »jemanden« ansieht, und weil man zuvor von jemandem »angeschaut« und nicht einfach nur »gesehen« wurde. In Mexiko-Stadt gestattet es uns der Blick Unserer Lieben Frau von Guadalupe, sie anzuschauen und zugleich durch sie ins Gesicht all derer zu schauen, die – vereint in ihrem Blick – zu einem Volk werden. »*Nur im Blick auf die ›Morenita‹* versteht man Mexiko ganz. Daher bitte ich euch zu begreifen, dass die Aufgabe, die die Kirche euch heute anvertraut und immer anvertraut hat, *diesen Blick verlangt, der die Gesamtheit umfasst*. Und das kann nicht isoliert verwirklicht werden, sondern nur in Gemeinschaft. Die Guadalupana ist mit einem Band umgürtet, das ihre Fruchtbarkeit kundtut. Sie ist die Jungfrau, die in ihrem Schoß bereits den Sohn trägt, den die Menschen erwarten. Sie ist die Mutter, die schon die Menschheit der aufkeimenden neuen Welt austrägt.

---

47 Papst Franziskus, Ansprache an die Bischöfe Mexikos anlässlich seiner Apostolischen Reise nach Mexiko (12.-18. Februar 2016), Mexiko-Stadt, 13. Februar 2016, online zugänglich unter https://w2.vatican.va/content/francesco/de/speeches/2016/february/documents/papa-francesco_20160213_messico-vescovi.html (letzter Zugriff 29. Mai 2020). Hervorhebung durch den Verfasser.

48 A. Spadaro, Interview, S. 24.

Sie ist die Braut, die vorausweist auf die fruchtbare Mutterschaft der Kirche Christi. Ihr habt die Aufgabe, die gesamte mexikanische Nation mit der Fruchtbarkeit Gottes zu umgürten. Kein Stück dieses Gürtels darf geringschätzig behandelt werden.«[49]

7.2 Die *Begegnung* als »Anfang«. Das neue Gleichgewicht zwischen *kerygma* und Moral

Etwa seit der zweiten Hälfte der 1990er-Jahre ist bei Bergoglio eine Hervorhebung der »ästhetischen« Faktoren, des »Sehens«, des »Berührens«, des Blicks usw., festzustellen. Wie er selbst bekannte, hatte von Balthasars theologische Ästhetik seinen *Realismus* bereichert:

> In Bezug auf von Balthasar erinnere ich mich sehr gut an das Kapitel über Irenäus von Lyon in den *Klerikalen Stilen.* Seine Positionierung gegen die beiden Häresien, die ich immer wieder hervorhebe, den Gnostizismus und den Pelagianismus, ist brillant. Irenäus' Kritik am Gnostizismus ist einfach brillant. Ich war sehr beeindruckt von ihrer Ästhetik.[50]

Besonders interessant ist hier der Verweis auf von Balthasars Kapitel zu Irenäus im zweiten Band von *Herrlichkeit*, der den Titel *Fächer der Stile* trägt und in »Laikale Stile« und »Klerikale Stile« untergliedert ist. Beim hier erwähnten Irenäus, dem großen Kirchenvater, der in seinem Werk *Adversus haereses* mit den Gnostikern abrechnete, liegt der Ursprung der großen Ästhetik – und von Balthasar zufolge auch der Ursprung der christlichen Theologie im eigentlichen Sinne:

> Die Höhe des Springbrunnens verrät die Kraft des Druckes, der ihn emportreibt: dieser ist nicht der allgemeine Gegner, das Heidentum, sondern ist ein persönlicher, erstmalig von Irenäus ganz erkannter, ganz bewältigter, den er

49 Papst Franziskus, Ansprache an die Bischöfe Mexikos anlässlich seiner Apostolischen Reise nach Mexiko (12.-18. Februar 2016), Mexiko-Stadt, 13. Februar 2016, online zugänglich unter https://w2.vatican.va/content/francesco/de/speeches/2016/february/documents/papa-francesco_20160213_messico-vescovi.html (letzter Zugriff 29. Mai 2020).

50 Papst Franziskus, Audioaufnahme vom 29. Januar 2017.

> nicht nur bis ins Herz durchschaut, sondern der ihm den Dienst erweist, die intellektuelle und existentielle Empörung über solch abgründiges Verfälschen der Wahrheit zu einem zentralen Erfassen und Modeln der Wirklichkeit verwenden zu können. Justin und die Apologeten hatten diesen Gegner nicht: die allgemeine heidnische Religion war zu amorph [...]. Die Gnosis aber, die, weithin aus den Mitteln und Materialien der Bibel, sich ein absolut unchristliches Gebäude von höchstem intellektuellem und religiösem Anspruch aufgeführt hatte und viele Christen zu sich hinüberzog: dies war der Gegner, dessen das christliche Denken bedurfte, um sich selber ganz zu finden.[51]

Angesichts dieser Entleerung der Bedeutung der *Inkarnation* durch das »gnostische« Wissen »kann Irenäus den Satz wagen, den Augustinus nachgesprochen hat: alle Häresie sei auf den gemeinsamen Nenner zurückzuführen, daß das Wort nicht Fleisch geworden sei«.[52] Ausgehend von diesem »Fleisch« und damit von der Rolle der Sinne beim »Sehen«, »Hören« und »Berühren« legte von Balthasar in seinem Werk eine ausgereifte Gnoseologie des Konkreten vor, die er aus der Schule des Irenäus ableitete. Bergoglio wiederum konnte allein aufgrund seines ignatianischen Realismus nicht umhin, von Balthasars Ausführungen zur theologischen Ästhetik zutiefst beeindruckt zu sein. Wie der spätere Papst selbst bekannte, interessierte er sich in jenen Jahren nicht nur für von Balthasar, sondern auch für einen weiteren Autoren, der sich mit ähnlichen Fragen befasste wie der Schweizer: Luigi Giussani.[53] Bei der Vorstellung der spanischen Übersetzung von Giussanis Werk *Der religiöse Sinn* im Oktober 1998 in Buenos Aires sagte Bergoglio: »Wenn ich nun hier Mons. Luigi Giussanis Buch *Der religiöse Sinn* vorstelle, tue ich weder etwas, das durch das Protokoll formal festgelegt ist, noch gehe ich angesichts dieses Werkes zur Verbreitung unseres Glaubens einfach meiner eigenen wissenschaftlichen Neugier nach. In erster Linie möchte ich pflichtbewusst Danke sagen. Seit vielen Jahren prägen die Schriften Monsignor Giussanis mich und mein Denken«.[54] Ähnlich äußerte er sich

---

51 H. U. von Balthasar, Herrlichkeit, II, S. 32.

52 Ebd., S. 43.

53 Zum Denken Mons. Luigi Giussanis (1922-2005) vgl. M. Borghesi, Giussani.

54 J. M. Bergoglio, Gratitudine, S. 20. Bei der spanischen Ausgabe des Werkes Giussanis (L. Giussani, Sinn) handelt es sich um L. Giussani, Sentido. Bergoglios Text wurde später ins Englische übersetzt und erschien unter dem Titel »For Man« in E. Buzzi, Thought, S. 79–83. Neben *El sentido religioso* stellte Bergoglio in Buenos Aires drei weitere spanische

etwa drei Jahre später, am 27. April 2001, anlässlich der Vorstellung eines weiteren Bandes Giussanis, *L'attrattiva Gesù*, der 1999 erschienen und 2000 in spanischer Übersetzung veröffentlicht wurde.[55] Auch bei der Gelegenheit bekannte Kardinal Bergoglio: »Aus zwei Gründen habe ich zugestimmt, dieses Buch Don Giussanis hier vorzustellen. Der erste, persönlichere Grund ist all das Gute, das dieser Mann durch seine Bücher und Artikel mir und meinem Leben als Priester in den letzten zehn Jahren getan hat. Der zweite Grund ist, dass ich fest davon überzeugt bin, dass sein Denken zutiefst menschlich ist und die tiefsten Sehnsüchte des Menschen berührt«.[56] Letztgenannter Punkt betraf das Thema, das Giussani in *Der religiöse Sinn* behandelte: seine eigene religiöse Anthropologie und die Vorstellung eines nach dem Unendlichen dürstenden Menschen.[57] »Ich wage zu behaupten«, so Bergoglio, »dass es sich hierbei um die profundeste und zugleich verständlichste Phänomenologie der Nostalgie als transzendentalem Umstand geht. Es gibt eine Phänomenologie der Nostalgie, das *nóstos algos*: das Gefühl, sich an die Heimat erinnert zu fühlen, das Gefühl, sich von dem angezogen zu fühlen, was wir besser kennen und das unserem Wesen mehr entspricht. In Don Giussanis Überlegungen entdecken wir Pinselstriche einer echten Phänomenologie der Nostalgie«.[58] Den Worten der Bibel und Augustinus folgend steht in deren Mittelpunkt das *Herz*. Auf der Buchvorstellung sagte Bergoglio 1998, das Herz sei »die Gesamtheit aller ursprünglichen Bedürfnisse, die jeder einzelne Mensch kennt: das Bedürfnis nach Liebe, Glück, Wahrheit und Gerechtigkeit. Das Herz ist der Kern des transzendenten Inneren, wo Wahrheit, Schönheit, Güte und die Einheit, die dem ganzen Wesen Harmonie verleiht, Wurzeln schlagen«.[59] Bei Giussani und seiner augustinischen Auffassung des »Herzens« als Geflecht der Grundbedürfnisse der menschlichen Natur – des Wahren, des Guten und des Schönen – fand

---

Übersetzungen von Werken Giussanis vor: 2001 *El actrativo de Jesucristo* (vgl. S. Premat, Attrattiva, S. 33–35); am 15. Juni 2005 *Porqué la Iglesia* (vgl. J. M. Bergoglio, »Prólogo« zu L. Giussani, Iglesia, S. 5–7, dt. Übersetzung L. Giussani, Kirche); am 22. Juli 2008 ¿Se puede vivir asì? *Un acercamiento extraño a la existencia cristiana* (dt. Übersetzung L. Giussani, Leben).

55 L. Giussani, Actrativo (it. Originalausgabe L. Giussani, Attrattiva).

56 J. M. Bergoglio in S. Premat, Attrattiva, S. 33.

57 Zum »religiösen Sinn« bei Giussani vgl. M. Borghesi, Giussani, S. 23–66.

58 J. M. Bergoglio in S. Premat, Attrattiva, S. 33.

59 J. M. Bergoglio, Gratitudine, S. 21.

Bergoglio den »subjektiven« Pol seiner Auffassung des Seins als Einheit der Transzendentalien. Das Herz ist die Wurzel des Wahren und damit auch der Vernunft in ihrer unerschöpflichen Suche nach einem totalen Sinn, der Leben und Tod umfasst.

> Der Mensch kann sich nicht mit verkürzten Antworten oder mit Teilantworten zufriedengeben, die ihn zwingen, einen Aspekt der Wirklichkeit zu zensieren oder zu vergessen. Tatsächlich aber tun wir genau das – und fliehen vor uns selbst. Der Mensch braucht umfassende Antworten, die den gesamten Horizont seines »Ichs« und seiner Existenz verstehen und retten. Er trägt eine Sehnsucht nach Unendlichkeit in sich, eine unendliche Traurigkeit, eine Nostalgie – Odysseus' *nóstos algos* –, die sich nur mit einer ebenso unendlichen Antwort zufrieden gibt. Das Herz des Menschen entpuppt sich als Zeichen eines Geheimnisses, d. h. von etwas oder jemandem, der oder das eine unendliche Antwort ist. Außerhalb dieses Geheimnisses stoßen die Bedürfnisse nach Glück, Liebe und Gerechtigkeit nie auf eine Antwort, die das Herz des Menschen vollumfassend zufriedenstellt. Das Leben wäre ein absurder Wunsch, wenn es diese Antwort nicht gäbe. Nicht nur das Herz des Menschen ist ein Zeichen, sondern auch die gesamte Wirklichkeit. […] Andererseits bedarf es, um sich selbst vor den Zeichen in Frage zu stellen, einer zutiefst menschlichen Fähigkeit, der ersten Fähigkeit, die wir als Männer und Frauen haben: das Staunen bzw. die Fähigkeit zu staunen, wie Giussani es nennt, letztlich das Herz eines Kindes. Es kennt nur Staunen. Sie werden feststellen, dass ein moralischer und kultureller Verfall einsetzt, wenn diese Fähigkeit zu staunen abnimmt, verschwindet oder stirbt. Kulturelles Opium führt dazu, dass diese Fähigkeit zu staunen abnimmt, verschwindet oder am Ende ganz stirbt. Das Grundprinzip einer jeden Philosophie ist das Staunen. Es gibt einen Satz vom Luciani-Papst, der besagt, dass das Drama des zeitgenössischen Christentums darin besteht, Kategorien und Normen an die Stelle des Staunens zu setzen. Das Staunen kommt vor allen Kategorien, es ist das, was mich dazu bringt, zu suchen und mich zu öffnen; es ist das, was mir eine Antwort gibt, die weder verbal noch konzeptuell ist. Denn wenn mich das Staunen als Frage öffnet, ist die einzige Antwort die *Begegnung*: Und nur durch die Begegnung wird der Durst gelöscht. Durch nichts anderes.[60]

In seinem Beitrag von 1998 verknüpfte Bergoglio das Herz, die als Zeichen verstandene Wirklichkeit, das Staunen und die Begegnung. Die beiden letzt-

60 Ebd., S. 22.

genannten Kategorien standen im Mittelpunkt der Buchvorstellung von *L'attrativa Gesù*: »Alles in unserem Leben, heute wie auch zu Zeiten Jesu, beginnt mit einer Begegnung. Einer Begegnung mit diesem Mann, dem Zimmermann aus Nazareth, einem Mann, der wie jeder andere und zugleich so anders ist. Die ersten – Johannes, Andreas und Simon – fühlten, wie er ihnen tief ins Innere schaute, wie er ihr Innerstes las und waren darüber so überrascht, sie gerieten so sehr ins Staunen, dass sie sich sofort mit ihm verbunden fühlten, der ihnen das Gefühl gab, anders zu sein«.[61] In seinem Buch umriss Giussani die Form der evangelischen *Begegnung*. Diese Überlegungen weiterdenkend kam Bergoglio umgehend auf das Thema Barmherzigkeit zu sprechen: »Man kann diese Dynamik der Begegnung, die zu Staunen und zum Innehalten führt, nicht verstehen, wenn nicht – sehen Sie mir bitte den Ausdruck nach – der Auslöser der Barmherzigkeit gedrückt wird. Nur diejenigen, die Barmherzigkeit erlebt haben und sich von der Zärtlichkeit der Barmherzigkeit haben streicheln lassen, fühlen sich beim Herrn wohl. Ich möchte die hier anwesenden Theologen bitten, mich nicht beim Heiligen Offizium oder der Inquisition anzuzeigen, aber leicht überspitzt wage ich zu behaupten, dass der bevorzugte Ort der Begegnung die Liebkosung meiner Sünde durch die Barmherzigkeit Jesu Christi ist«.[62] Damit zeigte der Kardinal, dass er Giussanis ontotheologischen Horizont voll und ganz teilte: »Die endgültige Definition Gottes – die endgültige! – konnte die Philosophie nicht vorlegen: Wenn sie einmal vom ›ersten Wesen‹, vom ›unbeweglichen Wesen‹, vom ›höchsten Wesen‹ oder vom ›Geheimnis‹ spricht, kann sie nicht weiter gehen. Aber das Wort Barmherzigkeit ist die richtige Bezeichnung für das Geheimnis, der richtige Name für das Wesen. *Deus caritas est*: das ist die Definition«.[63] Ausgehend von dieser beispiellosen Ontologie kann man die christliche Moral verstehen – die ebenso beispiellos ist.

---

61 J. M. Bergoglio in S. Premat, Attrattiva, S. 34.

62 Ebd.

63 L. Giussani, Attrattiva, S. 273. »Dies ist die Natur des Seins. Es geht hier nicht um eine metaphysische Notwendigkeit, sondern darum, dass wir es nachahmen müssen. Da wir am Sein teilhaben, ist die Dynamik des Seins unsere Dynamik. Das Gesetz ist eine Dynamik, die Beschreibung einer Dynamik. Die stabile Dynamik des Geheimnisses Gottes ist die Liebe, die Nächstenliebe. Die stabile Dynamik des Menschen, das Ebenbild Gottes, ist Nächstenliebe, ist Barmherzigkeit« (ebd., S. 277).

> Angesichts dieser Umarmung durch die Barmherzigkeit – und ich fahre in Anlehnung an Giussanis Überlegungen fort – kommt einem der Wunsch zu antworten, zu verändern, sich zu engagieren, und eine neue Moralität entsteht. Wir werden konfrontiert mit der Frage der Ethik, einer Ethik, die aus der Begegnung, ja, aus dieser Begegnung entsteht, die wir bisher beschrieben haben. Die christliche Moral ist kein titanischer, eigenwilliger Akt, also die Bemühungen dessen, der beschließt, konsequent zu sein und das auch schafft, eine einsame Herausforderung vor der Welt. Nein. Christliche Moral ist schlicht und ergreifend eine Antwort. Es ist die bewegte Antwort angesichts einer überraschenden, unvorhergesehenen, »ungerechten« Barmherzigkeit (ich werde dieses Adjektiv später noch einmal aufgreifen). Die überraschende, unvorhergesehene, »ungerechte«, von rein menschlichen Kriterien bewegte Barmherzigkeit eines Menschen, der mich kennt, der mein Versagen kennt und der mich liebt, der mich schätzt, mich umarmt, mich erneut ruft, auf mich hofft und auf mich wartet. Deshalb ist die christliche Moralvorstellung revolutionär: Es geht nicht darum, nie zu fallen, sondern immer aufzustehen.[64]

Die christliche Moral ist die Antwort auf eine »Begegnung«, sie ist eine barmherzige Umarmung, die das »Herz« des Elends berührt, wie die Etymologie des lateinischen Begriffs *misericordia* so schön zeigt. Sie ist nicht das kantische Ergebnis eines Imperativs der autonomen Vernunft. Sie hat nichts Stoisches: »Diese authentisch christliche Auffassung von Moral, die Giussani hier vorstellt, hat nichts mit den spiritualistischen Quietismen zu tun, die die Regale der religiösen Supermärkte heute füllen. Sie sind pure Täuschungen. Sie haben auch nichts mit dem Pelagianismus zu tun, der in den verschiedensten und raffiniertesten Formen heute so in Mode ist. Der Pelagianismus baut im Grunde den Turm zu Babel wieder auf. Die spiritualistischen Quietismen sind nichts anderes als Bemühungen um ein Gebet oder um eine immanente Spiritualität, die jedoch nie aus sich selbst herausgehen«.[65]

Bergoglio erinnerte hier an die beiden großen Gefahrenherde »geistiger Weltlichkeit«, die die Kirche bedrohten: die Gnosis und den Pelagianismus. Die Gnosis erwähnte er auch im Vorwort zu Carriquirys Band *El bicentenario de la indipendencia de los paises latinoamericanos*: »Dieses ›einheitliche Denken‹ ist nicht nur auf der sozialen und der politischen Ebene totalitär, sondern es besitzt auch gnostische Strukturen: Es ist nicht menschlich und

64 J. M. Bergoglio in S. Premat, Attrattiva, S. 34.
65 Ebd.

nimmt die verschiedensten Formen des absolutistischen Rationalismus wieder auf, in denen sich der von Methol Ferré beschriebene nihilistische Hedonismus ausdrückt.«[66] Ivereigh zufolge war die Wahrnehmung dieser Gefahr das Resultat eines historischen Urteils: »Was das Volk in einem Zustand der Rückständigkeit verharren ließ, war nicht länger die messianische marxistische Ideologie, sondern der ›theistische Gnostizismus‹, ein neues körperloses Denken, das – um es mit dem kirchlichen Vokabular auszudrücken – als ›Gott ohne Kirche, Kirche ohne Christus, Christus ohne Volk‹ bezeichnet werden könnte. Diesem ›Elite-Theismus‹ stellte Bergoglio das *concreto católica* gegenüber, die ›konkrete katholische Sache‹, die im Mittelpunkt der Geschichte und Kultur des lateinamerikanischen Volkes stand«.[67] In »Evangelii gaudium« wird der Gnostizismus als Symptom der spirituellen Weltlichkeit der Kirche mit dem Pelagianismus in Verbindung gebracht.

> Diese Weltlichkeit kann besonders aus zwei zutiefst miteinander verbundenen Quellen gespeist werden. Die eine ist die Faszination des Gnostizismus, eines im Subjektivismus eingeschlossenen Glaubens, bei dem einzig eine bestimmte Erfahrung oder eine Reihe von Argumentationen und Kenntnissen interessiert, von denen man meint, sie könnten Trost und Licht bringen, wo aber das Subjekt letztlich in der Immanenz seiner eigenen Vernunft oder seiner Gefühle eingeschlossen bleibt. Die andere ist der selbstbezogene und prometheische Neu-Pelagianismus derer, die sich letztlich einzig auf die eigenen Kräfte verlassen und sich den anderen überlegen fühlen, weil sie bestimmte Normen einhalten oder weil sie einem gewissen katholischen Stil der Vergangenheit unerschütterlich treu sind. Es ist eine vermeintliche doktrinelle oder disziplinarische Sicherheit, die Anlass gibt zu einem narzisstischen und autoritären Elitebewusstsein, wo man, anstatt die anderen zu evangelisieren, sie analysiert und bewertet und, anstatt den Zugang zur Gnade zu erleichtern, die Energien im Kontrollieren verbraucht. In beiden Fällen existiert weder für Jesus Christus noch für die Menschen ein wirkliches Interesse. Es sind Erscheinungen eines anthropozentrischen Immanentismus.[68]

---

66 J. M. Bergoglio, Vorwort zu G. Carriquiry Lecour, Bicentenario, S. VII.

67 A. Ivereigh, Reformer, S. 310. Bergoglios dreifache Verneinung taucht auch bei Methol Ferré auf, der im Hinblick auf die Säkularisierung feststellt, dass durch sie »der bloße Glaube, die ›reine Liebe‹, wie eine kantische Transzendentalie aufgenommen wird, ohne Kirche, ohne jegliche Objektivierung: ein Gott ohne Kirche, eine Kirche ohne Christus, ein Christus ohne Menschen« (A. Methol Ferré, A. Metalli, Papa, S. 171).

68 Papst Franziskus, »Evangelii gaudium«, § 94.

Weder dem Gnostizismus noch dem Pelagianismus gelingt es jedoch, den Glauben mit der Geschichte zu verbinden. Ersterer riegelt die Erfahrungen der Kirche in immanenter Selbstbezogenheit ab, während letzterer pseudoreine Festungen gegen die Unreinheit der Welt errichtet. Beide des-inkarnieren das Christentum. Beide bedrohen die Kirche unserer heutigen Zeit. Es ist kein Zufall, dass Franziskus sie in seiner Rede in Florenz am 10. November 2015 vor Vertretern der italienischen Kirche erneut ansprach:

> *Die erste Versuchung ist die pelagianische.* Sie drängt die Kirche, nicht demütig, uneigennützig und selig zu sein. Und sie tut es mit dem Anschein des Guten. Der Pelagianismus bringt uns dazu, auf Strukturen, Organisationen, perfekte – da abstrakte – Planungen zu vertrauen. Oft bringt er uns auch dazu, einen kontrollierenden, harten, normativen Stil anzunehmen. Die Norm gibt dem Pelagianer die Sicherheit, sich überlegen zu fühlen, eine genaue Orientierung zu besitzen. Darin findet er seine Kraft, nicht im sanften Hauch des Geistes. Angesichts der Missstände oder der Probleme der Kirche ist es nutzlos, im Konservativismus und Fundamentalismus, in der Wiederherstellung überkommener Verhaltensweisen und Formen, die nicht einmal auf kultureller Ebene bedeutsam sind, nach Lösungen zu suchen. Die christliche Lehre ist kein geschlossenes System, das keine Fragen, Zweifel, Probleme hervorbringen kann, sondern sie ist lebendig, sie kann Menschen in Unruhe versetzen, kann sie beseelen. Sie hat kein starres Gesicht, sie hat einen Leib, der sich bewegt und entwickelt, sie hat zartes Fleisch: Die christliche Lehre heißt Jesus Christus.[69]

Die zweite Versuchung hatte bereits Irenäus erkannt. Als Leser von Balthasars und Verfechter eines gnoseologischen und metaphysischen *Realismus* sah Bergoglio sie als gegenwärtige Gefahr:

> *Eine zweite Versuchung, die es zu überwinden gilt, ist der Gnostizismus.* Diese Versuchung führt dazu, auf logische und klare Argumente zu vertrauen, die jedoch das zarte Fleisch des Bruders zurücklassen. [...] Der Unterschied zwischen der christlichen Transzendenz und jeder Form eines gnostischen Spiri-

---

69 Papst Franziskus, Ansprache bei der Begegnung mit den Vertretern des 5. Nationalen Kongresses der Kirche in Italien, Florenz, 20. November 2015, online zugänglich unter http://www.vatican.va/content/francesco/de/speeches/2015/november/documents/papa-francesco_20151110_firenze-convegno-chiesa-italiana.html (letzter Zugriff 29. Mai 2020).

> tualismus liegt im Geheimnis der Menschwerdung. Das Wort nicht in die Praxis umzusetzen, es nicht in die Wirklichkeit zu führen bedeutet, auf Sand zu bauen, in der reinen Idee verhaftet zu bleiben und in Formen von Innerlichkeitskult zu verfallen, die keine Frucht bringen und die Dynamik des Wortes zur Sterilität verurteilen.[70]

Sowohl der selbstbezogene und konservative Formalismus der Pelagianer als auch der verinnerlichende Purismus der Gnostiker distanzieren sich vom historischen Christus, vom Fleisch Christi in der Geschichte. Sie »verzichten auf den Realismus der sozialen Dimension des Evangeliums. Ebenso wie nämlich einige einen rein geistlichen Christus ohne Leib und ohne Kreuz wollen, werden zwischenmenschliche Beziehungen angestrebt, die nur durch hoch entwickelte Apparate vermittelt werden, durch Bildschirme und Systeme, die man auf Kommando ein- und ausschalten kann. Unterdessen lädt das Evangelium uns immer ein, das Risiko der Begegnung mit dem Angesicht des anderen einzugehen, mit seiner physischen Gegenwart, die uns anfragt, mit seinem Schmerz und seinen Bitten, mit seiner ansteckenden Freude in einem ständigen unmittelbar physischen Kontakt. Der echte Glaube an den Mensch gewordenen Sohn Gottes ist untrennbar von der Selbsthingabe, von der Zugehörigkeit zur Gemeinschaft, vom Dienst, von der Versöhnung mit dem Leib der anderen. Der Sohn Gottes hat uns in seiner Inkarnation zur Revolution der zärtlichen Liebe eingeladen.«[71] Franziskus sagte weiter: »Die Isolierung, die eine Version des Immanentismus ist, kann sich in einer falschen Autonomie ausdrücken, die Gott ausschließt und die doch auch im Religiösen eine Art spirituellen Konsumismus finden kann, der ihrem krankhaften Individualismus entgegenkommt. Die Rückkehr zum Sakralen und die spirituelle Suche, die unsere Zeit kennzeichnen, sind doppeldeutige Erscheinungen. Mehr als im Atheismus besteht heute für uns die Herausforderung darin, in angemessener Weise auf den Durst vieler Menschen nach Gott zu antworten, damit sie nicht versuchen, ihn mit irreführenden Antworten oder mit einem Jesus Christus ohne Leib und ohne Einsatz für den anderen zu stillen.«[72] Daraus resultiert Bergoglios Wertschätzung für die Volksfrömmig-

---

70 Ebd.

71 Papst Franziskus, »Evangelii gaudium«, § 38.

72 Ebd., § 89.

keit, nicht für den Pietismus, sondern für einen von der Menschwerdung diktierten *Realismus*: »Die besonderen Formen der Volksfrömmigkeit sind inkarniert, denn sie sind aus der Inkarnation des christlichen Glaubens in eine Volkskultur hervorgegangen. Eben deshalb schließen sie eine persönliche Beziehung nicht etwa zu harmonisierenden Energien, sondern zu Gott, zu Jesus Christus, zu Maria oder zu einem Heiligen ein. Sie besitzen Leiblichkeit, haben Gesichter. Sie sind geeignet, Möglichkeiten der Beziehung zu fördern und nicht individualistische Flucht. In anderen Teilen unserer Gesellschaften steigt die Wertschätzung für Formen einer ›Spiritualität des Wohlbefindens‹ ohne Gemeinschaft, für eine ›Theologie des Wohlstands‹ ohne brüderlichen Einsatz oder für subjektive Erfahrungen ohne Gesicht, die sich auf eine immanentistische innere Suche beschränken.«[73]

Die Gnosis und der Pelagianismus, die beiden Gefahren, auf die Franziskus immer wieder verweist, wurden mit Blick auf das katholisch-religiöse Panorama der 1980er- und 1990er-Jahre von der italienischen Wochenzeitung *Il Sabato* und der internationalen Monatszeitschrift *30 Giorni* thematisiert. Beide Zeitschriften standen der pädagogischen und theologischen Vision Luigi Giussanis sehr nahe. In einer Audioaufnahme sagte Franziskus ausdrücklich: »Ich habe *30 Giorni* gelesen«.[74] Er fügte hinzu:

> Für mich liegen in der Menschwerdung die Schwäche und die Konkretheit des katholischen Glaubens. In der Menschwerdung werden Pelagianismus und

73 Ebd., § 90.

74 Papst Franziskus, Audioaufnahme vom 29. Januar 2017.
In der Monatsschrift *30 Giorni* erschien seit 2002 (bzw. seit 2003 zum Teil auch in ihrem deutschen Ableger *30 Tage*) eine Reihe von Interviews, Artikeln und Beiträgen Kardinal Bergoglios: »Il volto idolatra dell‹economia speculativa«, Interview von G. Valente, 1 (2002), S. 29–31; G. Valente, »Il presidente e il cardinale«, 6 (2003), S. 16–17; »Lo Spirito Santo difensore e consolatore«, Predigt Jorge Mario Kardinal Bergoglios in der Basilika San Lorenzo fuori le Mura, 6 (2006), S. 49–52; »Was ich dem Konsistorium gesagt hätte«, Interview von S. Falasca, 11 (2007), S. 18–21 (deutsche Ausgabe); G. Valente, »Die Freunde von Pater Bergoglio«, 8 (2008), S. 22–30 (deutsche Ausgabe); »Es sind Priester, die beten und arbeiten«, Interview von G. Valente, 4 (2009), S. 23 und 25 (deutsche Ausgabe); »Wir sind nicht Herr über die Gaben des Herrn«, Interview von G. Valente, 8 (2009), S. 21 und 23 (deutsche Ausgabe); J. M. Bergoglio, »›Concedi ciò che comandi‹. Il tempo della Chiesa secondo Agostino«, 10–11 (2009), S. 38–41; J. M. Bergoglio, »Jesus gibt uns Kraft. Nicht ihr, sondern Er in euch«, 1–2 (2012), S. 89–92 (deutsche Ausgabe); J. M. Bergoglio, »Mein Freund Don Giacomo«, 5 (2012), S. 36–39 (deutsche Ausgabe). Die Interviews, die der Kardinal *30 Tage* gab, sind hg. in G. Valente, Nähe.

> Gnostizismus aufgelöst. Beide Irrlehren leugnen die Schwäche Gottes oder die Stärke Gottes. Um das zu verstehen, hat es mir sehr geholfen, Giussani zu lesen. In der Abfassung des Dokuments von Aparecida sieht man all diese Dinge. [...] Natürlich habe ich mich immer gerne mit der Menschwerdung befasst, um die Stärke Gottes der – in Anführungszeichen – pelagianischen Stärke und die Schwäche Gottes der gnostischen »Stärke« gegenüberzustellen. In der Menschwerdung sehen Sie das richtige Verhältnis. Wenn wir z. B. die Seligpreisungen oder Mt 25 lesen, also das Protokoll, nach dem wir beurteilt werden, finden wir Folgendes: In der Schwäche der Menschwerdung werden menschliche Probleme, Häresien gelöst. Wo zeigt sich diese Schwäche der Menschwerdung am besten? In Ephesus. Ich glaube, dass Ephesus der Schlüssel ist, um das größte Geheimnis der Menschwerdung zu verstehen. Wenn das Volk am Eingang der Kathedrale den Bischöfen zuruft: »Heilige Mutter Gottes!«, dann ist der Moment gekommen, in dem die Kirche verkündet, dass Maria die Mutter Gottes ist. Was bedeutet das? In der Menschwerdung stecken Schwäche und Stärke.[75]

Die Gnosis und der Pelagianismus: zwei Gefahren, die den Glauben beständig bedrohen. Maßgeblich verantwortlich für ihre Entstehung sind ein Schwinden des Staunens aufgrund von Gewohnheit, die den Glauben auf reinen Besitz reduziert, und der Verlust des Sinns für die Gnade und die Unentgeltlichkeit. Gegenüber Tornielli formulierte es Franziskus folgendermaßen: »Ursprung dieser Verhaltensweisen ist das fehlende Staunen im Angesicht des Heils, das dir geschenkt wird. Wenn jemand sich ein wenig sicherer fühlt, dann fängt er an, sich Fähigkeiten zuzuschreiben, die eigentlich nicht seine sind, sondern die des Herrn. Die Verwunderung wird jeden Tag ein bisschen weniger, und das ist der Grund für diesen Klerikalismus, für die Einstellung all jener, die sich rein fühlen. Dann wird das formale Einhalten der Regeln und unserer ganzen fixen Ideen immer wichtiger. Das Staunen nimmt ab. Wir glauben, alles alleine zu schaffen, die Helden in diesem Stück zu sein. Und wenn ein solcher Mensch ein Diener Gottes ist, dann glaubt er am Ende, ein ganz anderer zu sein als das Volk, ein Herr über die Lehre, ausgestattet mit Macht, und dem Wunder Gottes verschlossen. Dieses ›Schwinden des Staunens‹ ist ein Ausdruck, mit dem ich sehr viel anfangen kann«.[76]

---

75 Papst Franziskus, Audioaufnahme vom 29. Januar 2017.

76 Papst Franziskus, Name, S. 92.

Das Christentum lebt von der *Anziehungskraft*,[77] vom »Wunder« des Anderen, der in unserem Leben wirkt. Sobald die Anziehungskraft, d. h. die Schönheit, verschwunden ist, ist auch dieses »Wunder« verschwunden. Das Herz erlischt und was bleibt, sind Moralismus und Formalismus: »Allein dank dieser Begegnung – oder Wiederbegegnung – mit der Liebe Gottes, die zu einer glücklichen Freundschaft wird, werden wir von unserer abgeschotteten Geisteshaltung und aus unserer Selbstbezogenheit erlöst.«[78] In seinen Reflexionen über Giussanis Werk sagte Bergoglio:

> Es geht darum anzufangen, Du zu Christus zu sagen, und dies häufig zu tun. Es ist unmöglich, dies tun zu wollen, ohne darum zu bitten. Und wenn man anfängt, darum zu bitten, dann fängt man an, sich zu verändern. Andererseits, wenn man darum bittet, dann liegt es daran, dass man sich in den Tiefen seines Seins angezogen, gerufen, angeschaut, erwartet fühlt. Die Erfahrung des Augustinus: Dort aus den Tiefen des Seins zieht mich etwas an zu jemandem, der mich zuerst gesucht hat, der zuerst auf mich wartet, es ist die Mandelblüte der Propheten, die erste, die im Frühling blüht. Genau diese Eigenschaft hat Gott und ich möchte es mir erlauben, sie mit einem Begriff aus Buenos Aires zu definieren: Gott, in diesem Fall Jesus Christus, nimmt uns immer vorweg, er ist zuerst da, er ist *primerea*. Wenn wir ankommen, wartet er bereits auf uns.
>
> Wer Jesus Christus begegnet, verspürt den Drang, von ihm Zeugnis zu geben oder von dem, was ihm begegnet ist, und das ist die christliche Berufung: hingehen und Zeugnis ablegen. Niemand kann überzeugt werden. Die Begegnung findet statt. Man kann beweisen, dass es Gott gibt, aber durch Überzeugung wird man niemals jemanden dazu bewegen, Gott zu begegnen. Das ist reine Gnade. Reine Gnade. In der Geschichte, von ihrem Anbeginn an und bis heute, kommt die Gnade immer zuerst, *primerea*, danach kommt alles andere.[79]

Im geistigen Dialog mit Don Giussani beleuchtete Bergoglio eine Reihe von Kategorien, die in seiner Lehre häufig wiederkehren. Es ist, als würden sich von Balthasars und Giussanis Perspektiven an einer Kreuzung – in der Polarität – zwischen Sichtbarkeit und Unentgeltlichkeit, Fleisch und Geheimnis, Begegnung und Anziehung treffen. An dieser Kreuzung liegt die Antwort auf

---

77 Papst Franziskus, »Evangelii gaudium«, § 39.

78 Ebd., § 7.

79 J. M. Bergoglio in S. Premat, Attrattiva, S. 35.

das »lineare Denken«, das sich nach 1989 und dem Ende der Herausforderung durch den Marxismus still und leise in der Kirche durchsetzte, die daher immer unbeweglicher wurde und sich nur noch mit sich selbst beschäftigte. Dieser Entwicklung stellte Bergoglio seine Auffassung eines »*spannungsvollen* Denkens« entgegen: eines lebendigen Denkens, das von der Einheit und Vielfalt der Gegensätze durchdrungen ist. Anfang 2007 verfasste Bergoglio einen Brief an Lucio Brunelli, den Vatikanexperten der Tg2, der ihm eine Rezension von Giacomo Tantardinis Band *Il cuore e la grazia in sant'Agostino. Distinzione e corrispondenza* geschickt hatte. Darin heißt es:

> In diesem linearen Denken ist für *delectatio* und *dilectio* kein Platz, es gibt keinen Platz für das Staunen. Und das ist so, weil das lineare Denken in eine Richtung tendiert, die der Gnade entgegengesetzt ist. Gnade empfängt man, sie ist ein reines Geschenk; ein lineares Denken wird als eine Verpflichtung zum Geben, zum Besitzen gesehen. Es kann sich dem Geschenk nicht öffnen, es bewegt sich nur auf der Ebene des Besitzes. *Delectatio, dilectio* und Staunen kann man nicht besitzen: Man empfängt sie ganz einfach. [...] Das manichäische Wesen des Pharisäers lässt keinen Spalt offen, damit die Gnade dort in sie eindringen kann; sie reicht sich selbst, sie ist selbstgenügsam, sie hat ein lineares Denken. Der Zöllner hingegen hat ein gespanntes Denken, das sich dem Geschenk der Gnade öffnet, es besitzt ein Gewissen, das nicht ausreicht, sondern zutiefst bettelnd ist.[80]

Ermutigt durch Brunellis Rezension verfasste der Kardinal seinerseits das Vorwort zu einem weiteren Band Tantardinis über Augustinus (*Il tempo della Chiesa secondo Agostino*). Darin äußerte er sich zu Augustinus' Beschreibung dem Zusammentreffen von Jesus und Zachäus.

> Wie man Christ wird, beschreibt Augustinus meiner Meinung nach am eindrucksvollsten dort, wo er von der Begegnung Jesu mit Zachäus berichtet (S. 279–281). Zachäus ist von kleiner Statur. Damit er den vorbeikommenden Herrn also besser sehen kann, steigt er auf einen Maulbeerfeigenbaum. Augustinus schreibt: »Et vidit Dominus ipsum Zacchaeum. Visus est, et vidit / Und der Herr blickte den Zachäus an. Zachäus wurde angeblickt, und er sah.« Hier beeindruckt das dreifache »Sehen«: das des Zachäus, das Jesu, und dann

80 J. M. Bergoglio an L. Brunelli, 30. Januar 2007, zit. nach L. Brunelli, »L'attrattiva amorosa della grazia. Don Tantardini, Bergoglio e Agostino. Storia di incontri imprevisti e di un pensiero ›tensionante‹«, in *Terre d'America*, 26. Juni 2016.

wieder das des Zachäus, nachdem ihn der Herr angeblickt hat. »Er hätte ihn vorbeigehen sehen, auch wenn Jesus den Blick nicht erhoben hätte«, kommentiert Don Giacomo, »aber es wäre keine Begegnung gewesen. Er hätte vielleicht jenes Minimum an gesunder Neugier befriedigen können, das ihn auf den Baum stiegen ließ, aber es wäre keine Begegnung gewesen« (S. 281). Und genau das ist der Punkt: Manche glauben, dass der Glaube und das Heil unserem beharrlichen Ausschau-Halten entspringen, unserer beharrlichen Suche nach dem Herrn. Dabei ist das Gegenteil der Fall: Du bist gerettet, wenn dich der Herr sucht, wenn er dich anblickt; wenn du zulässt, dass er dich anblickt und sucht. Der Herr sucht dich zuerst. Und wenn du ihn findest, dann verstehst du, dass er da war und dich angeblickt hat, dass er auf dich gewartet hat, zuerst auf dich gewartet hat. Das ist das Heil: Er liebt dich zuerst. Und du lässt zu, dass er dich liebt. Das Heil ist diese Begegnung, bei der er zuerst wirkt. Wenn diese Begegnung nicht gegeben ist, sind wir nicht gerettet. Wir können Reden schwingen über das Heil, können beruhigende theologische Systeme erfinden, die Gott zu einem Notar werden lassen und seine ungeschuldete Liebe zu einer geschuldeten Geste, zu der er von seiner Natur her gezwungen ist. Aber so werden wir nie Teil des Volkes Gottes werden. Wenn du aber den Herrn anblickst und voller Dankbarkeit erkennst, dass du ihn anblickst, weil er dich anblickt, dann lösen sich alle intellektuellen Vorurteile in Luft auf, dann gibt es keinen Elitarismus des Geistes mehr, der so typisch ist für Intellektuelle ohne Talent, und der ein Ethizismus ohne Güte ist.[81]

Die Themen, mit denen sich Bergoglio seit den späten 1990ern und bis in die frühen 2000er-Jahre befasste, sollten schließlich auch im Schlussdokument der Generalversammlung des lateinamerikanischen Episkopats in Aparecida 2007 eine zentrale Rolle einnehmen. Die Grundannahme seines Denkens hatte aber bereits sein Vorgänger Benedikt XVI. auf unnachahmliche Weise in der Enzyklika »Deus caritas est« artikuliert: »Am Anfang des Christseins steht nicht ein ethischer Entschluß oder eine große Idee, sondern die Begeg-

81 J. M. Bergoglio, Vorwort zu G. Tantardini, Tempo, S. 7–8, dt. Übersetzung »Gib, was du befiehlst«, in *30 Tage*, 12 (2009), online zugänglich unter http://www.30giorni.it/articoli_id_22101_l5.htm (letzter Zugriff 29. Mai 2020). Nach Tantardinis Tod am 19. April 2012 gedachte Kardinal Bergoglio seiner: »Mein Freund Don Giacomo«, in *30 Tage*, 5 (2012), online zugänglich unter http://www.30giorni.it/articoli_id_78491_l5.htm (letzter Zugriff 29. Mai 2020).

nung mit einem Ereignis, mit einer Person, die unserem Leben einen neuen Horizont und damit seine entscheidende Richtung gibt.«[82]

Dass diese Grundannahme, die unverkennbar »giussanianische« Anklänge enthält, von Benedikt XVI. formuliert, in die Einleitung des Schlussdokuments von Aparecida aufgenommen[83] und später noch von Franziskus in § 7 von »Evangelii gaudium« aufgegriffen wurde, lässt sie als besonders wertvoll erscheinen. Sie verweist auf den Ausgangspunkt des Glaubens gestern wie heute und äußert sich auch zur *»ethizistischen« Tendenz, die sich im Katholizismus des Zeitalters der Globalisierung abzeichnet.* Nach den turbulenten 1970er-Jahren, in denen das linke Lager die Oberhand gehabt hatte und die Zeit mit seinen politischen Theologien, der Revolution, der Hoffnung und so vielem mehr geprägt hatte, können wir ab den 1980er-Jahren eine Art Rückfluss feststellen, einen Rückzug in ein geschütztes Gehege. Der Einsatz der Kirche in der Welt galt der Verteidigung bestimmter und ausgewählter Werte aus dem Bereich der christlichen Ethik und Anthropologie, die sie durch den Relativismus der neuen Zeit bedroht sah. Gleichzeitig schenkte sie der sozialen Frage nicht mehr so viel Aufmerksamkeit wie zuvor und wurde weniger als missionarische Kirche wahrgenommen, die über die eigenen Grenzen hinausschaute und die Dimension der »Begegnung« im Blick hatte. Der Prozess der Säkularisierung löste in der christlichen Welt eine *ethische Reaktion* aus. Und damit ging Methol Ferrés Vorstellung vom christlichen Zeugnis als adäquater Antwort auf den freigeistigen Atheismus (die auch Bergoglio teilte) verloren. Die Kirche *widersetzte sich*, war aber nicht in der Lage, sich – positiv gesehen – zu stellen und eine menschliche Typologie zu behaupten, bei der die »Anziehungskraft Jesu« stärker war als die ästhetische Anziehungskraft einer Gesellschaft im Überfluss. Das ethische Abdriften der Kirche deutet auf eine Strategie des Widerstands hin, aber nicht auf den Beginn einer Zeit der Wiedergeburt. Dieses ethische Ungleichgewicht, das die christliche Begegnung in den Hintergrund rückte, erklärt die von Franziskus in »Evangelii gaudium« vorgenommene Kurskorrektur und ermöglicht es,

---

82 BENEDIKT XVI., »Deus caritas est«, § 1.

83 »Aparecida. 2007 Schlussdokument der 5. Generalversammlung des Episkopats von Lateinamerika und der Karibik. 13.–31. Mai 2007«, in *Stimmen der Weltkirche*, 41 (2007), § 12, S. 26–27.

diese zu kontextualisieren. Es ging ihm darum, das *primerea* wieder hervorzuheben: die Gnade einer Verkündigung, die von einem menschlich glaubwürdigen Zeugen vermittelt wird.

> Das größte Problem entsteht, wenn die Botschaft, die wir verkünden, dann mit diesen zweitrangigen Aspekten gleichgesetzt wird, die, obwohl sie relevant sind, für sich allein nicht das Eigentliche der Botschaft Jesu Christi ausdrücken. Es ist also besser, realistisch zu sein und nicht davon auszugehen, dass unsere Gesprächspartner den vollkommenen Hintergrund dessen kennen, was wir sagen, oder dass sie unsere Worte mit dem wesentlichen Kern des Evangeliums verbinden können, der ihnen Sinn, Schönheit und Anziehungskraft verleiht.
> Eine Seelsorge unter missionarischem Gesichtspunkt steht nicht unter dem Zwang der zusammenhanglosen Vermittlung einer Vielzahl von Lehren, die man durch unnachgiebige Beharrlichkeit aufzudrängen sucht. Wenn man ein pastorales Ziel und einen missionarischen Stil übernimmt, der wirklich alle ohne Ausnahmen und Ausschließung erreichen soll, konzentriert sich die Verkündigung auf das Wesentliche, auf das, was schöner, größer, anziehender und zugleich notwendiger ist. Die Aussage vereinfacht sich, ohne dadurch Tiefe und Wahrheit einzubüßen, und wird so überzeugender und strahlender.
> Alle offenbarten Wahrheiten entspringen aus derselben göttlichen Quelle und werden mit ein und demselben Glauben geglaubt, doch einige von ihnen sind wichtiger, um unmittelbarer das Eigentliche des Evangeliums auszudrücken. In diesem grundlegenden Kern ist das, was leuchtet, die Schönheit der heilbringenden Liebe Gottes, die sich im gestorbenen und auferstandenen Jesus Christus offenbart hat. In diesem Sinn hat das Zweite Vatikanische Konzil gesagt, ›dass es eine Rangordnung oder »Hierarchie« der Wahrheiten innerhalb der katholischen Lehre gibt, je nach der verschiedenen Art ihres Zusammenhangs mit dem Fundament des christlichen Glaubens‹.[84]

In Anlehnung an Thomas von Aquin ist die Barmherzigkeit in dieser Hierarchie die größte aller Tugenden: »An sich ist die Barmherzigkeit die größte der Tugenden. Denn es gehört zum Erbarmen, dass es sich auf die anderen ergießt und – was mehr ist – der Schwäche der anderen aufhilft; und das gerade ist Sache des Höherstehenden. Deshalb wird das Erbarmen gerade Gott als Wesensmerkmal zuerkannt; und es heißt, dass darin am meisten seine All-

84 Papst Franziskus, »Evangelii gaudium«, § 34–36.

macht offenbar wird.«[85] Daraus folgt, dass »dass die christliche Morallehre keine stoische Ethik ist, dass sie mehr ist als eine Askese, dass sie weder eine bloße praktische Philosophie ist, noch ein Katalog von Sünden und Fehlern. Das Evangelium lädt vor allem dazu ein, dem Gott zu antworten, der uns liebt und uns rettet – ihm zu antworten, indem man ihn in den anderen erkennt und aus sich selbst herausgeht, um das Wohl aller zu suchen. Diese Einladung darf unter keinen Umständen verdunkelt werden! Alle Tugenden stehen im Dienst dieser Antwort der Liebe. Wenn diese Einladung nicht stark und anziehend leuchtet, riskiert das moralische Gebäude der Kirche, ein Kartenhaus zu werden, und das ist unsere schlimmste Gefahr. Denn dann wird es nicht eigentlich das Evangelium sein, was verkündet wird, sondern einige lehrmäßige oder moralische Schwerpunkte, die aus bestimmten theologischen Optionen hervorgehen.«[86] Die *Ethisierung* der christlichen Botschaft ist im Grunde genommen nichts anderes als eine *säkularisierende* Herabsetzung der selbigen. Es reicht nicht, dass der Christ von heute – gerechter- und berechtigterweise – die aus dem christlichen Humanismus stammenden Werte in der Öffentlichkeit gegenüber dem dominierenden Relativismus verteidigt. In einer säkularisierten, neuheidnischen Gesellschaft ist die wichtigste Aufgabe der Kirche das *kerygma*, die Verkündigung. Und daher betonte Franziskus gegenüber Spadaro: »Wir können uns nicht nur mit der Frage um die Abtreibung befassen, mit homosexuellen Ehen, mit Verhütungsmethoden. Das geht nicht. Ich habe nicht viel über diese Sachen gesprochen. Das wurde mir vorgeworfen. Aber wenn man davon spricht, muss man den Kontext beachten. Im Übrigen kennt man ja die Ansichten der Kirche, und ich bin ein Sohn der Kirche. Aber man muss nicht endlos davon sprechen. Die Lehren der Kirche – dogmatische wie moralische – sind nicht alle gleichwertig. Eine missionarische Seelsorge ist nicht davon besessen, ohne Unterscheidung eine Menge von Lehren aufzudrängen. Eine missionarische Verkündigung konzentriert sich auf das Wesentliche, auf das Nötige. Das ist auch das, was am meisten anzieht, was das Herz glühen lässt – wie bei den Jüngern von Emmaus. Wir müssen also ein neues Gleichgewicht finden, sonst fällt auch das moralische Gebäude der Kirche wie ein Kartenhaus zusammen, droht, seine

---

85 Thomas von Aquin, Summa Theologiae, II–II, Q. 30, Art. 4, zit. nach »Evangelii gaudium«, § 37.

86 Papst Franziskus, »Evangelii gaudium«, § 39.

Frische und den Geschmack des Evangeliums zu verlieren. Die Verkündigung des Evangeliums muss einfacher sein, tief und ausstrahlend. Aus dieser Verkündigung fließen dann die moralischen Folgen.«[87]

7.3 Aparecida: der christliche »Stil« des 21. Jahrhunderts

Bestärkt durch die große Mehrheit seiner Mitbrüder im Bischofsamt nahm Kardinal Bergoglio bei der Ausarbeitung des Schlussdokuments der 5. Konferenz des CELAM, die vom 13. bis 31. Mai 2007 im Heiligtum von Aparecida in Brasilien stattfand, diese große Idee auf: dass das Christentum durch eine »Begegnung« und durch ein an die frühen Christen angelehntes evangelisches Zeugnis in der Welt von heute wieder einen Platz einnehmen konnte. Einige der Kardinäle, darunter Oscar Rodríguez Mariadaga und Claudio Hummes, arbeiteten bei der Abfassung eng mit Bergoglio zusammen. Einen wichtigen Beitrag zum Entwurf leisteten auch Victor Manuel Fernández, der Vizerektor der Katholischen Universität von Buenos Aires, den Bergoglio mit der finalen Überarbeitung und Neuformulierung des Dokuments betraute, und Pater Carlos Galli, ein Schüler Lucio Geras, der seine theologische Expertise einbrachte. Im ersten Teil des Dokuments, der zweifellos die schönsten Passagen des gesamten Texts enthält, kann man die Handschriften Guzmán Carriquirys und Filippo Santoros, des Bischofs von Petropolis, sehr gut erkennen. Die Passagen zur Mission wiederum tragen eindeutig Bergoglios Handschrift. Dort nahm er Methol Ferrés große hoffnungsvolle Idee auf, dass die lateinamerikanische Kirche als »Quell«-Kirche in der Gegenwart eine Rolle spielen könnte. »Die Kirche Lateinamerikas war während der gesamten Kolonialzeit und zu Beginn der nationalen Phase eine ›Abglanzkirche‹ geblieben, hatte aber in den 1950er-Jahren begonnen, sich zu einer ›Quellkirche‹ zu entwickeln, nachdem Pius XII. die Gründung einer regionalen kirchlichen Körperschaft, des CELAM angeregt hatte. Dieser erhielt den Auftrag, die Vereinigung und Integration Lateinamerikas zu för-

87 A. Spadaro, Interview, S. 51.

dern. Der CELAM war auf dem gesamten Kontinent die erste ›kollegiale‹ Struktur der modernen Kirche, die es dem lateinamerikanischen Katholizismus ermöglichte, seine eigene Pastoralpolitik zu entfalten. Methol Ferré erkannte in jener besonderen Theologie, die auf der Versammlung des CELAM 1968 in Medellín verkündet wurde, die charakteristischen Eigenschaften einer ›Quellkirche‹. Durch den Marxismus war sie von ihrem Weg abgekommen, doch das Treffen des CELAM 1979 in Puebla führte sie wieder darauf zurück. Das Vertrauen, das sie zuvor genossen hatte, war jedoch praktisch verschwunden.«[88] Nach Puebla und vor allem nach 1989 hatten sich viele Hoffnungen in Luft aufgelöst, und auch die 4. Generalversammlung in Santo Domingo 1992 konnte keine große Begeisterung entfachen. Zeitgleich mit dem Niedergang der Befreiungstheologie kam es zu einer zunehmenden klerikalen Zentralisierung und zu einem spiritualistischen Rückzug der Kirche, die sich nicht mehr für das Schicksal der Welt zu interessieren schien. In einer Zeit, in der Nihilismus und hedonistischer Relativismus alles dem Volk und der Religion Zugehörige aufzulösen drohten, erschien der gedankliche Ansatz Pueblas, der eine orthodoxe, nicht-marxistische Version der Befreiungstheologie vorzulegen versuchte, zwar wichtig, aber nicht bahnbrechend. 2006 erinnerte sich Methol im Gespräch mit Metalli folgendermaßen daran: »Dann kam der Zusammenbruch des Kommunismus, und Puebla konnte unter den neuen historischen Bedingungen keine Früchte tragen. Puebla ist eng mit ›Evangelii nuntiandi‹ verbunden, und der Papst hat betont, dass ›Evangelii nuntiandi‹ die Grundlage für die Evangelisierung des neuen Jahrtausends ist. *Man muss ›Evangelii nuntiandi‹ und Puebla vor dem Hintergrund der neuen Bedingungen des 21. Jahrhunderts neu denken.*«[89] Methol wusste, dass die Volksfrömmigkeit wichtig war, aber er wusste auch, dass angesichts der voranschreitenden Säkularisierung nur eine missionarische Triebkraft und ein Zeugnis der Kirche, diesem dem Tode nahen Leib, wieder neues Leben einhauchen konnten. Ob die lateinamerikanische Kirche die Gelegenheit wahrnahm, zu einer »Quellkirche« zu werden, hing davon ab, ob eine missionarische Zeit eingeläutet wurde, die sich mit einer post-christlichen, globalisierten Welt auseinandersetzte. Daher rührt auch Methols Wertschätzung für jene neuen christlichen Bewegungen, »die die Gesamtheit des

---

88 A. Ivereigh, Reformer, S. 234–235.

89 A. Methol Ferré, A. Metalli, Papa, S. 112–113. Hervorhebung durch den Verfasser.

Realen, das Reale in seiner Gesamtheit, erfassen können und das Wesen der Säkularisierung, d. h. der Moderne, verstehen«.[90] Seiner Meinung nach »war ihnen klar, dass sie es mit einem Typ Mensch zu tun haben, zu dessen geistigem Erbe das Christentum nicht gehörte. Und so wandten sie sich diesem aus dem Säkularisierungsprozess hervorgegangenen Menschen zu, einem Menschen, der das Christentum nicht kannte und Vorurteile dagegen hatte«.[91]

Dieses Bewusstsein war essentiell, vor allem, weil es nicht den Anspruch erhob, das Panorama des Glaubens zu totalisieren. Tatsächlich schaffte es die Konferenz von Aparecida, durch ein missionarisches, reifes und prophetisches Zeugnis den Volksglauben des *pueblo fiel* mit den Konsequenzen aus der Begegnung mit der säkularisierten Welt zusammenzuführen. Diese neue Form der Evangelisierung klammert die Volksreligiosität nicht aus: »Wir dürfen die Spiritualität des einfachen Volkes nicht gering schätzen oder sie als belanglos für das christliche Leben ansehen; denn damit würden wir das Wirken des Heiligen Geistes und die zuvorkommende Initiative göttlicher Liebe missachten. In der Volksfrömmigkeit finden und entdecken wir einen eindringlichen Sinn für Transzendenz, eine spontane Fähigkeit, sich auf Gott zu verlassen, und eine wirkliche Erfahrung göttlicher Liebe. Sie bringt auch übernatürliche Weisheit zum Ausdruck; denn die Weisheit der Liebe ist nicht abhängig von der Aufklärung des Denkens, sondern vom inneren Wirken der Gnade. Deshalb sprechen wir von der Spiritualität des Volkes. Es ist eine christliche Spiritualität, in der man dem Herrn persönlich begegnet und in der Körperlichkeit, Emotionalität, Symbolisches und konkrete menschliche Bedürfnisse eine große Rolle spielen. Es ist eine Spiritualität, die in der Kultur der einfachen Menschen Gestalt angenommen hat, aber eben deshalb nicht weniger, sondern auf andere Weise spirituell ist.«[92] Bergoglio erinnerte sich Jahre später folgendermaßen an das Treffen in Aparecida zurück:

> Wir arbeiteten in einem Konferenzraum, der unter dem Wallfahrtsort [von Aparecida] liegt. Und dort konnte man die Gebete, die Gesänge der Gläubigen hören. Im Schlussdokument findet sich eine Stelle, in der es um die Volks-

---

90 Ebd., S. 174.

91 Ebd.

92 »Aparecida. 2007 Schlussdokument der 5. Generalversammlung des Episkopats von Lateinamerika und der Karibik. 13.–31. Mai 2007«, in *Stimmen der Weltkirche*, 41 (2007), § 263, S. 152–153.

> frömmigkeit geht. Eine wunderschöne Stelle. Und ich glaube, ja, ich bin mir sicher, dass das, was dort steht, von all dem inspiriert wurde. Von den entsprechenden Stellen in »Evangelii nuntiandi« einmal abgesehen, sind in keinem Dokument der Kirche schönere Dinge über die Volksfrömmigkeit geschrieben worden. Ja, ich würde fast so weit gehen zu sagen, dass das Dokument von Aparecida so etwas wie das »Evangelii nuntiandi« Lateinamerikas ist, dass es wie »Evangelii nuntiandi« ist.[93]

Diese Volksreligiosität findet bei der Muttergottes von Guadalupe, im zärtlichen Blick der Morenita, die Botschaft des Evangeliums. Die mestizische Jungfrau von Guadalupe ist die Synthese der lateinamerikanischen Völker, der greifbare Ausdruck der Inkulturation des Glaubens. Sie ist der Punkt, an dem sich die verschiedenen Völker Südamerikas vereinen. Hinsichtlich dieser Verschiedenheit heißt es im Schlussdokument: »Vielmehr vermissen wir die Möglichkeit, diese Verschiedenheiten in einer Synthese zusammenfließen zu lassen, die in der Lage ist, die Verschiedenartigkeit der Sinndeutungen zusammenzufügen und auf ein gemeinsames historisches Ziel zu lenken. Gerade darin besteht der unschätzbare Wert des marianischen Charakters unserer Volksreligiosität, die es verstanden hat, in der Gestalt der verschiedenen Arten der Marienverehrung die unterschiedlichen lateinamerikanischen geschichtlichen Wirklichkeiten zu einer gemeinsamen Geschichte zu verschmelzen: zu jener, die zu Christus, dem Herrn des Lebens führt, in dem die höchste Würde unserer menschlichen Berufung verwirklicht ist.«[94] Bedroht werde diese Synthese von einer »Globalisierung ohne Solidarität«[95], die wie ein Sturm Staaten, Familien und alles, was »zusammenhält«, mitreiße, die alles, was schutzlos ist, angreife und einen extremen Individualismus fördere.

> Dabei geht es nicht allein um Unterdrückung und Ausbeutung, sondern um etwas Neues, um den gesellschaftlichen Ausschluss. Durch ihn wird die Zugehörigkeit zur Gesellschaft, in der man lebt, untergraben, denn man lebt nicht nur unten, oder am Rande bzw. ohne Einfluss, sondern man steht draußen.

---

93 G. Valente, Nähe, S. 44.

94 »Aparecida. 2007 Schlussdokument der 5. Generalversammlung des Episkopats von Lateinamerika und der Karibik. 13.–31. Mai 2007«, in *Stimmen der Weltkirche*, 41 (2007), § 43, S. 46.

95 Ebd., § 65, S. 56.

> Die Ausgeschlossenen sind nicht nur »Ausgebeutete«, sondern »Überflüssige« und »menschlicher Abfall«.[96]

Diese Passage, die in »Evangelii gaudium« fast wortwörtlich wiedergegeben wird, bringt die in Aparecida eingenommene Sichtweise auf den Punkt[97]: Einerseits begrüßten die Teilnehmer der Konferenz, dass die »Gefahren, die Kirche auf ein politisches Subjekt zu reduzieren [...] überwunden« wurden,[98] andererseits sprachen sie sich aber gegen das Bestehen auf einem »Ritualismus« und gegen eine »individualistische Spiritualität«[99] aus. Die Aufwertung der Volksreligiosität darf nicht als rituelle und folkloristische Flucht aus der Welt verstanden werden; sie berücksichtigt vielmehr das wichtigste Vermächtnis der echten Befreiungstheologie, die »bevorzugte Option für die Armen«.[100] Dass die Bischöfe auf die negativen Auswirkungen der Globalisierung reagierten, ist nicht ideologisch bedingt. Ihnen ging es darum, das *pueblo fiel* zu verteidigen und jene Werte der Solidarität, des Opfers und der Hingabe zu bewahren, die der individualistische Relativismus und der freigeistige Atheismus verhöhnten und graduell auflösten. *Daher musste die Welt von der »Peripherie« aus betrachtet werden.* Denn schaut man auf sie vom »Zentrum« aus, dann ist es, als befinde man sich im Inneren einer Blase, aus der man nicht »nach draußen« sehen kann; man ist Teil einer glatten und makellosen »Kugel«. Nur von der Peripherie aus gesehen sieht man den »Polyeder«, die Vielfalt von Werten und Unwerten. Kardinal Bergoglio predigte darüber in der Messe, die während der Konferenz im Heiligtum von Aparecida gefeiert wurde. Dabei »verwendete er eine weitere beeindruckende Me-

---

96 Ebd.

97 Vgl. Papst Franziskus, »Evangelii gaudium«, § 53. In Aparecida »sagte Bergoglio – und er sprach dabei in erster Linie als Vorsitzender der argentinischen Bischofskonferenz –, dass diejenigen, die man in der Vergangenheit als marginalisiert oder unterdrückt bezeichnet habe, heute als *sobrantes*, als Überflüssige, bezeichnet werden könnten, weil sie für die Marktwirtschaft nutzlos seien. Diese Überlegung verband er mit der *cultura del descarte*, der Wegwerfkultur: Man entäußerte sich der Armen, der Alten, der Kinder, der Ungeborenen, der Migranten als überholte ›Gadgets‹« (A. Ivereigh, Reformer, S. 342).

98 »Aparecida. 2007 Schlussdokument der 5. Generalversammlung des Episkopats von Lateinamerika und der Karibik. 13.–31. Mai 2007«, in *Stimmen der Weltkirche*, 41 (2007), § 99b, S. 71.

99 Ebd., § 100c, S. 76.

100 Ebd.

tapher: Zum ersten Mal (oder besser gesagt zum ersten Mal bei einer öffentlichen Veranstaltung) erwähnte er die *periferias existenciales*, die existenziellen Peripherien. Fast alle Bischöfe, die an der Konferenz von Aparecida teilnahmen, wohnten in einer Stadt, an deren Rändern jeden Tag große Mengen von Migranten ankamen, und dass Bergoglio diese Ränder erwähnte, berührte bei vielen einen wunden Punkt. Denn er erinnerte damit nicht nur an die Elendsviertel dieser Welt, sondern auch an eine Welt voller Verletzlichkeiten und Zerbrechlichkeiten: einen Ort des Leidens, der Gier und der Armut, aber auch einen Ort der Freude und der Hoffnung, den Christus auserwählt hatte, um sich im heutigen Lateinamerika zu offenbaren«.[101] Von Amelia Podetti hatte Bergoglio das Konzept der »Peripherien« übernommen. Durch sie hatte er verstanden, dass die Welt, von ihren »zerbrechlichen« Orten aus betrachtet, anders aussah. Und diesen Blick nahmen nun auch die lateinamerikanischen Bischöfe in Aparecida ein, was zu einem großen Teil auch Bergoglio zu verdanken ist, der als Bischof von Buenos Aires »die Stadt von den Peripherien aus evangelisierte«.[102] 2009 schuf er ein eigenes Vikariat für die Slums, mit dessen pastoraler und sozialer Leitung er Pater José Maria Di Paola (allgemein bekannt als Pater Pepe) betraute. Diese Idee entstand nicht aus einer pauperistischen Ideologie, *die Bergoglio nie gehabt hat*, sondern weil er dort zutiefst religiöse Menschen getroffen hatte, von denen auch die Bewohner besser situierter Viertel der Stadt etwas lernen konnten – auch wenn Priester wie Pater Pepe, der sich in den Armenvierteln gegen den Drogenhandel einsetzt, in diesen *villas miseria* täglich ihr Leben riskieren.[103] 2012 schilderte Bergoglio in einem Interview zwei Dinge, die ihm in den *barrios* aufgefallen waren:

> Das erste ist ein starker Sinn für Solidarität. Vielleicht bist du sehr wütend auf jemanden oder etwas, aber wenn dich eine Notlage trifft, spürst du sofort ein Gefühl der Solidarität. Solidarität zu sehen tut mir gut. Es gibt weniger Egoismus und mehr Solidarität als in anderen Ecken. Die zweite Sache ist dort der Glaube, der Glaube an die Jungfrau Maria, der Glaube an die Heiligen, der Glaube an Jesus. [...] Diese beiden Dinge haben mich immer beeindruckt:

101 A. Ivereigh, Reformer, S. 298.

102 Ebd., S. 305.

103 Zu P. Pepe vgl. J.M. Di Paola, Fine, sowie A. Ivereigh, Reformer, S. 307–309. Zur Erfahrung der *curas villeros* vgl. G. Valente, Nähe, S. 28–34.

> Solidarität und Glaube. Wenn man sie zusammennimmt, was hast du dann? Die Fähigkeit zu feiern. Es ist fantastisch zu sehen, wie in diesen *barrios* gefeiert wird, wie man *Fiestas* feiert und fröhlich ist. Wir haben also diese beiden Dinge, den Glauben und die Solidarität, und wenn wir sie zusammennehmen, dann haben wir Freude.[104]

Glaube, Solidarität und Freude: Diese Trias hatte der individualistische und triste Agnostizismus des Zeitalters der Globalisierung aufgelöst. Die Kirche, die Schutzpatronin der *villeros*, kämpfte für diese Werte im Wissen, dass diese Tradition immer weniger gepflegt wurde. Im Dokument von Aparecida heißt es: »Unsere kulturellen Traditionen werden nicht mehr mit der gleichen Selbstverständlichkeit wie in der Vergangenheit von einer Generation an die andere weitergegeben. Das betrifft sogar den innersten Kern jeder Kultur, die religiöse Erfahrung. Auch sie wird heute nur schwerlich durch die Erziehung oder die Schönheit kultureller Ausdrucksformen vermittelt«.[105] Die Antwort auf diese Entwicklung lautete: »Deshalb müssen wir Christen von Christus her neu beginnen«.[106] Die Kirche wurde dazu aufgerufen, ihre Mission unter den neuen lateinamerikanischen und weltweiten Bedingungen zu überdenken.

> Es geht darum, die Aktualität des Evangeliums, das in unserer Geschichte verwurzelt ist, durch persönliche und gemeinschaftliche Begegnung mit Jesus Christus zu bestätigen, zu erneuern und wieder zu beleben, damit er Jünger und Missionare berufen kann. Das hängt nicht so sehr von großen Programmen und Strukturen ab, sondern von neuen Männern und Frauen, die diese Überlieferung und Aktualität als Jünger Jesu Christi und Missionare seines Reiches mit Leib und Seele übernehmen wollen, als Vorkämpfer neuen Lebens für ein Lateinamerika, das sich im Licht und in der Kraft des Heiligen Geistes neu verstehen möchte. Ein katholischer Glaube, der nur als Last betrachtet wird, der nur als Katalog von Regeln und Verboten verstanden wird, sich auf einzelne Frömmigkeitspraktiken beschränkt, Glaubenswahrheiten nur selektiv und partiell akzeptiert, gelegentlich an einigen Sakramenten teil-

---

104 A. Ivereigh, Reformer, S. 307.

105 »Aparecida. 2007 Schlussdokument der 5. Generalversammlung des Episkopats von Lateinamerika und der Karibik. 13.–31. Mai 2007«, in *Stimmen der Weltkirche*, 41 (2007), § 39, S. 44.

106 Ebd., § 41, S. 45.

> nimmt, bloß einige Prinzipien der kirchlichen Lehre nachbetet, Moralvorstellungen zurechtbiegt oder krampfhaft vertritt, die das Leben der Getauften nicht verwandeln, – ein solch reduzierter Glaube wird den Auseinandersetzungen der Zeit nicht standhalten.[107]

Hier, in § 12 des Dokuments von Aparecida (wie auch später in § 243), wird aus Benedikts XVI. »Deus caritas est« zitiert: »Am Anfang des Christseins steht nicht ein ethischer Entschluß oder eine große Idee, sondern die Begegnung mit einem Ereignis, mit einer Person«. Dieser Satz bringt das, was in Aparecida beschlossen wurde, auf den Punkt: Den Glauben des *pueblo fiel* zu verteidigen, von dem alle, auch die Geistlichen, lernen können, *wie* man glaubt, ist wichtig, aber nicht ausreichend. Denn es ist zwingend notwendig, »von einer rein bewahrenden Pastoral zu einer entschieden missionarischen Pastoral überzugehen«,[108] von einem traditionellen Glauben zu einer Wiedergeburt des Glaubens. Die Luft, die es zum Leben braucht, bezieht das lateinamerikanische katholische *Risorgimento* aus zwei Lungenflügeln: dem Zeugnis des gläubigen Volkes und dem Zeugnis derer, die diesem Volk nahestehen und »wieder bei Christus anfangen«. In den Teilen des Dokuments von Aparecida, in denen vom »Anfang« die Rede ist, ist Bergoglios Handschrift deutlich zu erkennen – ebenso wie der Einfluss, den Luigi Giussani auf den späteren Papst hatte. Es ist kein Zufall, dass das Dokument nicht nur die *Begegnung*, sondern auch die *Erfahrung* als Grundpfeiler des Glaubens identifizierte, die in Giussanis Denken zentral ist.

> Eben dies, die glaubende Begegnung mit dem Menschen Jesus (vgl. Joh 1,35–39) als Beginn des christlichen Glaubens, haben alle Evangelien in unterschiedlicher Darstellung für uns festgehalten. Das Wesen des Christentums besteht also darin, anzuerkennen, dass Jesus Christus da ist, und ihm zu folgen. Eben diese Erfahrung erfüllte die ersten Jünger so wunderbar, als sie Jesus begegneten und fasziniert und voller Bewunderung waren wegen der außergewöhnlichen Art dieses Menschen, wie er zu ihnen sprach, sich ihnen gegenüber verhielt und ihren inneren Hunger und Durst nach Leben beantwortete. Der Evangelist Johannes hat uns plastisch geschildert, welch tiefen Eindruck der Mensch Jesus in den beiden ersten Jüngern Johannes und Andreas hervor-

107 Ebd., § 11, 12, S. 26–27.
108 Ebd., § 370, S. 208.

> rief, als sie ihn trafen. Alles beginnt mit der Frage: »Was wollt ihr?« (Joh 1,38). Auf die Frage folgt die Einladung, eine Erfahrung zu machen: »Kommt und seht!« (Joh 1,39). In dieser Erzählung ist die christliche Methode für die Menschheitsgeschichte einzigartig und bleibend zusammengefasst.[109]

Begegnung, Staunen, Nachfolge, Erfahrung, Methode, die Begegnung Jesu mit Johannes und Andreas als paradigmatisches Modell usw.: Im Dokument von Aparecida werden der Reihe nach die wichtigsten Konzepte aus Giussanis pädagogischer Vision vorgestellt. Unschwer erkennt man hinter diesen Worten die Feder Kardinal Bergoglios. Christ sein beginnt mit einem Blick, mit dem Schauen.

> Wir schauen auf Jesus, den Meister, der persönlich seine Apostel und Jünger heranbildete. Christus lehrt uns die Methode: »Kommt und seht« (Joh 1,39), »Ich bin der Weg, die Wahrheit und das Leben« (Joh 14,6). [...] Der Weg der Prägung in der Nachfolge Jesu hat seine Wurzeln in der Entwicklungsfähigkeit des Menschen und in der persönlichen Einladung Jesu Christi, der die Seinen bei ihren Namen ruft, so dass sie ihm folgen, weil sie seine Stimme kennen. Der Herr weckte in seinen Jüngern eine tiefe Sehnsucht und zog sie an sich, so dass sie voller Staunen waren. Die Nachfolge entsteht aus einer Faszination, die dem Wunsch nach menschlicher Selbstverwirklichung, dem Wunsch nach der Fülle des Lebens entspricht. Der Jünger ist jemand, der von Jesus Christus begeistert ist. Er erkennt ihn an als Meister, der ihn führt und begleitet.[110]

Christ zu sein bedeutet, einer Gegenwart zu folgen, die anzieht, die Staunen hervorruft, die den tiefsten Sehnsüchten des Menschen entspricht. Daher steht das *kerygma*, wie Franziskus Jahre später in »Evangelii gaudium« festhalten sollte, am Anfang. Das Dokument von Aparecida drückte dies mit den Worten Benedikts XVI. aus: »Wir erinnern daran, dass der Bildungsweg des Christen bereits in der ältesten Überlieferung der Kirche stets einen ›Erfahrungscharakter hatte, bei dem die lebendige und überzeugende Begegnung mit Christus, der durch authentische Zeugen verkündigt wurde, bestimmend war‹.«[111] Das Ergebnis dieser Begegnung ist ein Prozess, der aus vier Phasen

109 Ebd., § 243–244, S. 142–143.
110 Ebd., § 276, 277, S. 160–161.
111 Ebd., § 290, S. 170.

besteht: Bekehrung, Jüngerschaft, *communio*, Mission. Die *communio* als gelebte Gemeinschaft hat einen besonderen erzieherischen Wert. Im Dokument von Aparecida heißt es: »Das paradigmatische Modell für die Erneuerung unserer Gemeinschaft finden wir in den ersten christlichen Gemeinden (vgl. Apg 2,42–47). Sie hatten es verstanden, nach neuen Formen zu suchen, um den Kulturen und den gesellschaftlichen Umständen entsprechend zu evangelisieren.«[112] Dieser Gedanke wird auch am Schluss aufgegriffen: »Als Getaufte sind wir alle aufgerufen, ›wieder neu mit Christus anzufangen‹, sein Wirken zu erkennen und ihm zu folgen, ebenso real und ungewöhnlich, so wirksam und voller Zuneigung, so überzeugt und voller Hoffnung, wie die ersten Jüngern am Ufer des Jordan vor 2000 Jahren und die ›Juan Diegos‹ in der Neuen Welt.«[113]

Wie vor 2000 Jahren. Das Dokument von Aparecida stellt die »Methode« vor und weist den Weg, auf dem wir in unserer heutigen, nihilistischen und säkularisierten Welt zur Wiedergeburt des Glaubens gelangen; auf dem wir zu Ihm, zu Christus zurückkehren, um Ihn als gegenwärtige Präsenz sprechen, handeln und lieben zu sehen. Das *pueblo fiel*, die Armen, die Zeugen, die kirchlichen Gemeinschaften werden zu »theologischen Orten«, an denen sich das Antlitz Christi heute zeigt: das Gesicht des gedemütigten Christus, des Samariters, des am Kreuz hängenden Christus, jenes Christus, der durch seine Barmherzigkeit, seine Umarmung, seine einzigartige Menschlichkeit uns alle überrascht und anzieht. Das Dokument von Aparecida maß all diesen Aspekten eine hohe Bedeutung und einen großen Wert bei. In Aparecida kam es zur »barocken« Synthese von Tradition und Moderne, von traditionellem Glauben und neuen Zeugnissen, kurz: zu jener Synthese, die sich bereits Methol Ferré vorgestellt hatte. Sie entspricht überdies voll und ganz dem, was Bergoglio sich unter einer *coincidentia oppositorum* vorstellt. Der Katholizismus ist Synthese – so wie Unsere Liebe Frau von Guadalupe die Hispanoamerikaner und die Indigenen miteinander vereint. Sie führt die Gegensätze in einer polaren Spannung zwischen Vergangenheit und Gegenwart, Tradition und Fortschritt, Erinnerung und Zukunft zusammen. Und sie tut es nicht, indem sie sich selbst »oben« oder einfach nur »in der Mitte«,

---

112 Ebd., § 369, S. 208.
113 Ebd., § 549, S. 298.

in gleicher Entfernung von den beiden Polen, platziert. Die Morenita erscheint dem Indio Juan Diego und Jesus wurde in Bethlehem geboren, nicht in Jerusalem: Die Welt versteht man besser, wenn man von den Vorstädten aus auf sie schaut. Daher stiftet man Frieden und Einheit nur dann, wenn man Wunden heilt, sich den zerbrechlichen Dingen zuwendet und den Unterdrückten Schutz bietet. So sieht der christliche »Stil« des neuen Jahrtausends aus, der sich an dem der frühen Kirche orientiert, die in einem heidnischen Universum aufwuchs. Das Dokument von Aparecida ist im Grunde genommen Bergoglios »Manifest«. Aparecida war »seine« Konferenz, die von Anfang bis Ende seine Handschrift trägt.[114] Dort stellte der frühere Provinzial der Jesuiten, der dann zum Kardinal von Buenos Aires geworden war, die programmatischen Linien seines künftigen Pontifikats vor, die später in »Evangelii gaudium« ganz natürlich fortgeführt wurden.[115]

Hinter diesen Linien verbirgt sich jedoch eine ganze Welt: zuvorderst die Zugehörigkeit zur Gesellschaft Jesu und die Ereignisse innerhalb des Ordens; dann die Erfahrungen innerhalb des CELAM und von Medellín sowie die dramatischen 1970er- und 1980er-Jahre, jener Jahre der Spaltung zwischen Terrorismus und Militärdiktatur; dann Puebla, die Freundschaft mit Alberto Methol Ferré, die aus der Idee des lateinamerikanischen katholischen *Risorgimento* entspringenden Erwartungen und Enttäuschungen, all die Hoffnungen nach Aparecida.

Hinter diesen Linien steht ein Denken, das sich seit Mitte der 1970er Jahre entwickelt hatte und sich aus einem katholisch-dialektischen Strang, aus

---

114 Vgl. die Ansprache, die Kardinal Bergoglio im Mai 2007 auf der Konferenz von Aparecida hielt: »Eine einzige Herausforderung: die Krise der Zivilisation und der Kultur«, in: Papst Franziskus, Angesicht, II, S. 151–167. Die Konferenz thematisierte Bergoglio u.a. in folgenden Beiträgen: »Kultur und Volksreligiosität« (2008), ebd., S. 182–227; »Tornare alle radici della fede: la missione come proposta e sfida« (2008), in J.M. Bergoglio-Papst Franziskus, Occhi, S. 615–623; »Il messaggio di Aparecida ai presbiteri« (2008), ebd., S. 661–670; »La missione dei discepoli al servizio della vita piena« (2009), ebd., S. 710–715. Als Papst zog Franziskus am 28. Juli 2013 im Sumaré-Studienzentrum in Rio de Janeiro zusammen mit den Bischöfen, die für die verschiedenen Abteilungen des CELAM zuständig waren, Bilanz über die Konferenz von Aparecida (vgl. L. Badilla, »L'eredità di Aparecida dieci anni dopo. La celebre conferenza del 2007 nel santuario brasiliano riletta e riproposta da Bergoglio Papa«, in *Terre d'America*, 30. Mai 2017).

115 Vgl. L. Brunelli, »Segreti di un'elezione. Il ritorno ad Aparecida e il sorprendente filo rosso tra due pontificati«, in *Terre d'America*, 17. Juli 2013.

Autoren des Jesuitenordens und später aus der Philosophie der Gegensätze Romano Guardinis speiste; ein Denken, das die Werke Gaston Fessards stark geprägt hatten, vor allem *La dialectique des »Exercices spirituels« de saint Ignace de Loyola*. Von diesem Jesuiten und seiner paulinischen Antwort auf Hegel stammt die Idee von Christus als dem Lösungspunkt der großen Gegensätze, die die Dialektik der Zeit dominieren: die zwischen Sklaven und Freien, Männern und Frauen, Juden und Griechen. Gegensätze, die auf der Ebene der Gnade, nicht der Natur gelöst werden müssen. Es geht dabei also um eine antinomische Dialektik, die von Prinzipien und Gegensatzpaaren bestimmt wird und den Rahmen eines komplexen, »polyedrischen« Denkens bildet. Trotz aller Widersprüche gibt dieses Denken niemals auf, sondern sucht überall nach Analogiepunkten, die die Antithesen, jene »teuflischen« Trennungen, auflösen können. Dieses Denken ist das geistige Erbe Romano Guardinis, des Autors dreier Päpste: Pauls VI., Benedikts XVI. und Franziskus'. In einem Moment in der Geschichte der Menschheit, in dem angesichts der scheiternden Globalisierung die Gegensätze und Trennungen zwischen den Völkern nicht zu übersehen sind, wird die Kirche einmal mehr zu einer *complexio oppositorum*: zur einzigen Wirklichkeit auf der Welt, die sich als Ort der Versöhnung anbietet.

8 Bibliographie

N.B. Zeitgenössische Zeitungen und Zeitschriften, päpstliche Schreiben, Blogs und Internetquellen werden in den Fußnoten zitiert.

ANTONELLI, Ennio, BUTTIGLIONE, Rocco, 2017. *Terapia dell'amore ferito in »Amoris Laetitia«*, Mailand.

AUMONT, Michèle, 2004. *Philosophie sociopolitique de Gaston Fessard, S.J., »Pax nostra«*, Paris.

- 2006. *Ignace de Loyola et Gaston Fessard: l'un par l'autre*, Paris.

AVOGADRI, Claudio, 2016. *Erich Przywara. Sull'uomo, sul mondo e su Dio*, Assisi.

AZCUY, Virginia Raquel, GALLI, Carlos M., GONZÁLES, Marcelo, CAAMAÑO, JOSÉ Carlo (HGG.), 2006–2007. *Escritos teológicos-pastorales de Lucio Gera*, Buenos Aires.

BARBA, Enrique, 1984. *Correspondencia entre Rosas, Quiroga y López*, Buenos Aires.

BÉDARIDA, Renée, 1988. *Pierre Chaillet. Témoin de la résistance spirituelle*, Paris.

BERGOGLIO, Jorge Mario–PAPST FRANZISKUS, 1981 Oktober. »Condurre nelle grandi e nelle piccole circostanze«, in *Boletín de Espiritualidad*, 73, S. 266ff.

- 1982. *Meditaciones para religiosos*, Buenos Aires.
- 1984. »Sobre pluralismo teológico y eclesiología latinoamericana«, in *Stromata*, 40, S. 321–332.
- 1999. »La gratitudine di Buenos Aires«, in *Tracce-Litterae communionis*, 4, S. 20–22.
- 2011. *Nosotros como ciudadanos, nosotros como pueblo. Hacia un Bicentenario en justicia y solidaridad 2010–2016*, Buenos Aires; ital. Übersetzung: 2013. *Noi come cittadini, noi come popolo. Verso un bicentenario in giustizia e solidarietà 2010–2016*, hg. von Mario Toso, Mailand.
- 2013. *La mia porta è sempre aperta. Una conversazione con Antonio Spadaro*, Mailand.
- 2014. *Chi sono i gesuiti – Storia della Compagnia di Gesù*, Bologna.
- 2014. *Erziehen mit Anspruch und Leidenschaft. Die Herausforderungen christlicher Pädagogik. Mit einer Einführung von Michael Sievernich SJ*, Freiburg i. Brsg. u. a.
- 2014. *Über Himmel und Erde. Jorge Bergoglio im Gespräch mit dem Rabbiner Abraham Skorka*, hg. von Diego F. Rosemberg, München.
- 2014. *Die wahre Macht ist der Dienst*, Freiburg i. Brsg. u. a.

- 2015. *Pastorale sociale*, mit einem Vorwort von M. Gallo, Mailand.
- 2015. »El pluralismo teológico« in *Humanitas. Revista de Antropología y Cultura Cristianas*, 79, S. 458–475.
- 2016. *Der Name Gottes ist Barmherzigkeit*. Ein Gespräch mit Andrea Tornielli, München; ital. Übersetzung: 2016. *Il nome di Dio è misericordia, una conversazione con Andrea Tornielli*, Vatikanstadt/Mailand.
- 2016. *Nei tuoi occhi è la mia parola. Omelie e discorsi di Buenos Aires 1999–2013*, mit einem Vorwort von Antonio Spadaro, Mailand.
- 2016. *Nel cuore di ogni padre. Alle radici della mia spiritualità*, Mailand.
- 2017. *Im Angesicht des Herrn. Gedanken über Freiheit, Hoffnung und Liebe*, Bd. I, Freiburg i. Brsg. u. a.
- 2018. *Im Angesicht des Herrn. Gedanken über Freiheit, Hoffnung und Liebe*, Bd. II, Freiburg i. Brsg. u. a.
- 2018. *Im Angesicht des Herrn. Gedanken über Freiheit, Hoffnung und Liebe*, Bd. III, Freiburg i. Brsg. u. a.

Bianchi, Enrique C., 2012. *Pobres en este mundo, ricos en la fe (Sant 2,5). La fe de los pobres de América Latina según Rafael Tello*, Buenos Aires.
- 2015. *Introduzione alla teologia del popolo. Profilo spirituale e teologico di Rafael Tello*, Bologna.

Borghesi, Massimo, 2004. »Cattolicesimo e dialettica«, in Ders., *Romano Guardini. Dialettica e antropologia*, Rom, S. 237–298.
- 2004 Feburar. »Il bene comune non si può frantumare«, Interview in *Tracce*, S. 29–32.
- 2007. »Cristianismo y cultura«, in Ders., *Secularización y nihilismo. Cristianismo y cultura contemporanea*, Madrid, S. 117–142.
- 2008. *L' era dello Spirito. Secolarizzazione ed escatologia moderna*, Rom.
- 2011. *Augusto Del Noce. La legittimazione critica del moderno*, Genua/Mailand.
- 2013. *Critica della teologia politica. Da Agostino a Peterson: la fine dell'era costantiniana*, Genua/Mailand.
- 2014. *Senza legami. Fede e politica nel mondo liquido. Gli anni di Benedetto XVI*, Rom.
- 2015. *Luigi Giussani. Conoscenza amorosa ed esperienza del vero: un itinerario moderno*, Bari.

Brzezinski, Zbigniew Kazimierz, 1970. *Between Two Ages. America's Role in the Technetronic Era*, New York.
- 1993. *Out of Control: Global Turmoil on the Eve of the 21st Century*, New York; ital. Übersetzung: 1995. *Il mondo fuori controllo. Gli sconvolgimenti planetari all'alba del XXI secolo*, Mailand.

Buttiglione, Rocco, 1982 Mai–Juni. »Tra conservazione e rivoluzione. Il risorgimento ispanoamericano«, in *Incontri*, 6, S. 12–15.

Buzzi, Elisa (Hg.), 2003. *A Generative Thought. An Introduction to the Works of Luigi Giussani*, Montreal u. a.

Caimari, Lila M., 1995. *Perón y la Iglesia Católica. Religión, estado y sociedad en la Argentina, 1943–1955*, Buenos Aires.

Cámara, Javier, Pfaffen, Sebastián, 2015. *Aquel Francisco*, Córdoba.

– 2016. *Gli anni oscuri di Bergoglio. Una storia sorprendente*, Mailand.

Cappelletti, Lorenzo, 1998. Comunale, Maria Pia, *Il potere e la grazia. Attualità di san'Agostino*, Rom.

Carriquiry Lecour, Guzmán, 2005. *Una apuesta por América Latina*, Buenos Aires.

– 2013. *Il Bicentenario dell'Indipendenza dei Paesi latino-americani. Ieri e oggi*, Soveria Mannelli.

Castro, Michel, 2005. »Henri Bouillard lecteur de Saint Thomas, et ›l'affaire de Fourvière‹«, in *Théophilyon. Revue des Facultés de Théologie et de Philosophie de l'Université Catholique de Lyon*, 1, S. 111–143.

Caturelli, Alberto, 2001. *Historia de la filosofía en la Argentina 1600*–2000, Buenos Aires.

Cevasco, Paolo, 2007. *Erich Przywara, Agostino informa l'Occidente*, Mailand.

Chaillet, Pierre (Hg.), 1939. *L'Église est une. Hommage à Moehler*, Paris.

Chivilò, Giampiero, 2015. »La tirannide del principe-schiavo secondo Gaston Fessard«, in Ders., Marco Menon, *Tirannide e filosofia. Con un saggio di Leo Strauss e un inedito di Gaston Fessard sj*, Venedig, S. 305–315.

Coccopalmerio, Francesco, 2017. *Il capitolo ottavo della esortazione apostolica post-sinodale Amoris laetitia*, Vatikanstadt.

Coffele, Gianfranco, 2004. *Apologetica e teologia fondamentale. Da Blondel a de Lubac*, Rom.

Congar, Yves, 1950. *Vraie et fausse réforme dans l'Eglise*, Paris.

Cottier, Georges, Schönborn, Christoph, Garrigues, Jean-Miguel, 2015. *Verità e misericordia. Conversazioni con P. Antonio Spadaro*, Mailand.

Cox, Harvey, [6]1971. *Stadt ohne Gott?*, Stuttgart/Berlin.

Cozzi, Alberto, Repole, Roberto, Piana, Giannino, 2016. *Papa Francesco. Quale teologia?*, mit einem Nachwort von Gianfranco Ravasi, Assisi.

Cristiano, Ricardo, 2015. *Bergoglio, sfida globale. Il Papa delle periferie tra famiglia, giustizia sociale e modernità*, Rom.

Crumbach, Karl-Heinz, 1969. »Ein ignatianisches Wort als Frage an unseren Glauben«, in *Geist und Leben*, 42, S. 321–328.

Cuniberto, Flavio, 2009. *Il cedro e la palma. Esercizi di metafisica*, Mailand.

– 2016. *Madonna povertà. Papa Francesco e la rifondazione del cristianesimo*, Vicenza.

de Certeau, Michel, 1960. »Le texte du ›Mémorial‹ de Favre«, in *Revue d'Ascétique et de Mystique* XXXVI, S. 343–349.
- 1966. »L'universalisme ignatien: mystique et mission«, in *Christus* 13, S. 173–183.
- 1975. »Un prete riformato: Pierre Favre (1506–1546)« in Ders., *Politica e mistica*, Mailand, S. 25–102.
- 1987. *Fabula mistica. La spiritualità religiosa tra il XVI e il XVII secolo*, Bologna (frz. Originalausgabe: *Le Fable mystique, XVI–XVIIe siècle*, Paris 1982).
- 1987. *La faiblesse de croire*, Paris ; span. Übersetzung: 2006. *La debilidad del creer*, Buenos Aires.
- 2009. *GlaubensSchwachheit*, hg. von Luce Giard, Stuttgart.

Deckers, Daniel, 2014. *Papst Franziskus. Wider die Trägheit des Herzens.* Eine Biographie, München.

de Lima Vaz, Henrique Cláudio, 1982 September–Oktober. »Quale ›cristianesimo per il popolo‹«, in *Incontri. Testimonianze dall'America Latina*, 7, S. 7–9.

Del Noce, Augusto, 1964. *Il problema dell'ateismo*, Bologna [3. Ausgabe 1970].
- 1965. *Riforma cattolica e filosofia moderna*, Bd. I: *Cartesio*, Bologna.
- 1972 Oktober. »Rivoluzione Risorgimento Tradizione«, in *L'Europa* VI, Nr. 17, 15, S. 129–141.
- 1975. »La riscoperta del tomismo in Etienne Gilson e il suo significato presente«, in *Studi di Filosofia in onore di Gustavo Bontadini*, Mailand, S. 454–474.
- 1978. *Il suicidio della rivoluzione*, Mailand.
- 1981. *Il cattolico comunista*, Mailand.

de Lubac, Henri, 1939 September/Oktober. »Möhler et sa doctrine sur l'Église«, in *Bulletin de l'Union apostolique*, S. 372–378.
- 1943. *Katholizismus als Gemeinschaft*, Einsiedeln/Köln.
- 1966. *L'Écriture dans la Tradition*, Paris.
- 1967. *Geheimnis aus dem wir leben*, Einsiedeln.
- 1968. *Die Kirche. Eine Betrachtung*, Einsiedeln.
- 1996. *Meine Schriften im Rückblick*, Einsiedeln.
- 2003. *Catholicisme - Les aspects sociaux du dogme*, Paris.
- 2014. *Meditazione sulla Chiesa*, Mailand.

Denaday, Juan Pedro, 2013 4. November. »Amelia Podetti: una trayectoria olvidada de las Cátedras Nacionales«, in *Agenda de Reflexión*, 943, online zugänglich unter http://historiadelperonismo.com/amelia-podetti/ (letzter Zugriff 12. Juni 2020).

Díaz Kayel, Barbara, 2012. *Alberto Methol Ferré y »la otra Modernidad«, Actas del Primer Congreso de Filosofía de la Sociedad Filosófica del Uruguay*, Montevideo; online zugänglich unter: http://es.scribd.com/doc/166855091/Actas-SFU-2012 (letzter Zugriff 13. Juli 2017).

Di Paola, José Maria, 2017. *Dalla fine del mondo. Il mio cammino tra i più poveri*, Rom.

Espeche Gil, Juan Carlos, 2010. »Alberto Methol Ferré. Un tomista silvestre e integrador«, in *Criterio*, 2360, online verfügbar unter http://www.revistacriterio.com.ar/cultura/alberto-methol-ferre-un-tomista-silvestre-e-integrador (letzter Zugriff 13. Juli 2017).

Echaurí, Raúl, 1980. *El Pensamiento de Etienne Gilson*, Pamplona.

Faber, Peter, 1960. *Mémorial*, hg. von M. de Certeau, Paris.

- 1989. *Memoriale. Das geistliche Tagebuch des ersten Jesuiten in Deutschland*, Einsiedeln/Trier.

Faggioli, Massimo, 2014. *Papa Francesco e la »chiesa-mondo«*, Rom.

Fares, Diego, 2014. *Papa Francesco è come un bambù. Alle radici della cultura dell'incontro*, mit einem Vorwort von Antonio Spadaro, Mailand.

Fernández, Victor M., 2014. *Il progetto di Francesco. Dove vuole portare la Chiesa*, Gespräch mit Paolo Rodari, Bologna.

Ferrara, Ricardo, Galli, Carlo Maria (Hgg.), 1997. *Presente y futuro de la teología en Argentina. Homenaje a Lucio Gera*, Buenos Aires.

Fessard, Gaston, 1947 Dezember. »Deux interprètes de la *Phénoménologie* de Hegel, J. Hyppolite et A. Kojève«, in Études, S. 368–373.

- 1956. *La Dialectique des* Exercises spirituels *de Saint Ignace de Loyola*, Paris.
- 1960. *De l'actualité historique*, Bd. I: *A la recherche d'une méthode*; Bd. II: *Progressisme chrétien et Apostolat ouvrier*, Paris.
- 1963. *El ser y el espiritu*, Madrid.
- 1966. *La Dialectique des* Exercices spirituels *de Saint Ignace de Loyola*, Bd. I: *Temps, Liberté, Grâce*, Paris.
- 1966. *La Dialectique des* Exercices spirituels *de Saint Ignace de Loyola*, Bd. II: *Fondement, Péché, Orthodoxie*, Paris.
- 1990. *Hegel, le christianisme et l'histoire*, Paris.
- 2015. »Prefazione per la traduzione italiana di *Autorità e Bene comune*«, in Giampiero Chivilò, Marco Menon (Hgg.), *Tirannide e filosofia. Con un saggio di Leo Strauss e un inedito di Gaston Fessard sj*, Venedig, S. 317–334.

Filoni, Marco, 2008. *Il filosofo della domenica. La vita e il pensiero di Alexandre Kojève*, Turin.

Fiorito, Miguel Ángel, 1956. »La opción personal de S. Ignacio«, in *Ciencia y Fe*, XII, S. 23–56.

- 1957. »Teoría y práctica de G. Fessard«, in *Ciencia y Fe*, XIII, S. 333–352.

Fouilloux, Étienne, 2006. *Une Église en quête de liberté. La pensée catholique française entre modernism et Vatican II (1914–1962)*, Paris.

Franco, Massimo, 2015. *Imperi paralleli. Vaticano e Stati Uniti: due secoli di alleanza e conflitto*, Mailand.

- 2015. *Il Vaticano secondo Francesco*, Mailand.

Fukuyama, Francis, 1992. *The End of History and the Last Man*, New York.

Galli, Carlos M., 2008. »La ›complexio oppositorum‹ entre la Iglesia y el mundo. Ensayo de eclesiología especulativa a partir de la paradoja de los opuestos«, in Pablo Sicouly OP u.a. (Hg.), *Moral, verdad y vida, en la tradición de santo Tomás de Aquino*, Tucumán, S. 135–178.

- 2013. »Investigando la teología en nuestra Argentina«, in *Teología*, 110, S. 163–188.
- 2017. *El pueblo de Dios, el pueblo y los pueblos. El papa Francisco y la teología argentina*, Tagung am Istituto di Studi Politici S. Pio V, Rom 26.–27, Januar 2017, online zugänglich unter http://www.americalatina.va/content/americalatina/es/articulos/elpueblo-de-dios--el-pueblo-y-los-pueblos--el-papa-francisco-y-.html (letzter Zugriff 13. Juli 2017).

Geiselmann, Josef Rupert, 1955. *Die theologische Anthropologie Johann Adam Möhlers: Ihr geschichtlicher Wandel*, Freiburg i. Brsg.

Gera, Lucio, 1982 September–Oktober. »L'identità religiosa dell'America latina«, in *Incontri. Testimonianze dall'America Latina*, 7, S. 29ff.

- 2015. *La teología argentina del pueblo, Centro Teólogico*, Santiago de Chile.
- 2015. *Chiesa, teologia e liberazione in America Latina*, mit einem Vorwort von Alberto Melloni und einem Nachwort von Juan Carlos Scannone, Bologna.

Gerl, Hanna-Barbara, ^{2}1985. *Romano Guardini. 1885–1968. Leben und Werk*, Mainz.

Ghiretti, Hector, 2016. »El joven: cristianismo, marxismo e izquierda nacional ›argentina‹«, in *Contemporanea. Historia y problemas del siglo XX*, 7, S. 15–44.

Gilson, Étienne, 1979. *L'athéisme difficile*, Paris.

- 1980. *El Ser y los Filósofos*, Pamplona.
- 2008. *Caro collega ed amico. Lettere di Étienne Gilson ad Augusto Del Noce (1964–1969)*, Siena.

Gisotti, Alessandro, 2016. »El perfil humano y pastoral del papa Bergoglio«, in Jacinto Núñez Regodón (Hg.), *Los lenguajes del papa Francisco*, Salamanca, S. 15–32.

Giuliani, Maurice, 2015. *Gli esercizi nella vita quotidiana*, Rom.

Giussani, Luigi, 1996. *¿Se puede vivir asì? Un acercamiento extraño a la existencia cristiana*, Madrid; dt. Übersetzung: 2007. *Kann man so leben? Christsein als Lebensform*, Augsburg.

- 1998. *El sentido religioso*, Buenos Aires; dt. Übersetzung: 2003. *Der religiöse Sinn*, Paderborn.
- 1999. *L'attrattiva Gesù*, Mailand.
- 2000. *El actrativo de Jesucristo*, Madrid.
- 2005. *Porqué la Iglesia*, Buenos Aires; dt. Übersetzung: 2013. *Warum die Kirche. Grundkurs christlicher Erfahrungen*, St. Ottilien.

Guardini, Romano, 1951. *Das Ende der Neuzeit. Ein Versuch zur Orientierung*, Würzburg.

- 1951. *Die Macht. Versuch einer Wegweisung*, Würzburg.

– 1956. »Die Situation des Menschen«, in Bayerische Akademie der Schönen Künste (Hg.), *Die Künste im technischen Zeitalter.* Darmstadt, S. 13–30.
– [5]1990. *Vom Sinn der Kirche. Fünf Vorträge. Die Kirche des Herrn. Meditationen über Wesen und Auftrag der Kirche.* Mainz.
– [4]1998. *Der Gegensatz. Versuche zu einer Philosophie des Lebendig-Konkreten,* Mainz.

Guitton, Georges, *Le b. Pierre Favre, premier prêtre de la Compagnie de Jésus*, Lyon 1959.

Gutiérrez, Gustavo, [10]1992. *Theologie der Befreiung*, mit der neuen Einleitung des Autors und einem neuen Vorwort von Johann Baptist Metz, Mainz.

Henrici, Peter, 2007. »La descendance blondélienne parmi les jésuites français«, in Emmanuel Gabellieri, Pierre de Cointet (Hgg.), *Maurice Blondel et la Philosophie française,* Paris, S. 305–322.

Himitian, Evangelina, 2013. *Francisco – El papa de la gente*, Buenos Aires; ital. Übersetzung: 2013. *Francesco. Il papa della gente*, Mailand.

Huntington, Samuel P., 1996. *Kampf der Kulturen. Die Neugestaltung der Weltpolitik im 21. Jahrhundert*, München/Wien (eng. Original: *The Clash of Civilizations and the Remaking of World Order*, New York 1996).

Ivereigh, Austen, 2014. *The Great Reformer: Francis and the Making of a Radical Pope*, New York.

James, Daniel, 1988. *Resistance and Integration: Peronism and the Argentine Working Class, 1946–1976*, Cambridge, Mass./New York.

Kasper, Walter, 2015. *Papst Franziskus – Revolution der Zärtlichkeit und der Liebe. Theologische Wurzeln und pastorale Perspektiven*, Stuttgart.

Lécrivain, Philippe, 2005. »Les Exercices spirituels d'Ignace de Loyola, un chemin de liberté«, in *Revue d'étique e de théologie morale*, 234, 2, S. 71–86.

López Quintás, Alfonso, 1958. »Pasión de verdad y dialectica en Romano Guardini«, Nachwort zu Romano Guardini, *El ocaso de la edad moderna*, Madrid, S. 151–184.
– 1966. *Romano Guardini y la dialectica de lo viviente*, Madrid.

Louzeau, Frédéric, 2009. *L'anthropologie sociale du Père Gaston Fessard,* Paris.

Luciani, Rafael, 2016. *El Papa Francisco y la teología del pueblo*, Madrid.
– Marc, André, 1954. *Dialectique de l'Agir*, Lyon.
– 1956. »Méthode et Dialectique«, in Ders., *Aspects de la Dialectique*, Paris, S. 9–99.
– 1964. *Dialéctica de la Afirmación*, Madrid.

Marengo, Gilfredo, 2015. *Papa Francesco incontra il »nuovo« mondo. Un saggio di magistero pastorale a 50 anni dal Vaticano II*, Vatikanstadt.

Maritain, Jacques, 1932. *Distinguer pour unir ou Les degrés du savoir*, Paris.

Mathieu, Vittorio (Hg.), 1968. *Erich Przywara, L'uomo. Antropologia tipologica*, Mailand.

Melloni, Alberto, 2013. »Papa Francesco«, in Ders. (Hg.), *Il conclave di Papa Francesco*, Rom, S. 63–95.

Mercado Vera, Andrés, 1953. *Carlos Astrada, la revolución existencial*, Buenos Aires.

Methol Ferré, Alberto, 1959. *La crisis del Uruguay y el Imperio británico*, Buenos Aires.

– 1966. *La dialectica hombre-naturaleza: Formulación de un modelo: Filosofia*, Montevideo 1966, online zugänglich unter http://www.metholferre.com/obras/articulos/capitulos/detalle.php?id=154 (letzter Zugriff 12. Juni 2020).

– 1967. *El Uruguay como problema, geopolítica de la cuenca del Plata*, Montevideo.

– 1979. *Puebla: proceso y tensiones*, Buenos Aires.

– 1982 Januar–Februar. »Da Rio de Janeiro a Puebla: 25 anni di storia«, in *Incontri. Testimonianze dall'America Latina*, 4, S. 8–25.

– 1982 Mai–Juni. »Malvinas, nuova frontiera latinoamericana«, in: *Incontri. Testimonianze dall'America Latina*, 6, S. 52–54.

– 1982 November–Dezember. »Maritain: un tomista avventuriero e mal tradotto«, in *Incontri. Testimonianze dall'America Latina*, 8, S. 43–48.

– 1983. *Il Risorgimento Cattolico Latinoamericano*, Bologna.

– 1983. »I periodi storici della Chiesa latinoamericana«, in Ders., *Il risorgimento cattolico latinoamericano*, Bologna, S. 20–42.

– 1983. »Sviluppi della sociologia latinoamericana«, in Ders., *Il risorgimento cattolico latino-americano*, Bologna, S. 90–119.

– 1983. »La Chiesa, popolo fra i popoli«, in Ders., *Il risorgimento cattolico latinoamericano*, Bologna, S. 139–165.

– 1984 März. »Tomás Melendo Granados. Ontología de los Opuestos«, in *Nexo*, 2, S. 55–56.

– 1987. »Iglesia y Pensar social totalizzante«, in CELAM, *Socialismo y socialismos en America Latina*, Bogotá.

– 1987. »Erich Przywara. San Agustín. Trayctoria de su genio. Contextura de su espíritu«, in *Nexo*, 12, S. 31–32.

– 2002. »Grandes orientaciones pastorales de Pablo VI para América Latina«, in Renato Pappetti (Hg.), *Pablo VI y America Latina. Jornadas de estudio* (Buenos Aires 10.–11. Oktober 2000), Rom, S. 21–35.

– 2006. *América Latina del siglo XXI*, Buenos Aires.

– 2009. *Los Estados continentales y el Mercosur*, Buenos Aires.

– 2006. Metalli, Alver, *L'America Latina del XXI secolo*, Genua/Mailand; ital. Übersetzung: 2007. Metalli, Alver, *América Latina del siglo XXI*, Mexiko-Stadt.
– 2014. Metalli, Alver, *Il Papa e il filosofo*, Siena.

Milia, Jorge, 2014. *Maestro Francesco. Gli allievi del Papa ricordano il loro professore*, Mailand.

Möhler, Johann Adam, 1825. *Die Einheit in der Kirche oder das Princip des Katholicismus, dargestellt im Geiste der Kirchenväter der drei ersten Jahrhunderte*, Tübingen.
– 1958. *Symbolik*, Köln; ital. Übersetzung: 1984. *Simbolica*, Mailand.

Molteni, Paolo, 1996. *Al di là degli estremi. Introduzione al pensiero di Erich Przywara*, Mailand.

Morandé, Pedro, 1987. »Desde la óptica de la Ciudad de Dios«, in *Nexo*, 11, S. 26–37.

Moretto, Giovanni, 1994. *Destino dell'uomo e Corpo mistico. Blondel, de Lubac e il Concilio Vaticano II*, Brescia.

Mugica, Carlos, 1973. *Peronismo y cristianismo*, Buenos Aires.

Nguyen-Hong, Giao, 1974. *Le Verbe dans l'histoire. La philosophie de l'historicité chez G. Fessard*, mit einem Vorwort von Jean Ladrière, Paris.

O'Meara, Thomas F., 2002. *Erich Przywara SJ. His Theology and His World*, Notre Dame, Indiana.

Papa, Rodolfo, 2016. *Papa Francesco e la missione dell'arte*, Siena.

Piqué, Elisabetta, 2013. *Francisco. Vida y revolución*, Buenos Aires ; ital. Übersetzung: 2013. *Francesco. Vita e rivoluzione*, Turin.

Podetti, Amelia, 1987. *Comentario a la Introducción de la Fenomenología del Espíritu*, Buenos Aires [2007].
– 1981. *La irrupción de América en la historia*, mit einem Vorwort von José Ramiro Podetti, Buenos Aires.
– 1982 September–Oktober. »L'irruzione dell'America nella storia«, in *Incontri. Testimonianze dall'America Latina*, 7.

Podetti, José Ramiro, »Confluencias entre Francisco y Alberto Methol Ferré: Iglesia, evangelización y mundo contemporáneo«, online zugänglich unter: http://www.academia.edu/15176879/2013 (letzter Zugriff 13. Juli 2017).

Premat, Silvina, 2001. »L'attrattiva del cardinale«, in *Tracce-Litterae communionis*, 6, S. 35–35.

Pró, Diego F., 1973. *Historia del pensamiento filosofico argentino*, Mendoza.

Przywara, Erich, 1923. *Gottgeheimnis der Welt. Drei Vorträge über die geistige Krisis der Gegenwart*, München.
– 1934. *Augustinus. Die Gestalt als Gefüge*, Leipzig.
– 1938. *Deus semper major. Theologie der Exerzitien*, Freiburg i. Brsg.

– 1956. *Idee Europa*, Nürnberg; ital. Übersetzung: 2013. *L'idea d'Europa. La »crisi« di ogni politica »cristiana«*, Trapani.

– 1962. *Teologúmeno español*, Madrid.

Rahner, Hugo, 1947 Februar. »Die Grabschrift des Loyola«, in *Stimmen der Zeit*, S. 321–339.

– 1964. *Ignatius von Loyola als Mensch und Theologe*, Freiburg i. Brsg.

Ratzinger, Joseph, 1971. *Die Einheit der Nationen. Eine Vision der Kirchenväter*, Salzburg/München.

– 1954. *Volk und Haus Gottes in Augustins Lehre von der Kirche*, München.

Restán Martinez, Javier, 2010. *Alberto Methol Ferré. Su pensamiento en Nexo*, Montevideo.

Riccardi, Andrea, 2014. *Franziskus. Papst der Überraschungen. Krise und Zukunft der Kirche*, Würzburg.

Riggio, Giuseppe, 2017. *Michel de Certeau*, Brescia.

Rosen, Stanley, 2010. *From Metaphysics in Ordinary Language*, South Bend (IN), online zugänglich unter https://stanleyrosen.jimdo.com/kojève-s-paris/ (letzter Zugriff 13. Juli 2017).

Rusconi, Gian Enrico, 2017. *La teologia narrativa di papa Francesco*, Rom/Bari.

Russo, Antonio, 1990. *Henri de Lubac: teologia e dogma nella storia. L'influsso di Blondel*, mit einem Vorwort von Walter Kasper, Rom.

Sales, Michel, 1997. *Gaston Fessard, 1897–1978: genèse d'une pensée; suivi d'un résumé du »Mystère de la société« par Gaston Fessard, Culture et vérité*, Bruxelles.

Savon, Hervé, 1965. *Johann Adam Möhler*, Paris.

Savorana, Alberto, Spadaro, Antonio, 2014. »La verità è un incontro. Elogio del ›pensiero incompleto‹ di papa Francesco«, in Emanuela Belloni, Alberto Savorana (Hgg.), *Le periferie dell'umano*, Mailand, S. 38–62.

Scannone, Juan Carlos, 1982. »La teología de la liberación. Caracterización, corrientes, etapas«, in *Stromata* 38, S. 3–40.

– 2014. »Die argentinische Theologie des Volkes und die Pastoraltheologie von Papst Franziskus«, in: *Topologik*, 16, S. 36–50.

– 2017. *La teología del pueblo. Raíces teológicas del papa Francisco*, Maliaño.

Scavo, Nello, 2013. *La lista di Bergoglio. I salvati da Francesco durante la dittatura. La storia mai raccontata*, mit einem Vorwort von A. Pérez Esquivel, Bologna.

– 2015. *I nemici di Francesco*, Mailand.

Serra-Coatanea, Dominique, 2016. *Le défi actuel du Bien commun dans la doctrine sociale de l'Église. Études à partir de l'approche de Gaston Fessard S.J.*, Zürich.

Schneider, Michael, 1983. *»Unterscheidung der Geister«. Die ignatianischen Exerzitien in der Deutung von E. Przywara, K. Rahner und G.* Fessard, Innsbruck/Wien.

SOMMAVILLA, Guido, 1964. *La filosofia di Romano Guardini. Introduzione a Romano Guardini, Scritti filosofici*, 2 Bd., Mailand.

SPADARO, Antonio, 2013. *Il disegno di papa Francesco. Il volto futuro della Chiesa*, mit einem Vorwort von P. Pepe di Paola, Bologna.

- 2013. *Das Interview mit Papst Franziskus*, hg. von Andreas R. Batlogg, Freiburg i. Brsg. u. a.
- 2017. (Hg.). *Pietro Favre. Servitore della consolazione*, Mailand.
- 2017. »Die Spuren eines Hirten. Ein Gespräch mit Papst Franziskus«, in Jorge Mario BERGOGLIO-PAPST FRANZISKUS, *Im Angesicht des Herrn. Gedanken über Freiheit, Hoffnung und Liebe*, Bd. I, Freiburg i. Brsg. u. a., S. 7–31.

SPINOSA, Giacinta, 2012. *Le scuole di Le Saulchoir e Lyon-Fourvière. Teologia cattolica e rinnovamento storiografico*, Rom.

SURIN, Jean-Joseph, 1963. *Guide spirituel*, Paris.

TANTARDINI, Giacomo, 2010. *Il tempo della Chiesa secondo Agostino*, Rom.

TILLIETTE, Xavier, 1991. »Le Père Gaston Fessard et les Exercices«, in *Gregorianum*, 72, 2.

TORNIELLI, Andrea, GALEAZZI, Giacomo, 2015. *Papa Francesco. Questa economia uccide*, Mailand.

VALENTE, Gianni, 2013. *Nähe und Freiheit. Gianni Valente im Gespräch mit Jorge Mario Bergoglio*, Freiburg i. Brsg. u. a.

VAIHINGER, Hans, 1911. *Die Philosophie des Als Ob. System der theoretischen, praktischen und religiösen Fiktionen der Menschheit auf Grund eines idealistischen Positivismus. Mit einem Anhang über Kant und Nietzsche*, Berlin.

VALLI, Aldo Maria, 2016. *266. Jorge Mario Bergoglio Franciscus P.P.*, Macerata.

VON BALTHASAR, Hans Urs, 1961. *Herrlichkeit. Eine theologische Ästhetik*, Bd. I: *Schau der Gestalt*, Einsiedeln.

- 1962. *Herrlichkeit. Eine theologische Ästhetik*, Bd. II: Fächer der Stile, Einsiedeln.
- 1965. *Herrlichkeit. Eine theologische Ästhetik*, Bd. III/1: *Im Raum der Metaphysik*, Einsiedeln.
- 1963. *Glaubhaft ist nur Liebe*, Einsiedeln.
- 1963. *Das Ganze im Fragment. Aspekte der Geschichtstheologie*, Einsiedeln.
- 1972. *Die Wahrheit ist symphonisch. Aspekte des christlichen Pluralismus*, Einsiedeln; span. Übersetzung: 1979. *La verdad es sinfónica. Aspectos del pluralismo cristiano*, Madrid.
- 1972. *Klarstellungen. Zur Prüfung der Geister*, Freiburg i. Brsg.
- 1985. *Puntos centrales*, Madrid.
- 1998. *Von den Aufgaben der Katholischen Philosophie in der Zeit*, Freiburg i. Brsg.

ZIMMY, Leo (Hg.), 1963. *Erich Przywara, Sein Schrifttum 1912–1962*, Einsiedeln.

Namensregister